叢書・働くということ

労働需要の経済学

大橋勇雄［編著］

ミネルヴァ書房

「叢書・働くということ」刊行によせて

　人はどのように働けばよいのか，というのが本叢書の目的である。人はなぜ働くのか，と問われれば，ほとんどの人は生活するための資金を稼ぐためと答える。しかし，人は食べるためだけに働くのではない。仕事をうまく成就することによって得られる満足感を求める人も多い。ただ，一方では勤労は苦痛を伴うことでもあるので，ほどほど働くだけでよい，という人もいる。これらの兼ね合いをどう考えればよいのかが本叢書の目的といってよい。

　働き方の多様化が叫ばれる時代となった。フルタイム労働かパートタイム労働かの選択はその一例であるし，派遣会社に所属しながら他社に派遣されて働く人もいる。一度働いてからもう一度学校に戻り，また働く人もいる。さらに，企業に雇用される人もいれば，自営業や起業家として働く人もいる。働き方の多様化を物語る例の一部である。

　このような多様化を発生させているのは，働く人々の労働供給への希望と，雇用する側の労働需要とそれに伴うコスト意識が要因である。人々が働きやすく，かつ満足を得るための働き方とはどのような姿であるか，そして企業はどのようにしてこのような人を雇用し，かつ人材形成を図るのか，ということを考案したい。ところで，経済を効率的に運営するには，働く人の生産性が高く，かつ企業も費用を少なくする体制を維持することが肝要である。いわば労働者の満足を高めつつ，経済効率をも高めるための労使関係のあるべき姿を探求するのが本叢書である。

　これまでの労働経済学と労使関係論の主たる分析対象は，中核的労働者であるフルタイムの男性に向けられていた。しかし，これ以外の労働者，特に若者，女性，高齢者の比率が高まっているので，これらの人に注目して働き方を考える。実はこれらの人々が，まさに働き方の多様性の真ん中にいる人なので，詳しく論じることの意義は大きい。どのような働き方をすればよいのか，という論点に加えて，若者に関しては学校から職場へのスムーズな移動，女性に関してはワークライフバランスをどう達成するか，高齢者に関してはどのように蓄積した技能を生かし，かつ後の世代にどう移転するか，といったことが課題となる。

　日本は少子・高齢化の中にある。減少する労働人口と，増加する引退世代の中での働き手の確保は，日本経済にとって死活問題である。生産性が高く，かつ勤労意欲の高い労働者の数を多くし，かつ働く人の満足度も高い労働の世界を達成するために，労働者，企業，政府の役割を探求するものである。

　　平成21年（2009）3月

監修委員　橘木俊詔
　　　　　佐藤博樹

はしがき

　米国のサブプライムローンの問題に端を発した世界的な金融恐慌は，自動車や電化製品をはじめ多くの財やサービスの需要を減退させ，企業に人員削減を強いることになった。新聞報道は，連日，各企業が従業員の解雇や雇い止めを実施している状況を報告し，その背後には急激な製品への需要，ひいては生産の落ち込みがあることを伝えている。こうした報道は労働需要が財やサービスを作り出す生産要素としての労働に対する派生需要であることを如実に物語るものである。

　歴史的にみて，好況期には労働の供給側が，不況期には労働の需要側が注目される。その意味では昨今の状況から労働の需要側が話題になるのは自然なことであろう。しかし，経済学を少しでも学んだことのある人なら，ここで些か疑問をもつことになろう。もし賃金が労働の需要と供給のアンバランスを弾力的に調整すれば，両者はバランスし，どちらかが問題になるというのはありえないのではないかと。答えは簡単である。現実に賃金が需給を調整するとしても，それには長い時間がかかる。また制度的な要因によって賃金が硬直的で調整機能を果たせないことも起こりうる。その結果，需給にアンバランスが生じ，不況期であれば，労働需要が供給を下回り多くの失業者が発生する。

　最近，一体化理論という仮説が欧米の経済学者の議論の的になっている。それはドイツやフランスなどの欧州大陸の主要国と米国や英国といったアングロサクソン系の国の間に見られる経済パフォーマンスの差に着目し，その原因を労働市場の弾力性の違いに求める仮説である。1960年以降，米国の失業率は1980年代に7％を超える時期もあったが，総じて5％前後の横ばいである。これに対し，英国やドイツ（西），フランスではかつて失業率が2～3％程度であったものが，1970年代には上昇し始め，2000年代の前半では独仏ともに8％前後にもなっている。ただし，英国ではサッチャー政権下のもとに，失業率が1980年代の後半から低下し，10％強から米国と同じ5％前後の水準にまで低下

i

している。

　欧米の経済学者が強調するのは，1960年代以降に生起した様々な経済的ショック，たとえば二度にわたる石油ショックや熟練労働に有利に偏向する技術進歩などに対して，米国では実質賃金の弾力的な調整によって対応できたが，欧州大陸の主要国では賃金が全般的に上昇し，しかも最低賃金の決定方式から不熟練労働者の相対賃金は高く維持されたままになったという点である。その結果，米国や英国では失業率が低くなり，賃金格差が拡大したのに対して，欧州大陸では逆に不熟練の若年者や女子を中心に失業率が高くなり，賃金格差が縮小気味に推移したとされる。

　日本はアングロサクソン型の国に近い現象を示している。その要因として春闘による弾力的な賃金決定ばかりではなく，近年の法改正の動きにも留意したい。特に，男女雇用機会均等法の成立と労働者派遣の自由化が果たした役割は大きいと思われる。まず前者は一般職として女子社員を採用することを難しくした。それまで企業は女子社員を正社員として年功的に処遇してきたが，終身雇用ではなく，所謂，寿退社つきの雇用であった。ここでは，賃金データ上，格差は見られない。なぜなら，中高年の女子正社員が少なかったからである。しかし，女性の社会進出や均等法により従来型の雇用形態が難しくなると，企業は派遣法の自由化のもとで女子正社員を賃金が非年功的な派遣労働者によって代替するようになる。今は法的に制約されているが，金融機関でみられた"もっぱら派遣"などはその一例である。

　このように日本においても労働需要の動向には目が離せない。しかも経済のグローバル化はとりわけ不熟練労働者の労働需要に対して大きな影響を与えつつある。これらの動向を念頭に，本書は労働需要を決定する基本的な仕組みとその法的な枠組みを説明し，日本の労働需要の現状を読者に的確に伝えるために編集された。序章の教科書的な解説を除けば，日本の労働市場の今日的なトピックスについてそれぞれの執筆者が精力的に展開している最先端の研究が紹介されている。一般の読者や学生が読みやすいように配慮はなされているが，正確さを期すためにそれが犠牲になった箇所もないとは言えない。その場合，読者は細部には拘らず，議論の流れのおおまかな理解で満足していただきたい。編者としてはそれで十分に本書の役割は果たせるものと考えている。

最後に，本書の出版にあたりミネルヴァ書房の堀川健太郎氏には編集の段取りや進捗状況の整理，校正など多方面にわたってご尽力いただいた。ここに記して感謝申し上げる。

　2009年1月

大橋勇雄

労働需要の経済学

目　次

はしがき

序　章　労働需要の基本的仕組み ………………………… 大橋勇雄 … 1
　1　労働需要の性格 …………………………………………………… 1
　2　生産関数 …………………………………………………………… 3
　3　短期の労働需要 …………………………………………………… 9
　4　長期の労働需要 ………………………………………………… 14
　5　問題の分割──長期分析 ……………………………………… 16
　6　図解──代替効果と規模効果 ………………………………… 23
　7　産業全体の労働需要 …………………………………………… 25

第 I 部　労働需要の動向

第1章　産業構造と労働需要 ……………………………… 早見　均 … 33
　1　地球環境システムの中の労働 ………………………………… 33
　2　産業連関と雇用構造 …………………………………………… 35
　3　費用構成と労働需要 …………………………………………… 41
　4　労働需要の特定化1──分離可能の場合 …………………… 44
　5　労働需要の特定化2──分離不可能の場合 ………………… 53
　6　Translog 費用関数の推定手続と結果 ………………………… 59
　7　労働需要の推定の現状 ………………………………………… 67

第2章　労働需要の年齢構造──理論と実証 ────── 太田聰一 … 74
　1　採用で年齢が重視される理由 ………………………………… 74
　2　例示モデル ……………………………………………………… 76
　3　年齢階級別採用数の推移 ……………………………………… 87

目　次

　4　若年採用比率の推計 …………………………………………… 93
　5　若年採用比率の低下は何をもたらしたか？ ……………… 101
　6　若年採用の今後 ……………………………………………… 103

第3章　非典型労働者の労働需要 ………………………… 古郡鞆子 … 107
　1　非典型労働者雇用の社会的要因 …………………………… 108
　2　企業による非典型雇用者の雇用と活用 …………………… 112
　3　非典型労働者の賃金と福利厚生 …………………………… 118
　4　非典型労働者の今後の動向と労働政策 …………………… 122

第4章　ミスマッチ指標と失業の分解 …………………… 大橋勇雄 … 131
　1　労働市場のミスマッチ ……………………………………… 131
　2　ミスマッチ失業 ……………………………………………… 132
　3　マッチング関数によるUV曲線の導出 …………………… 136
　4　ミスマッチ指標 ……………………………………………… 138
　5　日本のミスマッチ指標 ……………………………………… 142
　6　二つの軸による部門分割──ショート・サイド原理による方法 ……… 150

第Ⅱ部　企業の労働需要行動

第5章　雇用と労働時間の決定のしくみ ………………… 杉浦裕晃 … 165
　1　昨今の動向 …………………………………………………… 165
　2　労働需要の理論分析 ………………………………………… 169
　3　労働政策の効果 ……………………………………………… 176
　4　今後の分析に向けて ………………………………………… 184

vii

第6章 労働需要の実現 ……………………………… 太田聰一・神林 龍…192
　　　──企業によるサーチ行動と求人経路選択

1 分析の視点 ………………………………………………………………192
2 既存研究の展望 …………………………………………………………197
3 求人行動の流れと分析の焦点 …………………………………………201
4 実証分析…………………………………………………………………204
5 結果の解釈と今後の課題 ………………………………………………224

第7章 雇用調整……………………………………… 阿部正浩・野田知彦…229
　　　──バブル崩壊とコーポレート・ガバナンス構造の影響

1 雇用調整とは ……………………………………………………………229
2 1980年代以降の日本企業の雇用調整…………………………………232
3 コーポレート・ガバナンスと雇用調整 ………………………………242
4 雇用調整変容の背景と今後の研究視点 ………………………………255

第Ⅲ部　労働法制と労働需要

第8章 最低賃金と雇用 ……………………………………………… 川口大司…263

1 最低賃金と雇用の関係を分析する政策上ならびに研究上の意義……263
2 日本の最低賃金制度の法的・制度的な側面 …………………………264
3 日本の最低賃金の実態 …………………………………………………265
4 最低賃金が雇用に与える影響 …………………………………………268
5 まとめと今後の課題 ……………………………………………………285

第9章 解雇規制 ……………………………… 神林 龍…292

 1 解雇規制と経済学 ……………………………………………292
 2 雇用調整と時間調整 …………………………………………294
 3 解雇規制の経済学的解釈 ……………………………………297
 4 欧米の実証研究 ………………………………………………300
 5 日本における解雇規制の法的構造と実態 …………………305
 6 日本の経済学的研究における解雇規制 ……………………308
 7 労働の法と経済学に向けて …………………………………310

索 引

序　章　労働需要の基本的仕組み

大橋勇雄

1　労働需要の性格

　スーパーなどで見かける菓子や缶詰などの食料品，あるいはテレビや冷蔵庫などの電化製品は，消費者がそれを直接に消費する目的で需要されるものであるが，労働に対する需要は，こうした消費者の需要を満たす財やサービスを企業が作り出す過程で発生するものである。すなわち，労働は財やサービスに対するニーズがあって需要されることから，それは派生需要と呼ばれる。ちなみに，失業の増大に対して政府は財政・金融政策を通して家計の消費意欲を高めたり，企業の投資意欲を高めたりすることによって財やサービス，ひいては労働への需要を喚起し，雇用を増大させることを試みるが，このことは労働が派生需要としての性格をもつことを端的に示している。

　労働が派生需要であるという点では資本などの生産要素と同じであるが，労働サービスが人間によって供給されるものであることから，そこには他の生産要素とは異なった特徴が見られる。特に，次の3点は重要である。第一に，労働といってもその働き方は様々であり，労働者のもつ技能や知識も千差万別である。たとえば，財の生産に直接に関わる現場の作業者もいれば，生産を管理したり，本社で経理や人事，研究開発などを担当したりする人もいる。また医療や教育，輸送などのサービス業務に従事する人もいる。さらに同じ仕事をする人の間でも年齢や経験の違いによって技能・知識のレベルに大きな差があったり，あるいは各人の働き方に違いがあったりして，仕事の質や量は様々である。このことから，労働需要を単純に企業が必要とする労働者数のみによって

表すことは適切ではない。本書の第Ⅰ部「労働需要の動向」(第1章, 第2章, 第3章, 第4章) では, こうした労働の多様性から生じる問題, 具体的には, 労働需要に関する産業間の差異, 世帯間格差の問題, 非正規従業員の展開, 労働需要の部門間シフトとミスマッチの問題を扱うことになる。

労働需要について留意すべき第二の点は, それが企業によって決定されるということである。企業は, 何人の労働者を雇い, 彼ら／彼女らにどれほどの時間働いてもらうのか, またその際に必要なタイプの労働者をどのような経路を通して採用するのか, あるいは逆に供給する財やサービスのニーズの減少に対して雇用量をどのように調整するのか, などを決めなければならない。そこには, 訓練などの固定費用や情報の不完全性, 企業組織の統治構造など, 伝統的に経済学が想定する完全競争的な世界には存在しない要因が数多く存在する。第Ⅱ部「企業の労働需要行動」(第5章, 第6章, 第7章) では, これらの要因に配慮しつつ, 企業はどのような行動原理のもとに労働時間や採用, 解雇などを決定するのか, その実態を明らかにしたい。

第三の特徴は, 労働サービスが人間によって供給されることから, 企業が労働者を活用する際に様々な法的規制を受けるという点にある。その規制は, 単に労働者の働く環境についてばかりではなく, 賃金や労働時間などの労働条件, あるいは採用や解雇の方法, 労働契約期間など様々な分野で存在する。これらの法的規制の目的は, 労働市場で相対的に弱い立場にある労働者を保護したり, 労働市場の円滑な機能を促進したりすることにあるが, それは企業の労働需要行動を通して労働者の厚生に大きな影響を与え, 時には予想外の効果すらもたらすこともある。第Ⅲ部「労働法制と労働需要」(第8章, 第9章) では, 最低賃金と解雇法制に焦点を絞って日本の労働市場における労働法制の役割が考察される。

本書の各章は, それぞれのテーマについてかなり突っ込んだ専門的な議論を展開している。一般の読者でも読みこなせるように配慮されているが, 理解をより確かなものにする上では, 労働需要の仕組みについて基礎的な知識が必要である。この章はそうした知識を読者が習得するために書かれている。内容は, 労働経済学の教科書で必ず紹介される労働需要の基礎理論である。

2 生産関数

　一般に企業は労働や資本などの生産要素を利用して財・サービスを作り出すが，生産関数とはそうした企業による生産活動の技術的な条件を定式化したものである。ここで労働投入量を L，資本投入量を K，生産量を Q とすると，生産関数は次式のように表現される。

$$Q = F(L, K) \qquad (1)$$

　この生産関数については次の3点に留意する必要がある。その第一は，各変数が期間の定められたフロー（flow）量として把握されているということである。具体的には，Q は一定期間内に生産された量であり，L と K はその期間を通して使用された労働と資本の量である。なぜこうした期間の定めが必要であるかは，期間の違いによって生産量や各投入量が異なってくるからである。たとえば，期間を長くとれば，生産技術や知識の変化がなくとも，生産量や投入量は増大しよう。したがって，生産の技術的条件を正確に表現するためには，どうしても期間の定めが必要になってくる。また生産要素については各時点で存在するそのストック（stock）量，ここでは雇用者数と機械設備台数とがたとえ同じ水準にあったとしても，労働時間や設備の稼働率が違えば，生産量は異なってくる。したがって，通常，L はマン・アウアー（man-hours：労働時間×雇用者数）として，また K はマシン・アウアー（machine-hour：稼動時間×機械設備台数）として測定される。

　第二の留意点は，(1)式の左辺の生産量として企業が達成できる最大の生産量がとられているということである。すなわち，企業は意図的に生産要素を不効率な形で利用することにより，(1)式で与えられる Q よりも低い水準で財を生産することも可能である。しかし，そうした行動は明らかに合理的ではないから，ここではその可能性を排除している。

　第三に留意すべき点は，生産関数の形状が単にハードな生産技術の性能ばかりではなく，組織技術や労働者への動機付けの仕組みにも依存しているということである。たとえば，昇進や給与の体系が従業員の能力や業績を正確に反映

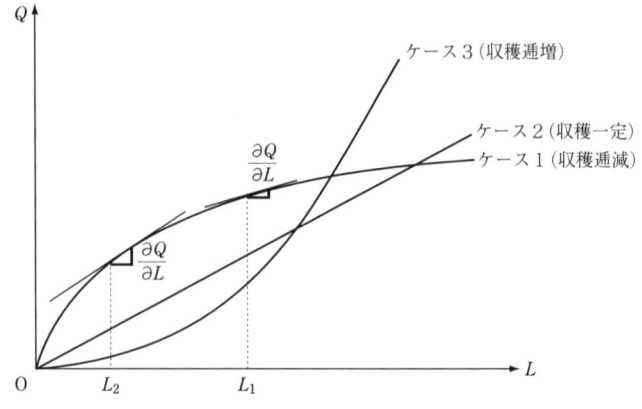

図序-1 労働の投入量と生産量との関係

しないように設計されているとすると，それは彼らの働く意欲を喪失させ，L と K のある組合せに対する Q の水準を低いものにしてしまう。

　ここで生産関数の形状を図示したいが，問題は取り扱う変数が3つもあることである。したがって，二次元の平面図に生産関数を描くためには，どれか一つの変数を固定する必要がある。最初に，資本の投入量を固定したまま，労働の投入量を増大させてみよう。図序-1はその時の生産量の変化を示したものである。代表的な3つのケースがそこには描かれている。労働が生産要素であるかぎり，各ケースで生産量は増大することは同じであるが，増大の仕方が異なる。これらの違いを限界生産物という概念を使って記述しよう。ここで限界生産物とは，1単位だけの追加的な生産要素の増大がもたらす生産量の増加分のことをいう。図のケース1について言えば，L_1 や L_2 における生産曲線の接線の傾きが労働の限界生産物にあたる。他のケースについても同様に，それを定義することができるが，大事なことは，労働投入量の水準にそれが依存しているということである。たとえば，L_1 と L_2 では接線の傾き，ひいては労働の限界生産物の大きさが違っていることに留意したい。

　図序-1の3つのケースではともに L の増大が Q を増大させるから，労働の限界生産物はすべての投入量水準のもとでプラスになっている。しかし，ケース1の場合には，L の増大とともにその限界生産物は逓減，ケース2の場合には一定，ケース3の場合には逓増している。3つのケースでは，こうした

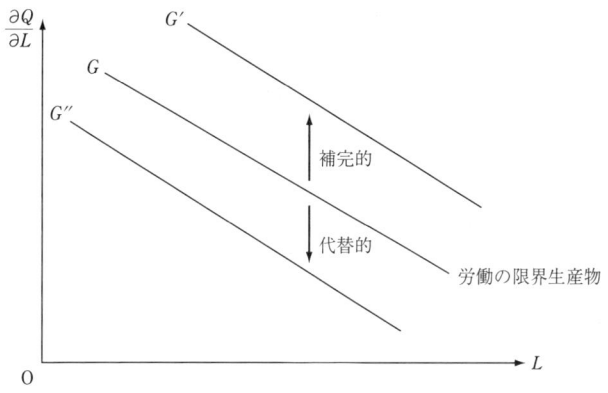

図序 - 2　労働と資本の関係

差が Q の上昇の仕方に反映されている。

　上のどのケースが最も現実的かは一概にいえない。それは産業や企業によって異なる。しかし，伝統的に経済学は収穫逓減の法則によってケース1を一般的なものとして扱ってきた。この法則は，他の生産要素，ここでは資本の投入量を固定させたままの状態で，労働という一つの生産要素のみを増大させても，それと比例的に生産量が増大しないことを意味しており，現実的な妥当性をもつと考えられる。

　これまでの議論では資本の投入量は与件としてある水準に固定されていたが，それが変化した場合にどうなるかを考えてみよう。K の増大は，L の各水準に対して Q を増大させることから，図序 - 1 の生産曲線を一般には原点を固定した状態で上方にシフトさせる。それは3つのケースで同様である。問題は，K の増大が労働の限界生産物をどのように変化させるかである。図序 - 2 には，労働投入量の増大とともにその限界生産物が逓減するケース1が描かれているが，もし資本と労働とが補完的な関係にあれば，資本の増大とともに労働の限界生産物は図序 - 2 の G 曲線から G' 曲線へと上方にシフトする。逆に，両者が代替的な関係にあれば，それは G'' 曲線へと下方にシフトする。労働と資本との関係について，なぜこうした分類が重要であるかは後に説明しよう。

　次に，労働と資本の投入量が同じ比率で増大し，企業の規模が拡大したとしたら，生産量はどのように変化するのだろうか。それをみるためには，次のよ

うな同次関数 (homogeneous function) を利用するのが便利である。

$$\lambda^n Q = F(\lambda L, \lambda K) \qquad (2)$$

今，$n=1$ とし，労働と資本の投入量を2倍，つまり $\lambda=2$ としてみよう。(2)式より，$2Q=F(2L, 2K)$ がえられるが，これは生産量も2倍になることを意味している。$\lambda=3$ の場合には，生産量も3倍になることは明らかであろう。このように $n=1$ の場合，生産関数は1次同次であり，投入量の規模と比例して生産量は増大する。もし n が1より大きいならば，$\lambda=2$ に対して生産量は $2^n Q$ となり，2倍以上になる。逆に，n が1より小さいならば，生産量は2倍も増えない。さらに特殊なケースとして，生産関数がゼロ次同次，すなわち $n=0$ とすると，企業規模を実現する λ をいかに変化させようとも，$\lambda^0=1$ であるから，生産量は全く変化しない。

このように企業規模の増大に対して生産量がどのように増加するかは，n の大きさに依存する。このことから，規模の効果について次のような定義がなされる。

$n>1$ のとき，規模に関して収穫逓増
$n=1$ のとき，規模に関して収穫一定
$n<1$ のとき，規模に関して収穫逓減

先の図序‐1は，生産関数を平面上に図示するために，3つの変数のうち，K を固定して L と Q の関係を描いたものであったが，次の図序‐3の $Q_i (i=1$ or $2)$ 曲線は，Q を固定して L と K の関係をみたものである。この曲線は，生産要素間の代替の可能性を表現するために，よく利用されるもので，等量曲線 (isoquant curve) と呼ばれる。それは，ある与えられた水準の生産量を創出するために必要な労働と資本の投入量の組合せを示すものである。ここで，Q_2 の等量曲線が Q_1 より上位にあるのは，Q_1 より Q_2 の方が与えられた生産量の水準が高く，より多くの労働と資本を使用しているからである。[1]

こうした等量曲線は次の4つの性質をもつ。
1. 等量曲線は右下がりである。
2. 等量曲線は交わらない。
3. 等量曲線は原点に対して凸である。

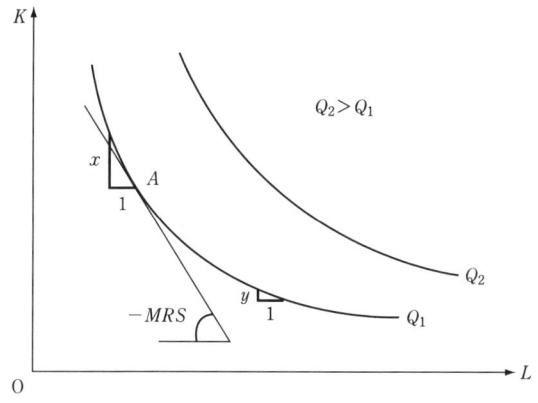

図序 - 3　等量曲線と生産要素の代替可能性

4. より高い位置にある等量曲線ほど，より高い水準の生産量を与える。

　これらの性質のうち，1. と4. はこれまでの議論から明らかであろう。2. は，背理法により証明できる。具体的には，2つの等量曲線が仮に交わったとした場合，労働と資本の投入量がより多く利用されているにもかかわらず，生産量が増えていないという矛盾が生じる。3. の性質については以下で詳しく説明しよう。

　まず等量曲線が原点に対して凸であることの経済的な意味を考えよう。今，図序 - 3でA点とB点とは同じ等量曲線上にあるものとする。ここで，各点において1単位の労働を減少させてみる。労働に対して資本を相対的に多く利用するA点では，図序 - 3のように，同じQ_1の生産水準を維持するためには，資本をxだけ増大させる必要がある。他方，資本に対して労働を相対的に多く利用するB点の場合，資本の投入量をyだけ増大させる必要がある。等量曲線が原点に対して凸であるとき，図序 - 3のように，$x>y$である。すなわち，相対的に労働を少なく利用する点の方が資本の投入量をより多く増大させなければならないのである。言い換えれば，労働の投入量が相対的に多くなればなるほど，労働1単位当たりで代替できる資本の量は減少するのである。

　等量曲線の傾きの絶対値は，限界代替率（marginal rate of substitution）と呼ばれるが，それは2つの生産要素の限界生産物の比率に等しい。数学的にそれを表現するための準備として，一方の説明変数を固定した状態で他方の変数で

関数を微分するという偏微分の記号とその符号を定義しておこう。

$$\frac{\partial Q}{\partial L} \equiv Q_L > 0, \quad \frac{\partial F}{\partial K} \equiv Q_K > 0, \quad \frac{\partial^2 Q}{\partial L^2} \equiv Q_{LL} < 0, \quad \frac{\partial^2 Q}{\partial K^2} \equiv Q_{KK} < 0,$$

$$\frac{\partial^2 Q}{\partial L \partial K} = \frac{\partial^2 Q}{\partial K \partial L} \equiv Q_{LK} = Q_{KL}$$

ここで、第一番目と二番目の不等号は、労働と資本の限界生産物がプラス、三番目と四番目の不等号は限界生産物が逓減することを示している。五番目の符号は、一義的には決まらない。上で述べたように、労働と資本の関係が補完的であれば、その値は正、代替的であれば負となる。[2]

以上の準備のもとに、まず等量曲線の傾きを導出するために、(1)式の生産関数を全微分し、次式をうる。[3]

$$dQ = Q_L dL + Q_K dK$$

等量曲線上では Q が一定とされているから、$dQ = 0$ でなければならない。したがって、これを上式に代入し、整理すると次式がえられる。

$$-\frac{dK}{dL} (\equiv MRS) = Q_L / Q_K \qquad (3)$$

(3)式の右辺は、等量曲線の傾き（負）の絶対値、すなわち限界代替率 (MRS) を表すが、それが2つの生産要素の限界生産物の比率に等しいことを、(3)式は示している。ここで、その経済学的な意味を理解するために、(3)式を次のように変形する。

$$Q_L = Q_K \times MRS$$

今、労働を1単位だけ減少させたとすると、生産量が労働の限界生産物だけ減少する。そこで、その減少分を埋め合わせるために、資本を増加させる必要があるが、その必要分が MRS である。すなわち、資本の限界生産物にこの MRS を乗じたものが資本の投入増加による生産量の増加分である。上式は、等量曲線上で労働の1単位あたりの減少による生産量の減少と、資本の MRS だけの増加による生産量の増加とが等しくなることを示している。

生産関数としてよく利用されるもう一つのものに、レオンチェフ型の生産関

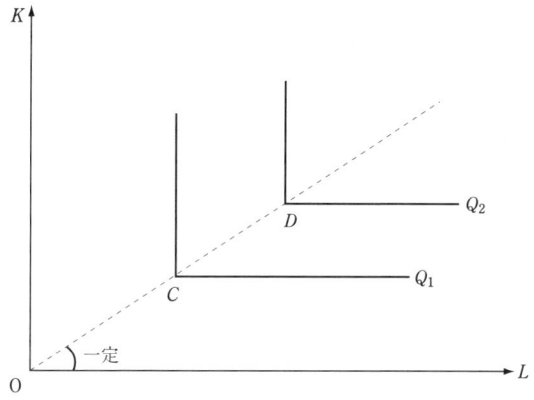

図序 - 4　レオンチェフ型の生産関数

数がある。その等量曲線は図序 - 4のようにL字型をしており，労働と資本との代替可能性はゼロである。そのために，一方の生産要素を固定したまま，もう一方の生産要素を増大させても生産は増大しない。たとえば，図序 - 4のC点から資本の投入量を固定したまま，労働の投入量を増大させても，それは同じ等量曲線上を移動するだけであり，等量曲線を上方にシフトさせない。企業は生産を増やしたければ，図序 - 4のC点からD点のように，労働と資本とを同じ比率で増大させるほかない[4]。

3　短期の労働需要

　労働需要の決定を分析する際に，経済学ではそれが短期のものか，長期のものかを区別する。短期とは，企業にとって工場や機械などの生産設備を変更するための時間的余裕がないほど短い期間のことをいい，長期とはそれが可能なほど長い期間をいう。このことからこれまで，多くの教科書は，企業にとって短期に操作できる生産要素は労働だけであるとし，Kを一定と想定した場合の労働需要を短期のものとして取り扱ってきた。しかし，前節で説明したように，Kはマシン・アウアーであり，設備の稼動時間にも依存する。この稼動時間は，特に下方に対しては労働時間より可変的であるともいえる。たとえば，不況期に工場のラインが幾つかストップしている光景をよくみかけるだろう。

他方，労働者数と労働時間からなるマン・アウアーは，下方に対して短期的にはむしろ硬直的である。残業規制などの軽微な措置は，資本の稼動時間と同じように可変的であるが，解雇や新規採用の抑制などによる労働者数の減少には時間がかかる。またワークシェアリングといってもその実施は簡単ではない。それにもかかわらず，伝統的に K が一定である期間を短期として定義してきたのは，経済が成長し，生産量が増大する情況が念頭に置かれていたからだと思われる。労働時間を大幅に増大させることには限界があるが，短期間に労働者の採用を増やすことは，工場の建設と比較しそれほど時間がかかることではない。こうして，ここでも伝統的な扱いを踏襲しよう。

今，製品価格を P，時間当たりの賃金率を W とすると，企業利潤 Π は，次式のようになる。これは売上高から労務費用を差し引いたものである。

$$\Pi = PQ - WL \qquad (4)$$

ここで2つの重要な仮定を導入する。一つは，完全競争の仮定であり，もう一つは，企業の行動目標が利潤の極大化にあるという仮定である。前者は，財市場と労働市場が完全競争的であるとするものであるが，その結果，当該企業にとって製品の市場価格が与件となり，その水準のもとで企業は希望する量を売ることができる。もし企業が市場価格を上回って価格を設定したとしたら，製品は1つも売れなくなる。財市場が独占的な場合には企業は製品価格を操作できるが，それにともなって販売量も変化する。また労働市場が完全競争的である場合，市場賃金が企業にとって与件となり，その水準の賃金を支払さえすれば企業は希望するだけの労働者を雇用することができる。もし企業が労働市場で買手独占的な地位にあれば，雇用者数の増大とともに賃金が上昇することを考慮して，企業は賃金と雇用者数とを決めることになる。

企業の行動目標が利潤の極大化にあるとする仮定に対しては，幾つかの批判がある。有名な批判は，バーリ・ミーンズ（Berle and Means 1932）による「所有と経営の分離」に注目したものである。現代の株式市場のもとで一企業の株式が多数の株主に分散するようになると，企業の所有と経営とが分離し，経営者は多数の株主の意向に沿って行動するのではなく，独自の利益を追求するようになるというのである。ここで経営者の利益とは何かが問題になる。たとえ

ば，ボーモル（Baumol 1965）は，経営者の報酬や社会的な地位が企業利潤よりむしろ売上高と密接に関連していることから，経営者の目的は売上高を最大化することであると主張する。

またウイリアムソン（Williamson 1975）は，経営者の効用に影響する要素として単に俸給やボーナスなどの金銭的報酬ばかりではなく，自分が管理するスタッフの人数や質，自由裁量で決定しうる投資額，会社経費として落とせる個人的な支出，接待費，運転手つきの車なども重要である点を指摘する。

さらに日本の大企業のように，従業員として入社し，企業内部での昇進を重ねることによって役員になり，経営者になった人々が多い場合，彼らは株主ではなく従業員に対して共感をもつと言われる。特に，内部昇進のプロセスでは上司や部下からの業績や人物評価が決定的に重要な役割を果たすこと，及び会社の管理者層や従業員からの信任が揺らいだときに現在の地位が最も危うくなると彼らが感じていることが重要である。こうして，日本の経営者は，株主を満足させうる一定の利潤を確保した上で，自己の利益や従業員の利益を追求していると考えるのである。その結果，会社の業績と賃金とのリンクが強くなるが，ワイツマン（Weitzman 1984）は日本でそれを実現しているのがボーナス制度であると指摘する。

このように企業が利潤を最大化しているとの見方には幾つかの反論があるが，それでも今日まで依然としてそれは経済分析の主要な柱になっている。理由として，第一に，企業が競争的な市場で存続するためには利潤を無視できないこと，第二に，マーケット・シェアーの拡大や企業成長の推進といった目標は長い期間を考えると企業利潤の増大となり，利潤極大化と矛盾しないこと，第三に，この仮定に基づく企業分析の含意が現実の経済現象を総じてうまく説明することが挙げられる。また最近では，執行役員制を導入し，株主を代表する取締役会とそこでの意思決定に基づく業務の執行に責任をもつ執行役員とを分離(5)し，取締役会の形骸化を防ごうという動きもみられる。ただし，執行役員の権限や責任が法的に明確ではないことから，それは株主の利益に敏感に反応しているという姿勢を経営者が投資家にみせるためのシンボリックな効果しかもっていないという批判もある。

こうして企業はΠを最大にするようにLの水準を決めることになるが，そ

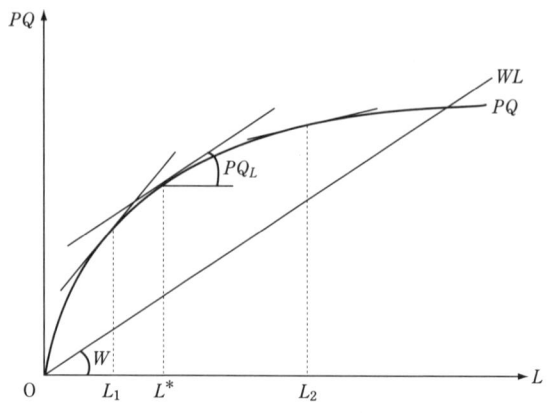

図序 - 5 最適な労働投入量の決定―短期―

れは，図序 - 4において，PQ曲線の傾き（PQ_L）がWL曲線の傾き（W）に等しくなるL^*によって与えられる。ここで，PQ曲線の傾きは，労働の限界生産物に製品価格を乗じたものであり，1単位の追加的な労働投入量の増加によってもたらされる価値の増分を表している。そのために，それは価値限界生産物と呼ばれる。L^*が利潤を最大化する労働投入量であることを示すために，今，かりにLがL_1の水準にあったとしたらどうなるかをみてみよう。図序 - 5のように，そこでは労働の価値限界生産物が賃金率を上回っていることから，追加的に労働投入量を増大させれば利潤を増加させることができる。LがL^*より高い水準のL_2にあるときには，逆に労働投入量を減少させれば利潤を増加できる。数学的には，利潤極大化のための必要条件は，（4）式をLで微分し，ゼロとすることによって導出しうる。

$$PQ_L - W = 0 \qquad (5)$$

この経済では収穫逓減の法則が成立すると仮定されているから，労働の限界生産物はLの増大とともに減少する。したがって，それに製品価格を乗じた価値限界生産物も同様に減少する。ここで読者は，完全競争的市場では個別企業にとって製品価格は生産量の変動に対して不変であることに留意したい。図序 - 6のD曲線は価値限界生産物を労働投入量の変動にしたがって図示したものであるが，この曲線こそが個別企業の労働需要曲線に他ならない。たとえ

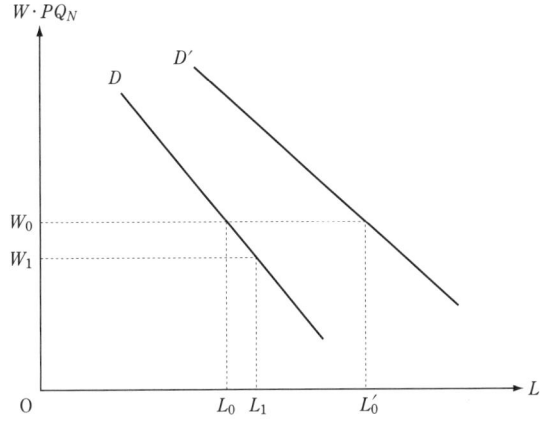

図序 - 6 短期の労働需要曲線

ば，今，賃金が縦軸の W_0 で与えられたとすると，(5)式より個別企業の労働需要は L_0 に決まる。もしより低い賃金 W_1 が与えられたときには，それより高い水準の L_1 に投入量が決まる。こうして各賃金水準に対応する労働の需要量は D 曲線に沿って与えられることになる。

製品価格の上昇はどのような効果をもつのだろうか。技術的変化がないかぎり，労働の限界生産物は一定であるから，P' への上昇は価値限界生産物を増大させ，図序 - 6 のように，D 曲線を D' 曲線へと上方にシフトさせる。その結果，賃金水準 W_0 に対して需要される労働投入量は L_0 から L'_0 へと増大する。

もし賃金が製品価格と同じ割合で上昇したらどうであろうか。この問題は，(5)式を次の(5)′式に変形することによって容易に答えうる。

$$Q_L = \frac{W}{P} \qquad (5)'$$

この式は労働需要量が実質賃金に依存していることを示している。したがって，P と W の比例的な上昇は実質賃金を変化させることはなく，労働需要量には何らの影響もしないのである。

4 長期の労働需要

長期において企業は労働ばかりではなく，資本の投入量も変動できることから，長期の労働需要の分析はかなり複雑になる。今や企業の利潤は，資本コストをも考慮しなければならないから，次式のようになる。

$$\Pi = PQ - WL - RK \tag{6}$$

ここで，R は資本の価格，たとえば利子率や資本設備1単位のレンタル料を表し，完全競争的な資本市場では企業にとって与件である。

企業は利潤を労働と資本の投入量を適切に操作することによって最大化するが，その必要条件は，(6)式を L と K でそれぞれ微分し，ゼロとすることによってえられる。

$$Q_L = \frac{W}{P} (\equiv w) \tag{7}$$

$$Q_K = \frac{R}{P} (\equiv r) \tag{8}$$

ここで，w と r はそれぞれ実質賃金と実質資本価格である。労働と資本の限界生産物は L と K の水準に依存していることから，この連立方程式体系の未知数は L と K である。2つの内生変数（未知数）が2本の方程式にあることから，この方程式は解くことによって利潤を最大化する最適な労働と資本の投入量を導出することができる。ただし，こうした形式的な解法を述べただけでは意味のある情報がえられたとは言えないだろう。

比較静学分析は，企業にとって与件（外生変数）である製品価格や名目賃金，資本価格が変化したとき，労働と資本の最適な投入量がどのように変化するかを教えてくれる。たとえば，W の上昇が最適な L と K に対してどのように影響するかを知るために，W の変化が実質賃金を通して L と K を変化させることを念頭に，(7)と(8)式をそれぞれ微分し，その効果を算出する。ただし，その際に他の名目価格は固定されているものとする。複雑な計算は数学付録1に委ね，結果だけを整理しておこう。

① 名目賃金の上昇は，実質賃金を上昇させ，労働の投入量を減少させる。
② 名目資本価格の上昇は，実質資本価格を上昇させ，資本の投入量を減少させる。
③ 労働と資本が補完的な関係にあるとき，賃金の上昇は労働と同じように資本の投入量をも減少させる。他方，資本価格の上昇は資本と同じように労働の投入量をも減少させる。
④ 労働と資本が代替的な関係にあるとき，賃金の上昇は労働投入量を減少させるが，資本の投入量を増大させる。他方，資本価格の上昇は資本の投入量を減少させるが，労働の投入量を増大させる。

ここで，①と②の効果は，価格がそれ自身の生産要素需要に与える自己効果（own-effect），③と④の効果は他方の生産要素需要に与える交差効果（cross-effect）と呼ばれる。数学付録1で示されているように，交差効果は対称的であり，賃金の資本の需要量に与える効果と資本価格の労働の需要量に与える効果とは同じ大きさになる。

製品価格が生産要素の需要量に与える効果については，これまでの枠組みで明確な結論がえられるのは，労働と資本が補完的な関係にある場合のみである。この場合，③を適用して，次の⑤の結果をうることができる。

⑤ 労働と資本とが補完的な関係にあるとき，製品価格の上昇は実質賃金と実質資本価格を低下させ，労働と資本の需要量，ひいては生産量を増大させる。

労働と資本とが代替的な関係にあるとき，実質賃金（実質資本価格）の低下は交差効果を通して資本（労働）の投入量を減少させるため，相反する効果が発生し，この段階では一義的に各要素需要量と生産量の変化を決めることができない。より詳細な分析が必要になるが，それは次節で与えられる。

長期の労働需要曲線は，短期のそれと比較してどのように異なるのであろうか。図序-7のS曲線は，資本の投入量を一定としたときの短期の労働需要曲線を示している。ここで，賃金がW_0からW_1へと低下したとすると，短期的

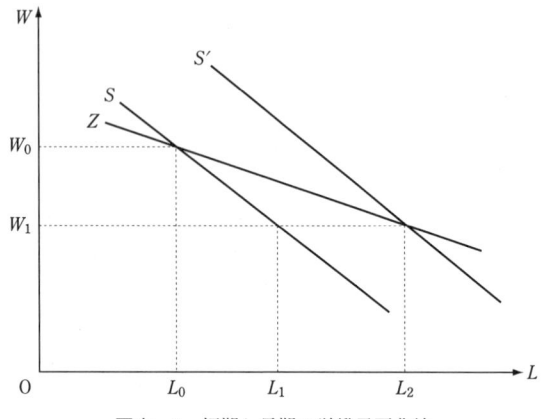

図序-7 短期と長期の労働需要曲線

に雇用水準は S 曲線にそって L_0 から L_1 へと上昇する。しかし，長期的には資本の投入量も変化するから雇用は L_1 にとどまらない。もし労働と資本の関係が補完的であれば，賃金の低下は労働と同じように資本の投入量を増大させるから，労働の価値限界生産物を増大させる。また代替的であれば，交差効果が負になることから，資本の投入量は減少するが，それが逆に労働の価値限界生産物を増大させることになる。すなわち，両者がどちらの関係にあっても，賃金の低下は労働の限界生産物，ひいては短期の労働需要曲線を S' 曲線のように上方へとシフトさせる。その結果，雇用水準は図序-7 の L_2 水準まで上昇する。こうして長期の労働需要曲線は資本の投入量の変化を通して Z 曲線のように短期のそれより傾きがより緩やかなものになる。

5 問題の分割——長期分析

前節では，価格の変化が生産要素の需要に与える影響を比較静学分析によって形式的に分析した。そこでは，企業が具体的にどのような行動をしているか，また生産量がどのように変化するかは説明されていない。本節では，長期の労働需要を最適な労働と資本の組合せを決める問題と最適な生産量を決める問題とに分けて分析することにより，問題をより具体的に見通してみよう。

最初に，労働と資本の合理的な組合せの問題から考えよう。図序-8 の Q_1

序章　労働需要の基本的仕組み

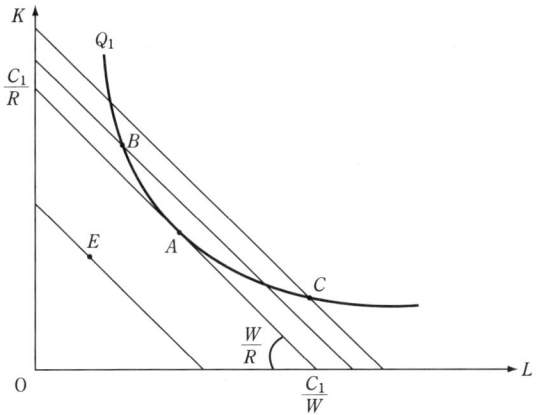

図序-8　最適な労働と資本の組合せ

曲線は，ある与えられた水準の生産量 Q_1 を生産するために必要な労働と資本の投入量の組合せを示す等量曲線であるが，企業にとっての問題はどの組合せが生産費用を最少にするかということである。この問題を解くための準備として，まず生産費用を定義しよう。

$$C \equiv WL + RK \tag{9}$$

ここで，C をある水準に固定すると，(9)式は図序-8に描かれた直線によって表現される。その傾きは $-W/R$，縦軸の切片は C/R である。この直線上にあるどの L と K の組合せも等しい C を与えるから，それは等費用曲線 (isocost curve) と呼ばれる。この等費用曲線は，より上位にあるものほど，より縦軸の切片が大きくなることから，より高い生産費用に対応している。

目標の生産水準 Q_1 を最少の費用で生産可能な労働と資本の組合せは，図序-8において等費用曲線が等量曲線 Q_1 に接する A 点によって与えられる。もし企業が同じ等量曲線でも B 点や C 点のような組合せを選択したとしたら，図序-8のように，それらの点を通る等費用曲線は店（0 C_1/R）と（C_1/W 0）を結ぶ直線より上方にあることから，企業は Q_1 の生産のためにより多くの費用を負担しなければならない。また E 点のような組合せは，より低い生産費用に対応しているが，Q_1 だけの生産を可能にしない。

17

等量曲線と等費用曲線が接したとき，両者の傾きは等しくなるが，それを数学的に表現したのが次の(10)式である。

$$\frac{Q_L}{Q_K} = \frac{W}{R} \tag{10}$$

この関係は前節の(7)と(8)式からも導出できることから，前節の利潤最大化の条件は費用極少化の条件をも満たしていることを理解できよう。経済学的な意味を直感的に説明するために，(10)式を次のように変形する。

$$Q_L \frac{1}{W} = Q_K \frac{1}{R} \tag{10}'$$

この(10)′式が満足されている状態で，1単位の費用を労働から資本の投入量へと振り替えたとしよう。それによって労働投入量は$1/W$だけ，生産量は減った労働投入量にその限界生産物を乗じた分だけ減少する。これが左辺である。他方，労働から引きあげた1単位の費用を資本に投入すると，$1/R$だけその投入量が増える。それに資本の限界生産物を乗じた分だけの生産量が増える。右辺がそれである。(10)′式は両者の増減が等しく，費用の配分を変更しても生産量が増えないことを示している。たとえば，B点のように，もし左辺が右辺より大きい場合にはどうであろうか。1単位の費用を資本から労働に振り替えれば，より多くの生産量をうることができる。しかし，生産量は目標のQ_1を上回る必要はないから，労働の投入量を節約することができる。

こうして目標とする生産水準と市場から名目賃金と名目資本価格とが与えられると，費用を最少にするような労働と資本の投入量，L^*とK^*が決まる。その関係を次式によって表現しよう。

$$L^* = L(Q, W, R) \tag{11}$$

$$K^* = K(Q, W, R) \tag{12}$$

費用関数とは生産費用の定義式である(9)式の労働と資本に最適な水準であるL^*とK^*を与えたものである。したがって，形式的に次のように書くことができる。

$$C = WN^* + RK^* = WL(Q, W, R) + RK(Q, W, R) = C(Q, W, R) \tag{13}$$

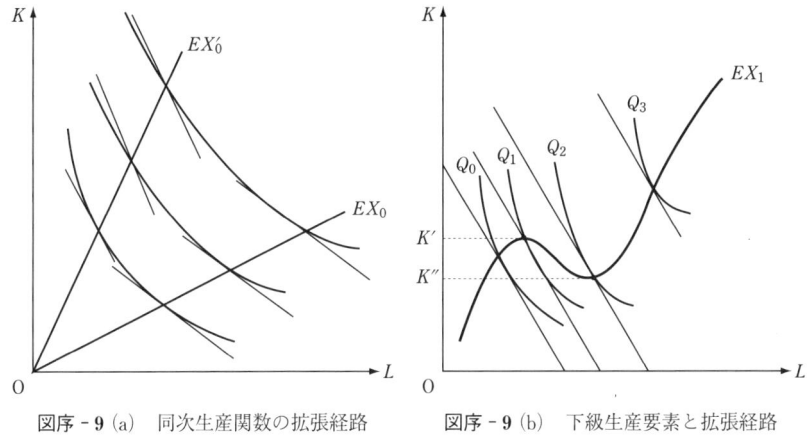

図序-9(a) 同次生産関数の拡張経路　　**図序-9(b) 下級生産要素と拡張経路**

　図序-9(a)と(b)には，目標生産水準が変化するとともに労働と資本の投入量がどのように変化するかが示されている。生産関数がホモセティック関数 (homothetic function)〔7〕の場合には，限界代替率が労働と資本の比率のみに依存し，等量曲線が原点に対して相似的になることが知られているから，賃金と資本価格が一定であるかぎり，目標生産水準の増大にともなう労働と資本の最適な組合せは図序-9(a)の EX_0 曲線のように原点からの右上がりの直線になる。この直線は拡張経路と呼ばれる。もし資本価格より相対的に高い賃金が与えられた場合には，拡張経路は EX'_0 曲線のように労働に対する資本の比率がより高いものになる。EX_0 曲線は生産量の増大とともに労働も資本も増大することを示すが，それは両者が正常な生産要素（normal production factor）であることを意味する。もし拡張経路が図序-9(b)の EX_1 曲線のようなものであれば，資本の投入量が $K'K''$ の範囲，すなわち生産量が Q_1 から Q_2 へと増加するプロセスで資本は生産量の増大とともに減少している。この場合，資本は下級生産要素（inferior production factor）になっている。

　費用関数がどのような特徴をもつかを同次の生産関数のもとで考えてみよう。今，生産量1単位を作るために，L_1 と K_1 だけの労働と資本の投入量が必要であり，それに応じて C_1 だけの費用が掛かったとしよう。すなわち，$C_1 = WN_1 + RK_1$ とする。さらに生産量を2，3，…，n 単位と増大させたとき，費用はどのように変化するのだろうか。結論から言えば，それは規模の効果に依存

する。以下では，規模に関して収穫一定のケースを取り上げ，それをベースに収穫逓減と逓増の場合に費用関数がどのようになるかを考えてみよう。

規模に関して収穫が一定のとき，要素投入量に比例して生産量が増大するが，それは逆に生産量の変化に対して要素投入量さらには生産費用が比例的に増大することを意味する。すなわち，次式が成立する。

$Q=2$ のとき，$C_2 = W \times 2L_1 + R \times 2K_1 = 2(WL_1 + RK_1) = 2C_1$

$Q=n$ のとき，$C_n = W \times nL_1 + R \times nK_1 = n(WL_1 + RK_1) = nC_1$

これらの結果は，収穫一定の場合，限界費用が C_1 で一定であることを意味する。一方，収穫逓減の場合には生産量の増大に対して要素投入量がその倍率以上に必要になることから，費用は累積的に増大する。すなわち，限界費用は生産の規模の拡大とともに上昇する。逆に規模に関して収穫逓増の場合には収穫低減の場合とは逆になる。

経済学は伝統的に規模に関して収穫逓減のケースを扱ってきたから，ここでもそれを踏襲しよう。このとき，費用関数に関して次式が成立する。

$$\frac{\partial C}{\partial Q} > 0, \quad \frac{\partial^2 C}{\partial Q^2} > 0 \qquad (14)$$

ここで第1番目の不等号は限界費用（marginal cost）が正であり，生産量の増大とともに費用が増大することを，第2番目の不等号は，限界費用が逓増することを示している。

こうした特長をもつ費用関数の下で，企業の利潤は次式によって表現される。

$$\Pi = PQ - C(Q, W, R) \qquad (15)$$

企業は，市場で与えられた P と W，R のもとに，利潤が最大になるように Q を決定する。利潤最大化のための必要条件は，(15)式を Q で微分し，ゼロとすることによって与えられる。

$$P = \frac{\partial C}{\partial Q} \qquad (16)$$

これは最適な生産水準が限界費用と価格とが等しくなる水準で決定されるという，ミクロ経済学の教科書では周知の原理を表している。図によって説明しよう。図序-10 の MR 曲線は，各生産水準に対応する限界費用の動きを表し

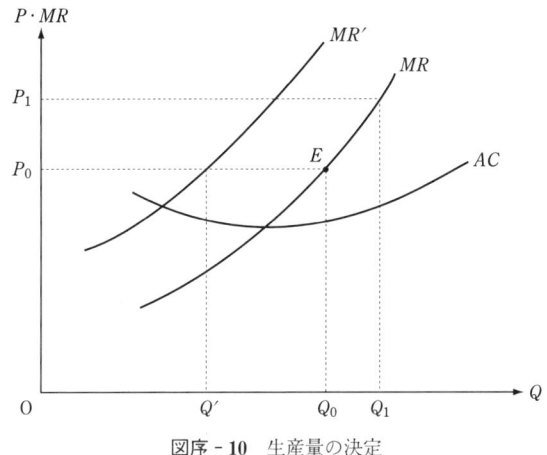

図序-10 生産量の決定

ており、(16)式の右辺を図示したものである。製品価格は与件であるから、$P=P_0$の場合、MR曲線との交点であるE点が(16)式を満足することになり、最適な生産水準はQ_0によって与えられる。規模に関して収穫逓減のもとではMR曲線が右上がりになっているために、価格の上昇とともに生産量は増大する。たとえば、図序-10のように、P_0からP_1への価格の上昇に対して生産量はQ_0からQ_1へと増大する。こうして次の命題が成立する。

⑤ 製品価格の上昇は、限界費用曲線にそって最適な生産量を増大させる。

これは限界費用曲線が製品の供給曲線になっていることを示すものである。[8]
次いで、生産関数を製品価格で微分して次式をうる。

$$\frac{\partial Q}{\partial P} = Q_L \frac{\partial L}{\partial P} + Q_K \frac{\partial K}{\partial P} \tag{17}$$

これまでの議論から左辺は正、また労働と資本の限界生産力は正であることから、次の命題が成立する。

⑥ 製品価格の上昇が最適な生産量を増大させるとき、それにともなって労働か資本の投入量のうち、少なくともどちらかは増大しなければならない。

すなわち，労働か資本のどちらかは正常な生産要素でなければならない。

　賃金などの要素価格が生産量や生産要素の需要に与える影響の導出は簡単ではない。その準備として，まず(13)式を賃金で微分して次式をうる。

$$\frac{\partial C}{\partial W} = N^* + \left(W\frac{\partial L}{\partial W} + R\frac{\partial K}{\partial W}\right) = N^* \tag{18}$$

これは生産量を一定にして賃金のみが1単位上昇した場合，生産費用の増分が労働の投入量に等しくなることを示すものであり，シェパードの補題と呼ばれる命題である。もしそれが資本価格の上昇であれば，資本の投入量に生産費用の増分が等しくなる。この補題の証明で重要な箇所は(18)式の括弧の中の値がゼロになることであるが，それについては数学付録2を参照されたい。

　次に(18)式を生産量で微分してみよう。

$$\frac{\partial^2 C}{\partial W \partial Q} = \frac{\partial^2 C}{\partial Q \partial W} = \frac{\partial N^*}{\partial Q} \tag{18'}$$

第1番目の等号は，連続で2回微分が可能な関数については2回微分の値が微分する変数の順番に関係がないことから成立する。こうして賃金が限界費用に与える効果は生産量の増大が労働投入量を増やすかどうかに依存する。もし生産量と労働の投入量とが同方向に変化するならば，すなわち労働が正常な生産要素であれば，賃金の上昇は，限界費用曲線を上方にシフトさせ，生産量を減少させる。たとえば，図序-10において MR 曲線の MR' 曲線への上方シフトは，価格が P_0 のもとで生産量を Q_0 から Q' へと減少させる。以上の議論は，⑥を念頭に次のようにまとめることができる。

⑦　労働（資本）が正常な生産要素であれば，賃金（資本価格）の上昇は限界費用を増大させ，最適な生産量を減少させる。

　ツェパードの補題は労働と資本とが代替関係にあっても成立することから，この命題は，常に成立することに留意したい。
　ここで読者はこれまでの命題を名目賃金と製品価格の変化についてそれぞれの効果を整理されたい。

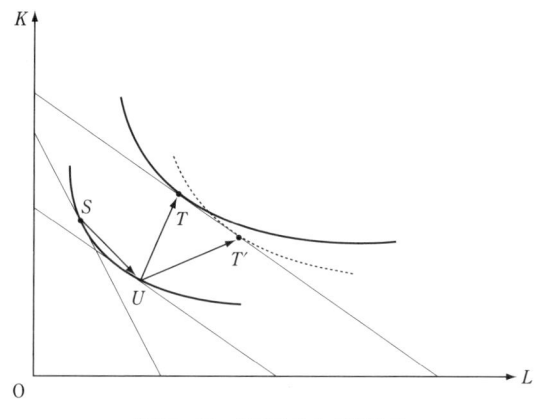

図序 - 11 代替効果と規模効果

6 　図解——代替効果と規模効果

　賃金の変化が労働と資本の投入量に与える効果を図によって示そう。今，企業は図序 - 11 の S 点で操業していたところ，名目賃金が低下したとしよう。この賃金低下は，生産の限界費用を減少させるばかりではなく，資本との相対価格を低下させる。その結果，企業の操業点が T 点になったとしよう。ここで重要なことは，等費用曲線の傾きが変化したばかりではなく，生産量の増大にともなってそれが上方にシフトしていることである。こうした変化の効果を 2 つのプロセスに分割して考えることができる。まずこれまでの生産量を維持したとして，労働と資本との相対価格が変化することによって企業が要素投入量の組合せを変化させる効果である。図序 - 11 で S 点から U 点への移動によって表される効果である。資本に対する労働の相対価格が低くなったことから，企業は労働の投入量を増やし，資本のそれを減少させている。これが代替効果と呼ばれるものである。

　賃金の低下が限界費用を減少させ，生産量を増大させたことにより，労働と資本の投入量が変化する効果が図序 - 11 の U 点から T 点への移動によって表される。ただし，図序 - 11 には生産量の増大が労働ばかりではなく資本の投入量をも増大させるケースが描かれている。こうした効果が規模効果と呼ばれ

るものである。

　ここで留意したい点は，命題④から労働と資本とが代替関係にあるとき，図序‐11の破線のような等量曲線へのシフトによって，企業の操業が資本の投入量がS点より少ないT′点へと移動することもありうるということである。この場合，賃金低下の資本投入量に対する総効果がマイナスになる。これは，資本投入量に関して賃金低下の代替効果が規模効果より大きいために生じる。

　周知のように，近年，パーソナル・コンピューターが性能の大幅な向上と価格の低下によって職場で急速に普及した。米国では，それが高学歴の労働者への需要を増大させ，学歴間の賃金格差を拡大させた一つの大きな原因であると言われる。ここで，高学歴労働者を熟練労働者，低学歴労働者を不熟練労働者とみなして，両者の賃金格差がどのような仕組みによってもたらされたかを考えてみよう。

　パーソナル・コンピューターの性能の向上と価格の低下は，資本価格の低下として捉えられる。上の分析から，資本価格の低下は，規模効果を通して生産量を増大させるが，もし生産量の増大が資本と労働の投入量の増大によってもたらされる場合には，それは熟練労働者と不熟練労働者の両方の需要を増大させる。しかし，資本価格の低下は，代替効果を通して資本の投入量を増大させる一方で，労働投入量を減少させる。このとき，問題になるのが，資本と労働との関係である。もし熟練労働者は資本と補完的な関係にあるとすると，規模効果が代替効果を上回り，熟練労働者の需要は増大する。他方，不熟練労働者は資本と代替的な関係にあるとすると，規模効果より代替効果が大きくなり，不熟練労働者の需要は減少する。こうした状況が現実に発生したとすると，労働市場での需給バランスから熟練労働者の賃金は上昇，不熟練労働者の賃金は低下することになる。

　さらに不熟練労働者にとって都合の悪い状況も起こりうる。それは，生産関数の技術的な条件から不熟練労働者が下級生産要素である場合，生産量の増大すらその需要を増大させないことがありうるからである。このとき，規模効果も代替効果と同じように不熟練労働者の需要を減少させることから，パーソナル・コンピューターが広範に導入されている職場では不熟練労働者が大幅に減少し，さらに賃金への低下圧力が強まることになる。

図序 - 12 (a) 個別企業の労働需要曲線   図序 - 12 (b) 産業の労働需要曲線

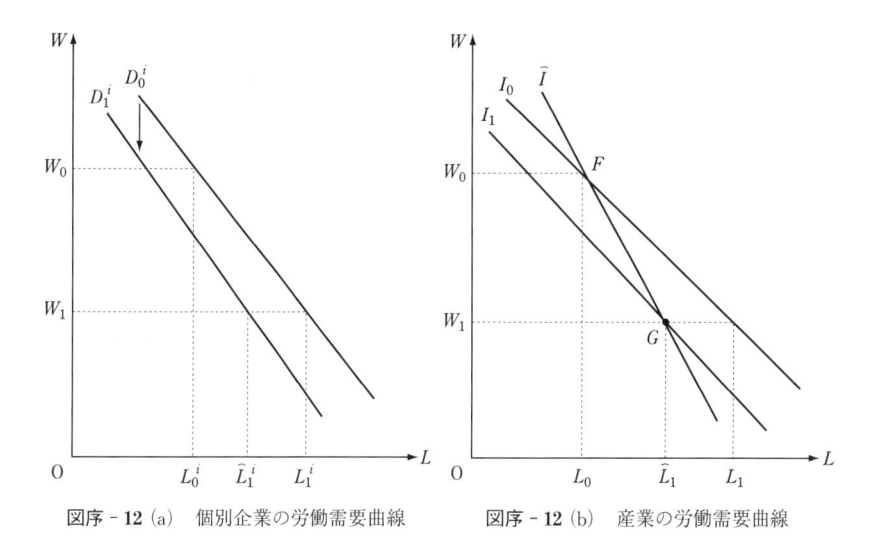

7　産業全体の労働需要

　産業全体の労働需要曲線は，その産業に存在するすべての個別企業の労働需要曲線を単純に集計したものすぎないのだろうか。もしその産業が1つの製品を1企業だけが生産し，供給するような独占的な市場であれば，答えは簡単である。すなわち，製品に対する産業全体の需要がそのままその企業に対する需要となるから，個別企業の労働需要曲線が産業全体のそれになる。しかし，多数の企業が存在する完全競争的な市場については，話がややこしくなる。

　図序 - 12 (a) における D_0^i 曲線は，個別企業 i の長期の労働需要曲線を，また図序 - 12 (b) における I_0 曲線は，産業全体で個別企業の需要曲線を単純に集計したもの（$I_0 = \sum D_0^i$）である。ここで図序 - 12 の縦軸には名目賃金がとられているから，これらの需要曲線は，製品価格が変化すれば，シフトすることに注意されたい。また製品価格を P_0 とし，そのもとに D_0^i 曲線と I_0 曲線とが描かれていることを明記しておこう。

　今，賃金が W_0 のもとに個別企業の労働需要が L_0^i，産業全体のそれが L_0 であったとしよう。この状態のもとで，賃金が W_0 から W_1 へと低下したとする。

個別企業はそれにともなって，図序-12(a)のように，D_0^i曲線にそって雇用量をL_1^iまで増大させようとするだろう。もしそれがすべての企業について実現したならば，図序-12(b)のI_0曲線にそって産業全体の需要量はL_1になる。しかし，それは実際のところ実現しない。なぜならば，個別企業のすべてが雇用量を増大させ，生産を増やした場合，製品市場での供給が増大し，価格が低下するからである。もし価格がP_0からP_1まで低下したとしたら，個別企業の労働需要曲線は図序-12(a)のD_1^i曲線のように下方にシフトしたものになり，それを集計した産業全体の需要曲線も図序-12(b)のI_1曲線のように下方にシフトする。その結果，個別企業の労働需要は，実際には$\hat{L}_1^i$の水準に，また産業全体の需要量は図序-12(b)のようにL_1より低い$\hat{L}_1$の水準になる。こうして産業全体の労働需要曲線は，図序-12(b)においてF点とG点を結ぶ$\hat{I}$曲線によって表され，その傾きは単純に個別企業の需要曲線を集計したI_0曲線あるいはI_1曲線のそれより大きい。

賃金の低下は個別企業による生産量の増大に加えて他の効果をも発生させる。たとえば，賃金の低下による利潤の増大は，産業に新しい企業を参入させ，産業全体の企業数を増加させる。その結果，賃金の低下にともなって労働需要量が一層増大し，産業全体の労働需要曲線の傾きが緩やかになる。さらに賃金の低下が他産業でも同様に生じているとき，資本から労働への代替は資本の需要量を減少させ，資本価格を低下させる。これは交差効果を通して労働需要量にも影響する。このような効果をも考慮すると，必ずしも産業の労働需要曲線は個別企業のそれより急傾斜であるとは言えないだろう。

産業の労働需要曲線の傾きがどのような条件に依存するかに関しては，マーシャルのルールが有名である。それは，労働需要の賃金弾力性が労働と資本の代替の弾力性，製品に対する需要弾力性，総費用に占める労働費用の割合に依存することを明らかにするものであるが，この議論は本章の範囲を超える。興味のある読者は，ハマーメシュ（Hamermesh 1993）を参照されたい。

数学付録1（命題①から⑤の導出）
本文の(7)式と(8)式を実質賃金wで微分して次式をうる。

序章　労働需要の基本的仕組み

$$Q_{LL}\frac{dL}{dw}+Q_{LK}\frac{dK}{dw}=1$$

$$Q_{KL}\frac{dL}{dw}+Q_{KK}\frac{dK}{dw}=0$$

この方程式体系を解くことにより次の結果をうる。ただし，生産関数は連続で2回微分可能であるとし，$Q_{LK}=Q_{KL}$ としている。

$$\frac{dL}{dw}=\frac{Q_{KK}}{Q_{LL}Q_{KK}-(Q_{LK})^2}<0：自己効果$$

$$\frac{dK}{dw}=\frac{-Q_{LK}}{Q_{LL}Q_{KK}-(Q_{LK})^2}　?：交差効果$$

ここで，最大化のための二階の条件から，上式の分母は正，及び $Q_{LL}<0$（$Q_{KK}<0$）であることから自己効果は負である。また交差効果の符号は，Q_{LK} の符号に依存するが，労働と資本が補完的（代替的）な関係にあるとき，それは正（負）であり，交差効果は負（正）となる。賃金と同様に資本価格の効果も導出可能であるが，分母は2つの効果ともに，上式と同じであり，自己効果の右辺の分子は Q_{LL}，交差効果のそれは同じで $-Q_{LK}$ となる。すなわち，賃金と資本価格の交差効果は対称的なものである。

数学付録2（シェパードの補題の証明）

等量曲線上では生産量が一定であることを念頭に，賃金の変化が労働と資本の投入量の組合せを変化させることを考慮して，(1)式の生産関数を賃金で微分し，次式をうる。

$$0=Q_L\frac{\partial L}{\partial W}+Q_K\frac{\partial K}{\partial W}$$

両辺を Q_K で割り，限界代替率と賃金・資本価格比が等しいという(10)式の関係を利用することにより，次式をうる。

$$0=\frac{Q_L}{Q_K}\frac{\partial L}{\partial W}+\frac{\partial K}{\partial W}=\frac{W}{R}\frac{\partial L}{\partial W}+\frac{\partial K}{\partial W}$$

両辺に R を乗じることにより，

$$W\frac{\partial L}{\partial W}+R\frac{\partial K}{\partial W}=0$$

となる。こうして、(13)式の括弧の中の値がゼロとなり、2番目の等号が証明された。

注

(1) 厳密に言えば、Q_1 より Q_2 の方が労働の投入量をより少なく利用することもありうるが、その場合には、少ない分を補うばかりではなく、さらに生産量を増大させるように資本の投入量を増やす必要がある。

(2) 第五番目の式は、まず労働投入量から生産関数を偏微分し、その後で資本投入量で偏微分しても、その逆の順序で偏微分しても値が同じになることを示しているが、生産関数が連続で2回微分可能な場合、それが成立することが知られている。

(3) 直感的に言えば、下の式は、微少な労働と資本の増分、すなわち dL と dK とがそれぞれの限界生産物だけ生産量を増大させ、合計で dQ だけ増大させることを示している。

(4) レオンチェフ型の生産関数では労働と資本の比率が常に一定であるが、等量曲線がL字型であっても生産規模に応じて両者の比率が変化する生産関数もある。それは補完型生産関数と呼ばれる。

(5) 執行役員のトップは最高経営責任者（CEO）と呼ばれるが、実際には会社の会長や社長が務めることが多い。

(6) こうしたことから、縦軸に名目賃金ではなく、実質賃金がとられ、限界生産物曲線を労働の需要曲線とすることもしばしばある。

(7) ホモセティック関数は、同次関数を微分可能な単調増加関数で変換することによってえられる。詳しくは、奥野・鈴村（1985）を参照。

(8) 図序-10に描かれている AC 曲線は、総費用 C を生産量 Q で割った平均費用（C/Q）の軌跡である。限界費用曲線は平均費用曲線が最低になっているところで交わっている。なぜそうなるかは、読者自身で考えられたい。

(9) 等量曲線の形状によっては生産量の増大に伴って資本の投入量が減少することもありうることに注意されたい。尚、ここでは生産量の増大は労働の投入量を増大させるという前提のもとに議論がなされている。

参考文献

奥野正寛・鈴村興太郎（1985）『ミクロ経済学Ⅰ』（モダン・エコノミックス）岩波書

店。

Berle, A. A. and G. C. Means (1932), *The Modern Corporation and Private Property*, New York : Commerce Clearing House, Inc.

Baumol, W. J. (1965), *The Stock Market and Economic Efficiency*, New York : Fordham University Press.

Hamermesh, Daniel S. (1993), *Labor Demand*, NJ : Princeton University Press.

Weitzman, Martin L. (1984), *The Share Economy*, Cambridge : Harvard University Press（林敏彦訳（1985）『シェア　エコノミー』岩波書店）.

Williamson, Oliver E. (1975), *Markets and Hierarchies: Analysis and Antitrust Implications*, New York : The Free Press, A Division of Macmillan Publishers, Co., Inc.

第Ⅰ部

労働需要の動向

第1章　産業構造と労働需要

早見　均

1　地球環境システムの中の労働

　ここでは労働需要の最も単純な分析方法について意味と限界，その拡張性について解説することにする。労働需要は生産活動の誘発需要であるので，生産活動が行われなければ発生しない。生産活動の主体は企業であるが，企業が採択する生産技術はその時点で利用可能な技術メニューによって制約される。その際に，労働経済学では労働という投入要素のみをとりだして詳細に分析する部分均衡分析が行われることが多い。これに対してすべての市場とその相互作用を扱うのが一般均衡分析，悪く言えば「風がふけば桶屋が儲かる」世界である。「景気」がいいときには雇用が増えるといわれるが，「景気」という言葉で，すべての財・サービスの生産物の市場のある種の状態を表していることはいうまでもない。その生産物市場の状態について詳細に知ることはより正確な労働需要の分析にとって重要であると筆者は考えている。ここでも一般均衡的な視点から労働需要を分析することがねらいである。

　生産物市場の需給関係のほかに雇用に影響を与える与件としては生産活動で採用されている技術がある。現時点で企業が生産活動に採用している技術は，生産に必要な投入要素（input）と生産活動の結果である産出（output）の関係として現れる。経済学ではその内容についてはブラック・ボックスとして扱うことが慣例になっているが，それを暗に批判して生産プロセスの工学的研究をすることも盛んになっている。経済分析では，投入要素は，大別すると資本サービス（K），労働サービス（L），電力などのエネルギー（E），原材料（M），

アウトソース（外注）しているサービス（S）に分類される[1]。このような投入要素をすべての経済主体（企業・家計・政府）について取り上げるとき，はじめて経済全体としての循環構造が明らかになってくる。国単位で代表される1つの経済圏で行われているすべての生産活動を投入と産出の関係として記した表がレオンチェフ（W. Leontief 1941）による投入産出表（産業連関表）である。投入産出表は一般均衡の経済状態を叙述するためには必要不可欠の統計である。

　その投入産出表を用いた最も単純な一般均衡分析が投入産出分析（input-output analysis）で，Leontiefによって考案され，かつLeontiefによって完成された産業連関分析である。その意義は，分析のフレームワークが単純極まりないため誰が計算しても同じ結果になるという点にある。つまり科学としての最大の要件である再現性が満たされているということで，研究者が違うと結果が違ってしまうことが多く，それをまた論文として業績を積んでいる社会科学としては非常にめずらしい分析道具である。

　そのため，近年では経済学として扱われることはほとんどなくなってしまい，むしろ工学系の研究業績，とくに環境問題，地球環境問題，廃棄物問題などを扱っている研究者によって多く活用されている[2]。もともと経済学の分析ツールであったものであるが，技術や生産活動が与えるインパクトとよばれている，CO_2の排出やエネルギー消費を分析する場合に活用されているのである。ただし，技術を分析するために十分に詳細な産業連関表が作成されていなければならない。米国，カナダ，オーストラリアとならび，ある意味ではそれ以上に詳細な表が作成されているのが日本である。

　環境汚染やエネルギー，廃棄物もまた生産活動によって誘発される因子の一つである。その点で同じ誘発需要（derived demand）の一つである労働需要と同じように分析できる。まじめな人には汚染や廃棄物と労働を一緒に扱うというと抵抗があるに違いない。しかしlabor, jobとはそれを行う現在の人間にとって一つの苦痛であると同様に，環境汚染や廃棄物は現在さらには将来の人間・地球にとって同じくらい大きな苦痛であるといわざるを得ない。その違いは，汚染物質や地球温暖化物質の発生をとめるには発生因子を利用している生産活動をストップすればよいのであるが，労働の苦痛をとめるために生産活動をストップすることはできない。理由は単純で労働は資本とならぶ本源的生産

要素の一つで,あらゆる生産活動に必要とされているからである。加えて,労働需要が達成されたときに発生する雇用によって所得が発生し,所得によって人々が生活している。そのためにもなくなるわけにはいかないのである。

日本をはじめ EU 諸国は2050年までに CO_2 排出量を半分にすることを目標として掲げている。科学的根拠もさることながらむしろ政治的な意図によって脱炭素社会が求められている。日本も高齢社会が本格化する。政治的な意図によって脱労働社会をめざすための生産性の向上がどのくらい必要かという試算はあってもよさそうである。政策的に議論されるのは,働きたくても働けない状態を減らすには教育訓練しろとか,働けないことはないが働かない人をいかに働かせるかといったことだが,こうした労働供給行動も同時に扱う判断を含んだ議論はここでは一切でてこない。しかし労働は苦痛だという判断は必要である。労働が快楽になればお金を払ってでも働く人がいる超ボランティア社会になるのだが,実は単にお金を持つことが不快な社会になっただけのことかもしれない。そうなる日まで地球が耐えられるかどうかもわからない。いずれにしてもこの章では労働は苦痛で,経済全体として労働需要の水準がどの程度になるのか定量的にあたりをつけるための分析道具の解説をしている。

2 産業連関と雇用構造

Input-output analysis（投入産出分析）を産業連関分析と訳しているが,これは相当の意訳である[3]。というのは,産業（industry）の定義が異なるからである。産業連関分析で扱う部門には,3種類が使われている。第1はいわゆる産業（日本標準産業分類）である。つまり企業が生産する主たる生産物によってその企業全体が分類される概念である。産業組織論の産業がこれにあたる。この場合,産業とは企業の集合である。この分類で困るのは多種類の生産活動を行っている企業が存在することである。企業経営は多角化している。製造業に分類されるけれども,日本国内の実態は海外で生産された製品を国内に流通させる卸売業であることもある。その場合,いわゆる産業分類は雇用の分析には役立つとはいえない。なぜなら,ある企業Aは確かに国内に工場があり製造活動をしているが,他の企業Bは自社工場は国内になく,製造活動はあったとし

ても請負に外注している場合，産業分類で出荷額を集計して，雇用需要の予測をするとしよう。A社の生産が伸びれば，技術者や工場で働く技能労働が増える，しかしB社の生産が伸びれば，輸入が増え，外注先の企業の生産量が増える。それは製造業の雇用の発生ではなく，卸売業の雇用の創出と同じ内容をもっていることになる。そこで必要な情報は，ある企業や産業がどの生産技術を採用しているかを表すデータということになる。

第2は商品という分類方法である。市場で取引される財・サービスがこれにあたる。もちろんある程度集計された商品の分類を行うが，たとえば石油製品部門はガソリン，軽油，A重油といった商品に分類されている。産業連関表の考え方としては，1つの商品に対応するのが1つの技術であるというのが原則である。したがって，同じ粗鋼でも電炉から製造されるものと転炉から製造されるものでは区別されている。しかし，電力といった商品は1つであるが，製造する技術は石炭火力発電であったり原子力発電である。このように原則がなりたたない場合もある。これとは逆に，石油精製では1つの技術から蒸留される温度によってガソリンや軽油などに分かれる場合，複数の商品が製造されることになる。産業連関表（基本表）の行分類は商品分類である。

第3はアクティビティである。産業連関表（基本表）の列分類がアクティビティである。たとえば，石油製品という部門は，列部門には石油製品の製造アクティビティに必要な投入要素が記載されている。行部門の石油製品はガソリン，ジェット燃料油，灯油，軽油，A重油，B重油・C重油，ナフサ，液化石油ガス，その他の石油製品の各商品に対応し，この合計が記載されている。基本表では列部門は石油製品で，これに対応する行部門はガソリン，ジェット燃料油，灯油，軽油，A重油，B重油・C重油，ナフサ，液化石油ガス，その他の石油製品ということになる。

産業連関表を作る場合の基本は，いわゆる日本標準産業分類で決められた産業で分類するのではなく，アクテビティすなわち生産技術（プロセスともいわれる）で分類するといわれる。これは生産技術のミックスを避けるためである[4]。したがって1つの企業が複数の生産技術を持つ場合，2つ以上の部門（アクティビティ）に分断されて記載されている。

こうして定義された各部門間で投入・産出の関係が行列形式で記載されるこ

とになる。タテ方向には費用構成が，ヨコ方向には販路構成がわかるようになっている。基本表の取引表では投入金額が記載されているが，その価格評価は生産者価格で表記されることになっている。金額表記される場合に売り先別に価格を統一する，一物一価に表すことが原則になっている。生産者価格では，運賃・流通マージンが除かれており，購入者価格とは異なる。この変換表がマージン表であるが，消費者が購入する場合には生産者価格表記の商品を生産者から投入し，そのマージン分は輸送部門や流通部門から投入するという形になる。

日本の産業連関表の基本表は行方向には商品，縦方向にはアクティビティを部門として設定し，現在の最新版である2000年版の場合，中間取引について517商品×416アクティビティの表が作成されている。ほかに最終需要部門と付加価値部門が加わって経済全体の一年間の財・サービスのフローのバランスを表している。[5]

分析の便宜上，中間取引については正方行列で表すように組み替えることが多い。ということは分析する際には，たとえば石油製品の商品構成が現状維持であるということを前提に行う。同様に，電力の場合，事業用発電の電源構成が事業用原子力発電，事業用火力発電，水力・その他の事業用発電で一定であると仮定して分析することになる。これらの構成に変化がある場合にはその部分だけ修正してモデルを作成することができる。このような取り決めのもとで，商品ごとの販路構成のバランス式を書くとつぎのようになる。2部門を例にして簡単に解説すると（早見〔2007〕を参照）

$$X_{11}+X_{12}+f_1+ex_1=x_1+im_1$$
$$X_{21}+X_{22}+f_2+ex_2=x_2+im_2 \quad (1)$$

ここで X_{11} は財（1部門）をつくるために必要な財（1部門）の投入量（輸入も含まれる）であり，X_{12} はサービス（2部門）をつくるために必要な財（1部門）の投入量ということになる。f_1 は財の国内最終需要（家計消費や政府消費，民間および公的固定資本形成，在庫純増），ex_1 は財の輸出量，x_1 は財の国内生産量，im_1 は財の輸入量である。ここでは，同じ部門であれば国産（国内）品でも輸入品でも区別がないという競争輸入の前提で書かれている。第1部門の場

合左辺の合計は財の総需要であり，右辺の合計は財の総供給になっている。同様に2行目は，X_{21} は財をつくるために必要なサービスの投入量で，X_{22} はサービスを生み出すために必要なサービスの投入量である。f_2，ex_2 はサービスの国内最終需要とサービスの輸出である。x_2 はサービスの国内生産量，im_2 はサービスの輸入である。サービスは貿易されないことが多いが，特許料やレンタル料，保険料などのサービス貿易といわれるものがこれに相当する。

ここで，輸入総量は輸入価格で評価されるので定義としてつぎの式が成り立つ。

$$im_i = \sum_{j=1}^{n} X_{ij}^m + f_i^m, \qquad i=1,\ldots,n \qquad (2)$$

ここで，j 部門への i 部門の輸入品の投入量が X_{ij}^m，最終需要での輸入品が f_i^m である。

（1）式のように部門ごとに輸入品と国産品が分かれていない場合，ある製品 j を製造するための投入比率は国産品 X_{ij}^d と輸入品 X_{ij}^m の合計に対する産出量 x_j の比率で表すことが多い。つまり技術係数として考えたい投入係数 A_{ij} とそれ以外の輸入係数を分離して表現することができる。ここで技術を表す投入係数 A_{ij} はつぎの式で定義される。

$$A_{ij} = \frac{X_{ij}}{x_j} = \frac{X_{ij}^d + X_{ij}^m}{x_j}, \qquad i,j=1,\ldots,n$$

輸入係数 $\widehat{M}_i$ も実物単位でつぎのように定義する。このとき各部門で投入される輸入品の比率が同じであるというモデルになる。この場合も輸出品には直接輸入品が含まれていないことを仮定している。

$$\widehat{M}_i = \frac{\sum_{j=1}^{n} X_{ij}^m + f_i^m}{\sum_{j=1}^{n} X_{ij}^d + f_i^d + \sum_{j=1}^{n} X_{ij}^m + f_i^m}, \qquad i=1,\ldots,n \qquad (3)$$

以上の関係式を行列を使って表すと，第 ij 要素が A_{ij} である投入係数行列 $\boldsymbol{A}$，対角要素が $\widehat{M}_i$ である輸入係数行列 $\widehat{\boldsymbol{M}}$，産出量（列）ベクトル $\boldsymbol{x}$，最終需要ベクトル $\boldsymbol{f}$，輸出ベクトル $\boldsymbol{ex}$ と定義すると，（1）式は

$$\boldsymbol{Ax} + \boldsymbol{f} + \boldsymbol{ex} = \boldsymbol{x} + \widehat{\boldsymbol{M}}(\boldsymbol{Ax} + \boldsymbol{f})$$
$$(\boldsymbol{I} - (\boldsymbol{I} - \widehat{\boldsymbol{M}})\boldsymbol{A})\boldsymbol{x} = (\boldsymbol{I} - \widehat{\boldsymbol{M}})\boldsymbol{f} + \boldsymbol{ex}$$

と書ける。

　もっとも単純な産業連関分析では，各部門の雇用者数 N_j は産出量 x_j と比例するものとして計算される。すなわち

$$\Lambda_j = \frac{N_j}{x_j}, \quad j=1, \ldots, n$$

ここで Λ_j は雇用係数とよんでいる。もちろん自営・家族従業者なども含めた従業者数で定義することもできる。従業者数，雇用者数については基本分類で公表されているので，約400部門の値が計算可能である。

　雇用量を職業別に分類してある表（産業・職業マトリクス）を使えば，各部門ごとの職業別の雇用者も計算することができる。産業・職業マトリクスは，第 j 部門（104部門）の k 職種（288職種）について与えられている。

$$\Lambda_{jk} = \frac{N_{jk}}{x_j}, \quad j=1, \ldots, 104, \; k=1, \ldots, 288$$

　基本的な産業連関分析による産業別の労働需要は，第 j 部門の産出量 x_j に雇用係数 Λ_j をかけたり，産業・職業マトリクスの係数 Λ_{jk} をかけることで得られる。

　地域雇用についても地域別・産業部門別雇用者数のデータから地域・産業雇用係数 Λ_{jr} を作成することができる。ここで r は地域を示す。市区町村の場合は，2000年には3,000以上あったが，平成の大合併の結果2008年初には1,795に減少している。

　表1-1は産業・職業マトリックスを利用して，職業別の雇用誘発を計算したものである。高度交通システム（ITS）の投資額の内容は電子機器が主体となる車載器の製造にともなう雇用誘発と，道路にビーコンなどの設備を建設するインフラ建設からの雇用誘発がある。これらの投資は各商品の数量をベクトルにして2000年の生産者価格で評価した値を使って最終需要ベクトルを構成している。この最終需要ベクトル f にレオンチェフ逆行列 $(I-(I-\widehat{M})A)^{-1}$ をかけると生産誘発が求められる。生産誘発は $(I-(I-\widehat{M})A)^{-1}f$ である。これに雇用係数を要素にもつ行列 Λ をかけることで職業別の雇用者数や地域別の雇用者数が得られる。

$$\Lambda(I-(I-\widehat{M})A)^{-1}f$$

第Ⅰ部　労働需要の動向

表1-1　ITS（高度交通システム）投資による誘発雇用：職業別

車載器製造（18兆6,986億円）		インフラ建設（8兆9,141億円）	
全体	218,861	全体	139,900
一般事務員	33,321	一般事務員	19,459
販売員	21,044	電気機械器具組立作業者	8,679
販売外交員	16,436	販売員	7,622
電気機械器具組立作業者	16,357	建設労働者	7,008
会計事務員	11,374	会計事務員	6,492

(注)　各投資額は産業連関表の基本分類（無線電機通信機器，電子応用装置など）に細分化されている。その投資額を生産者価格とマージンに変換し，誘発を計算する。それに雇用係数 $Λ_j$ をかけて部門別の雇用誘発が得られる。各部門ごとに職種別係数があるのでその職種係数 $Λ_{jk}$ を乗じて，職種ごとに合計した値である。
(出所)　早見均・中野諭・吉岡完治（2008）の投資データより筆者作成。

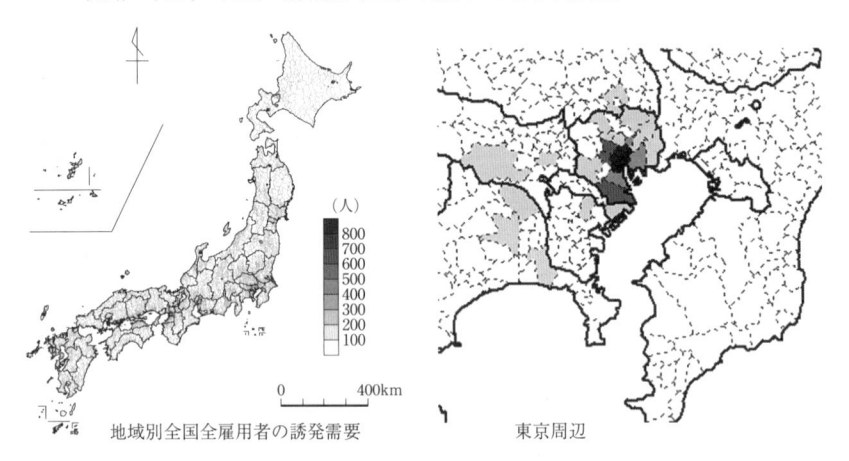

図1-1　ITS投資による地域別雇用誘発：雇用係数を地域別に分割して得られる
(出所)　早見均・中野諭・吉岡完治（2008）の投資データを用いて筆者の計算により作成。

　いずれの投資においても誘発される雇用のタイプは一般事務員が大きいことがわかる。雇用誘発に必要な投資額は，車載器製造の場合は1人あたり8,544万円で，インフラ建設の6,372万円に比較して高くついている。しかしいずれの投資についても雇用のタイプは，思ったより似通った職種の雇用が誘発されることがわかる。

　つぎに，地域別に2000年の基本表と雇用係数，さらには国勢調査を利用して誘発雇用を配分すると図1-1のような結果が得られる。これは市区町村別の雇用誘発で，ITS投資額を全国で与えているものの，主に誘発される雇用が

一般事務員や販売員，会計事務員などであることから，東京23区の中心部で最も雇用が誘発される傾向が観察されている。しばしば，道路の建設は地方で行われるので地域雇用創出の要のように思われているが，実際のところ道路整備関係の投資が行われたとしても，発生する雇用は東京都の中心部が大きいということがこの図からわかる。ただし，これは現状の雇用係数を利用した値であるので，現状がそのまま何年間も変わらないという保証はない。今後は建設計画値などの地域情報を産業連関表に組み込むことでより正確な雇用誘発が計算されることが望まれる。

条件付の分析をするためには，発生する労働需要の計算はこれで十分である。部門 j で現状の産出量 x_j を得るために必要とされた労働が N_j 単位であるとすると，平均的に必要とされる労働を延長するのがとりあえず合理的だからである。$x_j=0$ のとき $N_j=0$ であるから，x_j の関数として N_j は原点を通る。現状では，点 (x_j, N_j) を通るから，たとえ $N_j=f(x_j)=f(0)+f'(0)x_j+o(x_j)$ が $f(0)=0$ で凹でも凸でも平均を通る直線が1次近似として安全な予測であろう。そのような考えでは納得できないという場合には，各部門ごとに労働需要関数を推定することになる。ただし，労働需要の推定には他の投入要素である資本サービスとの代替も考慮する必要がある。解決しなければならない問題は複雑になる。さらにつぎに見るように定式化によって値が大きく異なる。つまり再現性という点で問題が発生してしまう。論理的整合性を追及することは必要であるが，それに対応できるほど扱う現象に規則性がない，あるいは論理的整合性が問題になるほど実証分析の蓄積がはっきりとした事実を伝えていない，そういう状況である。

3 費用構成と労働需要

労働需要の分析をする場合，生産量の変動もさることながら，労働の価格である賃金率が変わる可能性があるという場合，先の雇用係数 Λ は変化するかもしれない。あるいは労働需要と生産量が比例関係（1次同次）ではないかもしれない。こうした状況を一般性を失うことなく分析するには，費用関数を導入することである。割増賃金率などの労働時間制度を変更したときに現れる価

第Ⅰ部　労働需要の動向

格の変化（賃金率の相対的な変化）を通じてのシミュレーションを行いたいという動機にもこうした分析が必要である。以下ではそれらを順を追って解説することにする。最終的に1次同次の生産関数を前提にした場合，産業連関分析で得られている雇用係数が要素価格の関数になる以外はj部門の労働需要N_jは生産量に比例する，すなわち$N_j=\Lambda_j(\cdot)x_j$となることを導く。$\Lambda_j(\cdot)$は生産量以外の価格の関数となる。一般均衡を想定した上で労働需要を分析する場合，各部門ごとの費用構成のバランスを考えることから出発する。費用構成のバランス式はつぎのようになる。

$$\sum_{i=1}^{n}(p_i^d X_{i1}^d + p_i^m X_{i1}^m) + va_1 = p_1 x_1$$

$$\sum_{i=1}^{n}(p_i^d X_{i2}^d + p_i^m X_{i2}^m) + va_2 = p_2 x_2$$

$$\vdots$$

$$\sum_{i=1}^{n}(p_i^d X_{in}^d + p_i^m X_{in}^m) + va_n = p_n x_n$$

ここで，va_jは第j部門の付加価値でその内容は大雑把にはつぎのようになる。

$$va_j = w_j L_j + p_j K_j + \pi_j, \quad j=1,\ldots,n$$

$w_j L_j$は労働コスト，$p_j K_j$は資本コスト，π_jは超過利潤である。労働コストと資本コストの合計に費用関数C_{LKj}を代入して分析すれば一般的になる。

ここで輸入についてどの部門でも共通の輸入比率で投入していると仮定すると，

$$X_{ij}^m = \widehat{M}_i X_{ij}, \quad j=1,\ldots,n \qquad f_i^m = \widehat{M}_i f_i, \quad i=1,\ldots,n$$

が成立する。

$$X_{ij} = X_{ij}^d + X_{ij}^m, \qquad A_{ij} = \frac{X_{ij}}{x_j}$$

であるから，

$$X_{ij}^d = X_{ij} - X_{ij}^m = (1-\widehat{M}_i)X_{ij} = (1-\widehat{M}_i)A_{ij}x_j$$

$$X_{ij}^m = \widehat{M}_i X_{ij} = \widehat{M}_i A_{ij} x_j$$

各部門別利潤の極大化

中間財の投入については，競争輸入タイプを考える。国内需要に対する輸入比率を $\widehat{M}_i$ として，各部門需要比例的に輸入財が含まれるとする。投入係数は A_{ij} とする。超過利潤は超過利潤＝売上額－中間投入コスト－付加価値コストとして計算できる。ここで第 j 部門の付加価値コストを C_{KLj} で表すとする。国産品の価格を p_i^d，輸入品の価格を p_i^m, $i=1,\ldots,n$ とすると，費用構成のバランス式は，第 j 部門について

$$\pi_j = p_j^d x_j - \sum_{i=1}^n (1-\widehat{M}_i) A_{ij} p_i^d x_j - \sum_{i=1}^n \widehat{M}_i A_{ij} p_i^m x_j - C_{KLj}, \qquad j=1,\ldots,n$$

となる。価格 p_j^d が与えられていると，各部門で利潤の極大化をすると

$$\frac{\partial \pi_j}{\partial x_j} = p_j^d - \sum_{i=1}^n (1-M_i) A_{ij} p_i^d - \sum_{i=1}^n M_i A_{ij} p_i^m - \frac{\partial C_{KL}}{\partial x_j} = 0, \qquad j=1,\ldots,n \quad (1)$$

が1階の条件となる。

2階の条件は，

$$\frac{\partial^2 \pi_j}{\partial x_j^2} = -\frac{\partial^2 C_{KL}}{\partial x_j^2} \leq 0, \qquad j=1,\ldots,n$$

が利潤極大となる条件である。

以上からわかるように，費用関数の定式化によって利潤極大条件は述べられ，そのほかの設定は供給関数(1)の定式化にほとんど影響しないことがわかる。

投入係数行列 A，輸入係数 $\widehat{M}_i$ を対角にならべた輸入係数行列 $\widehat{M}$ と価格ベクトル p^d，輸入価格ベクトル p^m，限界費用ベクトル v をもちいて表すと，

$$p^d = (I - (I-\widehat{M})A')^{-1} (\widehat{M}A'p^m + v(x))$$

となって（逆）供給関数が得られる。ここで，

$$v_j = \frac{\partial C_{KL}}{\partial x_j}$$

一次同次でない場合，(1)式は（逆）供給曲線となる。2階の条件は供給曲線が右上がりであることを意味している。一次同次のとき，p^d と x は独立にな

り，一定の価格水準でいくらでも供給できるようになる。そのため雇用量 L_j の水準も決まらない。

ここで残されている部分は付加価値にあたる費用関数 C_{KL} の決定である。以下は付加価値部分の決定方法を資本と労働投入が分離可能か可能でないか，資本ストックを与えられたものとするか否かの各場合について，労働需要の定式化について整理している。

4 労働需要の特定化1——分離可能の場合

産業連関分析と整合的に付加価値部分の費用関数を決めるのはつぎのような生産関数体系である。

$$x_j = \min\left\{\frac{X_{1j}}{A_{1j}}, \ldots, \frac{X_{nj}}{A_{nj}}, f_j(L_j, K_j, t)\right\} \qquad j=1,\ldots,n$$

$f(L, K, t)$ の部分で資本 K と労働 L が分離可能で定式化されている場合について述べる[7]。中間財の投入量 X_{ij} は $X_{ij}=A_{ij}x_j$ で決定される。本源的生産要素である資本と労働の投入については，生産関数 f_j と費用の最小化条件から導かれる。一般に第 j 部門の生産量 x_j の生産関数 f_j がつぎのように書けるとする。部門 j の添え字 j は省略することにする。

$$x = f(h_1(1+no_1)N_1, \ldots, h_m(1+no_m)N_m, K, t)$$

ここで，h_i は第 i タイプの就業形態の労働時間数，no_i は第 i タイプの就業形態のサービス残業比率，N_i は第 i タイプの就業形態の雇用者数，K は資本サービス投入量（ストック量に比例），x 生産量，f 生産関数であるとする[8]。

労働コストはつぎのように定式化できる。

$$C_L = \sum_{i=1}^{m}(w_i h_i + ss_i)N_i$$

ここで w_i は第 i タイプの就業形態の賃金率，ss_i は同様の1人あたり社会保険料雇主負担である。資本コストは簡単に扱っているが，

$$C_K = p_K K$$

と書けるので，制約つき最小化のラグランジアン（Lagrangian）は λ を未定数とすると

$$\mathscr{L} = C_L + C_K + \lambda(x - f(h_1(1+no_1)N_1, \ldots, h_m(1+no_m)N_m, K, t))$$

と書ける。[9]

以上を念頭においたうえで，費用極小化の1階の条件はつぎの連立方程式となる。

$$\frac{\partial \mathscr{L}}{\partial N_i} = w_i h_i + ss_i - \lambda h_i(1+no_i)\frac{\partial f}{\partial L_i} = 0, \qquad i=1,\ldots,m$$

$$\frac{\partial \mathscr{L}}{\partial \lambda} = x - f(h_1(1+no_1),\ldots,h_m(1+no_m), K, t) \tag{2}$$

K も調整可能であるとすると，これに

$$\frac{\partial \mathscr{L}}{\partial K} = p_K - \lambda \frac{\partial f}{\partial K} = 0$$

が加わることになる。

労働部分だけで整理すると，つぎの限界代替率が価格比と等しくなる公式が得られる。

$$\frac{h_{i_1}(1+no_{i_1})\dfrac{\partial f}{\partial L_{i_1}}}{h_{i_2}(1+no_{i_2})\dfrac{\partial f}{\partial L_{i_2}}} = \frac{w_{i_1}h_{i_1}+ss_{i_1}}{w_{i_2}h_{i_2}+ss_{i_2}} \tag{3}$$

分離可能のとき，資本が調整可能か所与かの如何にかかわらず，限界代替率は初めの2つのペアについて

$$\frac{\dfrac{\partial f}{\partial L_{i_1}}}{\dfrac{\partial f}{\partial L_{i_2}}} = \frac{\dfrac{\partial f}{\partial L}\dfrac{L}{L_{i_1}}\dfrac{\partial \ln L}{\partial \ln L_{i_1}}}{\dfrac{\partial f}{\partial L}\dfrac{L}{L_{i_2}}\dfrac{\partial \ln L}{\partial \ln L_{i_2}}} = \frac{L_{i_2}\dfrac{\partial \ln L}{\partial \ln L_{i_1}}}{L_{i_1}\dfrac{\partial \ln L}{\partial \ln L_{i_2}}} = \frac{h_{i_2}(1+no_{i_2})N_{i_1}\dfrac{\partial \ln L}{\partial \ln L_{i_1}}}{h_{i_1}(1+no_{i_1})N_{i_1}\dfrac{\partial \ln L}{\partial \ln L_{i_2}}} \tag{4}$$

(3)に代入すると，

$$\frac{\dfrac{\partial \ln L}{\partial \ln L_{i_1}}}{\dfrac{\partial \ln L}{\partial \ln L_{i_2}}} = \frac{(w_{i_1}h_{i_1}+ss_{i_1})N_{i_1}}{(w_{i_2}h_{i_2}+ss_{i_2})N_{i_2}} \tag{5}$$

となり，個別の種類の労働については労働集計関数 L 内部の問題として需要

を考えることができる。

とくに,

$$\frac{\frac{\partial \ln L}{\partial \ln L_{i_1}}}{(w_{i_1}h_{i_1}+ss_{i_1})N_{i_1}}=\frac{\frac{\partial \ln L}{\partial \ln L_{i_2}}}{(w_{i_2}h_{i_2}+ss_{i_2})N_{i_2}}=\xi \qquad (6)$$

とおいて i について合計すると,

$$\sum_{i}^{m}\frac{\partial \ln L}{\partial \ln L_i}=\xi\sum_{i}^{m}(w_ih_i+ss_i)N_i=\xi C_L$$

集計関数の1次同次性から

$$\sum_{i}^{m}\frac{\partial \ln L}{\partial \ln L_i}=1$$

したがって

$$\xi=\frac{1}{C_L}$$

となる。すなわち

$$\frac{\partial \ln L}{\partial \ln L_i}=\frac{(w_ih_i+ss_i)N_i}{C_L}$$

労働コスト C_L 内の第 i タイプの労働のコストシェアーとなる。

CES 労働集計関数

分離可能な場合,資本の集計関数と労働の集計関数が存在して,それぞれ他の投入要素とは独立に集計必要量が決められる。どのような構成比になるかは,集計関数内部の限界代替率と価格比によって決められる。そのうちで CES 集計関数をもちいた場合は

$$L=\left(\sum_{i=1}^{m}\alpha_i L_i^{\rho}\right)^{1/\rho} \qquad (7)$$

となる。[10]

$$\frac{\frac{\partial \ln L}{\partial \ln L_{i_1}}}{\frac{\partial \ln L}{\partial \ln L_{i_2}}}=\frac{\alpha_{i_1}}{\alpha_{i_2}}\left(\frac{L_{i_1}}{L_{i_2}}\right)^{\rho} \qquad (8)$$

（5）式に（8）を代入すると，推定式が得られる。対数で表した

$$\ln\left(\frac{(w_{i_1}h_{i_1}+ss_{i_1})N_{i_1}}{(w_{i_2}h_{i_2}+ss_{i_2})N_{i_2}}\right)=\ln\left(\frac{\alpha_{i_1}}{\alpha_{i_2}}\right)+\rho\ln\left(\frac{L_{i_1}}{L_{i_2}}\right) \qquad (9)$$

$$\ln\left(\frac{N_{i_1}}{N_{i_2}}\right)=\frac{1}{1-\rho}\ln\left(\frac{\alpha_{i_1}}{\alpha_{i_2}}\right)+\frac{\rho}{1-\rho}\ln\left(\frac{h_{i_1}(1+no_{i_1})}{h_{i_2}(1+no_{i_2})}\right)-\frac{1}{1-\rho}\ln\left(\frac{w_{i_1}h_{i_1}+ss_{i_1}}{w_{i_2}h_{i_2}+ss_{i_2}}\right) (10)$$

（9）式あるいは（10）式を推定してρと$\frac{\alpha_{i_1}}{\alpha_{i_2}}$を求めている。CES関数の制約は労働の種類が何種類あってもそれぞれ2つのペアの代替の弾力性が共通の値ρをとることである。

労働の集計量Lは，賃金率と基準とする第mタイプの雇用量N_mによって表される。労働投入比率L_i/L_mは雇用者比率N_i/N_mに(10)式を代入して表すと

$$\left(\frac{L_i}{L_m}\right)=\left\{\frac{\frac{w_ih_i+ss_i}{h_i(1+no_i)}}{\frac{w_mh_m+ss_m}{h_m(1+no_m)}}\left(\frac{\alpha_m}{\alpha_i}\right)\right\}^{-\frac{1}{1-\rho}}$$

となる。さらにCES集計関数を書きかえて

$$L=L_m\left(\sum_{i=1}^m\alpha_i\left(\frac{L_i}{L_m}\right)^\rho\right)^{1/\rho}$$

だから，

$$L=N_mh_m(1+no_m)\left(\sum_{i=1}^m\alpha_i^{\frac{1}{1-\rho}}\left(\frac{\frac{w_ih_i+ss_i}{h_i(1+no_i)}}{\frac{w_mh_m+ss_m}{h_m(1+no_m)}}\right)^{\frac{-\rho}{1-\rho}}\right)^{1/\rho}$$

Lが決定されると雇用量N_mが決定され，そのあと(10)式から任意のN_iが決定される。

$$N_i=N_m\left(\frac{\alpha_i}{\alpha_m}\right)^{\frac{1}{1-\rho}}\left\{\frac{h_i(1+no_i)}{h_m(1+no_m)}\right\}^{\frac{\rho}{1-\rho}}\left\{\frac{w_ih_i+ss_i}{w_mh_m+ss_m}\right\}^{-\frac{1}{1-\rho}} \qquad (11)$$

総労働投入量Lの決定にはいくつかのモデルが考えられる。

資本ストックを調整できる場合

資本ストックの調整といわれることが多いが，実際に生産活動で利用される

のは資本のサービスフロー K である。資本のサービスフロー K をすみやかに調整できる場合は，K と L について最適化することになる。生産関数が1次同次の場合とそうでない場合であとの展開が異なる。

一般に本源的要素費用 C_{KL} について生産関数を

$$x = f(L, K, t)$$

と設定する。C_{KL} は

$$C_{KL} = p_K K + \omega L$$

で定義され，K と L を調整して極小化行動をとるものとする。λ を未定乗数とすると

$$p_K - \lambda \frac{\partial f}{\partial K} = 0$$

$$\omega - \lambda \frac{\partial f}{\partial L} = 0$$

$$x - f(L, K, t) = 0$$

となる。弾力性で表示すると極値の1階の条件は

$$\frac{p_K K}{x} - \lambda \frac{\partial \ln f}{\partial \ln K} = 0$$

$$\frac{\omega L}{x} - \lambda \frac{\partial \ln f}{\partial \ln L} = 0$$

となる。

一般に，生産1単位あたりの費用（ユニットコスト）は，

$$\frac{C_{KL}}{x} = \frac{\omega L}{x} + \frac{p_K K}{x}$$
$$= \lambda \left(\frac{\partial \ln f}{\partial \ln L} + \frac{\partial \ln f}{\partial \ln K} \right)$$

となり生産の弾力性と λ を使って表される。

k 次同次関数の場合，オイラー（Eular）の公式が成立するので，

$$\frac{\partial \ln f}{\partial \ln L} + \frac{\partial \ln f}{\partial \ln K} = k$$

となり，λ とユニットコストの間には特殊な関係が成立する。

$$\frac{C_{KL}}{x}=k\lambda$$

弾力性表示の極値の1階の条件に代入すると

$$k\frac{p_K K}{C_{KL}}-\frac{\partial \ln f}{\partial \ln K}=0$$
$$k\frac{\omega L}{C_{KL}}-\frac{\partial \ln f}{\partial \ln L}=0 \tag{12}$$

K と L が分離可能な場合には，弾力性は x とそれ自身にのみ依存するので連立して方程式を解かなくてもよくなる。

例1：Cobb-Douglas 生産関数の場合 Cobb-Douglas 関数は同次関数でしかも分離可能であるので，この議論を適用することができる。

$$x=A_v L^{\beta_L} K^{\beta_K}$$

と設定した場合，$k=\beta_L+\beta_K$ 次同次関数となり，生産の弾力性は一定値となる。

$$\frac{p_K K}{C_{KL}}=\frac{\beta_K}{\beta_L+\beta_K}$$
$$\frac{\omega L}{C_{KL}}=\frac{\beta_L}{\beta_L+\beta_K}$$

$C_{KL}=\omega L+p_K K$ の水準が決定されれば簡単に K と L を求めることができる。費用極小化条件を使って解くと，

$$C_{KL}=(\beta_K+\beta_L)(p_K^{\beta_K}\omega^{\beta_L})^{\frac{1}{\beta_K+\beta_L}} x^{\frac{1}{\beta_K+\beta_L}} A_v^{-\frac{1}{\beta_K+\beta_L}} (\beta_K^{\beta_K}\beta_L^{\beta_L})^{-\frac{1}{\beta_K+\beta_L}}$$

$$K=\frac{\beta_K}{p_K}(p_K^{\beta_K}\omega^{\beta_L})^{\frac{1}{\beta_K+\beta_L}} x^{\frac{1}{\beta_K+\beta_L}} A_v^{-\frac{1}{\beta_K+\beta_L}} (\beta_K^{\beta_K}\beta_L^{\beta_L})^{-\frac{1}{\beta_K+\beta_L}}$$

$$L=\frac{\beta_L}{\omega}(p_K^{\beta_K}\omega^{\beta_L})^{\frac{1}{\beta_K+\beta_L}} x^{\frac{1}{\beta_K+\beta_L}} A_v^{-\frac{1}{\beta_K+\beta_L}} (\beta_K^{\beta_K}\beta_L^{\beta_L})^{-\frac{1}{\beta_K+\beta_L}}$$

$$\lambda=\frac{C_{KL}}{x}\frac{1}{\beta_L+\beta_K}$$

1次同次 $\beta_K+\beta_L=1$ のときは，最も簡単になってつぎの式を得る。

第Ⅰ部　労働需要の動向

$$K=\left(\frac{\omega}{p_K}\right)^{\beta_L}\frac{x}{A_v}\beta_K{}^{\beta_L}\beta_L{}^{-\beta_L}$$

$$L=\left(\frac{p_K}{\omega}\right)^{1-\beta_L}\frac{x}{A_v}\beta_K{}^{\beta_L-1}\beta_L{}^{1-\beta_L}$$

$$C_{KL}=p_K{}^{\beta_K}\omega^{\beta_L}\frac{x}{A_v\beta_K{}^{\beta_K}\beta_L{}^{\beta_L}}$$

$$\frac{\partial C_{KL}}{\partial x}=\frac{p_K{}^{\beta_K}\omega^{\beta_L}}{A_v\beta_K{}^{\beta_K}\beta_L{}^{\beta_L}}$$

例2：CES生産関数の場合　CES関数も同次関数でしかも分離可能である。

$$x=A_v(\alpha_L L^{-\varepsilon}+\alpha_K K^{-\varepsilon})^{-\frac{k}{\varepsilon}}$$

と設定した場合，k 次同次関数となり，生産の弾力性はつぎの式で与えられる。

$$\frac{\partial\ln f}{\partial\ln K}=k\alpha_K K^{-\varepsilon}\left(\frac{x}{A_v}\right)^{\frac{\varepsilon}{k}}$$

$$\frac{\partial\ln f}{\partial\ln L}=k\alpha_L L^{-\varepsilon}\left(\frac{x}{A_v}\right)^{\frac{\varepsilon}{k}}$$

(12)式に代入すると，

$$\frac{p_K K}{C_{KL}}=\alpha_K K^{-\varepsilon}\left(\frac{x}{A_v}\right)^{\frac{\varepsilon}{k}}$$

$$\frac{\omega L}{C_{KL}}=\alpha_L L^{-\varepsilon}\left(\frac{x}{A_v}\right)^{\frac{\varepsilon}{k}}$$

となる。費用関数 C_{KL}，資本サービス需要 K，労働需要 L を求めると，

$$C_{KL}=\left[\alpha_K{}^{\frac{1}{1+\varepsilon}}p_K{}^{-\frac{\varepsilon}{1+\varepsilon}}+\alpha_L{}^{\frac{1}{1+\varepsilon}}\omega^{-\frac{\varepsilon}{1+\varepsilon}}\right]^{\frac{1+\varepsilon}{\varepsilon}}\left(\frac{x}{A_v}\right)^{\frac{1}{k}}$$

$$K=\left(\frac{\alpha_K}{p_K}\right)^{\frac{1}{1+\varepsilon}}\left[\alpha_K{}^{\frac{1}{1+\varepsilon}}p_K{}^{-\frac{\varepsilon}{1+\varepsilon}}+\alpha_L{}^{\frac{1}{1+\varepsilon}}\omega^{-\frac{\varepsilon}{1+\varepsilon}}\right]^{\frac{1}{\varepsilon}}\left(\frac{x}{A_v}\right)^{\frac{1}{k}}$$

$$L=\left(\frac{\alpha_L}{\omega}\right)^{\frac{1}{1+\varepsilon}}\left[\alpha_K{}^{\frac{1}{1+\varepsilon}}p_K{}^{-\frac{\varepsilon}{1+\varepsilon}}+\alpha_L{}^{\frac{1}{1+\varepsilon}}\omega^{-\frac{\varepsilon}{1+\varepsilon}}\right]^{\frac{1}{\varepsilon}}\left(\frac{x}{A_v}\right)^{\frac{1}{k}}$$

1次同次 $k=1$ のとき費用関数は，

$$C_{KL}=\left[\alpha_K{}^{\frac{1}{1+\varepsilon}}p_K{}^{-\frac{\varepsilon}{1+\varepsilon}}+\alpha_L{}^{\frac{1}{1+\varepsilon}}\omega^{-\frac{\varepsilon}{1+\varepsilon}}\right]^{\frac{1-\varepsilon}{\varepsilon}}\left(\frac{x}{A_v}\right)$$

となる。

利潤極大化行動

k 次同次生産関数の場合,費用関数はユニットコスト $uc(p_K,\omega)$ を用いて,

$$C_{KL} = uc(p_K,\omega) x^{\frac{1}{k}}$$

と表される。

$$\frac{\partial C_{KL}}{\partial x} = \frac{1}{k} uc(p_K,\omega) x^{\frac{1}{k}-1}$$

1次同次の場合には,

$$\frac{\partial C_{KL}}{\partial x} = uc(p_K,\omega)$$

となる。p. 40 の(1)式から,p_d は1次同次の場合,価格だけの関数として表される。したがって,賃金率,輸入物価が決まっていれば国内財価格は決定される。資本財価格については全体を所与のものとして考える場合と,資本形成行列をもちいて分解する場合があるが,ここでは全体を所与とした要素価格として考える。

例1:Cobb-Douglas 生産関数の場合

$\dfrac{\partial C_{KL}}{\partial x_j}$ に1次同次の Cobb-Douglas 関数の場合を(1)式に代入すると,

$$p_j^d - \sum_{i=1}^{n}(1-M_i)A_{ij}p_i^d - \sum_{i=1}^{n} M_i A_{ij} p_i^m - \frac{p_{Kj}^{\beta_{Kj}} \omega_j^{\beta_{Lj}}}{A_{vj}\beta_{Kj}^{\beta_{Kj}}\beta_{Lj}^{\beta_{Lj}}} = 0, \quad j=1,\ldots,n$$

となる。この式を n 部門連立させると,p_m,p_K,ω が与えられたときの,国内価格 p^d の決定式となる。計算可能一般均衡(CGE,あるいは応用一般均衡AGE)モデルでは手続き的には労働分配率 β_{Lj} と投入係数 A_{ij},輸入比率 M_i を与えて,A_{vj} を逆算する。

$$A_{vj} = \frac{1}{p_j^d - \sum_{i=1}^{n}(1-M_i)A_{ij}p_i^d - \sum_{i=1}^{n}M_i A_{ij} p_i^m} \left(\frac{p_{Kj}^{\beta_{Kj}} \omega_j^{\beta_{Lj}}}{\beta_{Kj}^{\beta_{Kj}}\beta_{Lj}^{\beta_{Lj}}} \right), \quad j=1,\ldots,n$$

$$v = \left\{ \frac{p_{Kj}^{\beta_{Kj}} \omega_j^{\beta_{Lj}}}{A_{vj}\beta_{Kj}^{\beta_{Kj}}\beta_{Lj}^{\beta_{Lj}}} \right\}$$

1次同次の場合,供給関数が価格方程式になってしまうので,雇用量の決定は通常つぎのように考える。オイラーの公式と限界生産力命題が成立するとき,

第Ⅰ部　労働需要の動向

$$\frac{\omega_j L_j}{p_j^d x_j} = \frac{\partial \ln x_j}{\partial \ln L_j}, \qquad j=1,\ldots,n$$

となる。労働需要量は Cobb-Douglas 生産関数の場合，つぎの関係が成立している。

$$L_j = \frac{p_j^d}{\omega_j} \beta_{Lj} x_j, \qquad j=1,\ldots,n$$

実質賃金 $\frac{\omega_j}{p_j^d}$ が変わらなければ x_j と L_j は比例しているので，産業連関分析の雇用量の計算の前提である「雇用係数 Λ は一定」が成立することになる。このモデルで労働に CES 集計関数を利用した場合には，第 j 部門の基準となる雇用量 N_{jm} は以下の式で決められる。

$$N_{jm} = \frac{\frac{p_j^d}{\omega_j} \beta_{Lj} x_j}{h_{jm}(1+no_{jm}) \left(\sum_{i=1}^{m} \alpha_{ji}^{\frac{1}{1-\rho_j}} \left(\frac{\frac{w_{ji}h_{ji}+ss_{ji}}{h_{ji}(1+no_{ji})}}{\frac{w_{jm}h_{jm}+ss_{jm}}{h_{jm}(1+no_{jm})}} \right)^{\frac{-\rho_j}{1-\rho_j}} \right)^{1/\rho_j}}, \qquad j=1,\ldots,n$$

例2：CES生産関数の場合　ほとんど同じようにして，$\frac{\partial C_{KL}}{\partial x_j}$ に1次同次の CES 関数の場合を(1)式に代入すると，

$$p_j^d - \sum_{i=1}^{n}(1-M_i)A_{ij}p_i^d - \sum_{i=1}^{n}M_i A_{ij}p_i^m - \left[\alpha_K^{\frac{1}{1+\varepsilon}} p_K^{-\frac{\varepsilon}{1+\varepsilon}} + \alpha_L^{\frac{1}{1+\varepsilon}} \omega^{-\frac{\varepsilon}{1+\varepsilon}} \right]^{\frac{1-\varepsilon}{\varepsilon}} \left(\frac{1}{A_v} \right) = 0,$$
$$j=1,\ldots,n$$

1次同次の場合利潤はゼロとなるので，雇用量の決定は CES 関数の場合の生産の弾力性をシェア式に代入して，

$$\frac{\omega_j L_j}{p_j^d x_j} = \alpha_{Lj} L_j^{-\varepsilon} \left(\frac{x_j}{A_{vj}} \right), \qquad j=1,\ldots,n$$

より

$$L_j = \left(\alpha_{Lj} \frac{p_{dj}}{\omega_j} \right)^{\frac{1}{1+\varepsilon}} A_{vj}^{-\frac{\varepsilon}{1+\varepsilon}} x_j, \qquad j=1,\ldots,n$$

となる。ここでも産業連関分析の雇用係数 Λ が一定であるには実質賃金が一定であればよい。L_j から N_{jm} を求める方法は Cobb-Douglas 生産関数の場合

と同様である。

つぎに述べるように資本ストックが所与の場合は，p^d は資本ストック量の関数となる。資本ストック K が与えられていれば L は，x と K から決まってしまう。そのときの状況を次節で示す。

5 労働需要の特定化 2 ――分離不可能の場合

分離不可能な場合のサービス残業を含む定式化は，これまで行われてこなかったが，賃金率を定義しなおすことで可能である。ただし伸縮的関数型 (flexible functional form) を使って一般的にすると推定しなければならないパラメターの数が膨大になる。しばしば行われる 2 次近似でも，生産物の種類を 1 種類，技術進歩率，投入要素の個数を j 個とすると，積分可能性からパラメターは対称なので $(j+4)(j+3)/2$ 個のパラメターがあり，需要関数の価格に対するゼロ次同次性を制約として課して $j+3$ 個分は推定しなくてもよいが，$(j+3)(j+2)/2$ 個のパラメターを推定することになる。たった投入要素が 3 種類 $j=3$ でも，15 個のパラメターを推定することになる。そのため分離可能性を部分的に適用することが多い。

$$x=f(h_1(1+no_1),\ldots,h_m(1+no_m),K,t)$$

$$C_L=\sum_{i=1}^{m}(w_ih_i+ss_i)N_i$$

$$C_K=p_KK$$

$$\mathscr{L}=C_L+C_K+\lambda(x-f(h_1(1+no_1),\ldots,h_m(1+no_m),K,t))$$

$$\begin{aligned}\frac{\partial \mathscr{L}}{\partial N_i}&=w_ih_i+ss_i-\lambda h_i(1+no_i)\frac{\partial f}{\partial L_i}=0\\ \frac{\partial \mathscr{L}}{\partial K}&=p_K-\lambda\frac{\partial f}{\partial K}=0\\ \frac{\partial \mathscr{L}}{\partial \lambda}&=x-f(h_1(1+no_1),\ldots,h_m(1+no_m),K,t)\end{aligned}\quad(13)$$

ここで

$$\frac{\partial \mathscr{L}}{\partial N_i}=\frac{w_ih_i+ss_i}{h_i(1+no_i)}-\lambda\frac{\partial f}{\partial L_i}=0$$

第Ⅰ部　労働需要の動向

より，あらたに

$$\omega_i = \frac{w_i h_i + ss_i}{h_i(1+no_i)}$$

を賃金率として定義しなおせば，L_i を第 i 種類の労働投入量として考えて，費用関数を定義できる。

$$\ln C_{KL} = \ln C_{KL}(\omega_1, \ldots, \omega_m, p_K, x, t)$$

Translog 費用関数の定式化

Translog 生産関数は実際のところ推定上不便であるので，Translog 費用関数を定式化することが多い。$\omega_0 = p_K$ と定義して費用関数を書き直し，Translog 型に設定するとつぎのようになる。

$$\begin{aligned}\ln C_{KL} &= \ln C_{KL}(\omega_0, \ldots, \omega_m, x, t) \\ &= \ln C_0 + \sum_{i=0}^{m} b_i \ln \omega_i + \frac{1}{2}\sum_{i=0}^{m}\sum_{j=0}^{m} b^*_{ij} \ln \omega_i \ln \omega_j \\ &\quad + \sum_{i=0}^{m} b_{xi} \ln x \ln \omega_i + \sum_{i=0}^{m} b_{ti} t \ln \omega_i + b_x \ln x + b_{xx}(\ln x)^2 + b_t t + b_{tt} t^2\end{aligned}$$

ここで b^*_{ij} は，対称になるように定義されている。

$$b^*_{ij} = \frac{b_{ij} + b_{ji}}{2}, \qquad i,j = 0, \ldots, m$$

ここでパラメーターの制約は，費用関数の価格に関する1次同次性であり，それはつぎのようになる。

$$\sum_{i=0}^{m} b_i = 1$$
$$\sum_{i=0}^{m} b^*_{ij} = 0 \qquad j = 0, \ldots, m$$
$$\sum_{i=0}^{m} b_{xi} = 0$$
$$\sum_{i=0}^{m} b_{ti} = 0$$

さらに費用関数が擬凹（quasi-concave）関数でなければ費用極小化の2階の条件が満たされないので，ヘッシアン（Hessian）が非正定符号（non-positive definite）でなければならない。

第1章　産業構造と労働需要

$$\mathbf{H} = \begin{pmatrix} \dfrac{\partial^2 C_{KL}}{\partial \omega_0^2} & \cdots & \dfrac{\partial^2 C_{KL}}{\partial \omega_0 \omega_m} \\ \vdots & \ddots & \vdots \\ \dfrac{\partial^2 C_{KL}}{\partial \omega_m \omega_0} & \cdots & \dfrac{\partial^2 C_{KL}}{\partial \omega_m^2} \end{pmatrix}$$

一般に対数でヘッシアンを計算するとつぎのようになる（対称性は前提とする）。

$$\frac{\partial C_{KL}}{\partial \omega_i^2} = \frac{C_{KL}}{\omega_i^2} \left\{ \frac{\partial^2 \ln C_{KL}}{\partial \ln \omega_i^2} + \left(\frac{\partial \ln C_{KL}}{\partial \ln \omega_i} \right)^2 - \frac{\partial \ln C_{KL}}{\partial \ln \omega_i} \right\}, \quad i=0,\ldots,m$$

$$\frac{\partial^2 C_{KL}}{\partial \omega_i \partial \omega_j} = \frac{C_{KL}}{\omega_i \omega_j} \left\{ \frac{\partial^2 \ln C_{KL}}{\partial \ln \omega_i \omega_j} + \frac{\partial \ln C_{KL}}{\partial \ln \omega_i} \frac{\partial \ln C_{KL}}{\partial \ln \omega_j} \right\}, \quad i,j=0,\ldots,m$$

このヘッシアンは Translog 費用関数のパラメター（b^*_{ij}）とシェア s_i を使って書き直すとつぎのようになる。

$$\frac{\partial C_{KL}}{\partial \omega_i^2} = \frac{C_{KL}}{\omega_i^2} \{b^*_{ii} + s_i^2 - s_i\}, \quad i=0,\ldots,m$$

$$\frac{\partial^2 C_{KL}}{\partial \omega_i \partial \omega_j} = \frac{C_{KL}}{\omega_i \omega_j} \{b^*_{ij} + s_i s_j\}, \quad i,j=0,\ldots,m$$

要素価格を対角にならべた行列を $\tilde{\mathbf{P}}$ とすると，

$$\mathbf{P} = \begin{pmatrix} \omega_0 & \cdots & 0 \\ \vdots & \ddots & \vdots \\ 0 & \cdots & \omega_m \end{pmatrix}$$

パラメターとシェアの行列を $\mathbf{B}$ とすると（対称性は前提とする），

$$\mathbf{B} = \begin{pmatrix} b^*_{00} + s_0^2 - s_0 & b^*_{01} + s_0 s_1 & \cdots & b^*_{0m} + s_0 s_m \\ b^*_{01} + s_0 s_1 & b^*_{11} + s_1^2 - s_1 & \cdots & b^*_{1m} + s_1 s_m \\ \vdots & & \ddots & \vdots \\ b^*_{0m} + s_0 s_m & b^*_{1m} + s_1 s_m & \cdots & b^*_{mm} + s_m^2 - s_m \end{pmatrix}$$

これらをつかってヘッシアンを書き直すと，

$$\mathbf{H} = C_{KL} \tilde{\mathbf{P}}^{-1} \mathbf{B} \tilde{\mathbf{P}}^{-1}$$

となる。$C_{KL} > 0$，$\tilde{\mathbf{P}}$ もプラスなので，ヘッシアン $\mathbf{H}$ の非正定符号性は，行列

Bの非正定符号性となる。

一般には推定する場合に無制約で推定したのちにパラメターに関する検定で1次同次性や非正定符号性を調べるが，ここでははじめから**B**に定符号となる制約をつけて推定することにする。上三角行列**U**を使って**B**が次のように書き換えられればよい。

$$\mathbf{B} = -\mathbf{U}'\mathbf{U}$$

このような分解はコレスキー (Cholesky) 分解とよばれている。

$$\mathbf{U}'\mathbf{U} = \begin{pmatrix} U^2_{00} & U_{00}U_{01} & \cdots & U_{00}U_{0m} \\ U_{00}U_{01} & U^2_{01}+U^2_{11} & \cdots & U_{01}U_{0m}+U_{11}U_{1m} \\ \vdots & \vdots & \ddots & \vdots \\ U_{00}U_{0(m-1)} & U_{01}U_{0(m-1)}+U_{11}U_{1(m-1)} & \cdots & \sum_{i=0}^{m-1}U_{i(m-1)}U_{im} \\ U_{00}U_{0m} & U_{01}U_{0m}+U_{11}U_{1m} & \cdots & \sum_{i=0}^{m}U^2_{im} \end{pmatrix}$$

U′**U**は正値定符号行列となるので，**B**は負値定符号行列となる。したがって，**B**=−**U**′**U**とおいて，b^*_{ij}のかわりにU_{ij}について推定すればよい。ただし，このときシェアs_iが含まれるが，これは観測値の平均値をいれておく場合と，除いた場合を推定している。シェアs_iが除かれた推定の方がより制約が強い推定となる。

シェアが代入された推定では平均値の近傍では**H**は非正定符号性が保たれる。一般にTranslogのような伸縮的関数型では変数の全域で2階の条件が成立することはありえない。そのためシェアを除いたシェア弾力性での2階の条件を成立するよう制約しても結局2次の係数$b^*_{ij}=0$となる形に帰着することが多い。この場合はCobb-Douglas型になる。

b^*_{ij}とU_{ij}の関係式はつぎのようになる。

$$b^*_{ii} = -\sum_{k=0}^{i} U^2_{ki} - s_i^2 + s_i$$

$$b^*_{ij} = -\sum_{k=0}^{i} U_{ki}U_{kj} - s_i s_j$$

推定式は，シェア関数と費用関数を連立させてseemingly unrelated regression (SUR) で解くことがよく行われている。しかし以下にみるように極値の 2 階の条件をつけて推定することは SUR ではできない。シェア関数と費用関数は，つぎの式になる。

$$s_i = b_i + \sum_{j=0}^{m} b^*_{ij} \ln \omega_j + b_{xi} \ln x \ln \omega_i + b_{ti} t \ln \omega_i + e_i, \quad i=0,\ldots,m$$

$$\ln C_{KL} = \ln C_0 + \sum_{i=0}^{m} b_i \ln \omega_i + \frac{1}{2} \sum_{i=0}^{m} \sum_{j=0}^{m} b^*_{ij} \ln \omega_i \ln \omega_j$$
$$+ \sum_{i=0}^{m} b_{xi} \ln x \ln \omega_i + \sum_{i=0}^{m} b_{ti} t \ln \omega_i + b_x \ln x + b_{xx}(\ln x)^2 + b_t t + b_{tt} t^2 + e_C$$

これに

$$E[\mathbf{e}\mathbf{e}'] = \sum \otimes \mathbf{I}$$

を前提にして，$\mathbf{e}$ が平均ゼロ，分散 $\sum \otimes \mathbf{I}$ にしたがうものとする。$\sum$ は方程式間の誤差項の分散共分散行列である。

$$\sum = \begin{pmatrix} \sum_{00} & \sum_{01} & \cdots & \sum_{0m} \\ \sum_{01} & \sum_{11} & \cdots & \sum_{1m} \\ \vdots & \vdots & \ddots & \vdots \\ \sum_{0m} & \sum_{1m} & \cdots & \sum_{mm} \end{pmatrix}$$

b^*_{ij} にさきほどの U_{ij} を代入すると，

$$s_i = b_i + \left(-\sum_{k=0}^{i} U^2_{ki} - s_i^2 + s_i\right) \ln \omega_i + \sum_{j \neq i}^{m} \left(-\sum_{k=0}^{i} U_{ki} U_{kj} - s_i s_j\right) \ln \omega_j$$
$$+ b_{xi} \ln x + b_{ti} t + e_i, \quad i=0,\ldots,m$$

$$\ln C_{KL} = \ln C_0 + \sum_{j=0}^{m} b_j \ln \omega_j + \frac{1}{2} \sum_{i=0}^{m} \left(-\sum_{k=0}^{i} U^2_{ki} - s_i^2 + s_i\right)(\ln \omega_i)^2$$
$$+ \sum_{j \neq i}^{m} \left(-\sum_{k=0}^{i} U_{ki} U_{kj} - s_i s_j\right) \ln \omega_i \ln \omega_j$$
$$+ \sum_{i=0}^{m} b_{xi} \ln x \ln \omega_i + \sum_{i=0}^{m} b_{ti} t \ln \omega_i + b_x \ln x + \frac{1}{2} b_{xx}(\ln x)^2 + b_t t + \frac{1}{2} b_{tt} t^2 + e_C$$

ただし費用関数の価格に関する 1 次同次性から，すべての価格を ω_0 で割ることができる。シェア関数についてはゼロ次同次関数になる。そのため制約付の推定はつぎのようになる。

$$s_i = b_i + \left(-\sum_{k=1}^{i} U^2{}_{ki} - s_i^2 + s_i\right) \ln\left(\frac{\omega_i}{\omega_0}\right) + \sum_{j \neq i}^{m}\left(-\sum_{k=1}^{i} U_{ki}U_{kj} - s_i s_j\right) \ln\left(\frac{\omega_j}{\omega_0}\right)$$

$$+ b_{xi} \ln x + b_{ti} t + e_i, \quad i = 1, \ldots, m$$

$$\ln C_{KL} = \ln C_0 + \sum_{j=1}^{m} b_j \ln\left(\frac{\omega_j}{\omega_0}\right) + \ln \omega_0 + \frac{1}{2}\sum_{i=1}^{m}\left(-\sum_{k=1}^{i} U^2{}_{ki} - s_i^2 + s_i\right)\left(\ln\left(\frac{\omega_i}{\omega_0}\right)\right)^2$$

$$+ \sum_{j \neq i}^{m}\left(-\sum_{k=0}^{i} U_{ki}U_{kj} - s_i s_j\right) \ln\left(\frac{\omega_i}{\omega_0}\right) \ln\left(\frac{\omega_j}{\omega_0}\right)$$

$$+ \sum_{i=1}^{m} b_{xi} \ln x \ln\left(\frac{\omega_i}{\omega_0}\right) + \sum_{i=1}^{m} b_{ti} t \ln\left(\frac{\omega_i}{\omega_0}\right) + b_x \ln x + \frac{1}{2} b_{xx}(\ln x)^2$$

$$+ b_t t + \frac{1}{2} b_{tt} t^2 + e_C$$

通常は，費用関数は生産量について同次性を課すので，$b_{xx}=0$，$b_{xi}=0$ を前提とする．1次同次の場合は $b_x=1$ となる．

$$s_i = b_i + \left(-\sum_{k=1}^{i} U^2{}_{ki} - s_i^2 + s_i\right) \ln\left(\frac{\omega_i}{\omega_0}\right) + \sum_{j \neq i}^{m}\left(-\sum_{k=1}^{i} U_{ki}U_{kj} - s_i s_j\right) \ln\left(\frac{\omega_j}{\omega_0}\right)$$

$$+ b_{ti} t + e_i, \quad i = 1, \ldots, m$$

$$\ln C_{KL} = \ln C_0 + \sum_{j=1}^{m} b_j \ln\left(\frac{\omega_j}{\omega_0}\right) + \ln \omega_0 + \frac{1}{2}\sum_{i=1}^{m}\left(-\sum_{k=1}^{i} U^2{}_{ki} - s_i^2 + s_i\right)\left(\ln\left(\frac{\omega_i}{\omega_0}\right)\right)^2$$

$$+ \sum_{j \neq i}^{m}\left(-\sum_{k=0}^{i} U_{ki}U_{kj} - s_i s_j\right) \ln\left(\frac{\omega_i}{\omega_0}\right) \ln\left(\frac{\omega_j}{\omega_0}\right)$$

$$+ \sum_{i=1}^{m} b_{ti} t \ln\left(\frac{\omega_i}{\omega_0}\right) + b_x \ln x + b_t t + b_{tt} t^2 + e_C$$

限界費用 $MC = \dfrac{\partial C_{KL}}{\partial x}$ を上の式から計算して，供給関数に代入することになる．

$$\frac{\partial C_{KL}}{\partial x} = \frac{C_{KL} \partial \ln C_{KL}}{x \partial \ln x} = \frac{C_{KL}}{x}(b_x + b_{xx} \ln x)$$

1次同次の生産関数 $b_x=1, b_{xx}=0$ とすると平均費用 AC と限界費用 MC が生産量 x に依存しなくなる．

$$\frac{C_{KL}}{x} = C_0 \omega_0 \prod_{j=1}^{m}\left(\frac{\omega_j}{\omega_0}\right)^{b_j + b_{ti} t} \exp\left\{\frac{1}{2}\sum_{i=1}^{m}\left(-\sum_{k=1}^{i} U^2{}_{ki} - s_i^2 + s_i\right)\left(\ln\left(\frac{\omega_i}{\omega_0}\right)\right)^2\right.$$

$$\left. + \sum_{j \neq i}^{m}\left(-\sum_{k=0}^{i} U_{ki}U_{kj} - s_i s_j\right) \ln\left(\frac{\omega_i}{\omega_0}\right) \ln\left(\frac{\omega_j}{\omega_0}\right) + b_t t + b_{tt} t^2\right\} = AC(\omega, t)$$

ここでは生産物は1種類なので，規模の経済性の有無が独占の効率性を調べ

る唯一の指標である。生産物が多種類ある場合は劣加法性が自然独占の条件となる。[11]

生産投入要素については，代替性・補完性を調べることになる。それはヘッシアンの第 i, j 要素の符号を見ればよい。

$$\frac{\partial^2 C_{KL}}{\partial \omega_i \omega_j} > 0$$

であれば，相手の価格 ω_j が上昇すると需要 $L_i = \frac{\partial C_{KL}}{\partial \omega_i}$ が増えるので競合（代替）的である。

$$\frac{\partial^2 C_{KL}}{\partial \omega_i \omega_j} < 0$$

であれば，相手の価格 ω_j が上昇すると需要 L_i が減るので補完的である。

$$\frac{\partial^2 C_{KL}}{\partial \omega_i \omega_j} = \frac{1}{\omega_i \omega_j}(b^*_{ij} + s_i s_j) = \frac{1}{\omega_i \omega_j}\left(\sum_{i=0}^{j-1} U_{i(j-1)} U_{ij}\right)$$

労働需要量の計算には，

$$L_i = \frac{C_{KL}}{\omega_i}\left(b_i + \sum_{j=1}^{m} b_{ij} \ln\left(\frac{\omega_j}{\omega_0}\right) + b_{it} t\right)$$

を利用する。ここでも $C_{KL} = AC(\omega, t)x$ であるので，要素の相対価格が一定であれば，雇用量は生産量に比例する。つまり産業連関分析の雇用量の推定の前提が成立することになる。L_i から雇用量 N_i の計算は，

$$N_i = \frac{L_i}{h_i(1 + no_i)}$$

$$\omega_i = \frac{w_i h_i + ss_i}{h_i(1 + no_i)}$$

となる。

6　Translog 費用関数の推定手続と結果

データの作成方法の詳細については紙面の都合上別の機会に譲ることにする。[12]
また雇用形態もパートタイムとフルタイムの 2 種類，さらに部門もわずか 3 部門（製造業，サービス業，その他）まで集計しなければならなかったことを注記

しておこう。基本としてもちいたのは SNA の産出量，付加価値，雇用者所得，社会保障負担などのデータである。ただし，分析の都合上，概念は SNA の産業連関表を生産者価格表示で商品×商品の表に組替えている。雇用については，『賃金構造基本調査』によってパートとフルタイムに分割している。方程式体系は，

$$s_1 = b_1 + \sum_{j=1}^{m-1} b_{1j} \ln\left(\frac{\omega_j}{p_K}\right) + b_{1t} t + e_1$$

$$s_2 = b_2 + \sum_{j=1}^{m-1} b_{2j} \ln\left(\frac{\omega_j}{p_K}\right) + b_{2t} t + e_2$$

$$\ln C = b_0 + \sum_{j=1}^{m-1} b_j \ln\left(\frac{\omega_j}{p_K}\right) + \ln \omega_m + \sum_{i=1}^{m-1}\sum_{j=1}^{m-1} b_{ij} \ln\left(\frac{\omega_i}{p_K}\right)\left(\frac{\omega_j}{p_K}\right)$$

$$+ b_t t + \sum_{j=1}^{m-1} b_{jt} \ln\left(\frac{\omega_j}{p_K}\right) t + e_m$$

ただし，先に述べたように推定される b_{ij} はシェアの平均値が含まれている p.56 の U_{ij} である。

　誤差項の分散共分散行列 σ^2（$m \times m$ 行列）は，残差ベクトルから推定した。

$$\sigma^2 = \frac{1}{N - Np} \hat{\mathbf{e}}' \hat{\mathbf{e}}$$

N はサンプルサイズ，Np は推定するパラメターの数である。

　ベクトル化演算子 vec をつかってベクトル $\mathbf{V}$ を残差ベクトルから作る，

$$\mathbf{V} = \text{vec}(\hat{\mathbf{e}}_1, \hat{\mathbf{e}}_2, \ldots, \hat{\mathbf{e}}_m)$$

とすると，対数尤度は

$$\ln \text{Lik} = -\frac{N \times Np}{2} \ln(2\pi) - \frac{1}{2} \ln(|\sigma^2 \otimes \mathbf{I_N}|) - \frac{1}{2} \mathbf{V}' (\sigma^2 \otimes \mathbf{I_N})^{-1} \mathbf{V}$$

と書ける。この対数尤度を σ^2 とパラメター $\mathbf{b}$ について最大化したい。最適化した値を $\tilde{\sigma}^2$, $\tilde{\mathbf{b}}$ と表記する。$\tilde{\mathbf{b}}$ の数 Np は最大で13個あり，これに $\tilde{\sigma}^2$ の要素 6 を加えると自由度は不足してしまう。そのため，$\tilde{\sigma}^2$ を与えられたものとして $\tilde{\mathbf{b}}$ について Lik を最大化する Maximization 段階と，$\tilde{\sigma}^2$ を残差ベクトルから推定する Expectation 段階を繰り返し，ともに収束するまで計算する。

　Translog 費用関数を設定することで，投入要素間の代替・補完関係が計測

第1章 産業構造と労働需要

表1-2 Translog 費用関数の推定結果
（例：非製造業の b_x の係数がマイナス）

	製造業	非製造業
b_0	16.083 (0.107)	14.3826 (0.050)
b_1	-1.2838 (0.017)	-0.679301 (0.004)
b_2	0.040245 (0.006)	-0.0207432 (0.005)
b_t	0.080716 (0.001)	0.117273 (0.002)
b_x	0.52087 (0.039)	-0.110153 (0.057)
u_{11}	-0.23207 (0.001)	0.323302 (0.0004)
u_{12}	0.087104 (0.007)	0.00481912 (0.0001)
u_{22}	0.16577 (0.002)	-0.0769196 (0.004)
b_{1t}	-0.0084638 (4.6e-5)	-0.00824892 (6.3e-005)
b_{2t}	0.00041291 (7.8e-5)	0.000157871 (4.1e-005)
Log likelihood サンプルサイズ	174.16	185.47 16, 1982-1997年

（注）（ ）内は推定の標準偏差。

表1-3 ヘッシアン $\dfrac{1}{C}\dfrac{\partial^2 C}{\partial w_i \partial w_j}$

部門1

	w_1	w_2	p_K
w_1	-0.18911	1.3934	0.14354
w_2		-47.453	1.2441
p_K			-0.25143

部門2

	w_1	w_2	p_K
w_1	-0.48915	-0.10970	0.45262
w_2		-6.2922	0.48132
p_K			-0.44184

（注）労働需要の価格微分（平均値で評価）。

表1-4 Translog 費用関数の推定結果
（採用したもの）

	製造業	非製造業
b_0	7.98142 (0.1429)	9.14152 (0.693)
b_1	0.503597 (0.0183)	0.556431 (0.154)
b_2	0.132961 (0.0151)	0.0157991 (0.00805)
b_t	-0.0181467 (0.0146)	-0.109365 (0.0776)
u_{11}	-0.108638 (0.00623)	0.0124216 (0.0164)
u_{12}	-2.16×10^{-7} (0.171926)	8.35×10^{-7} (0.0494)
u_{22}	-0.0862185 (0.0040)	-0.010081 (0.0107)
b_{1t}	0.00666696 (0.00040)	0.000732497 (0.00117)
b_{2t}	0.0011201 (0.00013)	0.000483598 (5.44-5)
Log likelihood サンプルサイズ	155.98	161.37 16, 1982-1997年

（注）（ ）内は推定の標準偏差。1次同次，シェア弾力性で凹性制約を課した場合。

表1-5 ヘッシアン $\dfrac{1}{C}\dfrac{\partial^2 C}{\partial w_i \partial w_j}$

部門1

	w_1	w_2	p_K
w_1	-0.0011563	-0.13590	1.0098
w_2		-15.971	2.1537
p_K			-1.3604

部門2

	w_1	w_2	p_K
w_1	-0.055973	0.095649	1.0452
w_2		-0.16345	0.92270
p_K			-1.0089

（注）労働需要の価格微分（平均値で評価）。

第Ⅰ部　労働需要の動向

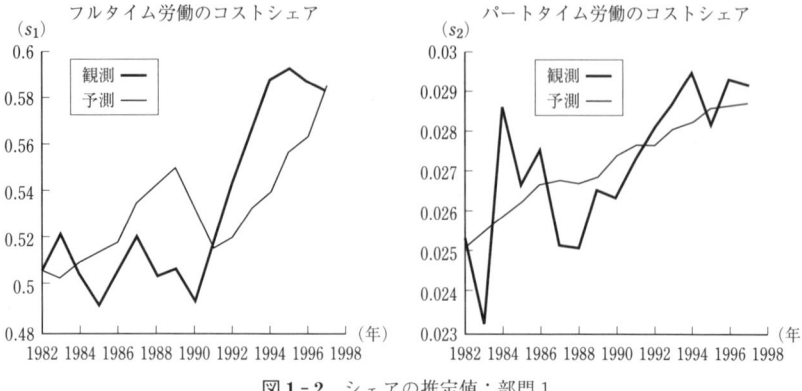

図 1-2　シェアの推定値：部門 1

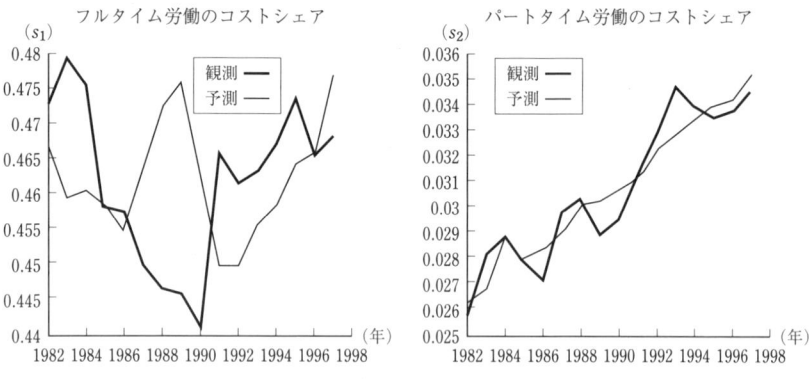

図 1-3　シェアの推定値：部門 2

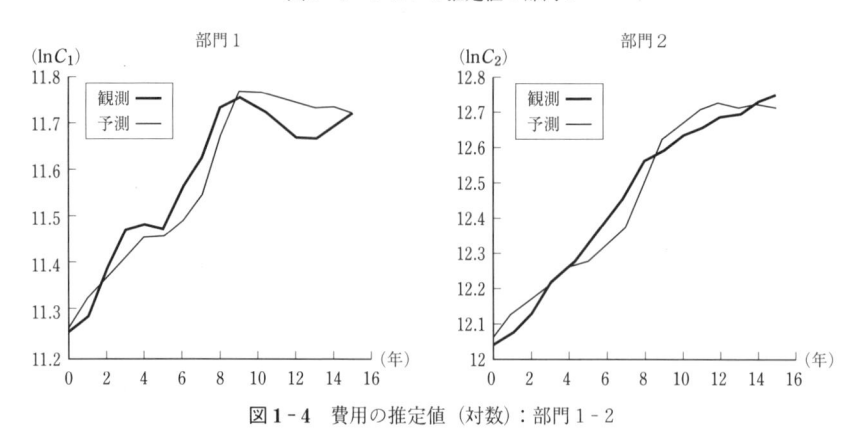

図 1-4　費用の推定値（対数）：部門 1-2

表1-6 製造業のCES労働集計関数による
フルタイム・パートタイム間の代替の弾力性

	係数	標準誤差	t-値
Const	1.624	0.15	10.8
ρ	0.8121	0.0899	9.04

Adjusted-R^2 0.843
代替の弾力性 5.32
Sample period 1982-97

表1-7 非製造業のCES労働集計関数による
フルタイム・パートタイム間の代替の弾力性

	係数	標準誤差	t-値
Const	1.337	0.0774	17.5
ρ	0.8298	0.0459	18.1

Adjusted-R^2 0.9559
代替の弾力性 5.87
Sample period 1982-97

表1-8 シミュレーションのケース

ケース1	一般労働者の労働時間を5％削減
ケース2	パート労働者の労働時間を5％削減
ケース3	一般労働者の労働時間を5％削減・賃金率を5％上昇
ケース4	サービス残業をゼロ
ケース5	一般労働者の労働時間を5％削減，パートの賃金率を1％上昇
ケース6	一般労働者の労働時間を5％削減，パートの賃金率を3％上昇
ケース7	一般労働者の労働時間を5％削減・賃金率を5％上昇・パートの賃金率を1％上昇
ケース8	パートの社会保障雇主負担を一般労働者の月給に比例

される。しかし表1-3と表1-5を比較するとわかるように，表1-3では製造業のフルタイム・パートタイムの関係が競合，サービス業は補完と計測されているが，表1-5では逆に製造業は補完で，サービス業は競合と計測されている。資本サービスに対しては一貫して競合となっている。表1-3の結果はサービス業の生産の弾力性が負であり，生産量が増加すると総費用が下がるという理論的におかしな計測結果であるので，シミュレーションでは表1-5の値を使っている。製造業ではフルタイムとパートタイムが補完的，サービス業では競合的であるという計測結果を使って，シミュレーションを行った。

CES集計関数による推定結果──参考

Translogの結果と比較のために掲載しておく。分離可能性（資本と労働はCobb-Douglasタイプ）を仮定して，労働の中味は集計関数をCESタイプとして推定した場合である。

この結果を見るとわかるようにCESタイプの場合は代替の弾力性が非常に高く推定されている。これに対してTranslog費用関数では，自己価格弾力性が高く推定されている。利用したデータは全く同じものであるので，定式化の

第Ⅰ部 労働需要の動向

表 1-9 Translog 費用関数によるシミュレーション結果 1

部門	就業形態 投入要素	基準	ケース 1		ケース 2		ケース 3	
			コストシェア					
製 造 業	フルタイム	0.583	0.583	−0.01%	0.583	0.00%	0.583	−0.03%
製 造 業	パートタイム	0.029	0.029	0.29%	0.029	0.00%	0.029	1.03%
製 造 業	資本サービス	0.387	0.387	−0.01%	0.387	0.00%	0.387	−0.04%
サービス	フルタイム	0.469	0.469	−0.01%	0.469	0.00%	0.468	−0.13%
サービス	パートタイム	0.035	0.035	0.02%	0.035	0.00%	0.035	0.20%
サービス	資本サービス	0.497	0.497	0.01%	0.497	0.00%	0.497	0.11%
その他	フルタイム	0.787	0.787	0.00%	0.787	0.00%	0.787	0.00%
その他	パートタイム	0.000	0.000	0.00%	0.000	0.00%	0.000	0.00%
その他	資本サービス	0.213	0.213	0.00%	0.213	0.00%	0.213	0.00%
			雇用者数 (1,000)					
製 造 業	フルタイム	10900	11408	508	10900	0	11241	341
製 造 業	パートタイム	2908	2942	34	3061	153	3031	123
サービス	フルタイム	29306	30737	1431	29306	0	29816	510
サービス	パートタイム	10650	10673	23	11211	561	10872	222
その他	フルタイム	6812	7115	303	6812	0	6812	0
その他	パートタイム	0	0	0	0	0	0	0
			生産者価格					
製 造 業		0.908	0.913	0.56%	0.908	0.00%	0.930	2.38%
サービス		1.057	1.059	0.25%	1.057	0.00%	1.077	1.89%
その他		1.062	1.063	0.11%	1.062	0.00%	1.069	0.63%
			一般物価					
製 造 業		0.893	0.898	0.50%	0.893	0.00%	0.913	2.15%
サービス		1.058	1.061	0.24%	1.058	0.00%	1.078	1.86%
その他		1.047	1.049	0.10%	1.047	0.00%	1.053	0.55%
			付加価値 (10億円)					
製 造 業		123118	124196	0.88%	123118	0.00%	126999	3.15%
サービス		340889	341564	0.20%	340889	0.00%	347280	1.87%
その他		49971	49971	0.00%	49971	0.00%	49971	0.00%
			限界費用					
製 造 業		0.321	0.324	0.88%	0.321	0.00%	0.332	3.15%
サービス		0.652	0.654	0.20%	0.652	0.00%	0.664	1.87%
その他		0.697	0.697	0.00%	0.697	0.00%	0.697	0.00%
			消費 (10億円) 固定価格					
		170767	169696	−0.63%	170767	0.00%	170760	−0.00%
			消費者物価					
		0.998	1.001	0.32%	0.998	0.00%	1.017	1.88%

第1章 産業構造と労働需要

表1-10 Translog費用関数によるシミュレーション結果2

部門	就業形態 投入要素	基準	ケース4		ケース5		ケース6	
			コストシェア					
製 造 業	フルタイム	0.583	0.583	−0.00%	0.583	0.00%	0.584	0.02%
製 造 業	パートタイム	0.029	0.029	0.12%	0.029	−0.11%	0.029	−0.91%
製 造 業	資本サービス	0.387	0.387	−0.00%	0.387	0.00%	0.388	0.03%
サービス	フルタイム	0.469	0.468	−0.06%	0.469	−0.01%	0.469	−0.01%
サービス	パートタイム	0.035	0.035	0.09%	0.035	0.02%	0.035	0.01%
サービス	資本サービス	0.497	0.497	0.05%	0.497	0.01%	0.497	0.00%
そ の 他	フルタイム	0.787	0.787	0.00%	0.787	0.00%	0.787	0.00%
そ の 他	パートタイム	0.000	0.000	0.00%	0.000	0.00%	0.000	0.00%
そ の 他	資本サービス	0.213	0.213	0.00%	0.213	0.00%	0.213	0.00%
			雇用者数（1,000）					
製 造 業	フルタイム	10900	10939	39	11407	507	11406	506
製 造 業	パートタイム	2908	2922	14	2901	−7	2821	−87
サービス	フルタイム	29306	29529	223	30752	1446	30782	1476
サービス	パートタイム	10650	10747	97	10572	−78	10375	−275
そ の 他	フルタイム	6812	6812	0	7115	303	7115	303
そ の 他	パートタイム	0	0	0	0	0	0	0
			生産者価格					
製 造 業		0.908	0.912	0.47%	0.913	0.56%	0.913	0.58%
サービス		1.057	1.065	0.74%	1.060	0.28%	1.061	0.36%
そ の 他		1.062	1.064	0.19%	1.063	0.12%	1.064	0.14%
			一般物価					
製 造 業		0.893	0.897	0.42%	0.898	0.51%	0.898	0.52%
サービス		1.058	1.066	0.72%	1.061	0.28%	1.062	0.35%
そ の 他		1.047	1.049	0.17%	1.049	0.10%	1.049	0.12%
			付加価値（10億円）					
製 造 業		123118	123564	0.36%	124178	0.86%	124141	0.83%
サービス		340889	343677	0.82%	341722	0.24%	342034	0.34%
そ の 他		49971	49971	0.00%	49971	0.00%	49971	0.00%
			限界費用					
製 造 業		0.321	0.323	0.36%	0.324	0.86%	0.324	0.83%
サービス		0.652	0.658	0.82%	0.654	0.24%	0.654	0.34%
そ の 他		0.697	0.697	0.00%	0.697	0.00%	0.697	0.00%
			消費（10億円）固定価格					
		170767	170744	−0.01%	169687	−0.63%	169670	−0.64%
			消費者物価					
		0.998	1.004	0.60%	1.001	0.34%	1.002	0.40%

表1-11 Translog 費用関数によるシミュレーション結果3

部門	就業形態 投入要素	基準	ケース7		ケース8	
			コストシェア			
製造業	フルタイム	0.583	0.584	0.00%	0.585	0.32%
製造業	パートタイム	0.029	0.029	−0.17%	0.025	−13.07%
製造業	資本サービス	0.387	0.387	0.01%	0.389	0.50%
サービス	フルタイム	0.469	0.468	−0.12%	0.469	0.03%
サービス	パートタイム	0.035	0.035	0.19%	0.035	−0.05%
サービス	資本サービス	0.497	0.497	0.10%	0.497	−0.03%
その他	フルタイム	0.787	0.787	0.00%	0.787	0.00%
その他	パートタイム	0.000	0.000	0.00%	0.000	0.00%
その他	資本サービス	0.213	0.213	0.00%	0.213	0.00%
			雇用者数 (1,000)			
製造業	フルタイム	10900	11239	339	10870	−30
製造業	パートタイム	2908	2906	−2	1820	−1088
サービス	フルタイム	29306	29860	554	29465	159
サービス	パートタイム	10650	10568	−82	9588	−1062
その他	フルタイム	6812	6812	0	6812	0
その他	パートタイム	0	0	0	0	0
			生産者価格			
製造業		0.908	0.930	2.40%	0.907	−0.17%
サービス		1.057	1.078	2.01%	1.061	0.39%
その他		1.062	1.069	0.66%	1.063	0.05%
			一般物価			
製造業		0.893	0.913	2.17%	0.892	−0.15%
サービス		1.058	1.079	1.97%	1.062	0.38%
その他		1.047	1.053	0.57%	1.048	0.05%
			付加価値 (10億円)			
製造業		123118	126944	3.11%	122381	−0.60%
サービス		340889	347760	2.02%	342634	0.51%
その他		49971	49971	0.00%	49971	0.00%
			限界費用			
製造業		0.321	0.331	3.11%	0.320	−0.60%
サービス		0.652	0.665	2.02%	0.656	0.51%
その他		0.697	0.697	0.00%	0.697	0.00%
			消費 (10億円) 固定価格			
		170767	170734	−0.02%	168151	−1.53%
			消費者物価			
		0.998	1.018	1.96%	1.000	0.19%

表1-12 CESとTranslogの結果の比較：雇用者数の増減（万人）

	CES			Translog		
	フルタイム	パートタイム	全体	フルタイム	パートタイム	全体
ケース1	168.1	46.8	214.9	224.2	5.7	229.9
ケース2	0.0	75.6	75.6	0.0	71.4	71.4
ケース3	−60.7	345.9	285.2	85.1	34.5	119.6
ケース4	−25.8	127.8	102.0	26.2	11.1	37.3
ケース5	182.4	−31.7	150.3	225.6	−8.5	217.1
ケース6	206.1	−173.4	32.7	228.5	−36.2	192.3
ケース7	−45.6	253.4	207.8	89.3	−8.4	80.9
ケース8				12.1	−215.0	−202.9

違いによって結果が大きく異なることがわかる。こうした労働需要関数を推定する目的の一つにはシミュレーションを行うことがある。経済全体で労働需要がどの程度変化するかをシミュレーションした結果をつぎに示すが，結果としての数字よりもむしろ労働需要関数を測ってどのように応用するのかという点を指摘するにとどめておく。CES集計関数を使った場合とTranslogの場合では似ている結果もあるが，離れているものもある。利用したデータにかなり制約があるものの，こうした関数形に基づく推定の限界といってよいかもしれない。ただ，有価証券報告書に基づいて企業別のパネルデータをもちいた推計でも結果に強い信頼性があるかというと難しいといわざるを得ない。[13] 分析の目的によって関数形や利用するデータの種類も十分に検討して計測をすべきであろう。

7　労働需要の推定の現状

ここでは単純な雇用係数とそれを配分する職業別雇用係数，地域別雇用係数などの計算例からはじめて，労働需要関数をシステムとして計算し価格変化に対応するシミュレーションなどを例示した。小さな修正（地域係数など）はあるが，いずれも手法としてはすでに長い間使いつづけてきたもので，ほぼ完成したものであるといってよい。そして価格の効果を考えた伸縮的関数型を使った労働需要の定式化をしたとしても，相対価格があまり変化がないという前提

のもとであれば，一定のシミュレーションとしての意味があることが理論的に示された。

では，相対価格を変えるような政策ツールを使った場合のシミュレーションはどのように評価できるだろうか。それにはまず費用関数のパラメターを推定する必要がある。一般的な伸縮的関数型を使った定式化では，推定したいパラメターの数が膨大になり，理論制約を満たす結果を得るために工夫することが必要になってくる。それでも法定労働時間の短縮効果や社会保障費のパートとの均衡の課題，あるいは最低賃金の変更が労働需要に与える影響，こうした制度の一般均衡的な効果を把握するためには，他に方法があるわけではない。ただし，安定的な結果を得ようとするならば，1つのモデルに頼って計測するのではなく，いくつかのモデルと前提条件を変更した場合に結果が著しく影響を受けるかどうかという感度分析をすべきである。

最近では費用関数の推定や生産関数の推定には，ストカスティック・フロンティア（stochastic frontier）モデル（Kumbhakar and Knox-Lovell 2000）などが利用されている。しかし基本となる生産関数は Translog 型であったり，一般化レオンチェフ（generalized Leontief）型であったり，大きな違いがあるわけではない。これらの手法は誤差の分布に自由度の高いセミ・パラメトリック（semi parametric）法をもちいて推定するものである。関数形によって結果が異なる傾向を誤差分布を変えることによって安定的な推計結果になるかどうかは確かめなければならない課題である。

さらにデータ面での改善を行ってパネル化されたデータをもちいたり，個票をもちいて労働需要関数を計測することもある。このような場合には雇用のタイプを詳細に分けて分析することが難しくなる。[14]その理由は，賃金率を説明変数として用いた場合説明変数どうしの相関が高いためにマルチコリニアリティになる可能性が高いこと。実際に雇用されている労働のタイプが存在しないとデータが欠如するような推定をしなければならないこと。生産関数や費用関数自体が，どれかある一つの投入がゼロであると生産水準がゼロとなる仮定で作成されていることである。これらについて雇用係数ベースで2次効果などを入れた計算例は，Hayami and Nakajima（1997a, b）および Hayami（2000）にまとめている。いずれにしても雇用形態・労働者タイプ別の労働需要関数の計測

については今後データの充実とともに，十分な根拠もない伸縮的関数型に頼るよりも，技術情報により密着した費用関数や生産関数の開発が必要な分野である。

＊　本章の一部に(財)社会経済生産性本部ワークシェアリング研究会『ワークシェアリングの実現をめざして』第2章「ワークシェアリング分析用マクロモデルと生産関数の推定」2003年8月を利用している。研究会の委員長であった樋口美雄教授をはじめ委員の先生方から多くのコメントをいただいた。加えて編集委員の大橋勇雄教授には丁寧なコメントを頂戴した。本章がいくらかでも読みやすくなっているとすれば先生方のおかげである。ここに記して感謝したい。産業連関分析の結果は，ITSプロジェクト報告書「ITS導入による環境負荷削減効果分析」（国土技術政策総合研究所2006年）の一部および，Japan-UK Workshop on Intelligent Transport Systems（英国大使館2007年3月20日）で報告したものから引用している。いずれにしても残された誤りは筆者の責任である。

注
(1) 生産活動の経済分析をもっとも体系的に扱ったものとしてはJorgenson (2000), Jorgenson et al. (2005) の新古典派の生産関数，あるいはEU KLEMSプロジェクト http://www.euklems.net/ がある。すべての投入要素の質と量の成長率とすべての産出量の質と量の成長率を比較して，その差として全要素生産性（TFP）を計測する。
(2) たとえば *Energy, IEEE Transactions on Systems, Man, and Cybernetics, Interantional Journal of Life Cycle Assessment, Journal of Environmental Management, Journal of Industrial Ecology,* Hendrickson et al. (2006) など。
(3) 詳しくは宮澤編（2002）を，概略であるが最近の分析も含めた解説は早見（2007）を参照して欲しい。
(4) ある産業がどれだけ多角化しているかは，国民経済計算（SNA）に付随している産業連関表のうちV表に記載されている。V表はmake matrixともいわれて，その産業でどのような商品を生産しているかを記述している。U表（use matrix）ではこのような産業にどのような商品が投入されるかが記述されている。日本の基本となる総務省の編集する産業連関表（基本表）ではこのような産業分類は部門として採用されていない。
(5) それぞれの部門の推定と消費税の扱いなどについては『産業連関表（総合解説編）』あるいは簡単なテキストとしては宮澤編（2002），コンパクトな解説としては

早見（2007）を参照。

(6) 企業を一単位として第 j 企業が費用を最小化する，あるいは利潤を最大化すると読み替えることもできる。その場合は企業が複数のアウトプットを生産していることがあるので，生産物の種類を一種類ではなくすべてカバーするように定式化するか，分離可能性などを仮定して集計関数を定義する必要がある。

(7) 関数形の分離可能性の議論もはじめて行ったのは Leontief (1947) である。

(8) このサービス残業を含む定式化は(財)社会経済生産性本部ワークシェアリング研究会（2003年）で行ったものである。サービス残業の決定はここでは分析の対象外としているが，法定労働時間の規制を守らず暗黙に正規雇用の安定性を取引している可能性がある。

(9) ここではスタティックな最小化問題を解くことになっているが，p_K をつぎのように定義するとダイナミックな最適化問題の解である。むしろ p_K はその解として定義されていると考えた方が論理的である Nickel (1978) などを参照。コストについては instantanous-cost (C_t) として投資財 I と投資財価格 p_I を用いて

$$C_t = \sum_{i=1}^{m}(w_i h_i + ss_i)N_i + p_I I$$

とおき，資本蓄積経路を δ を減価償却率としたとき

$$\frac{dK}{dt} = I - \delta K$$

と定式化する。割引率を r として，費用の現在価値を最小化するには，C_t の I に $\frac{dK}{dt} + \delta K$ を代入して，Eular 方程式を導くと，

$$p_I\left(r + \delta - \frac{1}{p_I}\frac{dp_I}{dt}\right) - \lambda_t \frac{\partial f}{\partial K} = 0$$

$$w_i h_i + ss_i - \lambda_t h_i(1 + no_i)\frac{\partial f}{\partial N_i} = 0$$

$$x - f(h_1(1+no_1)N_1, \ldots, h_m(1+no_m)N_m, K, t) = 0$$

このとき

$$p_K = p_I\left(r + \delta - \frac{1}{p_I}\frac{dp_I}{dt}\right)$$

と定義しておけば，上記の変分問題の1階の条件は，$C_{KL} = p_K K + C_L$ を最小化する静学的な解と同じになる。投資 I の水準はどこまでも大きくあるいは小さくできるので，瞬間的に調整可能な資本サービスを想定している。ここでは投資関数を導くのが目的ではないので投資行動については極端な仮定となっている。

(10) この形の CES 集計関数は非常に多く利用されている。とくに労働の種類が連続

的な場合には，Obstfeld and Rogoff (2002) などで定式化されているように，

$$Y(i) = \left[\int_0^1 L(i,j)^{\frac{\phi-1}{\phi}} dj\right]^{\phi/(\phi-1)}$$

これは第 i 企業が第 j タイプの労働 $L(i,j)$ を雇用するときの生産関数である。離散か連続かの違いがあるが CES 集計関数についてほとんど同様に展開できる。

⑾　この条件については Baumol, Panzar and Wilig (1982) が基本文献である。福田・須藤・早見（1997）にも簡単な解説がある。

⑿　Hayami and Matsuura (2001) を参照。

⒀　早見（1996）では流通業，通信業について有価証券報告書から企業パネルデータを作成して，資本ストックの推計を行って費用関数を推定している。費用関数を賃金率で微分すれば労働需要関数が導けるので基本的な分析方法は変わらない。Hamermesh (1993) を参照。

⒁　Abowd and Kramarz (1999) ではとくに統計分析的な側面からリンクしたミクロデータで計測する場合の階層モデル（multilevel）分析の必要性について解説している。Bertrand and Kramarz (2002) は Hayami (2000) と似たような観点から生産物市場の規制が雇用創出（job creation）に影響を与えているかどうか分析しようとしている。

参考文献

総務省（2004）『平成12年産業連関表』（総合解説編），財団法人 全国統計協会連合会。

早見均（1996）「市場開放と経済効率——平均費用関数の推定」『日本経済研究』31，109-130頁。

早見均（2007）「産業連関分析」第15章，蓑谷千凰彦・縄田和満・和合肇編『計量経済学ハンドブック』朝倉書店，467-500頁。

早見均・中野諭・吉岡完治（2008）「ITS 車載器導入による環境負荷削減効果に関する研究」第3章『ITS 新サービス導入に係る HMI 検討手法及び導入効果に関する先端的研究』（報告書）国土技術政策総合研究所・慶應義塾大学，2008年3月。

福田豊・須藤修・早見均（1997）『情報経済論』有斐閣。

宮澤健一編（2002）『産業連関分析入門』日経文庫。

Abowd, J. and Francis Kramarz (1999), "The analysis of labor markets using matched employer-employee data," in O. Ashenfelter and D. Card eds., *Handbook of Labor Economics*, vol. 3B, Amsterdam : North-Holland, Chapter 26, 2629-2710.

Ashenfelter, O. and D. Card eds. (1999), *Handbook of Labor Economics*, vol. 3B, Amsterdam : North-Holland.

Baumol, W., J. C. Panzar and R. D. Wilig (1982), *Contestable Markets and the Theory of Industry Structure*, San Diego: Harcourt Brace Jovanovich.

Bertrand, M. and Francis Kramarz (2002), "Does Entry Regulation Hinder Job Creation? Evidence from the French Retail Industry," *Quarterly Journal of Economics*, 117 (4), 1369-1413, November.

Hamermesh, Daniel S. (1993), *Labor Demand*, Princeton: Princeton University Press.

Hayami, Hitoshi (2000), *Employment Structure in the Regulatory Transition: Evidences from the Linked Microdata in Japan*, Keio Economic Observatory, Monograph no. 9, Tokyo: Keio University.

Hayami, Hitoshi and Tosiyuki Matsuura (2001), "From 'life-time' employment to work-sharing: Fact findings and an estimation of labour demand for part-time workers in Japan," paper presented for Combining works, home and education at the University of Minho, Braga Portugal on 26-27 October, Keio Economic Observatory Discussion Paper, no. 65, September.

Hayami, Hitoshi and Masahito Nakajima (1997a), "Labor Demand by Age and Gender in Commercial Industries: Evidence from using Microdata of Labor and Production in Japan," Economic Research Institute, Economic Planning Agency, Discussion Paper no. 77, May.

Hayami, Hitoshi and Masahito Nakajima (1997b), "Labor Demand by Age and Gender in Manufacturing Industries: Evidence from using Microdata of Labor and Production in Japan," Economic Research Institute, Economic Planning Agency, Discussion Paper no. 79, September.

Hayami, Hitoshi, and Masao Nakamura (2007), "Greenhouse gas emissions in Canada and Japan: Sector-specific estimates and managerial and economic implications," *Journal of Environmental Management*, 85, 371-392.

Hayami, Hitoshi, Masao Nakamura, and Kanji Yoshioka (2005), "The Life Cycle CO_2 emission performance of the DOE/NASA solar power satellite system: A comparison of alternative power generation systems in Japan," *IEEE Transactions on Systems, Man, and Cybernetics: Part C*, 35 (3), 391-400.

Hayami, H., Masao Nakamura, Miko Suga, and Kanji Yoshioka (1997), "Environmental management in Japan: Applications of input-output analysis to the emission of global warming gasses," *Managerial and Decision Economics*, 18, 195-208.

Hendrickson, Chris T., Lester B. Lave, and H. Scott Matthews (2006), *Environmental Life Cycle Assessment of Goods and Services: An Input-Output Approach*, Washington DC: RFF Press.

Kumbhakar, Subal C. and C. A. Knox-Lovell (2000), *Stochastic Frontier Analysis*, Cambridge, U. K.: Cambridge University Press.

Jorgenson, Dale W. (2000), *Econometrics and Producer Behavior*, Cambridge, M. A.: The MIT Press.

Jorgenson, Dale W., Mun Ho and Kevin J. Stiroh (2005), *Information Technology and the American Growth Resurgence*, Cambridge, M. A.: The MIT Press.

Leontief, W. (1941), *The Structure of the American Economy, 1919-1939*, New York: M. E. Sharpe Inc., White Plains. Reprinted in 1977.

Leontief, W. (1947), "Introduction to a theory of the internal structure of functional relationships," *Econometrica*, 15 (4), 361-373.

Lenzen, Manfred, Mette Wier, Claude Cohen, Hitoshi Hayami, Shonali Pachauri, and Roberto Schaeffer (2006), "A comparative multivariate analysis of energy requirements of households in Australia, Brazil, Denmark, Indea, and Japan," *Energy*, 31 (2-3), 181-207.

Nickel, S. J. (1978), *The Investment Decisions of Firms*, Cambridge, UK: Cambridge University Press. Chs. 1-3.

Obstfeld, Maurice and Kenneth Rogoff (2002), "New directions for stochastic open economy models," *Journal of International Economics*, 50, 117-153.

第2章　労働需要の年齢構造
―― 理論と実証 ――

太田　聰一

1　採用で年齢が重視される理由

採用における年齢差別

　企業が労働者を採用しようとする場合には，様々な要素を考慮に入れて最終的な選抜を行う。これまでの仕事経験，持っている資格，学歴，（企業から見た）仕事に対する情熱などは，非常に重要な選抜基準となる。しかし，私たちはこれらの要素以外にも企業が労働者の年齢に関心を寄せていることを知っている。実際，求人広告のなかには年齢基準を設けているものが少なくない。しかも，それは「何歳以上の人材が欲しい」という形よりもむしろ，「何歳以下の人材が欲しい」というように，年齢の上限を区切る形が圧倒的に多い。

　求人にこうした年齢制限があることは，企業側に何らかの理由で年齢にこだわる理由があるからに他ならない。若年の方が，中高年に比べて平均的に見れば体力的に恵まれていることから，同じ賃金を支給するのであれば，若年を採用したいと考える企業もあろう。しかし，このような体力を要する仕事だけが若年採用を活発に行っているわけではない。また，賃金さえ適切に調整されれば，そうした仕事においても中高年に働く場が提供されることは十分にありうる。

　あるいは，技術関係の仕事などで先端技術を知っている必要がある場合には，中高年の採用が不利になってもおかしくはない。たとえば，フランスの企業レベルデータを用いた Aubert, Caroli and Roger (2006) は，新技術を用いる企業では中高年の採用が停滞する傾向を見出している。これは，中高年が新技術に

キャッチアップしにくいために生じる問題だと考えられる。さらには，若年層中心の顧客をもつ企業では，スタッフも若年層を主体にすることが生じるかもしれない。

人的資本理論による説明

これらはたしかに企業による従業員の年齢選好を説明する要因ではあるが，より広い視点に立つ見方として，Becker (1964) などによる人的資本理論に立脚した説明がある。すなわち，企業はしばしば当該企業にしか通用しないスキルを身につけることを労働者に要求する。それは用いている機械のクセであったり，企業独自の生産プロセスの知識であったり，特定の顧客の情報であったりと，様々な形をとる。こうしたスキルを身につけさせるためには，企業内で訓練を行わなければならない。また，他企業に通用しないスキル形成にかかるコストについては，その一部を企業が負担することになる。その結果，企業は比較的若い労働者を採用することを望む傾向が生じてくる。

第1に，若年は新しい知識を早く身につけることができる。すなわち訓練しがいのある時期が若年であるがゆえに，企業は若い労働者を雇おうとするインセンティブが生じる。第2に，若年層は訓練期間後も長く企業にとどまる可能性が高いので，訓練投資費用の回収期間が長く設定可能となる。逆に，高度な訓練を必要とする職務に高齢者を採用して訓練しても，それほど長く働くことが見込めないので，訓練投資の回収がおぼつかなくなる。こうした人的資本理論に立脚した採用差別の説明は，かなり広い範囲の企業に適用することができるように思われる。

本章は，こうした人的資本理論の説明に立脚しながら，日本における労働需要の年齢構造を分析する。とりわけ，採用に占める若年の割合に注目することにしたい。その最大の理由は，1990年代の長期不況下で，若年の採用が他の世代に比べても大幅に悪化し，そのことが若年失業，ニート，フリーターといった若年雇用問題を深刻化させたと思われるからである。[1] 実際，不況期に学校を卒業した「氷河期世代」は，低い賃金水準や不安定な雇用状態に置かれ続けている（太田・玄田・近藤 2007）。こうした問題は，新卒採用に大きなウェイトのかかった日本企業の人材採用方針に根ざしている可能性が高い。

とはいえ，日本企業といっても様々であり，中途採用を積極的に行っている企業も多い。したがって，日本のデータを仔細に分析することで，企業の採用年齢への選好について重要な情報を得ることができるかもしれない。本章では，「雇用動向調査」（厚生労働省）の入職データを用いて，日本企業における採用の年齢構造を明らかにする。

次節では，人的資本理論に基づいた非常に簡単なモデルを提示する。このモデルの含意のいくつかは，第4節の実証分析において検討される。第3節では，データを用いて，日本の労働需要の変動がどの年齢層に集中しているのかを明らかにする。第4節は，採用総数に占める若年の採用比率を規定する諸要因を分析する。第5節では，この若年採用比率が失業者に占める若年層の割合にどのようなインパクトを与えてきたのか，という点について時系列的な分析を行う。

2　例示モデル

基本的なフレームワーク

本節では簡単な「モデル」を構成し，企業による年齢に基づいた採用について考察する。先に述べたように，企業による採用のなかでも新規学卒者の採用と中途採用の使いわけは，大きな意味を持つ。したがって，以下ではどのような場合に両者が使い分けられるのか，という側面に焦点を当てる。また，議論の厳密性よりもむしろ直感的に理解しやすい提示の方法をとることにしたい。

さて，現在の時点を「第1期」，将来のことを「第2期」と呼ぶことにしよう。そして経済で活動しているある企業は，第2期の要員計画の段階にあるとする。労働者は2期間だけ労働市場に参加する。ここで重要な想定を置いておこう。この企業の将来（第2期）の必要労働投入量は H で与えられており，これは所与であるとする。すなわち第2期の目的生産量がすでに判明しており，そのために必要な労働投入量がすでに決定されている状態を考える。こうした問題設定は必ずしも厳密なものとはいえないが，問題を大幅に単純化してくれる。さらに，この必要労働投入量 H は「効率単位」で測定されており，労働者のスキルが反映されるものとする。

こうして与えられた労働投入量を実現するために，企業としては2つの手段をもっている。ひとつは，現在の時点（第1期）に新卒者を採用して訓練を施し，生産性を高めて生産プロセスに投入することである[2]。以下では単純化のために，新卒採用者にとって第1期は完全に訓練期間であり，生産活動には従事しないものとする。もうひとつの手段は，第2期の段階で中途採用を行うことである。中途採用者は他企業で訓練された経験をもつことから，当該企業であらためて訓練をし直す必要はない。ただしその反面，発揮される生産性は，新卒で訓練を受けた労働者（以下，「生え抜き労働者」という）よりも低いものとしよう。その理由は，スキルの企業特殊性にある。

企業内で形成されるスキルのうちの一部は他社にも通用する一般スキルであるが，その他の部分は自社にしか通用しない企業特殊スキルである（Becker 1964）。たとえば，コンピューターや英語などの汎用性の高いスキルは，一般スキルに近く，労働者が他社に転職しても相応に評価されるだろう。一方，当該企業における生産プロセスへの理解や，扱っている機械のクセを知悉していることや，職場で築いた良好な人間関係などは，当該企業では重宝されるスキルに違いないが，いざその労働者が他社に勤務すればあまり役に立たない。こうしたスキルを企業特殊スキルという。本節で考える例示モデルにおいても，中途採用者が他社で蓄積したスキルの一部は企業特殊的スキルであるために，当該企業では役に立たない部分が含まれることになる。いま，生え抜き労働者の生産性を1と標準化し，中途採用者の生産性をλとして，$\lambda<1$としておこう。

第2期に必要な効率単位（生産性単位）で測った生産性を生え抜き労働者と中途採用者で達成する必要があるので，

$$M+\lambda N=H \qquad (1)$$

という式が成立しなければならない。ここでMは第2期の生え抜き労働者数であり，離職率がゼロであると仮定すれば，第1期に採用する新卒者数に等しい。Nは，第2期の中途採用者数である。ただし，必要労働投入量が時間を通じて一定であるとすれば，MとNはいずれの時点においても同一の数値をとることになる。

第Ⅰ部　労働需要の動向

　企業の目的は，(1)式の制約を満たすようなMとNの組み合わせの中で最も費用の安い組み合わせを見つけ，それを実行することである。費用の重要な構成項目は賃金であり，これは市場において定まっているものとしよう。新卒者を2期間雇用するために提示しなければならない賃金水準をVとし，中途採用者を1期間雇用するために提示しなければならない賃金水準をvとする。雇用契約の期間が新卒者の方が長いので，通常は$V>v$となるであろう。本節ではこれを仮定する。

　これに加えて，新卒者の採用のためには別の2つの費用が必要であるものとする。ひとつは，訓練費用であり，労働者1人当たりにgだけかかる。もうひとつは，新卒市場に企業が参入するための固定費用であり，これをTとする。とくに大卒の新卒採用については，企業説明会の開催，リクルーターの確保，理系の場合には研究室の教授とのコンタクト，インターネットサイトの整備，エントリーシートなどによる予備的選抜など，企業にとってかなりの手間隙のかかる採用方式となっている。高卒の場合には職安を通して学校に求人がいくために大卒ほど手間がかかるわけではないが，広告や職安を通した直接採用を行うよりも時間がかかる上に，実績関係のない学校に対してはPRなども必要となる。またTは，新卒者の一律訓練のための施設費等も含むであろう。こうしたことを考慮して，新卒の場合には採用人数に依存しない固定費用を導入する[3]。これらを合計して企業が支払うべき労働費用Cを算出すれば，以下のようになる。

$$\begin{cases} C=vN & \text{if} \quad M=0 \qquad\qquad (2)\\ C=(V+g)M+vN+T & \text{if} \quad M>0 \qquad (3) \end{cases}$$

　(2)式は，新卒採用が無い場合の労働費用であり，その場合には中途採用者の賃金費用のみとなる。他方(3)式は，新卒採用と中途採用の混合，あるいは新卒採用のみの場合の労働費用を表す。新卒採用がプラスであることから，(1)式にさらに訓練費用と固定費用，そして新卒者の賃金費用が加算される。

　では，企業はどのような新卒採用，中途採用の組み合わせを選ぶであろうか？　結論から述べると，この場合には新卒採用と中途採用が混ざりあうことはレア・ケースであり，新卒採用か中途採用かいずれかを選択する状況が一般

的となる。これは直感的に明らかな結論であるが，以下にその導出を示す。その際には，採用全体に占める新卒採用の比率 $\theta(0\leq\theta\leq 1)$ を導入して議論を進めるとわかりやすい。定義から，

$$\theta = \frac{M}{M+N} \quad (4)$$

なので，(1)式と(4)式とから，

$$\begin{cases} M = \dfrac{\theta H}{(1-\theta)\lambda + \theta} & (5) \\ N = \dfrac{(1-\theta)H}{(1-\theta)\lambda + \theta} & (6) \end{cases}$$

となる。これを(2)式，(3)式に代入して整理すると

$$\begin{cases} C = \dfrac{vH}{\lambda} & \text{if } \theta = 0 \quad (7) \\ C = \dfrac{[(V+g)\theta + v(1-\theta)]H}{(1-\theta)\lambda + \theta} + T & \text{if } \theta > 0 \quad (8) \end{cases}$$

となる。問題は，新卒採用比率 θ を上昇させると，コストがどのようになるかである。(8)式を θ で微分すると，

$$\frac{\partial C}{\partial \theta} = \frac{[\lambda(V+g) - v]H}{[(1-\theta)\lambda + \theta]^2} \quad (9)$$

となり，この符号は $\lambda(V+g) - v$ がプラスであればプラス，マイナスであればマイナスとなる。これは，$V+g$ は新卒を1人追加したときの限界費用，v は中途採用者を1人追加したときの限界費用に他ならない。中途採用者の生産性は生え抜きの λ 倍でしかないことから，中途採用者の限界費用が新卒を1人追加したときの限界費用の λ 倍を上回るようならば，中途採用者の比率を低下させる（すなわち θ を上昇させる）ことによって総費用を低下させることができる。逆に，中途採用者の限界費用が新卒を1人追加したときの限界費用の λ 倍を下回るときには，中途採用者の比率を上昇させることで総費用を低下させることが可能となる。

　横軸に θ，縦軸に総費用をとったグラフが図2-1に示されている。図からわかるように，$\theta = 0$ のときには $C = vH/\lambda$ であるが，θ が正になった瞬間に

第Ⅰ部　労働需要の動向

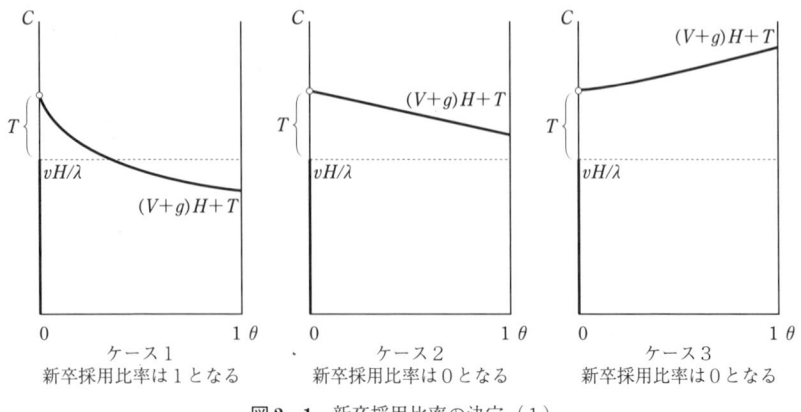

図2-1　新卒採用比率の決定（1）

ケース1　新卒採用比率は1となる
ケース2　新卒採用比率は0となる
ケース3　新卒採用比率は0となる

（出所）著者作成。

固定費用 T が加算される。$\theta=1$ のときの総費用は $C=(V+g)H+T$ である。さて，生じうる状況は3つのケースに分類される。ケース1は，新卒採用比率を高めるにつれて総費用は低下し，かつ，全員を新卒で採用するときの総費用が全員を中途採用者にするときの総費用を下回る場合である。ケース2は，新卒採用比率を高めるにつれて総費用は低下するものの，全員を中途採用とすることが総費用の最小化をもたらすケースである。ケース3は，新卒採用比率を高めるにつれて総費用が上昇してしまう場合であり，このときには全員を中途採用とすることが総費用の最小化にかなう結果となる。

新卒採用に特化するか，中途採用に特化するかの選択は，それぞれの場合の総費用の差に依存する。新卒採用に特化したときの総費用から，中途採用に特化したときの総費用を差し引くと，

$$\Delta C = (V+g)H+T-\frac{v}{\lambda}H = \left(V+g-\frac{v}{\lambda}\right)H+T \tag{10}$$

となる。これがプラスであれば中途採用に特化したときの総費用がより小さくなることから，中途採用のみが行われる。逆に，これがマイナスであれば，新卒採用のみが行われる。

このモデルは，具体的にどのような企業が新卒採用に特化しやすいことを主張するのであろうか？　(10)式から明らかなように

① 新卒者を2期間採用したときの賃金コストと訓練コストの合計額（$V+g$）が中途採用の賃金コスト（v）に比べてそれほど高くない場合には新卒採用が行われやすい。逆に，訓練費用等があまりに高くなる場合には，新卒採用は敬遠させる。

② 技能の企業特殊性が強く，中途採用者の生産性が低く見積もられる場合（λ が小さい）には，新卒採用が行われやすい。

③ 中途採用者の生産性と生え抜きの生産性の格差 λ が雇用コスト格差（$v/(V+g)$）よりも小さい場合には，必要労働投入量 H が大きいほど新卒採用が行われやすい。

④ 中途採用者の生産性と生え抜きの生産性の格差 λ が雇用コスト格差（$v/(V+g)$）よりも小さい場合には，新卒採用の固定費用 T が小さいほど新卒採用が行われやすい。

いくつか説明を加えておきたい。②は，訓練の企業特殊性が高い経済ほど，新卒採用を重視する企業が多くなりがちであることを意味している。日本企業は，企業内で「仕事につきながらの訓練」（OJT）によって高度なスキルを形成することに長けていると主張されることがあるが，もしもそれが他国に比べて企業特殊的なスキルのウェイトを高めているならば，新卒重視の採用形態が一般化しても不思議ではない。

③は，規模の大きい企業で新卒一括採用が行われやすいという観察事実と符合した結果である。ある程度採用人数が大きくないと新卒採用はコストに見合わない，と主張されることがあるが，③はそうした点を明確にしている[4]。

④は，これに加えて学校との実績関係などですでに大きな T が投入されており，新規に投入しなければならない固定費用が低い企業ほど，新卒採用に偏りやすいことを意味している。逆に，これまで学校との採用の実績関係を積み重ねてこなかった企業は，高い T に直面することから，そうした状況を継続させる可能性がより高くなる。

新卒採用と中途採用の併用

上記のモデルをさらに検討することで，より現実妥当性のある状況を描写す

ることができる。とりわけ，実際の企業では新卒採用と中途採用を併用していることも多い。その点についてさらに追求を行っておきたい。

新卒採用にメリットがある状態でも，中途採用をも行う可能性はいくつかある。第1に，不確実性への対処として中途採用を行うことがありうる。これまでの議論は，必要労働投入量が過去から将来にわたってHの水準で変化しないと想定してきた。しかし，現実には必要労働投入量は刻々と変化しており，しかもその将来にわたっての動きを予測することは著しく困難である。そうした状況を考察するために，現時点を第t期と表現しよう。また，新卒採用は中途採用よりもコスト的に優位であるものとする。新卒採用は1期前に実施されることから，その時点での次期（第$t+1$期）における必要労働投入の予想に基づいて，現時点での採用数が決定される。企業による必要労働投入量の予測値を$E_t(H_{t+1})$と表現しよう。生え抜き労働者の生産性は常に1であるから，第t期における新卒採用者数も$E_t(H_{t+1})$となる。

一方，第t期に雇用されている生え抜き労働者の数は，第$t-1$期に予測した第t期における必要労働投入量であり，$E_{t-1}(H_t)$となる。しかし，予想が的中するとは限らない。たまたま現実の必要労働投入量が前期における予測値を上回ったとしよう。すなわち，$H_t - E_{t-1}(H_t) > 0$が成立したとする。その場合には，中途採用を行って，必要労働投入量の不足分を補うことになる。中途採用者数は，$N_t = [H_t - E_{t-1}(H_t)]/\lambda$なので，第$t$時点の新卒採用比率$\theta_t$は，

$$\theta_t = \frac{1}{1+\Omega_t} \qquad ただし \quad \Omega_t = \frac{H_t - E_{t-1}(H_t)}{\lambda E_t(H_{t+1})} \tag{11}$$

となる。

ここで，今期の新卒採用比率は，今期の必要労働投入量のみならず，前期に予想した今期の必要労働投入量や，今期に予想する来期の必要労働投入量の関数となっていることに注意されたい。このことの含意は明瞭である。すなわち，当初の予想よりも現在急激に成長している企業は，新卒者の育成が間に合わないので中途採用で人員を調達しようとする。その一方で，将来の成長を予想している企業ほど，現時点で新卒者を多数雇用して訓練を行おうとするので，新卒採用を増やそうとする。必要労働投入量を可変とすることで，このような推論が可能となる。

新卒採用と中途採用を並存させる第2の可能性としては、生え抜き労働者とは異なった業務を中途採用者に担わせるケースが考えられる。たとえば、企業がこれまで手がけてこなかった新しい業務分野に参入する場合には、そうした分野に通暁した人材を外部から調達して業務を担当させる必要が生じるであろう。あるいは、一般的スキル水準のきわめて高い労働者を外部から招いて、生え抜きと共同して仕事を行わせることもありうる。実際、法務、経理、医療、ITなどの専門スタッフを採用する場合には中途採用を実施することが多い。

　こうした場合には、次のように前節のモデルを修正してみればよいだろう。企業内にはλが異なる業務が多数あるとする。すなわち、企業内にはλの分布が存在し、それぞれ必要とされる労働投入量が$H(\lambda)$として与えられているものとしよう。λが大きい業務は外部の経験が生きる業務であり、一般スキルに近い。λが小さい業務は、企業特殊性が強い業務といえる。そうした業務では、企業にとって訓練コストも小さくなるものとすると、訓練コストは$g(\lambda)$ ($g'(\lambda)>0$) として表現される。そうすると、(10)式の類推により、

$$\Delta C = (V+g(\lambda))H(\lambda) + T - \frac{v}{\lambda}H(\lambda) = \left(V+g(\lambda) - \frac{v}{\lambda}\right)H(\lambda) + T \quad (12)$$

の符号によって新卒採用にするか、中途採用にするかどうかが決まる。一定の条件をつければ、あるカットオフ水準λ^*以下の業務は内部養成を行い、λ^*以上の業務には中途採用者をあてる、という戦略がコスト最小化に寄与することになる。企業内部での訓練の効率性の高まりが$g(\lambda)$の関数を下方にシフトさせるとすると、企業内訓練の効率性が高い企業ではλ^*が上昇し、新卒採用比率を高める方向に働くだろう。固定費用Tが大きいほど、そして必要労働投入量が全体に小さいほど（つまり$H(\lambda)$関数の下方シフト）、新卒採用比率が低下するというインプリケーションは、以前と変わらない。

　第3に、新卒労働市場における他企業との競争が存在し、数多くの新卒者を採用しようとすると、①採用者の平均的な能力の低下が生じる、あるいは②能力は労働者間で異ならなくとも、より高い賃金を提示しなければ採用数が確保できない、といった場合には、必要労働投入量のすべてを生え抜き労働者でまかなうことはせず、新卒採用と中途採用を並存させる可能性が生じる。新卒労働市場は、大企業も含めて数多くの企業が集中することから、一社が確保する

ことのできる労働者には限りがある。より多くの新卒者を採用するためには，能力の低下を甘受するか，他社よりも魅力のある生涯賃金を提示するしかない。その場合には，新卒者だけでは不足する人数を中途採用で充足することが企業の最適な戦略となりうる。

最初に能力の低下を取り上げよう。この問題をモデルに取り込む際には，訓練費用 g が新卒者の能力 x に依存するケースを考えればよい。訓練を終えた後の生産性は人によって違わないと仮定しておく。能力の向上は訓練費用を低下させるので，$g'(x)<0$ が成立する。企業は応募してきた新卒者 L 人のうち，採用試験を行って x^* 以上の労働者を判定して採用する。応募者の能力の密度関数を $f(x)$，分布関数を $F(x)$ と表そう。この場合，新卒採用者数は $M=(1-F(x^*))L$ となる。新卒採用者の平均的な訓練費用は $E(g(x)|x \geq x^*)$ と表現される。(1)式を考慮しながら，新卒をある程度採用することを前提として企業の労働費用を計算すると，

$$C = \frac{vH}{\lambda} + \left[V + E(g(x)|x \geq x^*) - \frac{v}{\lambda}\right](1-F(x^*))L + T \tag{13}$$

が得られる。第1項は，かりに全員を中途採用者で雇用した場合の労働費用，第2項は，中途採用者の代わりに新卒者を採用することで生じる労働費用の節約部分，第3項は新卒採用の固定費用を表す。企業は，(13)式で示された労働費用を最小化するように x^* を選択する。導出の詳細は略するが，費用最小化の1階の条件より，労働費用を最小化する x^* は次のような条件を満たす。

$$V + g(x^*) = \frac{v}{\lambda} \tag{14}$$

この式は，カットオフ水準 x^* の能力をもつ労働者を採用するコストと，外部労働市場から人材を調達する場合の（生産性を調整した）コストが一致していることを意味する。結局，この企業は(14)式で与えられた x^* のもと，$(1-F(x^*))L$ だけ新卒採用を行い，$(H-(1-F(x^*))L)/\lambda$ だけ中途採用を行うことになる。

なお，(14)式から

$$\frac{\partial x^*}{\partial \lambda} = -\frac{v}{\lambda^2 g'(x)} > 0 \tag{15}$$

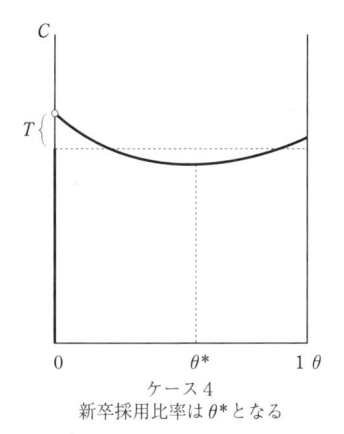

図2-2 新卒採用比率の決定（2）
（出所）著者作成。

ケース4
新卒採用比率はθ^*となる

となることから，スキルの企業特性が高まると（λの低下）採用基準を低下させて，新卒採用比率を高めることが費用最小化にかなう戦略となる。

　能力は労働者間で異ならなくとも，より高い賃金を提示しなければ採用数が確保できない，というケースは，新卒者に（暗黙的に）提示すべき賃金水準が新卒者比率の関数とすることで描写できると考えられる。すなわち，$V=V(\theta)$（ただし，$V'(\theta)>0$）と置き，（8）式に代入してθに関する費用最小化問題を解いてやればよい。θを上昇させることは，企業内訓練の効率性が十分に高いときには企業にとって賃金コストの低下に寄与する。その一方で，θを上昇させるためには報酬をより高める必要がある。こうしたベネフィットとコストをバランスさせるように最適なθが決定される。

　図2-2には，最適なθの決定が図示されている。図中のθ^*が労働費用を最小化させるポイントとして描かれている。

離職の影響および交差効果

　ここまでは新卒採用者が離職しないという前提で議論を組み立ててきた。しかし，実際には「七・五・三離職[5]」と呼ばれるように，若年労働者の離職は大きな問題として認識されてきた。こうした若年の離職行動は，企業内で人材を育成しようとする企業にとってコストのかかるものになる。なぜならば，労働

者の離職によって企業が投下した訓練費用が無駄になってしまうからである。いま、新卒採用者は訓練後にsの割合で離職するものとしよう。離職した労働者は外部労働市場において中途採用者として採用されるので、vの賃金を受け取る。企業間の競争のため、新卒者を雇用するためには一定の期待生涯効用Vを保証しなければならないとしよう。新卒採用者に第1期に支払う賃金をw_1、第2期に転職しなかった労働者に対して支払う賃金水準をw_2とし、労働者がリスク中立的であり、かつ割引率をゼロとすると、以下の式が成立する必要がある。

$$w_1 + (1-s)w_2 + sv \geq V \tag{16}$$

費用最小化を行う企業は、(16)式が等号で成立するようにw_1およびw_2を選択する。よって、新卒者を1人雇用する期待コストは、$w_1+(1-s)w_2+g$であり、(16)式から$V+g-sv$に等しい。新卒者のみを雇用してHの必要労働投入をまかなうには、$H/(1-s)$だけの新卒者が必要となる。(10)式にならって、新卒採用に特化したときの総費用から中途採用に特化したときの総費用を差し引くと、

$$\Delta C = \frac{(V+g-sv)H}{1-s} + T - \frac{v}{\lambda}H \tag{17}$$

となる。(17)式からわかるように、sの上昇は新卒採用のコストを増大させることから、新卒採用のメリットが低下する。新卒採用に及ぼす影響を明確にするために、訓練費用gは企業によって異なるものと考え、その分布関数を$K(g)$としよう。$\Delta C=0$とするような訓練費用をg^*とおくと、$g \leq g^*$の企業は新卒採用を行い、$g>g^*$の企業は中途採用を実施することになる。このg^*は(17)式より以下の式で与えられる。

$$g^* = (1-s)\left(\frac{v}{\lambda} - \frac{T}{H}\right) - (V-sv) \tag{18}$$

新卒採用を行っている企業の比率は$K(g^*)$に他ならない。この比率が上昇するときには、経済全体における新卒採用比率は高まるだろう。離職率sの上昇の効果は、次のように表現される(kは分布Kの密度関数)。

$$\frac{\partial K(g^*)}{\partial s} = k(g^*)\frac{\partial g^*}{\partial s} = k(g^*)\left[\left(1-\frac{1}{\lambda}\right)v + \frac{T}{H}\right] \tag{19}$$

もしも固定費用 T が必要労働投入量に比べて十分に小さいならば，離職率の上昇は新卒採用企業の比率を低下させる。そして，こうした効果は λ が小さいほど大きくなることが判明する。すなわち，企業特殊スキルを重視する経済においては，そうでない経済よりも離職率上昇によって大きく新卒採用が減少してしまう可能性が高くなる。

なお，λ の変化の効果は，次のように表すことができる。

$$\frac{\partial K(g^*)}{\partial \lambda}=k(g^*)\frac{\partial g^*}{\partial \lambda}=-k(g^*)\left[\frac{(1-s)v}{\lambda^2}\right] \tag{20}$$

この式から，λ の上昇は新卒採用を抑制するが，その効果は v が大きいほど大きくなる，ということが判明する。v が大きくなるような状況は，経済における必要労働投入量が増大し，労働市場の需給が逼迫したときに生じやすい。逆に，企業特殊的なスキルを重視する経済ほど，比較的安価に中途採用者を調達できるようになることから，不況に陥ったときに新卒採用を強く抑制するような効果が働きやすくなる。こうした，変数間の相互作用がもたらす効果を「交差効果」と呼ぶが，これも実証分析によって確認すべきポイントとなる。

3　年齢階級別採用数の推移

先に述べたように，本章の関心は年齢（階級）別の採用にどのような規則性が存在するのか，データを用いて検討することにある。そこで，経済全体の採用数に占める若年採用の比率（以下では若年採用比率と呼ぶ）に注目しよう。この比率は，必ずしも前節で検討した「新卒採用比率」ではなく，中途採用者を含んでいる。しかしながら，背後にある経済的なメカニズムはかなり近いものになると考えられる。

図2-3には，「雇用動向調査」（厚生労働省）から得られる若年採用比率の動向が示されている。具体的には，1981年から2005年までの総採用数に占める15～24歳の比率および15～29歳の比率を描いている[6]。この図から，長期的に若年採用比率が低下していることがわかる。1981年には60.3％であった15～29歳の採用比率は，2002年には51.4％まで低下している。15～24歳に限れば，その低下率はさらに著しく，1981年の47.4％から2002年には36.6％まで落ち込んだ。

第Ⅰ部　労働需要の動向

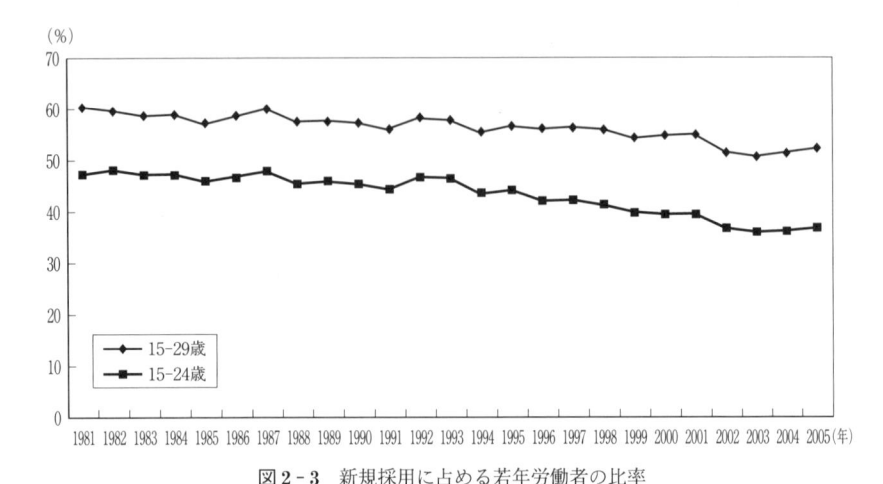

図2-3　新規採用に占める若年労働者の比率

（出所）「雇用動向調査」（厚生労働省）。

しかも，1990年以降の低下率が少し大きいこともわかる。

若年採用比率の低下をもたらすものとしては，主に2つの可能性がある。ひとつは，労働供給側の要因である。まず最近時点で，大学等への進学率が大きく上昇しつつある。「学校基本調査」（文部科学省）によると，1993年の大学・短大への進学率は37.7％であったが，10年後の2003年には49.0％まで上昇した。このような進学率の上昇は，若者が労働市場に参加する時期を遅らせることで，労働供給の潜在的な減少要因となる。さらに，長期的な出生率の低下のために，人口の中で若者が占める比率も小さくなってきている。たとえば，1993年から2003年にかけて15～64歳人口に占める15～29歳の比率は31.7％から28.1％へと低下している。(7)この場合でも若年労働供給は減少するだろう。それだけではなく，働くことを希望しない若者も，近年は増加しつつあると考えられる。これらの理由によって若者の労働供給が他の世代に比べて減少すれば，新規入職者に占める若者の比率が低下することになる。

もうひとつの見方は，企業の若者に対する労働需要が他の年齢層に比べて特に低下しているというものである。たとえば，毎年，若者を10人，中高年を10人採用している会社があるとしよう。その会社が今年については若者を4人，中高年を6人採用したとする。そうすれば，入職者に占める若年比率は50％か

ら40％に低下してしまう。このケースでは，雇用の全体の減少に伴う形で企業の採用における年齢プレファレンスが変化しており，企業は相対的に若年よりも中高年の採用を重視するようになったことになる。たとえば，新規学卒者の採用を停止しつつ，即戦力として中年層を雇用した企業ではこのような状況が生じうる。あるいは，若年正社員の採用を抑制するとともに，年齢に関わりなくパートタイム労働者を雇用した場合にも同様の事態が生じるだろう。

　いずれの状況が，現実をより的確に捉えているだろうか？　時系列データを用いるだけでは，この問いに答えることはそれほど容易ではない。なぜならば，少子化や高学歴化などの労働供給面の変化や労働需要面の変化は，双方ともに採用数の時系列的変化をもたらすからである。その場合，両者を的確に区別することには困難がともなう。よって，望ましい対処法は，クロスセクションデータを併用することである。もしも，過去1年で雇用が伸びていた産業では，入職者に占める若年比率が高いことが分かれば，それは企業による年齢プレファレンスの変化の重要性を示唆するだろう。本章では，産業別のデータをクロスセクション・タイムシリーズデータとして利用しつつ，時点効果をコントロールすることで労働供給側の変化を制御し，労働需要側の要因をピックアップしたい。

　用いるデータは，「雇用動向調査」における1993年から2002年までの産業別・年齢階級別データである。「雇用動向調査」は，事業所における入職・離職の状況等を調査し，雇用労働力の産業，規模，職業及び地域間の移動や求人状況等の実態を明らかにすることを主目的として実施されてきた。ただし，調査対象が若干限定されているために，この調査でカバーされる労働移動は経済全体の労働移動よりも小さくなる。第1に，「雇用動向調査」が1～5人の零細企業を対象にしていないために，集計された労働移動は実際のものよりも過少となる。第2に，調査対象が常用労働者に限定されていることも，労働移動数の過少推定をもたらす。よって，この点には限界がある。他方，毎年，年齢階級別・産業別に入職者数および離職者数を調査しており，この点は他の調査にはない特徴である。

　最初に，年齢階級別の入職者数と年齢計の入職者数の関係を調べよう。ある産業で年齢計の入職者数が1％上昇したときに，年齢階級別の入職者数が何％

変化するかを計測する。ある特定の年齢階級について，この値が1を上回っていれば，それはその年齢階級の入職者数が全体の入職者数の変化以上に変化することを意味する。仮に若年でこのような弾力性が1を超える一方，中年層で1を下回るならば，不況期で全体の採用が低迷する時期には，中年層よりも若年層の採用を一層手控えると解釈できる。ここでは，次のような回帰式を年齢階級別に計測する。

$$\ln N_{a,i,t} = \alpha_a + \beta_a \ln \sum_a N_{a,i,t} + \sum_i \gamma_{a,t} D_i + \sum_t \delta_{a,t} D_t + \varepsilon_{a,i,t} \tag{21}$$

ここで，$N_{a,i,t}$ は年齢階級 a，産業 i，時点 t における採用数，D_i は産業ダミー，D_t は時点ダミー，$\varepsilon_{a,i,t}$ は誤差項である。この推計式で最も関心があるのが β_a の推計値であり，これが年齢階級別採用数の年齢計の採用数に対する弾力性となる。

データにおける年齢階級は15歳から5歳刻みとなっている。産業分類は31個，時点は10年間なので，サンプル数は31×10=310個である。[8] 推定は，各データセルに対応する雇用者数でウェイト付けをした最小二乗法を用いた。標準誤差の計算においては，分散不均一修正を施している。

推定結果は表2-1の通りである。回帰分析の当てはまりは良好である。決定係数は65歳以上層の0.87を除いて全て0.9を上回っている。推計された弾力性も65歳以上層を除けば全て1％水準で有意に正である。最も高い弾力性は，15～19歳の1.46であり，最も低い弾力性は，30～34歳の0.74であった。全体には，15～29歳の若年層では1を超えており，30～49歳層では1を下回り，50～64歳で再び1を超えるというパターンが見られる。このことは，新規採用が伸びていない産業では，若者および中年後半から高年層の採用が他の年齢階層に比べて大きく減退することを意味している。逆に採用の伸びが大きい産業においては，これらの年齢階層の採用が他の年齢階層に比べて大きく伸びる。

採用面のみならず，雇用人数の増加（雇用成長）についても同様な傾向が当てはまる。ここでは，雇用成長として入職者数マイナス離職者数を用いる。よって，雇用人数の増加数 $E_{a,i,t} = N_{a,i,t} - S_{a,i,t}$（$S_{a,i,t}$ は離職者数）が被説明変数となる。新しい推計式は，

第2章 労働需要の年齢構造

表2-1 全体の採用数が年齢階級毎の推定された採用数に及ぼす効果（弾力性）

年齢階級	推定された弾力性	t値	95%	信頼区間	決定係数
15～19	1.463***	(11.48)	1.212	1.714	0.977
20～24	1.109***	(13.74)	0.950	1.268	0.994
25～29	1.085***	(9.90)	0.869	1.301	0.988
30～34	0.741***	(7.71)	0.552	0.931	0.985
35～39	0.788***	(6.62)	0.553	1.022	0.978
40～44	0.758***	(5.67)	0.495	1.021	0.979
45～49	0.972***	(8.60)	0.750	1.195	0.980
50～54	1.066***	(5.68)	0.697	1.436	0.966
55～59	1.176***	(8.46)	0.903	1.450	0.961
60～64	1.186***	(5.10)	0.728	1.643	0.947
65～	0.902**	(2.02)	0.022	1.781	0.866

(注) 被説明変数は各年齢階級における採用数の対数値で、年（1993～2003）×産業（31産業）で区分されたデータ。説明変数は年計の採用数（対数値）、30個の産業ダミー、9個の年ダミーである。表中には採用数の係数のみが示されている。推定方法は各セルの労働者数をウェイトに用いた最小二乗法で、t値の算出においては不均一分散に頑健な標準誤差を用いた。標本数は310。***と**はそれぞれ1％、5％水準で統計的に有意であることを示している。

表2-2 全体の雇用成長が年齢階級毎の雇用成長に及ぼす効果（弾力性）

年齢階級	推定された弾力性	t値	95%	信頼区間	決定係数
15～19	0.160***	(2.73)	0.045	0.275	0.762
20～24	0.182***	(2.70)	0.049	0.315	0.917
25～29	0.054*	(1.66)	−0.010	0.118	0.809
30～34	0.112**	(2.51)	0.024	0.200	0.617
35～39	0.108***	(3.55)	0.048	0.168	0.417
40～44	0.058	(1.63)	−0.012	0.128	0.479
45～49	0.058***	(2.78)	0.017	0.099	0.459
50～54	0.085***	(3.74)	0.040	0.130	0.576
55～59	0.025	(1.01)	−0.024	0.074	0.677
60～64	0.131***	(4.88)	0.078	0.184	0.878
65～	0.077***	(3.00)	0.026	0.128	0.900
合計	1.050				

(注) 被説明変数は各年齢階級における雇用純増（入職者数－離職者数）で、年（1993～2003）×産業（31産業）で区分されたデータ。説明変数は年計の雇用純増、30個の産業ダミー、9個の年ダミーである。表中には採用数の係数のみが示されている。推定方法は各セルの労働者数をウェイトに用いた最小二乗法で、t値の算出においては不均一分散に頑健な標準誤差を用いた。標本数は310。***、**、*はそれぞれ1％、5％、10％水準で統計的に有意であることを示している。

$$E_{a,i,t} = \alpha_a + \beta_a \sum_a E_{a,i,t} + \sum_i \gamma_{a,i} D_i + \sum_i \delta_{a,t} D_t + \varepsilon_{a,i,t} \quad (22)$$

となる。推定方法などは(16)の推計と同様である。ここでβ_aは全体の雇用が伸びているときに、年齢階級aの雇用がどの程度伸びるかを示す。

結果は表2-2に示されている。回帰直線のフィットは、(16)式の場合よりも落ちる。決定係数はおよそ0.4から0.9くらいでばらつきも大きい。推定係数β_aの中で最も大きいのは20〜24歳の0.182であり、最小は55〜59歳の0.025となっている。概して、若年層で高く中年以降層で低い点は、採用弾力性と同様である。ただし、推計値が再び高くなる年齢は、採用のケースではおよそ45歳以降であったのに対し、雇用成長では60〜64歳となっている。また25〜29歳の係数が0.054と、その前後の年齢階級の係数に比較してかなり低く推計されているが、その理由ははっきりしない。推計値の合計は1.05であり、理論値である1と大きく離れてはいないので、全体的に見れば、推計は成功したと言えるだろう。

若年層である15〜29歳の推計値の合計は0.4となっている。したがって、ある産業で10人雇用が増える場合には、そのうちの4人は若年層であるということになる。逆に、雇用の減少は若年雇用の減少に直結する。よって、採用人数のケースと同様、若年層の雇用成長が他の年齢層よりも全体の雇用成長に大きく依存して決まることになる。

先に、労働供給側か労働需要側かいずれが重要であるか、という問いの立て方をしたが、本節の分析結果は、全体の労働需要の増加が年齢別労働需要に不均一な影響をもたらし、そのことが不況期において若年と高齢者が就業機会を見出しにくくなる要因であることを示すものである。もちろん、労働需要と労働供給には密接な相互依存関係があるが、いずれがよりウェイトが大きいかを知ることは、政策的な含意を考察する場合には重要であろう。ここでの結論は、1990年代の長期不況期に若年採用数が大きく減少した理由は、全体の労働需要の低迷と同時に、不況期の企業が若年採用よりもむしろ中堅層の採用を重視するようになったため、というものである。

4 若年採用比率の推計

　本節では，若年採用比率の決定要因について，より詳細な分析を行う。前節で指摘したように，若年採用数は他の年齢階級の採用数に比べて採用総数に敏感に反応する。したがって，被説明変数を若年採用比率にして，説明変数として労働需要指標を用いた回帰分析を実行すれば，労働需要指標はプラスの効果をもたらすはずである。また，産業を特徴づけるいくつかの変数を導入することで，若年採用の動向をさらに正確に把握することが可能になろう。

　実際の回帰分析を行う前に，若年採用比率の変化をもう少し詳しい図によって確認しておこう。図2-3には，企業規模別・労働者の種類別（「合計」および「パート等を除いた一般労働者」）にみた若年採用比率が示されている。図2-4（a）は24歳以下の若年採用比率であるが，ここから次のような傾向が読み取れる。

　第1に，労働者の種類計よりも一般労働者の方が，若年採用比率は高い。これは，正社員については社内における人材形成が重要視されていることの表れであろう。

　第2に，概して規模の大きい企業の方が，若年採用比率が高い。この傾向は一般労働者でより顕著に見られる。規模の大きい企業ほど内部労働市場が発達していることから，内部養成を重視する傾向が強いためだと思われる。それと同時に，第2節でみたように，規模が大きく，一度の採用数が多い企業ほど，一括採用のメリットが大きくなるということもあろう。

　しかしながら第3に，規模間の格差は1995年から2000年にかけて急激に縮小した。これは，規模の大きい企業で若年採用がそれ以上の年齢層の採用に比べて大幅に抑制されたためである。おそらくは，大企業ほど人材の内部養成に関わるコストを削減し，即戦力を重視する姿勢が強くなったためと思われる。図2-4（b）は，29歳以下の若年採用比率を示している。基本的に24歳以下の若年採用比率と似た形状であるが，1995年から2000年の5年間で小企業において若年採用比率がやや高まっていることがわかる。

　若年採用比率の規定要因について，回帰分析の手法を用いてさらに検討を加

第Ⅰ部　労働需要の動向

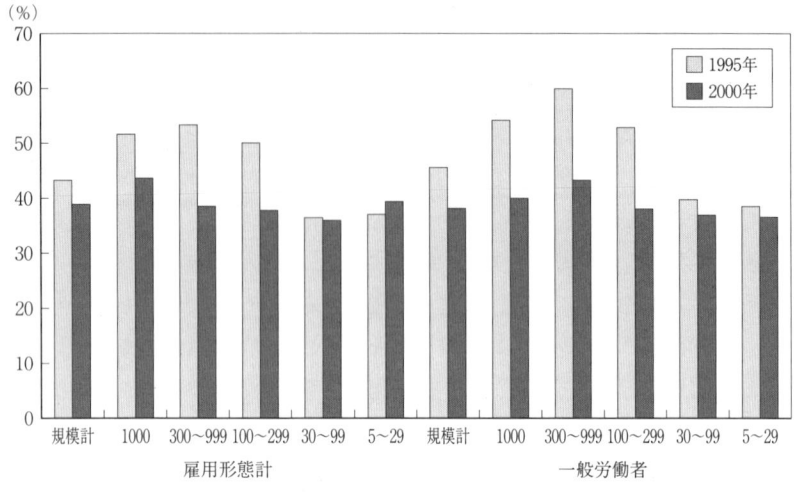

図2-4(a)　若年採用比率（15～24歳）

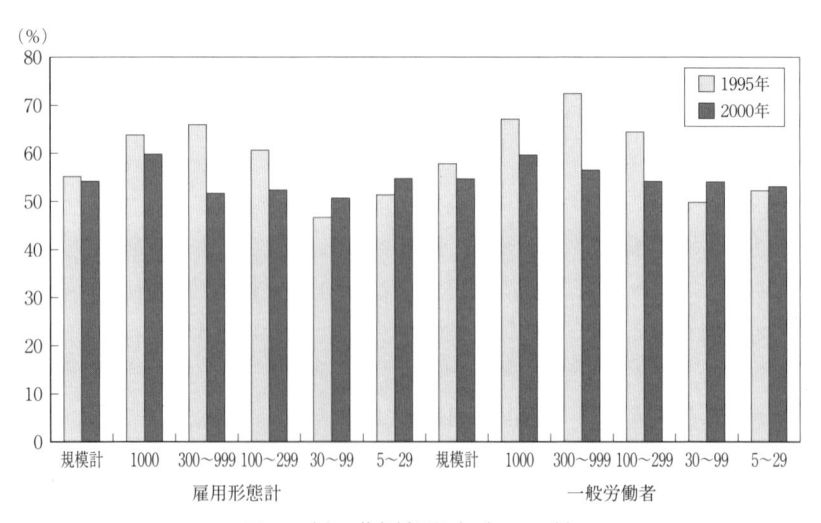

図2-4(b)　若年採用比率（15～29歳）

（出所）「雇用動向調査」（厚生労働省）。

えることにする。第2節の分析から明確になったように，企業の若年への相対労働需要は，①要求されるスキルの企業特殊性，②労働者の定着性，そして③企業全体の労働需要の程度，に主に依存すると考えられる。

94

まず，スキルの企業特殊性が強い場合には，自社で人材を育成するほうがコストが安くなる。そのためには，企業内で若年層を訓練する必要が生じるために，若年の採用が中心となる。また，若者の定着性が全体に低くなれば，訓練投資の回収が困難化することから，若年に対する労働需要の減少要因となる。むしろ，即戦力の壮年層，中高年層を中途採用する方が得策になるであろう。なお，長期的かつ高密度な企業内訓練を行っている企業ほど，若年層の定着性の低下によって，若年採用のメリットが失われやすいと思われる。企業全体の労働需要の程度が強ければ，前節でも示したように，若年採用比率が上昇する傾向にある。しかも，そのような傾向は，企業特殊的な訓練を重視する企業で顕著になる公算が大きい。これは，第2.3節で主張したことである。

　具体的には，次のように「若年採用比率関数」の推計を行った。前節と同様に「雇用動向調査」を用いて，31産業それぞれについて若年採用比率（24歳以下あるいは29歳以下の入職者数が年齢計の入職者数に占める比率）を計算し，それを10年分（1993～2002年）プールしたものを被説明変数として用いる。説明変数としては，以下のものを採用した。

　第1は，若年離職率であり，若年離職者数／若年労働者数で定義される。

　第2は，企業内訓練の企業特殊性を代理する2つの変数である。ひとつは，企業規模である。大企業ほど内部労働市場が発達しており，一般的に訓練の企業特殊性が強くなるので，大企業に属する労働者が全労働者に占める比率が，産業別訓練コストの妥当な指標となりうる。ここで用いたのは，従業員数1,000人以上規模の大企業に属する労働者数が全労働者数に占める割合である。もうひとつは，従業員数に占める臨時・日雇い労働者の比率である。このタイプの労働者に対しては短期の雇用契約しかオファーされないので，企業特殊スキルの蓄積は低水準のままにとどまる可能性が高い。そうであれば，臨時・日雇い比率の低さが産業で求められる企業特殊スキルのバロメーターの1つとなる。

　第3は，若年離職比率で，若年離職者数／年齢計の離職者数で定義される。企業が労働者の年齢構成を適正水準に維持しようとしているならば，この比率が高いほど若年入職者構成比も高く設定する必要が生じるであろう。

　第4は，需要変数として，年齢計の採用率（入職者／労働者数）および年齢計

の雇用成長率（(入職者数—離職者数)／労働者数）を用いる。

　第5は，労働者の平均年齢である。この点については少し説明が必要であろう。玄田（2001，2003）によれば，企業の若年採用数は，その企業の年齢構成に大きな影響を受ける。すなわち，年齢構成の高い企業では，若年採用が抑制される傾向があり，これがいわゆる「置換効果」と呼ばれるものである。この議論は，若年労働と中高年労働の代替性と密接に結びついている。なぜならば，若年労働者と中高年労働者が代替的であれば，マイナスのショックが大きい経済においては，片方の雇用を維持しようとするともう片方は減少させざるを得ないからである。事実，三谷（2001）は年齢間の代替の弾力性を計測し，その結果，若年と中高年の間の代替関係を認めている。

　ただし，このような「置換効果」が働くメカニズムについては，未だ良く分かっていない。ひとつの考え方は，中高年層が多数いることで，技術革新が停滞したり，年功賃金のもとで採用のための資源が減少したりして，採用全体にマイナスの影響がもたらされるとするものである。おそらく，これまでの「置換効果」の研究は，この効果を念頭に置いていたものと考えられる。採用全体に影響がもたらされれば，若年の採用も低迷することになる。

　もうひとつの考え方は，新しい技術等に習熟し，かつ留保賃金水準の低い若年層が多数企業に参入すれば，中高年層の地位が脅かされるために，中高年層が多い企業では彼らが団結して企業に対して若年採用を抑制させるというものである。この場合には，採用総数自体は大きな影響を受けず，むしろ採用比率の変化を通じて若年採用を抑制する。

　これらの考え方のいずれが実態に近いかを確かめるために，産業別の労働者の平均年齢を説明変数として導入する。ただし，単純な平均年齢だけではなく，代替的な変数として30歳以上の労働者の中での平均年齢も考慮する。これは，若年採用比率が高いことが，産業の平均年齢を引き下げるという逆方向の効果を（ある程度）制御するためである。

　第6は，30個の産業ダミー変数および9個の年次ダミー変数で，産業特有の要因とマクロ経済の動向をコントロールするために用いる。

　最後に，いくつかのクロス項を導入する。

　クロスセクションとタイムシリーズのプールデータであることから，産業

第 2 章 労働需要の年齢構造

表 2-3 若年採用比率の推定（15～24歳）

被説明変数：採用総数に占める15～24歳の比率

式	[1]	[2]	[3]	[4]	[5]	[6]	[7]	[8]
臨時・日雇い労働者比率	-0.475*** (-2.93)	-0.601*** (-3.79)	-0.426*** (-2.64)	-0.574*** (-3.47)	-0.541*** (-3.31)	-0.648*** (-3.95)	-0.462*** (-2.94)	-0.579*** (-3.60)
大企業比率（1000人以上）	0.146*** (3.01)	0.180*** (3.75)	0.128*** (2.65)	0.167*** (3.36)	0.382*** (3.73)	0.383*** (3.41)	0.276*** (2.86)	0.301*** (3.00)
平均年齢	-0.011** (-2.03)		-0.014** (-2.30)		-0.011** (-2.13)		-0.011* (-1.92)	
平均年齢（30歳以上に限定）		0.010 (1.57)		0.0112 (1.55)		0.008 (1.13)		0.010 (1.33)
採用率	0.747*** (3.03)	0.890*** (3.52)			1.111*** (3.34)	1.171*** (3.34)		
採用率×大企業比率					-1.426 (-1.08)	-0.985 (-0.68)		
雇用成長率			0.939*** (4.12)	1.030*** (4.53)			0.508 (1.23)	0.431 (1.09)
雇用成長率×大企業比率							2.396 (1.64)	3.052** (2.18)
離職率（15～24歳）	-0.285*** (-2.65)	-0.326** (-2.57)	-0.122 (-1.58)	-0.123 (-1.49)	-0.216 (-1.64)	-0.245* (-1.65)	-0.016 (-0.16)	-0.031 (-0.28)
離職率(15～24歳)×大企業比率					-0.484 (-0.79)	-0.563 (-0.86)	-0.623 (-1.42)	-0.545 (-1.22)
離職者に占める15～24歳の比率	0.609*** (5.46)	0.704*** (5.71)	0.608*** (6.01)	0.702*** (6.67)	0.653*** (5.84)	0.750*** (6.02)	0.674*** (6.94)	0.747*** (7.22)
決定係数	0.919	0.918	0.923	0.920	0.922	0.921	0.927	0.925

（注）他の説明変数として30個の産業ダミーと9個の時点ダミーが含まれている。推定方法は各セルの労働者数をウェイトに用いた最小二乗法で，t値の算出においては不均一分散に頑健な標準誤差を用いた。標本数は310。***，**，*はそれぞれ1％，5％，10％水準で統計的に有意であることを示している。

別・年齢層別の労働者数をウェイトとしたOLSを採用した。データ数は31産業×10時点で310である。なお，標準誤差は頑健推計されたものである。推計は，「24歳以下」および「29歳以下」の2区分で行った。

最初に，24歳以下の若年採用比率の結果をみよう。推定結果が表2-3にある。まず，臨時・日雇い比率は全てのケースで有意にマイナスである。このことは，企業特殊訓練の重要度がそのような産業で低いのではないかという先程の予想と合致している。その一方で，大企業比率は全てのケースで有意にプラスであり，内部労働市場が発達した産業ほど訓練投資を効果的に回収するため

に若年採用を重視することを意味する。

　平均年齢については，マイナスで有意な結果が得られている。ただし，この結果から企業あるいは産業の年齢構成が採用の年齢構成に影響を及ぼすとするのは早計である。というのも，全体の平均年齢の代わりに，30歳以上の労働者の平均年齢を説明変数に用いた推計では，係数が有意ではなかったからである。よって，全体の平均年齢の場合のマイナスの効果は，「若年採用比率の高い産業は平均年齢が低くなる」という逆の因果関係をピックアップしていた公算が大きい。よって，いわゆる「置換効果」は，雇用創出全体に影響を及ぼすが，雇用創出の年齢構成には影響をもたらすとは断言できない。

　需要変数については，採用率および成長率ともにプラスに有意である。よって，前節の結論の頑健性が確認された。ただし，企業規模とのクロス効果で有意にプラスなものはひとつだけであり，これは当初の予想よりも弱い結果である。

　離職率は，需要変数として採用率を用いた場合にのみ有意にマイナスとなっている。可能性として考えられるのは，雇用成長率が入職率マイナス離職率で定義されているため，離職率の効果が雇用成長率の効果に吸収されてしまったということである。その意味で，離職率そのものよりも，雇用成長率こそが重要な需要変数であるとも考えられる。しかしながら，この点については29歳以下では異なっているために注意が必要である。

　離職比率については，全てのケースで強くプラスに有意であった。したがって，企業は離職者の年齢構成に採用者の年齢構成を合わせることで，企業内の年齢構成を維持しようとする傾向がある。

　続いて29歳以下のサンプルで行った結果に移ろう（表2-4）。臨時・日雇い比率および大企業比率については，24歳以下と同様な結果が得られた。また，採用率や雇用成長率も有意なプラスの効果が検出されている。若年離職比率は，24歳以下よりも有意性が高くなる。ただし，いくつかの点で24歳以下とは少し異なった結果が得られている。

　第1に，平均年齢はどの推計でも有意なものはなかった。よって，就業者の年齢構成が採用者の年齢構成に影響を与える可能性は24歳以下のケースよりもさらに低い。第2に，雇用成長率と大企業比率のクロス項が明確にプラスで有

第2章　労働需要の年齢構造

表2-4　若年採用比率の推定（15～29歳）

被説明変数：採用総数に占める15～29歳の比率

式	[1]	[2]	[3]	[4]	[5]	[6]	[7]	[8]
臨時・日雇い労働者比率	-0.356**	-0.404**	-0.315**	-0.408**	-0.444**	-0.470***	-0.397**	-0.461***
	(-2.13)	(-2.50)	(-1.99)	(-2.32)	(-2.55)	(-2.82)	(-2.48)	(-2.63)
大企業比率（1000人以上）	0.138***	0.151***	0.126**	0.151***	0.345***	0.355***	0.342***	0.364***
	(2.78)	(3.11)	(2.66)	(2.92)	(3.09)	(3.15)	(3.72)	(3.76)
平均年齢	-0.007		-0.011		-0.005		-0.008	
	(-1.05)		(-1.53)		(-0.82)		(-1.15)	
平均年齢（30歳以上に限定）		-0.001		0.001		-0.003		-0.000
		(-0.11)		(0.14)		(-0.46)		(-0.03)
採用率	1.433***	1.639***			1.423***	1.553***		
	(3.60)	(4.89)			(3.30)	(3.97)		
採用率×大企業比率					0.609	0.782		
					(0.51)	(0.65)		
雇用成長率			1.380***	1.554***			0.920**	0.966***
			(5.11)	(5.72)			(2.45)	(2.62)
雇用成長率×大企業比率							2.626**	3.043**
							(1.99)	(2.53)
離職率（15～29歳）	-0.680***	-0.780***	-0.101	-0.111	-0.395	-0.448**	0.127	0.120
	(-2.73)	(-3.55)	(-0.76)	(-0.85)	(-1.62)	(-1.97)	(0.81)	(0.77)
離職率(15～29歳)×大企業比率					-1.680***	-1.814***	-1.121**	-1.118**
					(-2.69)	(-2.79)	(-2.03)	(-2.00)
離職者に占める15～29歳の比率	0.604***	0.663***	0.555***	0.625***	0.650***	0.695***	0.598***	0.650***
	(5.53)	(6.77)	(6.61)	(8.36)	(6.57)	(7.51)	(7.46)	(9.01)
決定係数	0.897	0.896	0.903	0.900	0.901	0.901	0.909	0.908

（注）　他の説明変数として30個の産業ダミーと9個の時点ダミーが含まれている。推定方法は各セルの労働者数をウェイトに用いた最小二乗法で、t値の算出においては不均一分散に頑健な標準誤差を用いた。標本数は310。***、**、*はそれぞれ1％、5％、10％水準で統計的に有意であることを示している。

意に検出されている。したがって，雇用成長率が低いときには，規模が大きいほど急激に若年採用を抑制する。第3に，離職率と大企業比率のクロス項は全て有意にマイナスとなっている。大企業では中小企業に比べて綿密な訓練が行われているので，若年の離職が増えるダメージは大企業ほど大きくなり，それが若年採用比率の抑制につながるということであろう。

　以上，若年採用比率の実証分析を行った。最後に，他の年齢層についても同様な推計を行って，議論の頑健性を確認しておこう。まず，30歳以上の年齢区分を30～39歳，40～54歳，55歳以上の3つに区分した。そして，それぞれにつ

第Ⅰ部 労働需要の動向

表2-5 採用総数に占める各年齢階級の比率の推定（年齢の高いグループ）

被説明変数：採用総数に占める各年齢階級の比率

式 年齢階級	[1] 30-39	[2] 40-54	[3] 55+	[4] 30-39	[5] 40-54	[6] 55+
臨時・日雇い労働者比率	0.041 (0.29)	0.285* (1.92)	-0.018 (-0.19)	0.087 (0.67)	0.271* (1.83)	0.098 (1.14)
大企業比率（1000人以上）	-0.046 (-1.25)	-0.088** (-2.06)	0.002 (0.08)	-0.057* (-1.66)	-0.083* (-1.95)	-0.033 (-1.40)
採用率	0.250 (1.08)	-0.287 (-1.46)	0.612*** (4.32)			
雇用成長率				-0.095 (-0.65)	-0.240 (-1.16)	0.391*** (2.81)
離職率（30～39歳）	-0.545*** (-3.45)			-0.457*** (-2.83)		
離職率（40～54歳）		0.022 (0.08)			-0.284 (-1.00)	
離職率（55歳以上）			-0.103 (-1.13)			0.094 (0.82)
離職者に占める30～39歳の比率	0.886*** (4.60)			0.809*** (5.26)		
離職者に占める40～54歳の比率		0.336** (2.55)			0.449*** (3.83)	
離職者に占める55歳以上の比率			0.585*** (6.69)			0.439*** (5.20)
決定係数	0.640	0.768	0.852	0.635	0.767	0.839

(注) 他の説明変数として30個の産業ダミーと9個の時点ダミーが含まれている。推定方法は各セルの労働者数をウェイトに用いた最小二乗法で，t値の算出においては不均一分散に頑健な標準誤差を用いた。標本数は310。***，**，*はそれぞれ1％，5％，10％水準で統計的に有意であることを示している。

いて，若年の場合と同じような回帰分析を実行した。ただし，平均年齢およびクロス項は説明変数から落として，解釈を容易にした。

　結果は表2-5に示されている。臨時・日雇い比率は，40～54歳でプラスに有意である。これは，若年比率が臨時・日雇い比率とともに低下するのとは表裏の関係を示している。大企業比率はいくつかのケースで有意にマイナスだが，これも若年採用比率の推計においてプラスで有意であったことと整合的である。採用率および雇用成長率は55歳以上のグループで有意にプラスとなっており，採用が増加している産業では高齢者雇用が促進されることを表している。この点についても，前節の結論と符合している。45～54歳層では，予想通りマイナ

スの効果が得られているが，有意とはいえない。さらに，離職率は30〜39歳の比較的若いグループでは有意にマイナスであり，離職増加が採用に悪影響をもたらすことが示される。なお，離職比率は全てのケースで有意にプラスであった。

　総じて，若年採用比率を決定付けるものは，スキルの企業特殊性と全体の労働需要の強さ，そして離職率の動向であることが明らかになった。この点について解釈を進めると，1990年代以降の成長の停滞が，若年よりもむしろ即戦力となる壮年層の採用比率の上昇をもたらし，若年離職の増加が，若年に対する良質な OJT の機会を奪った状況が理解される。もちろん，企業特殊訓練が重視される日本企業においては，若年の採用比率はもともと高水準にあったが，「失われた10年」において企業の将来見通しが暗くなることで，急激に若年の雇用環境が悪化したものと考えられる。次節では，若年採用比率の低下が若年労働市場にもたらした影響について，簡単な分析を試みる。

5　若年採用比率の低下は何をもたらしたか？

　これまで，採用総数に占める若年の割合に注目して分析してきた。その前提には，若年採用比率の低下は，他世代に比べて相対的に若者の雇用環境が悪化するという考え方があった。本節では，この仮説が現実に当てはまっているのかどうかについて，簡単にテストしておきたい。

　まず，若年と他世代との雇用環境の格差を，失業者に占める若年の割合（以下では，若年失業比率という）で捉えることにしよう。そして，若年採用比率がこの変数を規定する要因となっているかどうかを調べる。失業に占める若年の割合は，当然ながら，その経済が高齢化した経済であるか，若い労働者の多い経済であるかによって大きく異なりうる。すなわち，高齢化した経済では，若者がもともと少ないのだから若年失業比率が低下してもよいといえる。逆に，若年が多い経済では，失業にも若年が含まれる割合が高くなるのは自然であろう。以下では，我々は若年失業比率を被説明変数とする時系列分析を行うが，その際には労働力に占める若年の比率（以下では，若年労働力比率という）を含めることが必須となる。

第Ⅰ部　労働需要の動向

　その他の説明変数としては，我々が注目している若年採用比率の他に，離職者総数に占める若年の割合（以下では若年離職比率という）およびトレンド項を導入する。若年離職比率を導入することは何もアドホックな想定ではない。離職は失業へのインフローの要因となるので，他の世代よりも若者の離職者が多くなれば，他の世代と比較して失業者が多くなって当然である。若年が他の世代に比べて多数採用されるようになって若年採用比率が上昇すれば，失業からのアウトフローが増えて，それだけ若年失業比率は低下すると推測することができる。

　本節では1981年から2002年にかけての年次の時系列データを分析する。被説明変数である若年失業比率は，「労働力調査」（総務省）から得られる5歳刻みの年齢階級別失業者数のデータを用いた。若年採用比率と若年離職比率は，これまで同様，「雇用動向調査」（厚生労働省）のものを用いる[10]。推定方法は，Prais-Winsten法とする。離職の年齢区分が採用よりも粗いため，以下では15～19歳および15～29歳の結果を報告する。

【15～19歳】

若年失業比率＝0.042－0.312×若年採用比率＋0.370×若年離職比率
　　　　　（－5.13）（－7.03）　　　　　　　　（6.83）

＋5.54×若年労働力比率－4.04e－05×トレンド項－5.8e－06×トレンド項2乗
（14.11）　　　　　　（－0.09）　　　　　　　　（－0.34）

$\rho=-0.458$　　Adj-R^2＝0.992　　D.W.＝2.37　　（　）内はt値。

【15～29歳】

若年失業比率＝－0.146－0.608×若年採用比率＋0.552×若年離職比率
　　　　　（－1.46）（－2.87）　　　　　　　　（4.26）

＋2.57×若年労働力比率＋0.0054×トレンド項－0.0002×トレンド項2乗
（8.28）　　　　　　　（3.98）　　　　　　　　（－4.16）

$\rho=0.311$　　Adj-R^2＝0.934　　D.W.＝1.77　　（　）内はt値。

　トレンド項の一部や定数項に有意でないものもあるが，ほとんどの係数は1％水準で有意となっており，その符号は当初の予想と合致している。すなわ

ち，若年労働力比率や若年離職比率の高まりは若年失業比率を高めるが，若年採用比率の上昇は，若年失業率を抑える効果をもつ。1981年から2002年にかけて，若年採用比率は2つのケースともに，ほぼ9ポイント下落した。その結果，他の条件を一定にすれば，若年失業比率は15～19歳で2.9ポイント，15～29歳では5.5ポイント上昇したことになる（2002年の若年失業比率は15～19歳で4.5％，15～29歳では34.8％であった）。実際の若年失業比率はそれほど明確な低下を見せなかったが，それは少子化の影響によってその間に若年労働力のシェアが小さくなったこと，それに伴って若年離職比率が低下したためである。以上のように，若年採用比率は，他世代に比べた若年層の雇用環境を決定づける要因になっているのである。

6 若年採用の今後

　本章では，労働需要の年齢構造，とりわけ若年の採用を理論的・実証的に検討した。新卒者を一括採用して綿密な訓練をほどこすという，これまでの日本企業（とりわけ大企業）の採用戦略は，いくつかの条件のもとではきわめて理にかなったものであったと言える。その条件とは，第1に，企業の長期的な成長が期待できること，第2に，要求されるスキルの企業特殊性が強いこと，第3に，若年離職率がそれほど高くないこと，そして何よりも新卒者が豊富に存在することが重要であった。

　しかしながら，これらの条件のいくつかは現在変わりつつある。それに加えて，最近では中途採用の市場や非正社員の労働市場が整備されつつあり，これまでの採用の仕組みに変化が見られるようになってきている。こうした変化が，労働市場全体のパフォーマンスにどのようなインパクトをもたらすのか，今後注意深く吟味していく必要があろう。

注

* 本章は平成16年度内閣府委託調査研究論文 "Labor demand for youth in Japan" をベースに，理論的な考察を加えつつ大幅に書き直して完成させたものである。プロジェクト参加メンバーの橘木俊詔，大竹文雄，川口章，八木匡の各氏および報告

会議討論者の太田清氏の有益なコメントに感謝申し上げる。また，統計研究会労働市場委員会のメンバー各位のディスカッションにも厚くお礼申し上げる。

(1) 労働需要の構造を正面から取り上げて日本における若年雇用問題を論じた文献は多い。たとえば，太田 (2003) は，若年層の資質低下が若年採用の抑制をもたらしている可能性を論じている（なお，その第4節で行われている実証分析は，本章第4節での分析の原型である）。原・佐野・佐藤 (2006) は，高卒採用に関するより詳しいデータを用いて，新規高卒者の質の低下が採用停止に結びつくことを明らかにしている。太田 (2006) は，企業内の技能継承と若年採用の補完関係を，理論的・実証的に分析した。玄田 (2001, 2003) は，中高年の雇用維持が若年の採用抑制に結びつくことを実証し，「置換効果」と名づけた。

(2) 以下の分析では，「新卒採用」と「若年採用」をほとんど同じ意味で用いることにするが，実際には新卒の正社員採用は，広い意味での若年採用の一部分である。そして，たとえ近い年齢であったとしても，新卒者と既卒者とでは，企業の採用スタンスが異なる可能性がある。新卒者は，他社に勤務した経験がないことから，あたかも「白紙」の状態であり，それゆえに訓練しやすいと言われたりする。また，高校での新卒段階では，学校が生徒と企業とのマッチメーカー的な役割を担っており，双方にとって良い就職が実現しやすいとも考えられる。しかしながら，本章では若年正社員の採用は新卒であるかどうかを問わず，主に自社内で訓練して育成する目的であるものと想定し，より年齢の高い中途採用の動機と区別することにする。

(3) この固定費用は以下の議論に必須のものではないが，企業規模と新卒採用の関連などを考察する際には解釈上役に立つ。

(4) 永野 (2007) は採用における独自のインタビュー調査を紹介しているが，そこで紹介されている企業も，ある程度の人数を採用しなければペイしないことを，新卒採用を行わない理由として挙げている。

(5) 「七・五・三離職」とは，中学新卒者だと7割，高校新卒者だと5割，大学新卒者だと3割近くが3年以内に会社を辞めることを指す。若年の離職率が中高年よりも高いのは，若年が「天職探し」の時期であることから当然の帰結であり，諸外国でも離職は若年層に集中する傾向がある。仕事の内容が「就いてみなければわからない」という経験財である場合には，悪いマッチの解消を図るための転職は労働者・企業双方にとって望ましいものになる (Jovanovic 1979)。「七・五・三離職」が日本で問題になったのは，不況下で再就職先が容易に見つからないことが明白であるにもかかわらず，若年が離職し，それが失業やフリーターの増大に寄与したという認識があったためだと思われる。

(6) 長期の比較を可能にするために，建設業を除く全産業での値を採用している。

(7) 「人口推計」（総務省）による。
(8) ただし，高年齢層の採用数はいくつかの時点・産業で0となっていた。この場合，対数をとることができなくなるので，0の代わりに0.01を用いた。このような対応は恣意的ではあるが，高齢者の採用が0と報告されるような産業では，そもそも高齢従業員数が少なく，そのためにウェイト付けられた推計においてはそれほど結果を左右する要因にはならないだろう。
(9) やや似た推計にLayard (1982)がある。そこでは，イギリスの若年失業率と全体の失業率の比が被説明変数となっており，説明変数には相対労働供給の指標，相対賃金の指標，景気循環指標がとられている。それに対して本節では，より不完全労働市場におけるサーチ理論のフレームワークに近づけた定式化を採用している。
(10) ただし，建設業を除いたものを利用している。

参考文献

太田聰一（2003）「若者の就業機会の減少と学力低下問題」伊藤隆敏・西村和雄編『教育改革の経済学』（シリーズ・現代経済研究22）第7章，日本経済新聞社。

太田聰一（2006）「技能継承と若年採用——その連関と促進策をめぐって」『日本労働研究雑誌』550，17-30頁。

太田聰一・玄田有史・近藤絢子（2007）「溶けない氷河——世代効果の展望」『日本労働研究雑誌』569，4-16頁。

玄田有史（2001）「結局，若者の仕事がなくなった——高齢社会の若年雇用」橘木俊詔，デービッド・ワイズ編『【日米比較】企業行動と労働市場』第7章，日本経済新聞社。

玄田有史（2003）「年齢構成と雇用変動——組織内の中高年化が生む雇用機会の減退」玄田有史他『雇用創出と失業の実証研究』（経済分析シリーズNo. 168）内閣府社会総合研究所。

三谷直紀（2001）「高齢者雇用政策と労働需要」猪木武徳・大竹文雄編『雇用政策の経済分析』第11章，東京大学出版会。

永野仁（2007）「企業の人材採用の変化——景気回復後の採用行動」『日本労働研究雑誌』567，4-14頁。

原ひろみ・佐野嘉秀・佐藤博樹（2006）「新規高卒者の継続採用と人材育成方針——企業が新規高卒者を採用し続ける条件は何か」『日本労働研究雑誌』556，63-79頁。

Aubert, P., E. Caroli, and M. Roger (2006), "New Technologies, Organisation and Age : Firm-Level Evidence," *Economic Journal*, 509, pp. F73-F93.

Becker, G. (1964), *Human Capital: A Theoretical and Empirical Analysis, With Special Reference to Education*, University of Chicago Press.

Jovanovic, B. (1979), "Job Matching and the Theory of Turnover," *Journal of Political Economy*, 87, pp. 972-90.

Layard, R. (1982), "Youth Unemployment in Britain and the United States Compared," Chapter 15 in Freeman, R. and D. Wise, eds., *The Youth Labor Market Problem: Its Nature, Causes, and Consequences*, National Bureau of Economic Research Conference Report.

第3章　非典型労働者の労働需要

古郡 鞆子

　先進諸国の労働市場には「非典型労働者」が増加しているという共通の現象がある。非典型労働者とは，一般的には正（規）社員に対する非正（規）社員を意味するが，働き方が多様化した今日では正社員と非正社員の区別，非正社員の種別の決定，さらに非正社員間の区別を矛盾なく行うのは極めてむずかしくなってきている。

　通常，労働者の分類には正（規）社員と非正（規）社員，フルタイム（full time）労働者とパートタイム（part time）労働者，典型労働者と非典型労働者のような二分法が使われてきた。正規・非正規は主に企業内での雇用契約上の差異を，フルタイム・パートタイムは労働時間の長短を，典型・非典型は労働者としての働き方の特徴を中心に労働者を二分化したものである。しかし，労働者として何が正規で何が非正規なのかとなると，なかなか定義が難しい。一般に，正社員＝フルタイム労働者＝典型労働者であるが，非正社員＝パートタイム労働者＝非典型労働者とは限らない。正社員と同様に働いている非正社員，フルタイム労働者以上に長時間働いているパートタイマー，分類上は非典型であっても基幹的で，その意味では正規社員といった労働者もいるからである。

　非典型労働者がどれほどいるかは各種労働者の定義の仕方と統計の取り方に依存して違ってくる。総務省『労働力調査（詳細結果）』（2006）によれば正規の職員・従業員は3411万人，これに対し非正規の職員・従業員（パート・アルバイト1125万人，派遣・契約・嘱託・その他552万人）は1677万人で，後者が全体のおよそ33％を占めている（後掲図3-1参照）。厚生労働省『就業形態の多様化に関する総合実態調査』（2003）では，事業所レベルにおける非正社員（契約社員，臨時的雇用者，パートタイム労働者，出向社員，派遣労働者，嘱託社員，その他）の比率

は34.6％である[1]。いずれの統計にも，企業のために正規社員と同様の働き方をしているフリーランサーやコンサルタント，在宅就労者，SOHOによる就労者，請負業者などは含まれていない。そこで，これらも数えると非典型労働者数は2000万人近くに達し，その雇用者に占める割合は4割近くになるのではないかと考えられる。

　本章では，厳密な定義はせず，雇用者のうち"正社員"として雇われていない者，および雇用者ではないが雇用者のように企業で働いている独立の事業者（たとえば，請負業者や在宅労働者）を「非典型労働者」と考え，そのような労働者が増加している背景を主にその需要者である企業側から考察する。

　以下，第1節では非正規労働者増加の背景となっている経済経営環境の変化，第2節では企業における非典型労働者雇用の直接要因とその活用状況，第3節では非典型労働者の賃金と福利厚生について考察する。最後に，第4節で非典型労働者の今後の動向と労働政策のあり方について考える。

1　非典型労働者雇用の社会的要因

　非典型労働者の増加の背景をなすものに，①経済・経営環境，②人口構造や勤労観，③雇用や労働政策等の変化がある。一番目は企業，二番目は労働者，三番目は労働に関する制度と関連したものである。本節では①と③の観点から非典型労働者の増加の背景を見ておく[2]。

経済・経営環境の変化
　企業には日進月歩する情報・通信技術と平行して，急激に変化する社会環境に即応した経営が求められている。非典型労働者雇用のインセンティブを企業に与えている要因には互いに関連する次のような経済経営環境の変化を考えることができよう。

産業構造の変化　先進国では経済活動の中心が物の生産から非典型労働者を必要とする，あるいは非典型就業のしやすいサービスの生産に移ってきた。わが国では就業者の65％が何らかのサービス産業で働いているが，この比率は米国の75％について高いものである（OECD Labour Force Statistics

2005)。

　サービス業の多くでは時期や時間によって仕事に繁閑の差があり業務量が変動する。この現象は小売業，飲食・宿泊業，教育，福祉関係のようにどちらかというと労働集約的な産業から，情報・通信関連産業のようにどちらかというと知識集約的で，変化と興亡の激しい新しい産業にも共通するものである。厚生労働省『就業形態の多様化に関する総合実態調査』(2003) によると，非典型労働者が飲食店，宿泊業ではその70.9％，小売業では59.1％，生活関連サービス業では44.0％を占めている。また，情報通信業では非典型労働者に占める派遣労働者の割合がパートタイム労働者よりも大きく（前掲厚生労働省調査），金融・保険業に次いで派遣労働者が就業している事業所割合が5割に及んでいる（厚生労働省『派遣労働者実態調査』2004）。

経済の国際化と競争の激化　通信・情報・交通等の技術の進歩によってどの国の経済も相互依存関係を強めている一方，企業は熾烈な価格競争，国際競争にさらされている。このような環境下では，企業は固定費をなるべく小さくしたり固定費の変動費化を図ったりすることによって利益を確保しようとする。人件費，とくに正社員の賃金や賞与，退職金，福利厚生費，教育訓練費などはわが国のように長期雇用の慣行がある国では（準）固定費的性格が強くなる。そこで，企業にはこの準固定費が高くつく正社員より代替可能であれば，賃金や給付などが少なく済み雇用調整がより簡単な非典型労働者を使用する力学が働く（第3節参照）。典型労働者と非典型労働者の代替可能性については多くの分析や事例研究が両者は代替可能でありその代替化現象がおきていることを示している。[3]

技術革新の加速化　技術革新と情報・通信システムの普及により情報収集やコミュニケーションが容易・平易となり，その半面で技術・知識の高度化が進んでいる。企業はこの変化に遅れをとらないために質の高い人材を必要としているが，急速に変化する技術や経営手法に個人の知識や能力を即応させられる従業員はそう多くはない。そこで，企業は平易化された業務をパートのような非正規労働で代替させたり，必要な技術や知識を派遣社員や臨時社員で補ったり，あるいは請負などによる業務の外部化（outsourcing）をしたりして賄おうとする（Matusik and Hill 1998）。

実際，ICT（Information and Communication Technology）による仕事の標準化は派遣社員の増加を促し（阿部 2005：171-191），正規労働節約的な技術変化を伴って正規労働者の非正規労働者に対する優位性を弱めているようである（樋口他 2005）。実態調査をみても，早くから情報処理・ソフトウェア，コンサルティング，人事分野などでは戦略的アウトソーシングが積極的に行われ，対事業所サービスが伸び（アウトソーシング協議会『アウトソーシングに関する調査』1999），電気産業や自動車産業などの製造現場では派遣や請負が活用され（木村他 2004），非正社員が増加している職場では仕事の外注化が進んでいる（佐藤 1999）。高度の技術や知識を要する産業では専門技術・知識を持つ非典型労働者を単独の仕事で雇ったり，内外の専門家を集めて新しいプロジェクト・チームをつくったりもしている。出版業界，ソフトウェア業界，アパレル業界，保険業界などではプロジェクト単位で期限を限定したフリーランサーや個人請負の仕事が増えてきている（村田 2004）。

経営戦略の変化 経済の国際化はM＆Aや株主主義による経営をもたらしている。これらの経営戦略は短期的な視野からの企業行動を促し，それが諸々の非典型労働者の雇用を促すことにも連なっている（Harrison 1998）。

多くの場合，買収や合併には雇用調整が伴う。同時に会計士や弁護士やコンサルタントなどの専門家集団の活用やその周りに働く非典型雇用者を必要とするものである。株主主義化も短期的な利益を求める傾向を強めることから，市場志向型のコーポレートガバナンスを通して人件費の最適化を目指す企業行動と連動し非典型労働を促進するものと思われる[4]。

雇用制度や社会政策の変化

非典型労働者の増加には労働に関する制度や政策面での社会変化の影響も大きい。図3-1は役員を除く雇用者に占める非正規の職員・従業員の割合，非正規の職員・従業員のうちのパート・アルバイトと派遣社員と契約社員・嘱託の実数を経年的に見たものである。これを見ると非正規労働者は1999年に不況で雇用が全体的に伸び悩んだ時期を除けば1980年代から90年代を通して年々増加し，その雇用者全体に占める割合は90年代中頃以降着実に上昇を続けている。

第3章 非典型労働者の労働需要

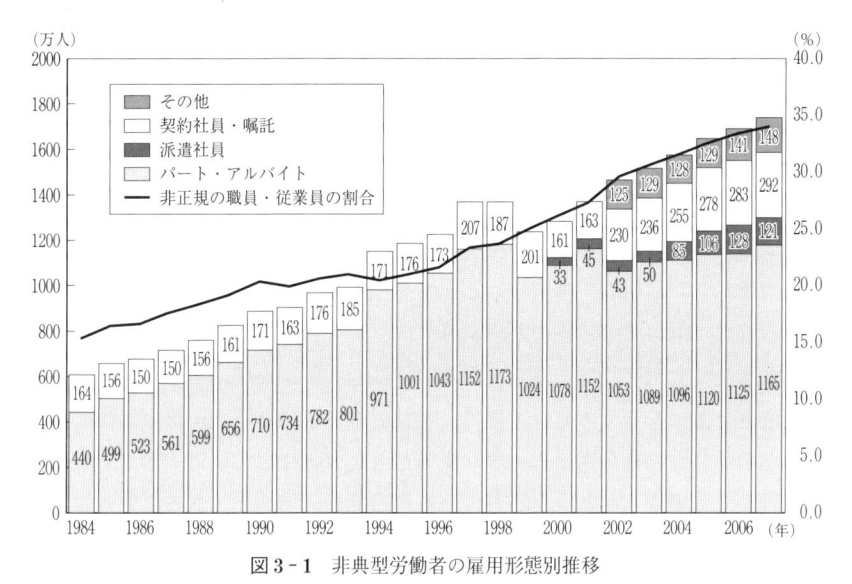

図3-1 非典型労働者の雇用形態別推移

（出所） 2001年までは『労働力特別調査』，それ以降は労働力調査詳細結果』。2001年までは『嘱託・その他』，2002年以降は「契約社員・嘱託」と「その他」に分類。2007年の数値は1～3月平均。

とくに2000年に入ってからの派遣社員の増加が著しく，その数がここ7年間で4倍にもなっていることがわかる。これは労働者派遣法（1986年）の成立とその改正によって派遣社員の制度化が行われ，雇用がしやすくなり，その需要がますます高まった結果である。とくに，最近の派遣社員の急増には1999年に派遣業務が原則自由化されたことや，2004年に製造業務への労働者派遣が可能になり派遣受入期間も1年から3年に延長されたことなどの一連の規制緩和の影響が顕著に出ている。

労働者派遣法ほど目立たないが非典型労働者の増加に"日に影に"影響を与えている法令に労働基準法，男女雇用機会均等法（1985年），パート労働法（1993年），育児・介護休業法（1991年），高齢者雇用安定法（1986年）等がある。

労働基準法では，とくに解雇権に関する条項（2003年に明文化された）が非典型労働に影響を与えている。この条項に従うと，解雇は客観的に合理的な理由を欠き社会通念上相当であると認められない場合はその権利を濫用したものとして無効となる。解雇の合理性判断が厳しく労働者をいったん正規に雇用すると解雇が困難になる状況下では雇用契約がゆるいか，雇用契約のないパートタ

111

イマー，契約社員，派遣社員といった非正規労働者を使用するインセンティブが働く。実際，「雇用調整を行い易い」から非典型労働者を採用している事業所が2割ある（厚生労働省『有期契約労働に関する実態調査』2005）。一方，「正社員を増やさずに要員確保」のために請負を活用している事業所が7～8割に達する（電機総研『電機産業における請負活用の実態に関する調査』2003）。この裏には意識的／無意識的に業務量の減少や景気後退のときに備え，解雇の難しい正社員の代わりに雇用調整の簡単な非典型労働者をバッファとして雇っておこうとする意思が働いているものと思われる。

男女雇用機会均等法は男女の均等な雇用機会と待遇を唱って女性労働者の福祉の増進を図ってつくられたもので，女性労働一般に，また非典型労働者の7割を占める女性の社会進出に大きな影響を与えてきた。これはその成立後の女性労働がより安定した動きを示しているのを見ても明らかである[6]。これに対し，制度自体が新しいこともあって，その他の法制の非典型労働者の増加に与えていると思われる影響には計りがたい点が多い。しかし，これらの法制度が多様化する労働者の労働環境をよくするためのもの，とくに働く上で障害のある女性や高齢者の要望に応えている点の多いことを考えれば，諸法が相まって非典型労働者の増加に何らかの影響を与えていることは疑いのないものである。

非典型労働者の増加にはさらに社会保障制度の影響も見られる。社会保険料の企業負担の度重なる上昇によって企業の採用行動が変化し，それが非典型労働者の増加をもたらす要因となっているからである（第3節参照）。

2　企業による非典型雇用者の雇用と活用

ある調査によると，人材の活用・登用面で「非正社員，外部人材（派遣・請負などの活用）」を重視している企業は，規模を問わず，6割を超えている（労働政策研究・研修機構『企業戦略と人材マネジメントに関する総合調査』2004）。では，非典型労働者の雇用によって企業にはどのようなメリットがあるのだろうか。非典型労働者の特性を考えると，その活用からくるメリットには労務費の削減，業務量変動への柔軟な人材配置，専門的サービスの利用などがある（Belous 1989 ; Abraham 1990 ; Houseman 2001）。

非典型労働者雇用の直接要因

　企業は当然のこととして単位あたりの労務費でより高い生産性の達成を志向している。業務量が時期や時間によって変動するような職場では柔軟な人材配置が必須である。高度の知識や技術が生産に求められる企業やその製品を購入する組織ではしばしば外部から専門知識や技術のサービスを受ける必要が出てくる。

　労働費用の節約　わが国の雇用者報酬や労働分配率は低下傾向にある。これは企業が低賃金の非典型労働者の雇用によって労働費用の削減を行ってきたからだと思われる（厚生労働省『労働経済白書』2007）。企業は，代替がきくならば，フルタイム労働者の高い人件費を相殺するためにパートタイマーのような賃金の低い非典型労働者を使い（Abraham 1990 ; Carre 1992），正規従業員の賃金が高いから業務委託をし，正規従業員の採用する費用と生産コストが高くつくから派遣社員を活用する（Gramm and Schnell 2001）。わが国においては，生産変動への対応や外部人材の活用といった動機からよりも，もっぱらコスト削減のために個人請負を利用しているようである（周 2006）。

　労働費用には給与の他に法定福利費もあり，企業が派遣社員，パートタイマー，呼出労働者を活用する重要な要因は給付費用の削減にもある（Houseman 2001）。企業には社会保険の給付水準が高くなるほど派遣社員や臨時労働者を使おうとする傾向がある（Mangum, et al. 1985）。人件費総額に占める法定福利費の割合が増加すれば，その負担を回避する方法のひとつは，雇用ポートフォリオを社会保険給付の限られている非典型労働者の雇用に振り替えることである（Lee 1996）。

　企業が非典型労働者を労働費用の節減のために使うのは調査結果によっても明らかである。たとえば，厚生労働省『有期契約労働に関する実態調査』（2005）によると，非典型労働者を活用する最大の理由は人件費の節約（約52％）のためである。厚生労働省『就業形態の多様化に関する総合実態調査』（2003）では，非正社員を雇用する主な理由として，調査対象事業所の約52％が賃金の節約をあげ，約23％が賃金以外の労務コストの節約をあげている。とくにその雇用理由として，パート労働者では賃金節約のため，派遣労働者では即戦力・能力のある人材確保に続き，賃金以外の労務コストの節約のためをあ

表3-1 非正社員を雇用する理由　　　　　　　　　　　（単位：％）

雇用形態	労働費用の節約		業務量変動への対応					専門的サービスの活用		その他の理由		
	賃金節約のため	賃金以外の労務コストの節約のため	1日、週の中の仕事の繁閑に対応するため	臨時・季節的業務量の変化に対応するため	長い営業(操業)時間に対応するため	景気変動に応じて雇用量を調節するため	正社員の育児・介護休業対策の代替のため	即戦力・能力のある人材を確保するため	専門的業務に対応するため	正社員を確保できないため	高年齢者の再雇用対策のため	その他
非正社員計	51.7	22.5	28.0	17.6	18.1	26.5	3.0	26.3	23.1	20.1	14.2	3.8
パートタイム労働者	55.0	23.9	35.0	15.4	20.4	23.4	2.1	12.3	10.1	12.4	6.4	2.4
派遣労働者	26.2	26.6	8.0	14.4	2.8	26.4	8.8	39.6	25.9	16.9	1.7	1.7
臨時的雇用者	37.8	16.4	23.4	45.5	17.8	30.0	2.3	19.2	11.6	13.6	6.7	0.3
契約社員	30.3	11.9	3.5	9.0	8.9	21.7	2.1	37.9	44.9	14.3	7.3	1.8
嘱託社員	26.1	6.1	1.6	3.7	3.9	7.7	0.2	38.7	35.1	6.4	56.5	1.8
出向社員	13.1	7.7	1.6	1.3	2.2	9.6	0.1	53.4	51.1	11.9	4.1	13.9
その他	43.8	22.3	18.3	23.6	10.0	25.4	3.4	14.6	15.0	15.8	5.1	4.7

(注)　3つまでの複数回答。
(出所)　厚生労働省『就業形態の多様化に関する総合実態調査』(2003)。

げている事業所が高くなっている（表3-1参照）。

　派遣社員は，中小企業等を中心に活用されている。派遣労働者は企業にとっては社会保険の手続きなどに煩わされず手間をかけないで専門能力を活用できるという利点がある。臨時的雇用者は臨時・季節的業務量の変化への対応に次いで賃金節約を目的に活用されている。一方，契約社員や出向社員は専門的サービスの活用に次いで賃金節約のために，嘱託社員は主に高年齢者の再雇用対策のために雇用されている。

　労働政策研究・研修機構『多様化する就業形態の下での人事戦略と労働者の意識に関する調査』（事業所調査 2005）では，非正社員の割合を高めている理由として労務コスト削減をあげている事業所が8割を超えている。米国の場合，正規社員に寛大な給付を提供している企業ほど低賃金のパートタイマーを使う傾向をもっているようである。それによって部分的には正規社員の給付費用を削減するためである（Buchmueller 1999）。その一方，準固定費となっている健康保険をパートにも適用すると，時間当たりの人件費がフルタイムよりパートタイムの方が高くなるとの指摘もある（Lettau and Buchmueller 1999）。

　図3-2はわが国において現金給与に次ぐ労働費用である法定福利費の労働費用総額に占める割合と，現金給与以外の労働費用に占める法定福利費の割合

第3章　非典型労働者の労働需要

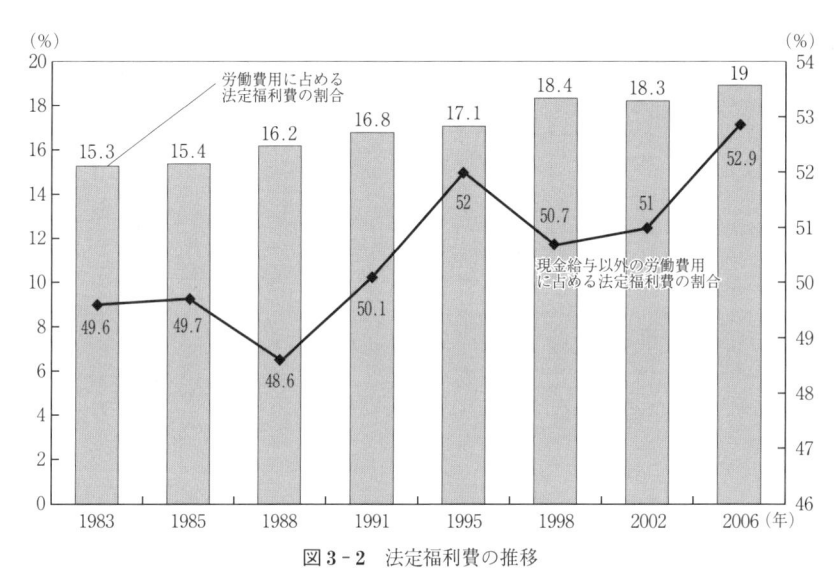

図3-2　法定福利費の推移

(出所)　厚生労働省『労働白書』(2007)，厚生労働省『労働者福祉施設制度等調査』(1983)，『賃金労働時間制度等総合調査』(1985～1998)，『就労条件総合調査』(2002, 2006)。

を示したものである。これをみると，法定福利費の割合が上昇傾向にあり，現金給与を除く労働費用の53％（2006年）を占めるまでに至っている。その内訳では，厚生年金が5割強，健康保険・介護保険が3割強，雇用保険・労災保険が1割強となっている（日本経団連『福利厚生費調査結果報告』2006）。

企業の法定福利費の負担額は保険料の引き上げや企業内の労働力の高齢化によって算定基準となる賃金水準が上昇したことなどによって増加している。経済産業省『企業活動と公的負担に関する緊急調査』（2004）によれば，法定福利費の企業負担がさらに上昇すれば，大手企業の約76％，中堅・中小企業の約62％が「非正規雇用，請負形態などへの切替」を行うとしている。筆者が行った調査分析（86社）でも，社会保険料の現状での負担に不満をもっていない企業は今後も成り行きに任せるが，不満をもっている企業，負担率が高いと感じている企業，保険料が年とともに増加傾向にあると感じている企業では，今後，非典型労働者の採用を増やしていく傾向がみられる[7]。

業務量変動への対応　　非典型労働を活用する理由には人件費の節約の他に業務量の変動やスタッフの欠員への対応がある。事実，繁閑

が激しいサービス業などでは，需要変動に対応するため非典型労働者を使っている。前掲厚生労働省の調査によれば，長い営業時間や仕事の繁閑に対応するために非正社員を雇用している事業所はとくに小売業，飲食店・宿泊業，医療・福祉，生活関連サービス業等で多くみられる。

専門的サービスの活用　需要変動の大きい企業では労務費の削減が技能の要らない業務を外部委託する重要な動機となるが，その一方で専門サービスを求めての業務の外部委託も行われている（Abraham 1990）。しかし，専門的業務は外部委託が難しいこともあり，仕事が将来的に長く続きそうなもの，企業特殊的な技能を要するもの，成果が評価しにくい業務などでは取引コストの点で非典型労働者の利用が少なくなるという見方もある（Masters and Miles 2002）。実態調査では非典型労働を使う理由の中に，「専門的な能力を有する人材を一定期間確保・活用するため」と回答している企業が約25％ある（厚生労働省『有期契約労働に関する実態調査』2005）。表3-1は即戦力や能力のある人材を確保したり専門的業務に対応するために派遣社員や契約社員を雇用したりしている事業所の多いことを示している。

非典型労働者の職場と就業

非典型労働者はその7割が女性，6割が配偶者のある人である。非典型労働者の年齢階層は若年から高齢者まで幅広く分布しているが嘱託社員は60歳以上の高齢者に多くみられる。若年層では1990年代以降，就業機会の減少に伴いフリーターをはじめとして労働力の非典型化が進んだこともあって15～34歳では非正規雇用者の年齢人口に対する比率が年代を追うにしたがって高くなっている（厚生労働省『労働白書』2007）。請負労働者の7割は20代と30代の若者である（厚生労働省『労働力需給制度についてのアンケート調査』2005）。近年，請負労働者が正社員，臨時工・季節工やパートタイマーの代替として活用されるようになった（中尾 2003）。

非典型労働者の職場は概して小規模である。非正規の職員・従業員の3割強は10人以上100人未満の企業で働いている。中小零細企業では非典型労働者の占める割合が典型労働者に対して総じて高く，非正規の職員・従業員が雇用者に占める割合は規模が小さくなるほど高くなる傾向がみられる（総務省『労働

力調査詳細結果』2006；厚生労働省『労働経済白書』2007）。

　非典型労働者には正社員と同じくらいの時間を働いている人がいる。週35時間以上働いている人の割合はパート・アルバイトで3割強，派遣社員で8割弱である。週60時間以上働いているパートやアルバイト，派遣社員もそれぞれ1％と5％程度存在する（厚生労働省『労働経済白書』2007）。

　非典型労働者は事務職，サービス職，販売職，生産工程・労務職に多くみられ管理職には少ない。雇用形態別にみると，パートやアルバイトには生産工程・労務作業者が多く，パートの4割近く，アルバイトの3割近くがこの職種で働いている。派遣社員の半数は事務従事者であり契約社員・嘱託の3割近くも事務従業者である（総務省『労働力調査詳細結果』2007）。契約社員には専門的・技術的な仕事をしている人も多くみられ，別の調査によると契約社員の3割強がこの分野で働いている（厚生労働省『有期契約労働に関する実態調査』2005）。

　非典型労働者には典型労働者と同じような業務内容の人もいる。契約社員や嘱託社員の場合，業務の専門性や業務に対する責任が正社員と同じである事業所は半数以上に及ぶ。パートタイマーでは業務の専門性が正社員と同じである事業所が3～4割，業務に対する責任が正社員と同じである事業所が2～3割程度存在する（同上調査）。ちなみに，作業の難易度や責任など職務が正社員と同じ有期契約労働者について，処遇決定の際に正社員との均衡を考慮している事業所は就業形態を問わず1～2割程度である。

　労働政策研究・研修機構の前掲調査によると，ほとんどの事業所が一つの雇用形態のみを使用しており，契約社員は専門的業務に対応したり，即戦力・能力のある人材を確保したりするために活用している。一方，人件費節約，雇用量の調節，仕事の繁閑への対応，臨時・季節的業務量の変化への対応，長い操業時間への対応では短時間パートタイマーを活用する事業所が圧倒的に多い。しかし，専門性や即戦力確保に短時間パートやその他パートを単独で活用している事業所もあり，パート，とくに短時間パートは事業所にとって重宝な労働力となっているようである。

3　非典型労働者の賃金と福利厚生

企業には非典型労働者を雇用するインセンティブとメリットがある。非典型労働を選択するインセンティブとメリットは労働者にもある。しかし，インセンティブなしに非典型労働をしている場合には，企業にとってはメリットでも非典型労働者にとってはデメリットである。

非典型労働者の賃金

非典型労働者の賃金が低いことはすでに周知の事実となっている。常用の一般労働者の賃金を100とすると，10年前の1995年のパートの時給は男性の場合55.3，女性の場合70.4（1995年）であった。それが2005年には52.5と69.0に低下している。加えて，典型労働者の賃金と非典型労働者の賃金は年齢が高くなるにつれその格差が拡大する。これには非典型労働者の勤続年数が短いということの影響もあるが，かりに長期勤続をしたとしても，非典型労働者の賃金は典型労働者の賃金のようには上昇していかない（厚生労働省『労働経済白書』2007）。大竹（2005），篠崎（2001）は正社員とパートタイマーの賃金格差が拡大傾向にあることを，神谷（1994a, 1994b）は就業調整するパートタイマーの場合には勤続年数が長くなっても賃金が上昇しないことを指摘している。

雇用形態や仕事内容が異なる者の間で賃金を比較するのは簡単ではないが，同じ職種のパートタイマーと正社員を比較してみたとき，女性のパートタイマーの賃金は正社員の79.8％である（厚生労働省『パート労働の課題と対応の方向性』2002）。厚生労働省『労働白書』（2003）では，正社員と非正社員の賃金格差を労働時間の違いを調整して比較（1999年）したとき，契約社員は正社員の8割強，派遣労働者は7～8割，臨時的雇用者は5割となっている。ここでは，パート労働者の賃金（2001年）は職種構成の違いを調整したうえで一般労働者の約7割である。

非典型労働者の賃金が低いことには正当化できる部分もある（中馬・中村1990）。しかし，正社員に近い仕事に従事している非典型労働者には賃金格差に対する不満が高まっている（篠崎他 2003）。

第3章 非典型労働者の労働需要

表3-2 社会保険の適用状況（労働者割合） (単位：%)

雇 用 形 態	計	厚生年金	健康保険	雇用保険	企業年金
正社員	100.0	99.3	99.6	99.4	34.0
非正社員計	100.0	47.1	49.1	63.0	6.9
パートタイム労働者	100.0	34.7	36.3	56.4	4.3
派遣労働者（登録型）	100.0	68.8	70.8	77.7	1.8
臨時的雇用者	100.0	22.7	24.7	28.7	0.8
契約社員	100.0	72.2	77.4	79.0	7.7
嘱託社員	100.0	84.5	87.7	83.5	15.2
出向社員	100.0	89.3	90.9	87.4	44.6
その他	100.0	65.6	67.0	70.9	5.8

(注) 労働者割合は各種制度（法定外福利厚生施設等を含む）が適用される労働者の割合（複数回答）を示す。ここではそのうちの社会保険についてのみ取り出したもの。
(出所) 厚生労働省『就業形態の多様化に関する総合実態調査』(2003)。

非典型労働者の福利厚生

日本の実態　非典型労働者の社会給付は一般労働者のものより悪い。表3-2は、非正社員の社会保険の適用状況が正社員に比べおしなべて低いことを示している。非正社員の厚生年金、健康保険および雇用保険の適用率はおおよそ5〜6割の範囲にある。これを雇用形態別にみると、嘱託社員や出向社員で8〜9割、契約社員や派遣社員で7〜8割、パートタイム労働者で3〜6割、臨時的雇用者で2〜3割というところである。社会保険の適用状況は臨時労働者に次いでパートタイム労働者が悪くなっている。とくに厚生年金の適用状況をみると、非典型労働者はいずれの雇用形態でも正社員に比べてその適用割合が低く、臨時的雇用者になると2割を超える程度である。こうなると、非典型労働者が増加するということは必然的に社会保険（被用者保険）に加入しない労働者が増えるということでもある。

非典型雇用者の社会保険加入率が低い背景には、社会保険の加入条件が労働時間の短い人や雇用期間が短期の人を適用除外としているため非典型雇用者の多くがはじめから社会保険の適応外におかれるという実情がある。その半面、企業が雇用の継続性や安定性が定かでない労働者の保険加入に消極的になったり、非典型雇用者自らが社会保険料負担を免れるために就業時間を抑制し被扶養の立場を選択していたりしているという現実のあることも見逃せない（永瀬 1994, 2003；安部 1999）。雇用する側からみれば、企業には給付費用の負担増の

問題は大きい。図3-2からも明らかなように，労働費用に占める法定福利費の割合は増加の一途をたどっている。

一方，雇用以外の形で働く非典型労働者の社会給付の実態は不明である。年金を例にとれば，被用者保険の対象外になる非典型労働者や仕事のない人は制度上国民年金に加入することになるが，実際には加入しておらず加入していても未納の人が多い。丸山・駒村（2005）は，非典型労働の拡大が国民年金の納付率を引き下げて制度を空洞化させる要因になっていることを明らかにしている。非典型労働者は全体的に被用者保険だけでなく被用者保険の枠の外でも社会保険に未加入となったり，加入していても収入が少ないために不十分な所得保障しか得られなかったりしているのではないかと思われる。

しかし，このような傾向が続くと，それは単に労働者個人の問題ではなく社会保障制度そのものの問題，ひいては社会の安寧を揺るがすことにもなりかねない問題である。

米国の実態　企業が社会保険の適用に消極的になっているのは，日本と同様，非典型労働者の多い米国でも顕著に見られる現象である（Ferber and Waldfogel 1998; Kallenberg, et al. 2000）。わが国の実態と照らし合わせて興味深いものがあるので，ここにその一端を見ておきたい。

表3-3は米国の非典型労働者の健康保険と年金の適用状況を示してみたものである。これを見ると，企業が提供する健康保険の適用を受けている人の割合は典型労働者（表では常用フルタイム）では7割，非典型労働者では平均して1割強である。健康保険の適用率はフルタイムではなくパートで働いている場合に低くなる。たとえば，呼出労働者では，健康保険の適用率がフルタイムで働いていれば5割近くになるが，パートでは11％にとどまっている。同様に，企業の提供する年金の適用を受けている典型労働者は7割近くいるが，非典型労働者では平均して2割に満たない数字である。

米国の企業は医療費の高騰を受けてとくに健康保険の給付の削減を行っている。企業の健康保険の適用率は2000年から2004年の間に67％から63％に減少している。他方，この間に健康保険料は年率11％で上昇している。保険料率やその適用範囲が法で定められていないため企業はより高い率で従業員の負担する保険料を上げてきた。そのため，労働者の保険料負担割合はこの間に25％から

表3-3 企業が提供する給付の適用者の割合 (2001)

(単位:％)

	健康保険	年金
就業者総数	54.3	52.8
非典型労働者の総数	13.7	16.0
フルタイム		
派遣社員	12.8	11.3
呼出／日雇い労働者	49.0	47.7
自営	—	—
独立契約労働者（雇用者）	23.2	17.8
独立契約労働者（自営）	—	—
請負労働者	58.2	56.1
常用フルタイム	69.0	66.2
パートタイム		
派遣社員	0.6	2.2
呼出／日雇い労働者	11.0	17.3
自営	—	—
独立契約労働者（雇用者）	10.1	8.8
独立契約労働者（自営）	—	—
請負労働者	14.9	14.5
常用パートタイム	18.5	25.2

(出所) Wenger (2006).

32％に上昇している (Dube et al. 2006)[8]。

　保険料があがると保険の適用を望まない人も増えてくる。たとえば，南カリフォルニアのスーパーマーケット業界は2004年に労働者の保険料負担分をあげることを求めたが組合との交渉は決裂した。4カ月のストライキとロックアウトの後，労使間で現在働いている労働者にはそのままの適用を維持するが新しく雇われる人の給付条件を厳しくするという契約が成立し給付の仕組みが二層となった。その結果，2003年に労働者の94％が健康保険の適用を受けていたのに対し2006年にはそれが54％に低下している。2004年以降に雇われた人の29％は保険の適用を受ける資格を有していたが実際に給付の適用を願い出た人はその3分の1以下であった。保険の負担分が多額になるために適用を受ける資格があってもそれを放棄する人が多くなったからである[9]。

　職場の健康保険の適用率が低くなれば，医療の費用は働く人個人やその家族，最終的には納税者に転嫁されることになる。実際，この保険プレミアムの上昇

第Ⅰ部 労働需要の動向

が企業の提供する健康保険の適用率が減少した主な原因とのことである。もし保険料率がこれから先2010年まで年率10％で上昇すると，適用率は現在の63％からさらに59％に下がり高齢者を対象にしたメディケアや貧困層を対象にしたメディケイドなどの公的な保険に頼る人が12％から14％に，保険のない人の割合は17％から19％に上昇する。また，カリフォルニアでは保険料率の10％ずつの上昇によって企業の健康保険の適用率が57％（2004年）から52％（2010年）に低下するとのことである（Dube et al. 2006）。

4 非典型労働者の今後の動向と労働政策

ここまで，企業が非典型労働者を必要とする社会背景，企業が非典型労働者を雇用する直接のインセンティブとメリット，企業での非典型労働者の待遇について述べてきた。最後に，非典型労働者の今後の動向と労働行政のあり方に触れておこう。

非典型労働者の今後の動向

正社員の7割が200～700万円の年収を得ているのに対し，非典型労働者の年収は，パート・アルバイトの9割が200万円未満，派遣社員の6.5割が100～300万円未満，契約社員・嘱託の6割が100～400万円未満となっている（総務省『労働力調査詳細結果』2007）。この中には非典型労働者世帯もある。これは非典型労働者が典型的に低賃金であることから低所得世帯の増加をも意味する。家計経済研究所『消費生活に関するパネル調査』（1993～2002）でみると，夫が正社員として就業している世帯と夫が非典型労働者である世帯とでは収入が大きく異なっている。前者は400～599万円にその頂点があるが，後者は300～399万円を頂点とし，0～399万円までの間にその世帯の40％以上が含まれている（岸2007）。

総務省『就業構造基本統計調査』（2004）では既婚男性の非典型労働者も増え216万人を数えている。この数は生活保護を受けている100万世帯よりはるかに多いものである。非典型労働者の多くが低収入であることを考えると，この数字には生活保護を受けずに働いているワーキング・プアの世帯も含まれてい

ることを示唆するに十分なものである。

　それにもかかわらず，非典型労働者は今後も増え続けるものと思われる。前掲の『企業活動と公的負担に関する緊急調査』では，法定福利費の企業負担が上昇すれば大小を問わず多くの企業が非正規雇用，請負形態などへの切替を行うと報告している。同様の傾向は厚生労働省『賃金引上げ等の実態に関する調査』(2006)でも確認されている。人件費の負担増に今後パートや派遣，下請けなどへの切り替えを行うと回答している企業は多い。これは企業の論理からすれば当然の行動でもある。

非典型労働者と労働政策
　非典型労働は理想的な形をとったときには複合就労や仕事と生活の調和を図った働き方のモデルともなりうるものである。しかし，従来，非典型労働者は主婦のパートタイマーや学生のアルバイトなどをさすものとみなされ，待遇が悪かっただけでなく社会的にも影響の少ないものと考えられてきたといってよい。実情通りに，あるいはそれに反して，非典型労働は家計補助，小遣い稼ぎ，自己実現，趣味，等の問題とみなされていたのである。いまでも若者の労働は学業から就職するまでの過渡的な仕事と考えられ，その労働条件のよくならないところがある (Tannock 2001)。
　しかし，非典型労働者の最近の増加は，労働者が正規―非正規，典型―非典型，正―副，主―従のように縦や横の対極の二分化から，重なり合い，混ざり合って多極的なものとなってきたことと，その意味で労働および労働者が多様化してきたことを物語っている。このことは，非正規や非典型労働者が，労働者側の要因からきているものにせよ企業側の論理からきているものにせよ，増加して働き方として典型化してきていることと，それが保護の不十分な労働弱者化してきていることを意味するものである。となると，今後の労働政策には，これらの労働者を保護するための，結局は国民の生活の安定を図るための手立てが求められよう。具体的にいえば，その待遇の改善や教育訓練に対する諸策，なかんずくその社会保障制度を確かなものにしていくための方策が急務だと思われる。多様な働き方をする労働者に対処できなくては国民の生活の安定はあり得ないからである。

第Ⅰ部　労働需要の動向

　わが国の社会保障制度は複雑で怪奇ですらある。制度自体もその手続面も複雑で，非典型労働者にはどのような保険に加入すべきなのか，その資格があるのかどうかといったことすら不明瞭である。企業側には手続きの煩雑性と費用の企業負担に関する問題がある。複数の制度が就業形態や雇用形態の違いによっていくつも平行してあることやその間での移行の手続きが複雑を極めている現状は改善すべきものである。

　社会保障制度や労働者保護の問題は熾烈な国際競争にさらされている企業のイニシャティブでは解決の難しいものがある。一方，現行の労働諸制度では非典型労働者の増加に対処しきれず，その結果，社会保障制度が空洞化し労働者保護が不全に陥ってしまう恐れが出てきている。持続可能な社会を国民生活面から構築していくためには，国も企業も非典型労働者の"典型化"の現実を踏まえ，企業と直に雇用関係のない人も含め労働者を包括し，漏れの少ない，なおかつ，簡素な社会保障制度と労働者保護政策を打ち立てていく必要がある。

　注
(1)　『就業形態の多様化に関する総合実態調査』から非正社員の雇用者に占める割合をみると，契約社員が2.3％，臨時的雇用者が0.8％，パートタイム労働者が23.0％，出向社員が1.5％，派遣労働者が2.0％，嘱託社員が1.4％，その他が3.4％である。これらの数字をこの調査が行われた時点（2003）での雇用者数（役員を除く雇用者4948万人）に乗じると，契約社員数は約114万人，臨時的雇用者は約40万人，パートタイム労働者は約1138万人，出向社員は約74万人，派遣労働者は約99万人，嘱託社員は約69万人，その他が約168万人となり，非正社員の合計数は約1702万人となる。

　　ちなみに，米国においては非典型労働者とみなされる労働者は労働力人口の30～35％にも上ると推計されている（Belous 1989；GAO 2000；Allan 2002）。GAO (2000) の推計では，正規労働者（standard full-time workers）が70％，パートタイマーを筆頭とする非正規労働者（non-standard workers）が30％となっている。ただし，日本と米国の非典型労働者数の単純な比較はできない。何をもって正規，非正規とするか，何が standard で何が non-standard なのか，といった定義が国によって，また，統計の出所によって違うからである。

(2)　労働者側から見たときの非典型労働者の増加要因には，勤労観や人生観の変化によって，若年の定職志向が弱まったこと，仕事の内容，労働時間，労働時間帯等に

関し主体的に労働提供を行う志向が高まったこと，少子・高齢化により高齢者や女性が労働市場へ参入していること，一所懸命の考えが希薄になってきていること，などがある。

いま，フリーターと呼ばれ，定職に就かない労働者が若者を中心に2006年には187万人いる（厚生労働省『労働経済白書』2007）。柔軟な働き方を求めている既婚女性も増えている。定年退職者や早期退職者の中には，生きがいを求めて，あるいは経済的理由で，フルタイムではなく，短時間の労働に従事したいと思っている人も多い（厚生労働省『就業形態の多様化に関する総合実態調査』〔2003〕をみると，60歳以上の非正社員がその就業形態を選択した理由で最も多くあげているのは「勤務時間や労働日数が短いから」，「専門的な資格・技能が活かせるから」，「自分で自由に使えるお金を得たいから」である）。企業の中には，長年積み上げてきた技能や知識を利用するために，時間を減らして高齢者に継続就業の機会を提供しているところもある（厚生労働省『有期契約労働に関する実態調査』2005）。一方，一つの企業で労働人生のすべてを過ごす人や過ごすことを期待する人も少なくなっている。転職を希望している人の割合は，この10年間に8.4％（1996年）から9.7％（2006年）に上昇している（総務省『労働力調査（詳細結果)』）。非典型労働者増加の要因については，たとえば，大沢（1993），古郡（1997），岸（2007），を参照。

(3) 宮本・中田（2002），小野（2001），本田（2001）らによれば典型労働から非典型労働への代替化が起きていると考えられる。豊田（2005）によれば，非典型労働者比率は産業の特性とも関連し，電力業・ガス業・水道業などの寡占産業では典型雇用を選好し，卸売業・小売業・飲食店などの競争産業では典型労働と非典型労働の賃金格差が非典型労働者を増加させる可能性がある。

一方，原（2003）は，正社員と非正社員（パート・アルバイト）の間には大企業で補完関係，小企業で代替関係がみられ，個別企業ごとにみれば，必ずしも代替関係はみられないとしている。同様に，石原（2003）は正社員を減らしてパートの採用を増やすという現象が個別事業所内では起きていないことを明らかにしている。関連していえば，有期雇用やパート雇用を効果的に利用できる組織やその能力は，組織のもつ諸々の特性に依存するといえる（Davis-Blake and Uzzi 1993; Uzzi and Barsness 1998）。

(4) わが国では資本市場の規制緩和によって1990年代になってから企業合併や企業買収が増加した。国境を超えた合併や買収もその一端である。企業の統合は，新しい市場に参入したり，地理的に事業展開の拡大を図ったり，経営効率を高めるなどの理由で行われる。

労働政策研究・研修機構『経営環境の変化の下での人事戦略と勤労者生活に関す

第Ⅰ部　労働需要の動向

る実態調査（企業調査）』(2007) によれば，利害関係者として企業が株主を重視する割合は22％から，今後は30％に上昇するとのことである。
(5) 高地放送事件（1977年1月31日最高裁第二小法廷判決）はこの一例を示すものである（菅野 2006）。これはY会社のアナウンサーであったXが2週間に2回ほど宿直勤務した後，寝過ごしてラジオニュースを放送できなかったことで解雇されたことが解雇権の濫用であるとして地位確保の請求を行った事件である。
(6) 女性労働力率は男女雇用機会均等法が施行された1986年には48.6％であった。施行後1990年には50.7％となっている。その後，女性労働力率は景気変動等の影響を受けて多少低下した年もあるが変動幅は小さくなり安定した動きを示している。
(7) 古郡 (2007) を参照。ここでは，さらに，古郡 (2007) の調査データを使って，

表3-4　非典型労働者活用の理由

	①	②	③
切片	6.9624 (0.4981)	14.19 (1.1743)	6.2279 (0.4474)
正社員賃金	0 (0.9075)	0 (1.0567)	
産業（建設業・製造業1，それ以外0）	−17.1598* (−1.7442)	−17.7966* (−1.8112)	−13.8608* (−1.52)
企業規模	0.0017 (1.0263)		0.002 −1.164
非正社員雇用理由（働き手のニーズ多様化を基準）			
正社員確保困難	−24.2987 (−1.1639)	−28.7333 (−1.4057)	−13.5877 (−0.791)
コア業務に特化	5.2289 (0.5618)	7.3256 (0.8061)	5.0717 (0.5464)
雇用調整	13.6096 (1.4948)	11.632 (1.3062)	11.454 (1.3065)
賃金節約	3.5056 (0.3175)	−1.5775 (−0.1597)	7.3261 (0.7194)
その他労務費節約	27.9559** (3.3004)	27.0954** (3.2122)	27.4869** (3.2593)
社会保険料負担に不満なし	−11.0666 (−0.9084)	−12.9024 (−1.0698)	−8.5226 (−0.7207)
修正済み決定係数	0.2123	0.2111	0.2163
サンプル数	44	44	44

(注)　( )内は t-値。**は5％水準，*は10％水準で有意であることを示す。

企業が非典型労働者を活用する理由についての分析も行ってみた（計算には李青雅さんの手を煩わせた。記して感謝する）。この分析の非説明変数には全従業員に占める非正社員の割合，説明変数には正社員賃金，産業ダミー（建設業・製造業であれば1，その他は0），企業規模，非正社員雇用理由（働き手のニーズ多様化を基準），社会保険料の負担に対して「不満なし」のダミーを使っている。次表はその結果を示したものである。非正社員を活用する理由として賃金以外の労務費節約が強く働き，これを産業別で見ると，建設業・製造業以外のサービス産業では非典型労働者の割合が高くなり，社会保険料の負担に不満がない企業では非典型労働者の割合が低くなる傾向を示している。正社員賃金と企業規模は相関している可能性があるので，この両変数のどちらか一方を使って同様の分析を行ったが，表3-4の②および③欄が示すように，労務費節約が非正社員を雇用する大きな理由になっていることに変わりはない。この分析結果はサンプル数が少なく，あくまで試験的なものであるが，企業にとって法定福利費の負担が雇用ポートフォリオに影響を与える起爆剤になっていることがうかがわれる。

(8) 米国では健康保険のない労働者の急増が社会問題となっている。マイクロソフト社は1999年の裁判で従業員を独立契約労働者あるいはフリーランサーとして扱い不当に給付を提供しなかったという判決を受けている。

(9) これは UC Berkeley の Institute for Research on Labor and Employment 滞在中の伝聞による情報である。

参考文献

阿部正浩（2005）「非正規労働者が増加する背景」『日本経済の環境変化と労働市場』東洋経済新報社，171-191頁。

安部由紀子（1999）「女性パートタイム労働者の社会保険加入の分析」『季刊社会保障研究』35(1)。

石原真三子（2003）「パートタイム雇用の拡大はフルタイムの雇用を減らしているのか」『日本労働研究雑誌』518, 4-16頁。

大沢真知子（1993）『経済変化と女子労働——日米の比較研究』日本経済評論社。

大竹文雄（2005）『日本の不平等』日本経済新聞社。

小野晶子（2001）「大型小売業における部門の業績管理とパートタイマー」『日本労働研究雑誌』498, 99-109頁。

神谷隆之（1994a）「女子時間給パートタイマーの年間賃金——勤続年数別変化とその要因」『日本労働研究雑誌』415, 13-22頁。

神谷隆之（1994b）「非正社員化と賃金——収入調整がパート賃金に与える影響と最

低賃金」社会政策学会編『社会政策叢書』第21集，131-148頁。

岸智子（2007）「非典型労働者の労働環境」古郡鞆子編著『非典型労働と社会保障』中央大学出版部，13-32頁。

木村琢磨・佐野嘉秀・藤本真・佐藤博樹（2004）「製造分野における請負企業の事業戦略と人事管理の課題」『日本労働研究雑誌』526，16-30頁。

佐藤博樹（1999）「雇用システムの変化から見た人事管理の課題」『日本労働研究雑誌』470，48-54頁。

篠崎武久（2001）「1980～90年代の賃金格差の推移とその要因」『日本労働研究雑誌』494，2-15頁。

篠崎武久・石原真三子・塩川崇年・玄田有史（2003）「パートが正社員との賃金格差に納得しない理由は何か」『日本労働研究雑誌』512，58-73頁。

周燕飛（2006）「企業別データを用いた個人請負の活用動機の分析」『日本労働研究雑誌』547，42-57頁。

菅野和夫（2006）『労働法第7版補正版』弘文堂。

中馬宏之・中村二朗（1990）「女子パート労働賃金の決定因——ヘドニックアプローチ」『日本労働研究雑誌』369，2-15頁。

豊田菜穂（2005）「寡占産業と競争産業における非正規労働者の増加要因——電力業・ガス業・水道業と卸売業・小売業・飲食店を対象に」大原社会問題研究所雑誌，556，41-52頁。

中尾和彦（2003）「製造業務請負業の生成・発展過程と事業の概要（3）業務請負企業への参入時期と経緯」『電機総研リポート』286，27-32頁。

永瀬伸子（1994）「既婚女子の就業形態の選択に関する実証研究——パートと正社員」『日本労働研究雑誌』418，31-42頁。

永瀬伸子（2003）「日本の非典型労働——女性のライフサイクルと就業選択」大沢真知子／スーザン・ハウスマン編，大沢真知子監訳『働き方の未来——非典型労働の日米欧比較』日本労働研究機構。

原ひろみ（2003）「正規労働と非正規労働の代替・補完関係の計測」『日本労働研究雑誌』518，17-30頁。

樋口美雄・砂田充・松浦寿幸（2005）「90年代の経営戦略が雇用に与えた影響」樋口美雄・児玉俊洋・阿部正浩編『労働市場設計の経済分析——マッチング機能の強化に向けて』東洋経済新報社，51-84頁。

古郡鞆子（1997）「産業構造の変化と多様化する雇用形態」『日本労働研究雑誌』447，29-38頁。

古郡鞆子（2007）「企業と非典型労働」古郡鞆子編著『非典型労働と社会保障』中央

大学出版部，59-94頁。

本田一成 (2001)「パートタイマーの量的な基幹労働力化」『日本労働研究雑誌』494，31-42頁。

丸山桂・駒村康平 (2005)「国民年金の空洞化問題と年金制度のありかた」城戸善子・駒村康平編著『社会保障の新たな制度設計』慶応義塾出版会，223-250頁。

宮本大・中田善文 (2002)「正規従業員の雇用削減と非正規労働の増加――1990年代の大型小売店を対象に」玄田有史・中田善文編『リストラと転職のメカニズム』第四章，東洋経済新報社，81-102頁。

村田弘美 (2004)「フリーランサー・業務委託など個人請負の働き方とマッチングシステム」『日本労働研究雑誌』526(4), 43-55頁。

Abraham, K. G. (1990), "Restructuring the Employment Relationship: The Growth of Market-Mediated Work Arrangements," in Abraham, K. G. and McKersie, R. B. eds. *New Developments in the Labour Market toward a New Institutional Paradigm.* MIT Press, pp. 85-120.

Allan, P. (2002), "The Contingent Workforce: Challenges and New Directions," *American Business Review*, June, pp. 103-110.

Belous, R. S. (1989), *The Contingent Economy; the Growth of the Temporary, Part-Time and Subcontracted Workforce*, The National Planning Association.

Buchmueller, T. C. (1999), "Fringe benefits and the demand for part-time workers," *Applied Economics*, Vol. 31, pp. 551-563.

Carre, F. J. (1992), "Temporary Employment in the Eighties," in Virginia L. duRivage. ed. *New Policies for the Part-time and Contingent workforce*, M. E. Sharpe, pp. 45-87.

Davis-Blake, A. and Uzzi, B. (1993), "Determinants of Employment Externalization: A study of Temporary Workers and Independent Contractors," *Administrative Science Quarterly*, Vol. 38, No. 2, pp. 195-223.

Dube, A. et al. (2006), "Declining Job-Based Health Coverage in the United States and California: A crisis for Working families," *UC Berkeley Labor Center*.

Ferber, M. A. and Waldfogel, J. (1998), "The long-term consequences of nontraditional employment," *Monthly Labor Review*, pp. 3-12.

GAO (2000), *Contingent Workers Incomes and Benefits lag Behind Those of Rest of Workforce*, Report to the Honorable Edward M. Kennedy and the Honorable Robert G. Torricelli, U. S. Senate.

Gramm, C. L. and Schnell, J. F. (2001), "The Use of flexible Staffing Arrangements in Core Production Jobs," *Industrial and Labor Relations Reviews*, Vol. 54, No. 2, pp. 245-258.

Harrison, B. (1998), "The Dark Side of Business Flexibility," *Challenge*, Vol. 41, No. 4, pp. 117-127.

Houseman, S. N. (2001), "Why Employers Use Flexible Staffing Arrangements : Evidence from an Establishment Survey," *Industrial and Labor Relations Review*, No. 55, No. 1, pp. 149-170.

Kallenberg, A. L., Reskin, B. F. and Hudson, K. (2000), "Bad Jobs in America : Standard and Nonstandard Employment Relations and Job Quality in the United States," *American Sociological Review*, Vol. 65, No. 2, pp. 256-278.

Lee, D. R. (1996), "Why Is Flexible Employment Increasing ?," *Journal of Labour Research*, Vol. 17, No. 4, pp. 543-553.

Lettau, M. L. and Buchmueller, T. C. (1999), "Comparing benefit costs for full-and part-time workers," *Monthly Labor Review*, pp. 31-35.

Lowe, G. S. (2002), "Employment Relationships as the Centerpiece of a New Labour Policy Paradigm, *Canadian Public Policy*, No. 28, No. 1, pp. 93-104.

Maugum, G., Mayall, D. and Nelson, K. (1985), "The Temporary Help Industry : Response to the Dual Internal Labor Market," *Industrial and Labor Relations Review*, Vol. 38, No. 4, pp. 599-611.

Matusik, S. F. and Hill, C. W. L. (1998), "The Utilization of Contingent Work, Knowledge Creation and Competitive Advantage," *The Adademy of Management Review*, Vol. 23, No. 4, pp. 680-697.

Masters, J. K. and Miles, G. (2002), "Predicting the Use of External Labor Arrangements : A Test of the Transaction Costs Perspective," *Academy of Management Journal*, Vol. 45, No. 2, pp. 431-442.

Tannock, S (2001), *Youth at Work : The Unionized Fast-food and Grocery Workplace*, Temple University Press.

Uzzi, B. and Barsness, Z. I. (1998), "Contingent employment in British Establishments : Organizational Determinants of the Use of fixed-term Hires and Part-time Workers," *Social Forces*, Vol. 76, No. 3, pp. 967-1005.

Wenger, J. B.(2006), "Public Policy and Contingent Workers," Gleason, S. E. ed. *The Shadow Workforce*, W. E. Upjohn Institute for Employment Research, pp. 169-200.

第4章　ミスマッチ指標と失業の分解

大　橋　勇　雄

1　労働市場のミスマッチ

　英和辞典によれば，mismatch とは「不適当な組合せ」と訳される。しかし，日本ではミスマッチという言葉はもう少し広い意味をもって色々な場面で使われる。ここでもそれを広く次の三つの意味をもっているものとする。その第一は，もし求職者と求人が互いの存在を知っていれば，雇用契約が成立したであろうものが，情報が不完全なために互いの存在が認知されず，契約が成立しない状況をいう。この状況は，互いの探索活動を通して解消される。第二は，かりに求職者と求人が遭遇したとしても，賃金や労働時間などの労働条件が折り合わないために，契約が成立しない状況である。これは双方の個別交渉によって労働条件の調整ができれば解消される。もし調整が不調に終わった場合，再び探索活動が始まり，契約の可能性が他にあれば，第一の状況になる。第三は，職種や技能，地域が不適当なために，契約が成立しない状況である。この状況の解決には，労働者の訓練や求職者又は求人の地域間移動が必要である。以下では，第一と第二の原因で生じた失業を摩擦的失業，第三の原因で生じた失業を構造的失業と呼び，これらを総称してミスマッチ失業と定義する。他方，求人数が絶対的に求職者数に足らないために生じる失業を需要不足失業とする。ただし，労働市場のどこにも求人がないような高い留保賃金を設定し，交渉の余地をもたないまま職探しをする失業者は，非労働力と見做し，分析の対象としない。ここで交渉の余地があるかないかに注目する理由は，一時点ですら様々な賃金水準が成立する上にその各水準に対して需要不足失業を定義しなけ

ればならなくなる状況を避けるためである。こうして，需要不足失業は，経済全般の平均的な賃金水準が高いために，求人が十分に存在しない場合，あるいは求職者が多すぎる場合に生じることになる。

　本章の目的は，現実の失業のうち，どれほどがミスマッチ失業であり，需要不足失業であるかを分析するための，幾つかの手法を検討し，日本の失業率を実際に分解することである。こうした作業には大きな政策的な意味がある。なぜなら，失業のタイプによってその対策が大きく異なり，時として誤った対策が失業問題を一層深刻なものにするからである。たとえば，構造的失業が重大な問題であるにもかかわらず，需要不足失業のための有効需要政策を実施すれば，経済にインフレが蔓延してしまう。逆に，需要不足失業が深刻であるにもかかわらず，訓練や労働移動の必要性ばかりを説けば，失業は一向に減少しない。さらに硬直的な賃金交渉は，摩擦的失業も需要不足失業をも増大させる。その意味で，いかに適切に失業を分解するかは重要な問題である。

2　ミスマッチ失業

　現存する失業のうち，どれほどが需要不足によるものか，また需要と供給のミスマッチによるものかを分析する際，UV曲線，又はビバレッジ・カーブと呼ばれる関係がこれまでよく利用されてきた。ここでUは失業者数を，またVは欠員数を表すが，実際に描かれる場合には，図4-1のように，UとVを労働力や雇用者数で除して失業率と欠員率の関係でみる場合が多い。現実のUV曲線がどのようなものであるかは，これまで多くの研究者や機関によって描かれてきており，ここでそれを紹介する必要はないであろう。近年の日本では，たとえば，樋口 (2001)，『経済財政白書』(平成13年版，内閣府)，『労働経済分析』(平成14年版，厚生労働省)，北浦・原田・篠原・坂村 (2002, 2003)，大竹・太田 (2002)，玄田・近藤 (2003)，佐々木 (2004) などによって描かれている。

　UV曲線が右下がりになるのは，企業がより多くの欠員を保有し，欠員率が上昇すればするほど，労働者は仕事を見つけやすくなり，失業者数，ひいては雇用失業率も減少するからである。また曲線が原点に対して凸であることは，

第4章 ミスマッチ指標と失業の分解

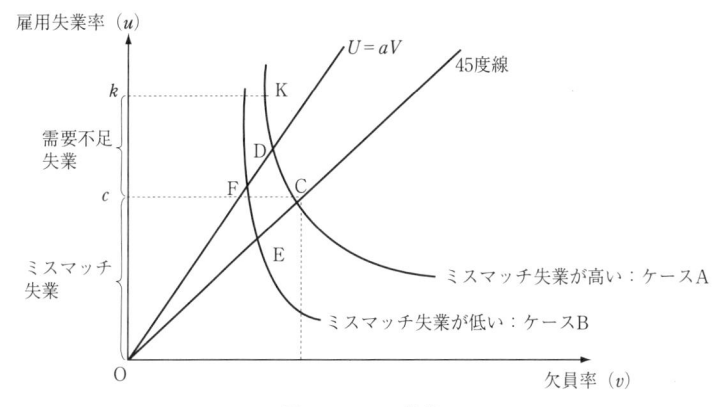

図4-1 UV曲線

(注) 雇用失業率＝完全失業者数／(完全失業者数＋雇用者数)×100
　　 欠員率＝(有効求人数－就職件数)／(雇用者数＋有効求人数－就職件数)×100

一方が増加するにしたがって他方の減少分が次第に小さくなることを意味する。

　UV曲線を利用して失業の中味をミスマッチ失業と需要不足失業とに区分してみよう。図4-1で，原点から45度の直線を引き，ケースAのUV曲線との交点をC点とする。この点において失業と欠員とは等しく，数の上で労働の需要と供給がバランスすることから，このC点に対応する失業，つまりcがミスマッチ失業とみなされる。ただし，図には横軸に欠員数，縦軸に失業者数がとられているとする。こうして，今，経済がK点の位置にあり，全体の失業がkであったとすると，kからcを差し引いた失業，つまり$(k-c)$が需要不足失業とされる。もしUV曲線がケースBのようにより下方の位置にあれば，ミスマッチ失業は低くなる。

　こうしたUV分析は，Dow and Dicks-Mireaux (1958)によって提唱されたものであるが，その直感的な分かり易さの故に日本でもよく利用されている。たとえば，上の文献のほとんどがこの方法によってミスマッチ失業を計測している。しかし，そこには理論的にも統計的にも多くの問題があることが，よく指摘される。まず日本の統計的な問題として重要なのは，利用される欠員が職業安定所の業務統計であることである。[1]ここでの求人は職安に登録されたものに限られるから，日本全体の欠員を正確に捕捉しているとはとても言えない。今，日本全体の欠員をV^*とし，それは職安で捕捉された欠員のa倍$(a>1)$

であったとしよう。このとき，需要と供給がバランスするのは，$U=aV(=V^*)$ の直線とケースAのUV曲線との交点である。この状態は図4-1のD点になるから，K点で需要不足失業は45度線の場合より少なく，ミスマッチ失業はより多く計測されることになる。したがって，職安の欠員データを利用して45度線分析をした場合，需要不足失業を実際より過大に推定することになる。さらに，今，図4-1のケースBからケースAのようにUV曲線がシフトした場合，45度線ではECが，$U=aV$ 曲線ではFDがミスマッチ失業の増加分とされるが，両者の形状が異なるためにそれらの増分の間には明らかに大きな差がある。

UV分析には理論的にも重大な問題があるとされる。第一に，Armstrong and Taylor (1981) が指摘するように，数の上で労働の総需要と総供給が等しいという単純な仮定の下に導出されたミスマッチ失業は経済学の均衡概念と必ずしも厳密に関連付けられていない。それはマクロ的な失業の分類のために便宜的に想定された状況であり，C点上において賃金が変動しないとか，失業率が安定するといった均衡状態になるかどうかの保証はない。実際，日本の場合，C点上にあると考えられる時期は高度成長期から石油ショック期，あるいはバブル期前後のように経済が大きく変動し，およそ均衡とは言えないような時期である。

第二に，UV曲線のシフトによってミスマッチ失業の変化が認められたとしても，それは単に全体の失業から便宜的に定義された需要不足失業を除いた残差でしかない。そのために，どういったミスマッチが失業を増大させているのか，そのために具体的にどんな政策が必要かについての情報がえられない。単に労働市場のマッチング機能を改善すべきであるといった指摘のみではその意義は小さい。この問題を解決するために，しばしば転職率や離職率，女子労働力率，高齢者比率などがUV曲線のシフトを推定する際に説明変数として利用されるが，それによってUV曲線そのものの形状も異なって推計される。こうした状況をどのように解釈したらよいのだろうか。たとえば，失業期間が一般に長い高齢者の比率を説明変数に加えることによってUV曲線を精緻化した形で推計したとして，その推計されたUV曲線のシフトがどのようなミスマッチの変化によって生じたかを明らかにする必要はあろう。以下で紹介する部門間シフト仮説はそれを試みた研究である。

これらの問題は，統計的な関係として観測される UV 曲線の理論的な基礎が脆弱であることから生じている。こうした認識のもとに，1980年代の後半になると，Pissarides (1985)，Jackman, Layard and Pissarides (1989)，Blanchard and Diamond (1989) によって，マッチング関数，あるいは採用関数といった概念が導入されるようになったが，それ以前はHansen (1970) による考え方が主流であった。Hansen によれば，失業が存在する一方で欠員も同時に存在するのは二つの要因による。第一に，全体の労働市場が幾つもの部門からなると考えた場合，需給関係の確率的な変動が部門間で異なることによって労働が超過需要にある市場もあれば，超過供給で失業者が存在する市場もある。賃金が弾力的に変化し，部門間の労働移動が円滑に行われる完全競争的な労働市場であれば，こうした失業と欠員の並存はただちに解消されるが，現実にはそうした調整には時間がかかる。第二に，ある一つの部門においてすら，様々な摩擦的要因によって労働が超過需要の状態でありながら失業者は存在するし，逆に超過供給の状態であっても欠員は存在する。たとえば，多くの労働者は職を変わったり，労働市場へ参入したりする過程で失業を経験する。また企業は期待する人材が確保できるまでは欠員を埋めない。こうした行動は，市場の需給関係から影響を受けるものの，常に存在し，個々の部門でも失業と空席が並存する。[3]

　こうした Hansen の部門モデルと同じ着想のもとに，Lilien (1982) は，景気変動によって部門間で需要シフトが生じるために，労働の再配分が必要になり，それにともなって構造的・摩擦的失業が変動するという部門間シフト仮説を提唱した。彼は，アメリカの失業率の変動の半分以上がこうした部門間シフトによって説明できることを示した。しかし，Abraham and Katz (1986) と Blanchard and Diamond (1989) は，失業と欠員の間に強い負の関係が存在することから，総需要ひいては欠員の変動こそが失業を変化させるものであるとし，彼の議論を批判した。また同様に，Davis, Haltiwanger and Schuh (1996) も景気変動を通して部門間の雇用創出と雇用喪失の間に負の相関があるとする。その後，Brainard and Cutler (1993) や Mills, Pelloni and Zervoyianni (1995) 等によって部門間シフト仮説は検証されたが，[4]そこでの大きな論点は，部門間シフトの指標から総需要の効果をいかに取り除くかということであった。Lilien は，

部門間シフトの指標として産業間における雇用成長率の分散を利用し，それが失業率に正の効果をもつことを示したが，Abraham and Katz は，サービス業のように雇用成長率トレンドの高い産業が景気に非感応的な場合，景気変動と部門間シフト指標とは負の相関関係をもつことから，指標には総需要の効果も含まれているとした。こうした観点から部門間シフトを適切に把握する指標がこれまでに幾つか提唱されたが，それらは需要の部門間シフトの効果を Lilien の結果と比較して小さく推計している。

Lilien は，部門間シフト仮説の理論的な基礎を Lucas and Prescott (1974) に求める。しかし，彼らの論文は定常状態における摩擦的失業の決定を分析したものであり，各部門での異なったショックに対して経済全体の失業がどのように変動するかを分析するものではない。むしろ，その後に発表された Rogerson (1987) による二部門モデルが彼の仮説の基礎を与えていると言える。ただ残念なことに，そこで想定された経済ではショックによって部門を移動するミスマッチ失業者は存在するが，欠員は存在しない。これは仮定によって各部門で賃金が弾力的に決定されるとされているからである。

3 マッチング関数による UV 曲線の導出

労働市場の不均衡分析は必然的に動学的なものにならざるをえないが，マッチング関数の導入はそれを可能にした。ここでマッチング関数とは，求職をする失業者と欠員を保有する企業が労働市場におけるそれぞれの活動を通してマッチングし，雇用契約が成立する過程を次式のように定式化したものである。

$$H = m(U, V), \qquad \partial m/\partial U \geq 0, \qquad \partial m/\partial V \geq 0 \qquad (1)$$

H はマッチングが成立した採用者数を表すが，(1)式のように，職を探す失業者数が増加するほど，また企業の欠員数が増えるほど，採用者数は増加するが，どちらかがゼロの場合には採用者数もゼロになるとされる。マッチング関数は一般に一次同次，すなわち U と V がある同じ比率で増加したとき，H もその比率にしたがって増加すると仮定される。

マッチング関数は，Holt and David (1966) の着想によるところが大きいが，

先に紹介した Pissarides (1985) や Blanchard and Diamond (1989) 等によってそれは UV 曲線の導出に利用された。導出の方法は様々であるが，ここでは賃金の決定や雇用創出を考慮しないシンプルなモデルを紹介しよう。今，雇用者数を E とすると，単位期間におけるその変動 ΔE は，新規の採用者数から離職者数を差し引くことにより，

$$\Delta E = m(U,V) - sE \qquad (2)$$

となる。ここで，s は離職率を表し，一定とする。さらに経済の労働力を L と定義し，(2)式の両辺を L で割って変形することにより次式をうる。

$$\frac{\Delta E}{E}\frac{E}{L} = m\left(\frac{U}{V},\frac{V}{L}\right) - s\frac{E}{L} = m(u,v) - s\frac{E}{L} \qquad (3)$$

(3)式から UV 曲線を導出するために，今，労働力と雇用者数とが同じ率 β で変化するという定常状態を仮定する。このとき，労働力と雇用者数の比率を e とすると，e は一定である。こうして，定常状態のもとで(3)式は次の(3)′式のようになる。

$$(\beta+s)e = m(u,v) \qquad (3)'$$

定常状態のもとで，(3)′式の左辺は一定であるから，u と v の組合せは m の値を左辺に等しくするようなものとして与えられる。すなわち，労働力人口の増加と離職による失業プールへの流入を欠員とのマッチングにより新規採用者数と等しくすることによって定常状態を維持できるが，UV 曲線はそのために必要な u と v の組合せを示している。

こうした定式化については，次の二点に留意したい。その第一は，UV 曲線の形状がマッチング関数に大きく依存するということである。たとえば，労働市場のマッチング機能が優れたものであれば，低い失業率と欠員率で多くの新規採用を生み出せるから，UV 曲線はより原点に近いものになる。ただし，マッチング関数は UV 曲線そのものではないことには留意したい。また残念ながら，Petrongolo and Pissarides (2001) によって指摘されているように，マッチング関数はまだブラック・ボックスに近い存在であり，そのミクロ経済学的な基礎は十分なものではない。その意味で，1980年代以前の UV 曲線の

議論と大きな差はないと言える。

むしろ,最大のメリットは第二の点にある。(3)′式から明らかなように,UV曲線のシフトは,労働力の増加率や雇用率,離職率から影響を受ける。Blanchard and Diamond (1989) や Davis, Haltiwanger and Schuh (1996) 等は,これらの要因を経済全体のマクロ産出量に影響するマクロショックと部門間で異なるミクロショック(再配分ショック)とに結びつけ,マッチング関数を通して失業率の動態的な変動がこれらのショックによってどのように影響されるかを分析した。こうした研究は,需要不足失業とミスマッチ失業の発生を動態的な枠組みのもとに分析しようとするものであり,興味深い。(5)

4 ミスマッチ指標

マッチング関数のミクロ経済学的な基礎は必ずしも十分なものではないが,その存在を一度認めれば,その有用性は大きい。失業率の変動分析の他にも,それを利用してミスマッチ指標を導出し,どのような種類のミスマッチが現実に深刻であるかを分析できる。

最初に,Jackman and Roper (1987) によって展開されたミスマッチ指標を検討しよう。彼らは,構造的失業を Turvey (1977) の定義に依拠して,「部門間の欠員の配置状況が与えられたとすると,失業者をセクター間で移動させることによって減少させることのできる失業」とした上で,それを次のように定式化する。今,i 部門の欠員を V_i とし,失業者数を U_i としよう。ここで部門間における欠員の配置状況については与えられているとする。n 部門からなる経済全体のマッチング,ひいては採用者数を最大にし,失業を減少させるためには,経済全体の失業者を各部門に適切に配置する必要がある。この問題の解は,現存の失業者総数を U とすると,$U=\sum_{i=1}^{i=n}U_i$ の制約のもとに,U_i をコントロールして各部門の総マッチング数,$H=\sum_{i=1}^{i=n}m_i(U_i,V_i)$,を最大化させることによってえられる。その解は直感的にも明らかなように,各セクターにおいて失業と欠員の比率を等しくさせることである。(6) これは各セクターの失業と欠員の比率を経済全体の平均的な比率に等しくすることでもある。したがって,マッチング数を最大化させるために n 部門

間で移動させなければならない失業者数，SU，は，次式によって与えられる。

$$SU = \frac{1}{2}\sum_{I=1}^{i=n}|U_i - (U/V)V_i| = \frac{1}{2}U\sum_{i=1}^{I=n}|U_i/U - V_i/V| \qquad (4)$$

絶対値の総和に1/2が乗ぜられているのは，失業者が相対的に少ないセクターでは移動が必要ないことを考慮したものである。また $(U/V)V_i$ は，部門 i で失業者・欠員比率を経済全体のそれに等しくし，全体でマッチング数を最大化するために必要な失業者数であることに留意されたい。

Jackman and Roper (1987) は，移動すべき失業者数ではなく，総失業者数に対するその比率，SU/U，もしくは労働力に対する比率，SU/L，を構造的失業の指標とすることを提唱する。特に，前者は構造的失業をゼロとするために失業者の中で部門間を移動すべき者の割合を，また $1 - SU/U$ は部門間の移動では減少できない摩擦的失業者と需要不足失業者の合計割合を示していると考えることができる。こうして以下では，

$$SU/U = \frac{1}{2}\sum_{i=1}^{i=n}|U_i/U - V_i/V| \qquad (4)'$$

を構造的ミスマッチ指標（Structural Mismatch Index）とよび，SMI と簡略化して表現する。

これまでの議論では欠員の配置状況が与件であるとされたが，逆に失業の配置が与件で移動すべき欠員を計算する場合には (4)′式で失業と欠員とを入れ替えることになる。ここで，(4)′式の右辺が絶対値の総和になっていることに注意すれば，移動すべき欠員数の総欠員数に対する比率（SV/V）は，SU/U と同じ値となる。

与件であった欠員も同時にコントロールできる場合，構造的ミスマッチをさらに減少させることが可能であろうか。この場合，コントロール変数が一つ増えたことになるが，一次同次のマッチング関数のもとでは各セクターの最適規模が不定であるため，欠員が与件とされた場合と同じように，失業と欠員の最適な比率のみしか決まらない。すなわち，各部門における失業と欠員の比率を経済全体におけるそれと等しくすることが，上と同じように，マッチングを最大化させる条件となる。

SMI の意味をより深く理解するために，前節で導出した UV 曲線を利用し

第Ⅰ部　労働需要の動向

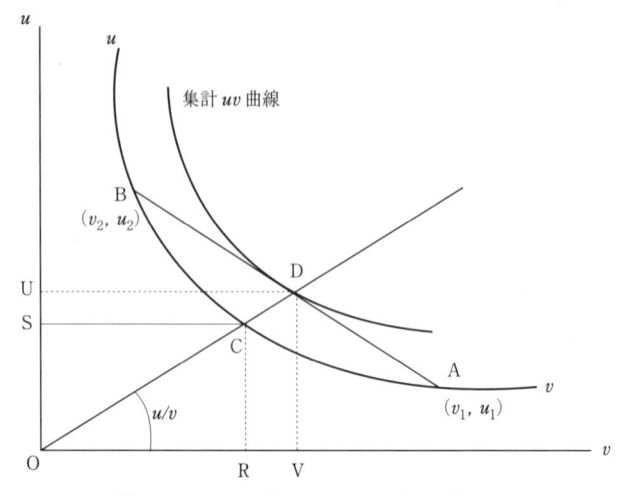

図4-2　アグリゲーション・バイアスとSMI

てそれを図示しよう。今，議論の簡単化のために，経済が部門1と部門2からなるとし，二つの部門で労働力と雇用の成長率，離職率が同じであったとしよう。このとき，各部門でのUV曲線は図4-2のuv曲線によって与えられる。しかし，二つの部門で失業率と欠員率の組合せが異なり，部門1は$A(v_1, u_1)$点に，部門2は$B(v_2, u_2)$にある場合，経済全体のuとvの組合せは，AB線上にくる。何処にくるかは，部門の労働力の割合によって決まるが，仮にD点にあったとしよう。二つの部門のuとvの組合せが異なる場合にも，同じようにして，全体のuとvの組合せがえられるが，その軌跡を描けば，経済全体のuv曲線となる。これが図4-2の集計uv曲線であるが，それが各部門のuv曲線より上方にあることは言うまでもない。Abraham (1987) は，上方へのシフトが失業率と欠員率の異なった部門を集計したことから生じたものであることから，これをアグリゲーション・バイアス（Aggregation Bias）と呼ぶ。

次に，図4-2でD点と原点O点とを結んだ直線と各部門のuv曲線との交点をC点とする。このC点では欠員率と失業率の比が経済全体のそれと等しくなっている。そこで，二つの部門の失業率と欠員率の組合せを同じこのC点に変更できれば，アグリゲイション・バイアスを消失させ，経済全体の失業率をSUだけ，また欠員率をRVだけ減少させることができる。減少比率は両

者とも同じで CD/OD である。これは明らかに先に導出した $SU/U(SV/V)$ に等しい。こうして，SMI は単に経済全体のマッチングを最大化するために必要な失業者（欠員）の移動比率ばかりではなく，移動によって減少可能な失業者（欠員）比率をも表すことになる。

Jackman and Roper による指標は合理的なものであるが，しかし失業もしくは欠員の配置状況がどのように与えられ，それが均衡概念とどのように関連しているかが不明である。そこで，今，与えられる一方の要素の配置は経済主体の自発的な意思により自由に移動が可能であり，それは要素の期待純利益を部門間で均等させると仮定しよう。具体的には，構造的失業指標を導出する際に，労働力に対する欠員の比率が高くなると欠員の期待利益率が減少するために，企業はすべての部門で期待利益率が等しくなるように欠員を移動させる結果，均衡において次の関係が成立すると仮定する。

$$V_i/L_i = V/L, \quad i=1, 2, \ldots, n \quad (5)$$

同様に，構造的欠員の指標を導出する際にも，

$$U_i/L_i = U/L, \quad i=1, 2, \ldots, n \quad (6)$$

が成立すると仮定しよう。ここでは労働力に対する失業者の比率（失業率）が高くなると賃金率が低下するために，労働者は部門間で賃金率が等しくなるように移動すると仮定している。

こうして，(5)式を(4)′式に代入することにより，次の(7)式をうることができる。

$$(SU/U)^* = \frac{1}{2}\sum_{i=1}^{i=n}|U_i/U - L_i/L| = \frac{1}{2}\sum_{i=1}^{i=n}(L_i/L)\left|\frac{u_i}{u}-1\right| \quad (7)$$

ここで，u_i は i 部門の失業率，u は経済全体の平均失業率を表す。u_i/u の平均は1であるから，上の指標は失業率の部門間のちらばりを表現していると言える。この指標を失業の準均衡 SMI と呼ぶことにしよう。

上と同様に，(6)式を(4)′式に代入することにより，上の(8)式をうる。

$$(SV/V)^* = \frac{1}{2}\sum_{i=1}^{i=n}|V_i/V - L_i/L| = \frac{1}{2}\sum_{i=1}^{i=n}(L_i/L)\left|\frac{v_i}{v}-1\right| \quad (8)$$

v_i は i セクターの欠員率，v は経済全体の平均欠員率を表す。この指標を欠員の準均衡 SMI としよう。重要なことは，どちらの指標ともマッチングを最大にするためには，どれだけの割合で失業者もしくは欠員が部門間を移動すればよいかを表していることである。どちらの指標を利用するかは，失業と欠員の部門間の移動可能性を考慮して決めればよいが，たとえ移動が瞬時に不可能であったとしても，移動できたとした場合の仮想的な構造的失業の指標として算出することにも意味はあろう。[7]

5 日本のミスマッチ指標

これまでにも様々なミスマッチ指標が提唱されているが，それぞれが幾つかの前提のもとに導出されたものであり，どれが最も適切であるかを断定することは難しい。本節では，前節で提唱された指標を中心に，日本における，構造的ミスマッチ指標を概観しよう。それに先立って，まずどのような軸で部門を分割するかを論じなければならない。これまでの議論では，構造的失業というのは部門間を移動することによって減少させうる失業を，また摩擦的失業というのは部門内での失業を意味したが，この定義は些か便宜的なものである。というのは，たとえば，まず地域で部門を分割し，構造的失業を定義したとしても，さらに地域間移動では減少できない各地域の失業をさらに年齢によって分割することができるからである。この分割によってさらに構造的失業が増大することになる。また先に年齢で分割し，その後で地域で分割した場合には，年齢と地域の各構造的失業のミスマッチ指標も異なってくる。[8] ここでは問題が複雑になるのを避けるために，一つの軸でのみ部門分割を行う。

最初に，地域間のミスマッチ指標を算出しよう。『労働力調査』（総務省）から都道府県別の失業率が暫定的にえられるが，それは1997年以降からである。そこで，それ以前から失業率のデータがえられる北海道，東北，南関東，北関東，北陸，東海，近畿，中国，四国，九州の10ブロックを対象に三つの SMI を算出し，それらを図4-3に図示した。欠員データとしては『労働市場年報』（厚生労働省）から職安の業務統計である月間の有効求人数の年平均（新規学卒者及びパートタイムを除く）[9]を利用している。期間は1980年から2004年までであ

第4章 ミスマッチ指標と失業の分解

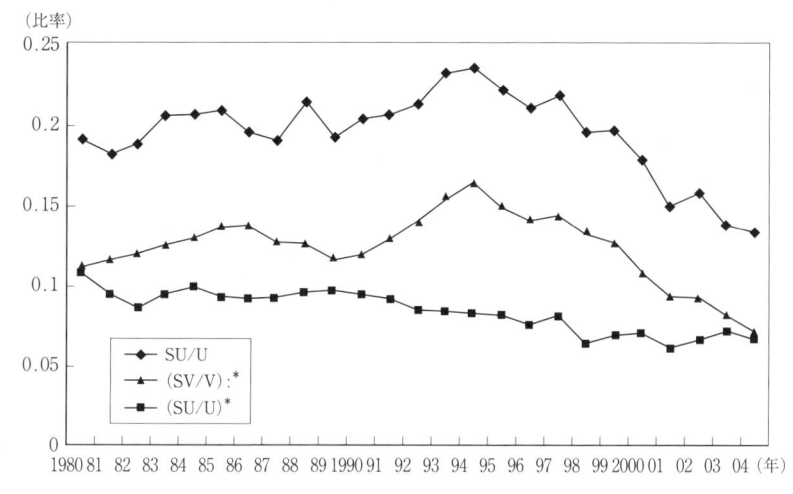

(比率)

図4-3 地域ブロック別の構造的ミスマッチ指標

る。図4-3によれば，バブル崩壊後の1994年ごろからいずれの指標も低下傾向にあるが，失業率の地域間のちらばりを表す準均衡SMI，つまり$(SU/U)^*$がなだらかに低下しているのに対して，欠員の準均衡SMI，つまり$(SV/V)^*$の低下は大きく，その動きがSMIの大幅な低下に反映されている。しかし，こうした動きは，近年，地域間格差が大きくなってきているという世間の常識とは合わないようである。何らかの問題が指標にある可能性があるが，その一つとして利用したデータ間でのアンバランスが考えられる。すなわち，労働力調査が日本全体の労働力や失業を把握しようとするものであるのに対して，職安の有効求人数は，職安が捕捉したデータであり，日本全体を表現するものではない。さらに職業紹介事業に関して労働市場における職安のウエイトは景気変動の影響を受けるために，時期によって経済全体の表現力に差が生じている。しかし，そうかといって，Abraham (1987)のように求人広告から求人数を割り出す作業も容易ではない。ここでは職安のデータである月の年度平均の有効求人数をVとして，有効求職者数をUとして利用し，SMIを算出しよう。この作業は，同じ職安のデータを利用することによって労働需要と供給についてデータの整合性を維持しようとするものであるが，もし職安のデータが水準は別にして比例的に経済全体の動向を表しているとすれば，より合理的なもので

第Ⅰ部　労働需要の動向

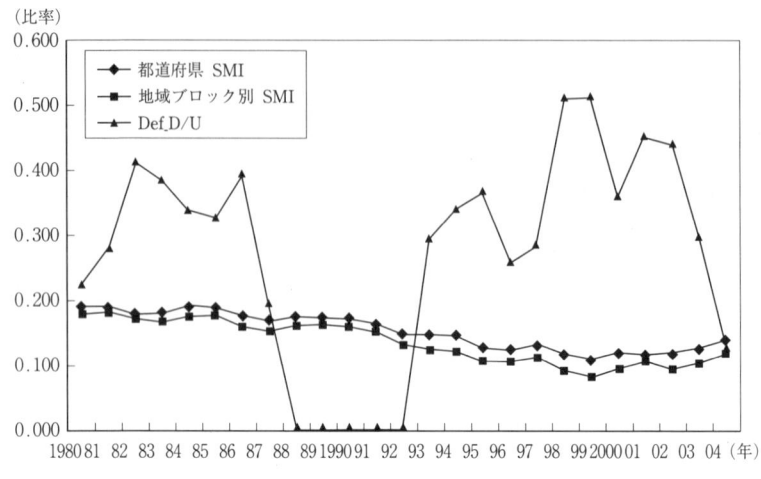

図4-4　構造的ミスマッチ指標と需要不足指標（地域分割）

あると考えることができる。[11]

　図4-4は，職安データのみによって上の(4)′式を算出した結果である。幸いなことに，ここではブロック別にも都道府県別にも指標を算出できる。ただし，労働力調査は利用しないから，準均衡構造的ミスマッチ指標は算出できない。図4-4から興味深い事実を二点指摘できる。第一は，図4-3と異なって，都道府県別とブロック別の二つの標準の構造的ミスマッチ指標がともに，1999年以降，上昇傾向にあることである。このことは，近年，雇用の地域間格差が拡大しているとされる主張と符号している。第二は，より分割の細かい都道府県別の指標の方が粗いブロック別の指標より水準が高いことである。これは分割が細かくなることによって移動に必要な労働者数が陽表的に増えることによるものである。

　アグリゲーション・バイアスを消失させるために，部門 i から他の部門へ移動する必要のある失業者数，もしくは部門 i が受け入れなければならない失業者数は，$D_i = U_i - (V/U)V_i$ である。ここで，D_i がプラスの場合には流出数を，またマイナスの場合は流入数を表す。こうして，D_i を U_i で除せば，各部門で流出（流入）すべき失業者の比率を算出できる。すべての都道府県について D_i を図示するのは煩雑であるために，図4-5は適当に都道府県をピック・アッ

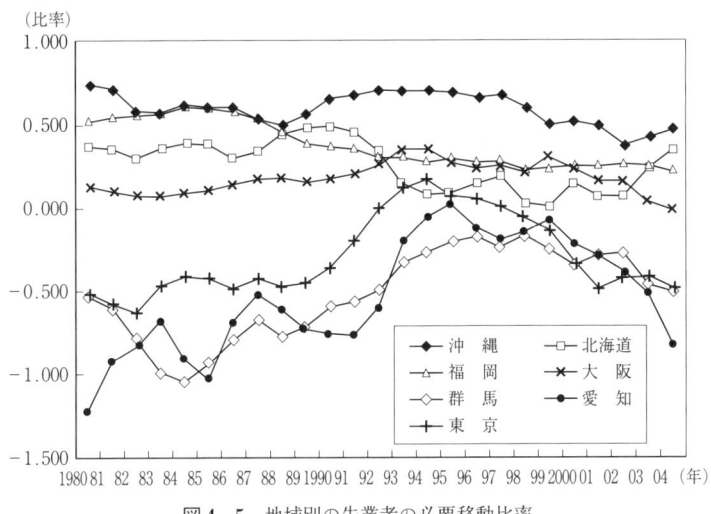

図4-5 地域別の失業者の必要移動比率

プレ，それを見たものである。

　図4-5によれば，沖縄，北海道，福岡，大阪は分析対象期間中，移動比率が常に正であり，流出地域，愛知と群馬はマイナスで流入地域である。東京は，総じて流入地域であったが，バブル崩壊後の一時期，1992年から1997年にかけて流出地域となっている。興味深いのは，流出地域の移動比率が安定的に推移しているのに対して，流入地域の移動比率の変動が大きいことである。これは景気変動の影響が流入地域で大きいことをうかがわせるものであり，こうした視点からみて，最近の地域間の雇用格差の拡大は景気の回復が一因であると考えられる。すなわち，流出地域が景気回復に取り残されているのである。ただし，最近，大阪の移動比率が顕著に低下し，ゼロに近づいていることには注目したい。

　これまでの議論から，標準の構造的ミスマッチ指標が労働の再配置によって減少可能な失業者の比率を意味することが分かった。そこで，今，再配置が実施されたとして，各部門に残った失業者，もしくは既存の失業者に流入失業者を加えた失業者は，需要不足失業者か摩擦的失業者ということになる。各部門における再配置後のこれらの失業者数は $(V/U)V_i$ によって表される。したがって，各部門における需要不足失業者数は，$(V/U)V_i - V_i$ となり，これら

第Ⅰ部　労働需要の動向

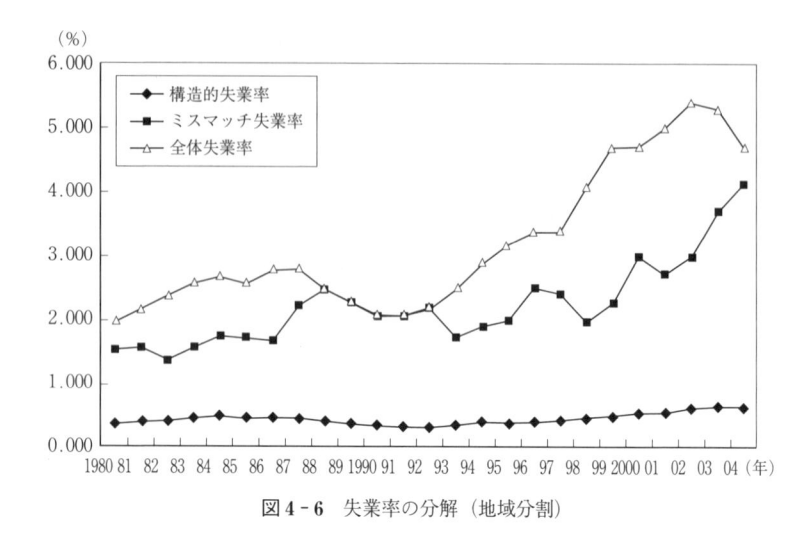

図4-6　失業率の分解（地域分割）

を全部門について集計した失業者数が全体の需要不足失業者数である。こうして，全体で需要不足失業者が占める割合は，次式のように，集計数を全体の失業総数で除すことによってえられる。

$$Def\_D/U = \frac{1}{U}\sum_{i=1}^{i=n}[(U/V)V_i - V_i] = \frac{(U/V-1)}{U}\sum_{i=1}^{i=n}V_i = \frac{U-V}{U} \quad (9)$$

ただし，$U \leq V$ のとき，$Def\_D/U = 0$

Def_D/U は，図4-4のように，景気に敏感に反応し，SMIと比較してその変動幅が大きい。

今や残った摩擦的失業者の失業者に占める比率の導出は簡単である。1から SU/U と Def_D/U を引けばよい。こうして，各タイプの失業者が全失業者に占める割合が分かったから，現実の失業率を各タイプの失業率に分解してみよう。結果は，図4-6に描かれているが，摩擦的失業率はミスマッチ失業率と構造的失業率との幅によって，また需要不足失業率はミスマッチ失業率と全体失業率との幅によって表現されている。

図4-6から摩擦的失業率も構造的失業率も全体の失業率と傾向的には同じような動きを示すが，短期的な変動については全体失業率と構造的失業率，あるいは摩擦的失業率との間に大きな差がある。表4-1は，各種の失業率の水

第4章 ミスマッチ指標と失業の分解

表4-1 各種失業率の相関係数（水準）

	全体	需要不足	地域構造的	地域摩擦的	年齢構造的	年齢摩擦的
全　　体	1.000					
需要不足	0.815**	1.000				
地域構造的	0.847**	0.641**	1.000			
地域摩擦的	0.704**	0.165	0.616**	1.000		
年齢構造的	0.916**	0.896**	0.708**	0.471**	1.000	
年齢摩擦的	0.444**	−0.151	0.472**	0.933**	0.134	1.000

（注）　＊＊は，5％水準で統計的に有意であることを示す。

表4-2 各種失業率の相関係数（変動）

	全体	需要不足	地域構造的	地域摩擦的	年齢構造的	年齢摩擦的
全　　体	1.000					
需要不足	0.774**	1.000				
地域構造的	−0.584**	−0.246	1.000			
地域摩擦的	−0.337	−0.856**	−0.054	1.000		
年齢構造的	0.816**	0.557**	−0.504**	−0.165	1.000	
年齢摩擦的	−0.627**	−0.328	0.346	−0.031	−0.825**	1.000

（注）　表4-1の注を参照。

準に関して，また表4-2は，年間の変動幅に関しての相関係数を掲載したものであるが，水準に関しては係数の大きさに若干の差はあるものの，地域分割のケースではすべて正で0.7以上の値をとっている。他方，年間の変動幅については全体失業率の変動と需要不足失業率のそれとが0.77と強く正の相関を示すのに対して，ミスマッチ失業率の変動は負の相関となっている。これは全体失業率の短期的な上昇に対して需要不足失業は上昇し，ミスマッチ失業は低下することを意味する。特に，摩擦的失業率の変動と需要不足失業率のそれとの相関係数は−0.86となっており，前者の変動が後者のそれと正反対の動きをしていることは興味深い。

図4-7は，部門分割を年齢で行った場合のミスマッチ指標の動きを示している。データは，労働力調査から失業者数と労働力を，労働市場年報から月間有効求職者数と求人数（新規学卒者を除き常用的パートを含む）を年齢別にえている。また年齢区分は，19歳以下，20〜24歳と5歳刻みで，最年長は65歳以上である。図4-7の標準の構造的ミスマッチ指標によれば，年齢別ミスマッチは，1980年代の中頃からバブル期の1990年前後にかけて低下した後，2000年にかけ

(比率)

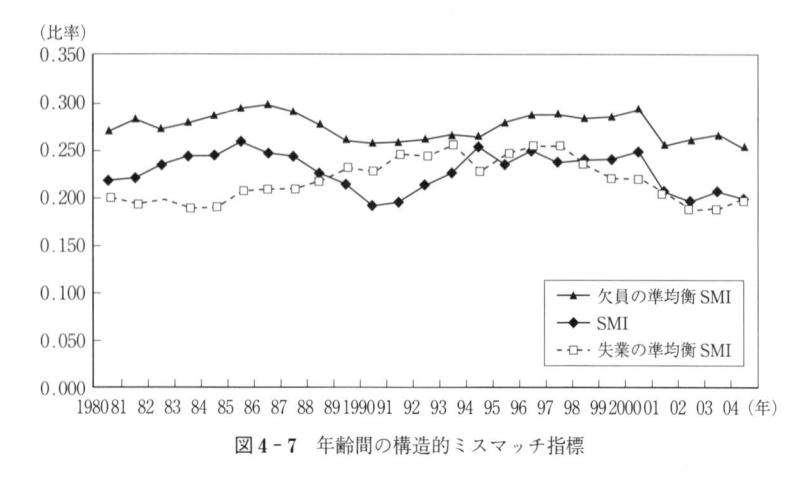

図4-7 年齢間の構造的ミスマッチ指標

て上昇傾向にあったが,2001年には急落している。この急落の背景として2001年に雇用対策法が改正され,採用・募集における年齢差別の禁止が努力義務化されたことを指摘できよう。平成14年版『労働経済白書』(厚生労働省)でも本章と同じ指標を算出しているが,その動きは図4-7とほとんど変わらない。他方,佐々木(2004)も年齢別ミスマッチ指標を計算しているが,ほぼ同様な動きを示すものの,異なった動きもみられる。ちなみに,佐々木(2004)では1998年と2001年に指標が上昇しているが,それは図4-7の動きとは逆になっている。佐々木は,Wall and Zoega (2002) の方法により計算しているが,なぜ本章や労働経済白書との間に差が生じたかは今のところはっきりしない。[13]

　ミスマッチ指標の役割は,そこから重要な政策的含意をうることであるが,年齢別の構造的ミスマッチ指標を人々が年齢間を移動することによって減少させうる失業者の比率と理解するとあまり意味がない。なぜなら労働力の年齢構成は少なくとも短期的には自然の摂理で決まっており,人為的に操作できないものだからである。したがって,この指標は,年齢間の失業のアンバランスに対して欠員が円滑に移動できない状況を表現するものと解釈すべきであろう。

　図4-7によれば,準均衡 SMI については求人の年齢間のばらつきを示す $(SV/V)^*$ が常に失業のそれ $(SU/U)^*$ を上回り,SMI の動きとより深く繋がっている。この原因の一つとして,同じ年齢内部での移動,すなわち失業率の高い年齢層では就業を諦め,非労働力化する人が存在するために,失業率の

第4章 ミスマッチ指標と失業の分解

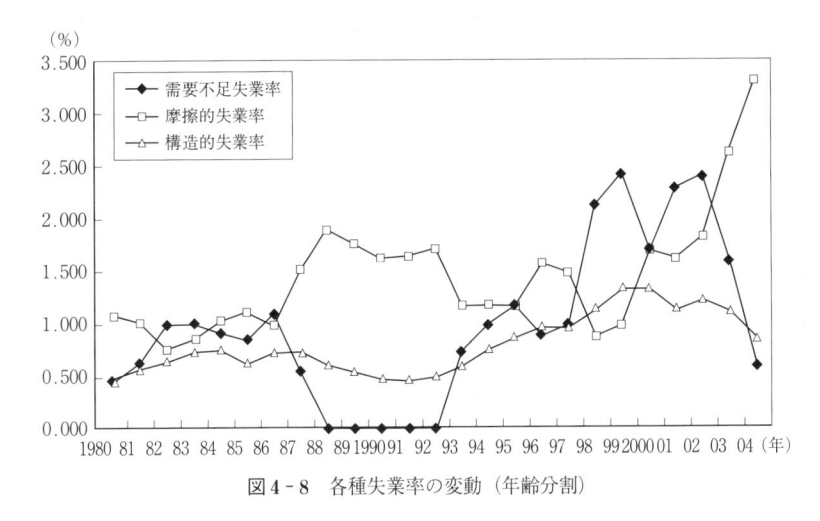

図4-8 各種失業率の変動(年齢分割)

ばらつきが小さくなることが考えられる。

　図4-8は，職安のデータのみを利用して，SMI及び需要不足失業指標を算出し，それを利用して全体の失業率を分解したものである。地域分割（都道府県別）による図4-6と比較して，構造的失業率が全般に高くなっており，その分だけ，摩擦的失業率は低くなっている。ちなみに，構造的ミスマッチ指標と構造的失業率のそれぞれの平均は，地域分割の場合には0.15と0.46％，年齢分割の場合には0.25と0.80％となっている。

　もう一つ留意すべきは，地域分割のケースと比較して年齢分割では構造的失業率の変動幅が大きく，しかもその短期的な変動は全体失業率と同じ方向に動くことである。表4-1は，水準について年齢別の構造失業率の全体及び需要不足失業率に対する相関整数が0.9前後と地域別のそれらよりはるかに大きいことを示している。また表4-2から，短期の年間変動に関する相関係数は，地域別の構造的失業率が負であるのに対して，年齢別のそれは正である。このことは，表4-2において年齢別の構造的失業率と地域別のそれとが負の相関になっていることからも確認できる。すなわち，短期的に二つの構造的失業率は逆方向に変動しているのである。

149

6 二つの軸による部門分割——ショート・サイド原理による方法

　前節では部門分割の軸を一つに限り，地域や年齢についてそれぞれのミスマッチ指標を算出した。そこで，算出した二つのミスマッチ指標を合計し，それを経済全体のミスマッチ指標とすることは可能だろうか。残念ながら，それには幾つかの問題があり，簡単な作業ではない。第一に，失業を減少させるために必要な地域間の移動数と年齢間の移動数とは無関係ではなく，以下でみるように，前者が多くなれば後者は少なくてすむという関係がある。第二に，部門分割の軸の数が増えれば，必然的に部門の数も増える。そこで，前節と同じように，各部門で失業と欠員の比率が同じになるように，ミスマッチ失業を算出すれば，問題は同じであるかにみえる。しかし，様々な移動の仕方が存在するために，地域間と年齢間のミスマッチ指標の内訳が一意に決まらない。たとえば，部門の数が増えると，欠員がゼロとなる部門が出てくる。そこで，その部門の失業者を欠員のある他の部門に移動させる必要があるが，可能な移動先として地域を限定するのか，年齢を限定するのかをまず決めなければならない。逆に，欠員を他の部門から当該部門に移動させるとして何処からそれをもってくるのかといった問題もある。こうした点を念頭に，本節では，数値例を使って，分割軸が二つの場合にどのようにミスマッチ失業を算出すべきかを考えてみよう。データは，地域労使就職支援機構が求職する労働者と求人する企業に対して各県で行ったアンケート調査のうち入手できた東京都のものを利用する。[14]

　アンケート調査が実施されたのは，求職者には2003年11月，企業には2004年1月であり，前年に引き続いて完全失業率が5％を超えた時期である。求職者側の調査対象者は，求人情報を検索するためにハローワークを訪れ，その受付窓口で調査用紙を手渡された者である。記入された用紙は，検索終了時までに受付窓口付近で回収された。回答者数は，2,897人で，回収率は90.5％である。特徴として，調査対象者には現在失業して仕事を探している者が圧倒的に多く，僅か4.4％が職に就きながら仕事を探している者である。[15]また調査対象者の約90％が何らかの理由によって前職を離職した者である。企業側に対する調査は，各地域の経営者協会の会員企業を対象に調査票が郵送され，それを返信用封筒

第 4 章　ミスマッチ指標と失業の分解

表 4-3　年齢・職種別求職者数（東京都）　　　(単位：求職者数)

	30歳未満	30歳代	40歳代	50歳代	60歳以上	年齢計
専門・技術	33	55	18	42	16	164
管理	4	1	8	16	14	43
事務	28	39	24	38	24	153
営業・サービス	15	30	23	43	25	136
生産・労務	10	12	12	34	14	74
運輸・通信	4	2	3	14	7	30
職種計	94	139	88	187	100	608

(注)　保安関係を希望する者は生産・労務に，その他の者はサービスに振替えた。

表 4-4　年齢・職種別欠員数（東京都）　　　(単位：欠員数)

	30歳未満	30歳代	40歳代	50歳代	60歳以上	年齢計
専門・技術	61	40	14	6	0	121
管理	12	23	21	9	0	65
事務	34	14	10	2	0	60
営業・サービス	71	36	23	7	0	137
生産・労務	27	10	6	2	0	45
運輸・通信	2	2	75	70	0	149
職種計	207	125	149	96	0	577

(注)　調査では60歳以上が訊ねられていないが，現実にこの年代が不足する企業はほとんど存在しないと考え，ゼロとした。

で回収するという形で行われた。回答社数は，221社，回収率は15％である。これらの調査では，求職者に対して年齢別に希望する職種が，また企業に対しては年齢別に不足する職種が訊ねられている。両者の結果を付き合わせることによって，年齢・職種別に摩擦的失業と構造的失業を算出し，それぞれの意味を考えてみよう。尚，大谷（2007）は，以下と同様な手法により，日本について実際の雇用圏・職業中分類別の求職・求人データを利用して失業を分解している。

　表 4-3 と表 4-4 は，年齢別及び職種別に求職者数と欠員数をそれぞれまとめたものである。ただし，求職者調査と企業調査では年齢と職種の分類が少し異なるために，両者が対応可能なように分類を調整している。[16] 表 4-3 から，求職者の総数は608人であるが，すでにみたように，これらのほとんどは失業者であるから，以下ではそれを失業者とみなす。また表 4-4 から年齢・職種

第Ⅰ部　労働需要の動向

表4-5　摩擦的失業者・欠員数（東京都） (単位：数)

	30歳未満	30歳代	40歳代	50歳代	60歳代	Total
専門・技術	33	40	14	6	0	93
管理	4	1	8	9	0	22
事務	28	14	10	2	0	54
営業・サービス	15	30	23	7	0	75
生産・労務	10	10	6	2	0	28
運輸・通信	2	2	3	14	0	21
Total	92	97	64	40	0	293

表4-6　構造的失業者数＋需要不足失業者数（東京都）

	30歳未満	30歳代	40歳代	50歳代	60歳以上	Total B
専門・技術	0	15	4	36	16	71
管理	0	0	0	7	14	21
事務	0	25	14	36	24	99
営業・サービス	0	0	0	36	25	61
生産・労務	0	2	6	32	14	54
運輸・通信	2	0	0	0	7	9
Total A	2	42	24	147	100	315

別に労働力が不足するとした回答数は577であるが，一回答に不足数を一人と想定し，欠員の合計を577人とする。この場合，前節と同じように，需要不足失業を算出すると，31人（＝608－577）となる。とりあえず，ここでもそれを踏襲しよう。

　Armstrong and Taylor (1981) は，こうした二つのマトリックス表からまず摩擦的失業を算出する。彼らの方法によれば，それは失業表と欠員表の年齢と職種の各セルの小さい方の数である。この数は，各部門内でマッチングが完全であれば，ショート・サイド原理によって減少したはずの失業者数または欠員数を意味する。表4-5はそれを示したものである。この表から，その合計は，293人である。こうして，ここで取り上げたサンプルが現状を正確に表現しているとすれば，東京都の需要不足失業は全体の5.1％，摩擦的失業は48.2％となり，その残りの46.7％が構造的失業ということになる。

　Armstrong and Taylor は，失業者の総数から表4-5の摩擦的失業を差し引くことによって表4-6のような構造的失業のマトリックスを算出する。ただ

第4章　ミスマッチ指標と失業の分解

表4-7　構造的欠員数（東京都）

	30歳未満	30歳代	40歳代	50歳代	60歳以上	Total D
専門・技術	28	0	0	0	0	28
管理	8	22	13	0	0	43
事務	6	0	0	0	0	6
営業・サービス	56	6	0	0	0	62
生産・労務	17	0	0	0	0	17
運輸・通信	0	0	72	56	0	128
Total C	115	28	85	56	0	284

し，彼らが使用した表は，あくまでも架空の数値表であり，そこでは失業者と欠員の総数は等しいと仮定されている。ここで算出した表4-6には，31人の需要不足失業も含まれるが，それがどのセルに存在するかを確定することはできない。また表4-7は，表4-4の欠員数から摩擦的失業者（欠員）数を差し引いたものであるが，構造的欠員と呼ぶことにしよう。Armstrong and Taylor は，さらに構造的失業の中身をミスマッチの構成要素によって分類する。その基準は，構造的失業を消失させるために必要なセル間の移動数である。彼らのマトリックス表は地域別・熟練度別のものであるから，失業者の地域間移動や訓練によって構造的失業を消失させることが計算上可能である。しかし，ここでは年齢と職種が構成要素とされているから，それを踏襲することはできない。なぜなら，すでに述べたように，人は年齢の間を移動できないからである。他方，賃金を生産性に応じて弾力的に調整したり，体力の衰えをカバーしたりする仕組みを作れば，欠員を年齢間で代替し，移動させることは可能である。したがって，ここでは欠員の年齢間移動は可能であるとする。他方，欠員の職種間の移動については不可能とする。なぜなら，職種間では経済活動における役割が異なるために，職種間の代替は短期的には難しいからである。こうして，ここでは失業者の年齢間移動と欠員の職種間移動は不可能とし，失業者の職種間移動と欠員の年齢間移動は可能と想定する。[17]

最初に，失業者の職種間移動が可能であるという想定のもとに，表4-6と表4-7から年齢別の構造的ミスマッチ失業を算出しよう。まず各年代の失業者数を示す表4-6のTotal A（列の小計）と各年代の欠員数を示す表4-7のTotal C（列の小計）を比較し，失業者数と欠員数のうち，どちらか小さい数値

第Ⅰ部　労働需要の動向

表4-8　職種間構造的失業と摩擦的失業（東京都）　　（単位：数）

	30歳未満	30歳代	40歳代	50歳代	60歳代	Total
職種間移動のみによってマッチング可能な失業者と欠員	2	28	24	56	0	110
職種間移動のみによってマッチング不可能な失業者	0	14	0	91	100	205
職種間移動のみによってマッチング不可能な欠員	113	0	61	0	0	174
年齢間と職種間移動によってマッチング可能な失業者と欠員						174

を選ぶ。たとえば，30歳未満では失業者数の20，30歳代では欠員数の28というように選べば，それは各年齢階層内で職種間を移動させることによって減少させうる失業者数となる。表4-8のように，これらの数値を合計することにより，110をうるが，この数値は職種間のみを移動させることによって減少させうる失業者数という意味で職種別ミスマッチ失業としよう。次いで，各年代に残った失業者205人と残った欠員数174とをマッチングさせることになるが，これは残った欠員を年齢間で移動させることによって可能である。この場合，欠員数が需要不足分少ないので，174人だけのマッチングが計算上可能である。ただし，この174の数値には前段階で職種間を移動した失業者も含まれているので，年齢別・職種別ミスマッチ失業と呼ぼう。

　こうして職種別と年齢別・職種別のミスマッチ失業を計算することができたが，この計算はかなり恣意的である。というのは，上とは計算の手順を変え，最初に年齢別ミスマッチ失業から算出した場合には，ミスマッチ失業の組合せが異なってくるからである。ちなみに，欠員の年齢間移動は自由であると想定して，表4-6のTotal B（行の小計）と表4-7のTotal D（行の小計）の各列を比較し，各職種について失業者数が欠員数を上回る場合には欠員数を，下回る場合には失業者数を選び，それらを合計すると142という数値をうる。これが欠員を年齢間のみ移動させることによって減少させうる年齢別ミスマッチ失業である。さらに各職種に残った失業者と残った欠員とをマッチングさせ，失業者を142だけ減らすことができる。つまり，職種別・年齢別ミスマッチ失業は142である。この場合，二つのミスマッチ失業が同数になったのは，偶然で

ある。

　どちらの手順で計算するのが適切かは，欠員の年齢間移動と失業者の職種間移動のどちらが円滑に実施できるかに依存しよう。すなわち，円滑に実施できる移動を最初に計算することが効率性の観点から望ましい。理由は，最初に計算される構造的失業には二つの軸のうち，どちらによっても減少可能な移動が含まれているために，コストの少ない移動を先に計算した方が総移動コストが少なくなるからである。ただし，どちらの移動も時間と費用がかかる上に，移動の内容によってそれが異なる。たとえば，失業者の管理から事務へ，あるいは生産・労務から運輸・通信への移動には多くのコストを要しないと思われるが，事務から専門・技術などへの移動は難しい。他方，欠員の年齢間移動は賃金や仕事の負荷の変更など，企業側の対応によって決まる。したがって，どちらの移動がより円滑に実施できるかを決めることは現実には難しい。

　ここで本節での失業の分解方法と前節でのそれとを比較してみよう。結論から先に言えば，両者の違いは二つの効果からもたらされる。一つは，必要な移動数を算出する際に利用するマッチング最大化原理とショート・サイド原理の違いから，またもう一つは，部門分割の数が変化することからもたらされる効果である。最初に，前者について検討する。まず前節での方法を利用するために，表4-3又は表4-4の各部門内で一次同次のマッチング関数が存在するとしよう。この場合，経済全体でマッチングを最大化させるためには，各部門の失業者／欠員数の比率を平均比率（1.0537＝608/577）に等しくさせる必要がある。そのために部門間を移動させなければならない失業者数は，308人であり，これが構造的ミスマッチ失業である。逆に，移動しなくてもよい失業者数は，300人である。前節では，この300人から需要不足失業者数31人を差し引いた数269人を摩擦的失業者とした。これに対して，ショート・サイド原理による方法では，最初に摩擦的失業が294人と算出され，その後で構造的ミスマッチ失業（職種別と年齢・職種別，もしくは年齢別と職種・年齢別）が284人，需要不足失業が31人と算出された。明らかに，二つの原理の違いは，需要不足失業の取り扱いにある。前節の方法では需要不足失業者といえども，マッチングを最大化させるために部門間を移動しなければならない者が24（＝308－284）人存在し，構造的失業者とみなされている。ちなみに，残りの7（＝300－293）人は，移動

しなくてもよい失業者とされる。こうして前節の方法では需要不足失業者が移動の必要性に応じて区分された後で，移動の必要性のない失業者から需要不足失業者のすべてが差し引かれ，摩擦的失業者として定義される。他方，本節のショート・サイド原理では需要不足失業者はどこに移動しても欠員がないから減少させられない者として計上されるが，もしこれらの失業者を各部門で失業者／欠員数の比率が経済全体の比率に等しくなるように配分すれば，マッチングを最大化させることができる。

　次いで，部門分割の数が多くなると，失業の分解にどのような影響が出てくるかを考えよう。まず需要不足失業が全体の失業者数と欠員数の差から求められることから，そこに影響しないことは言うまでもないだろう。問題は，ミスマッチ失業の分解である。そこで表4－3と4－4を利用して具体的にその変化をみてみよう。部門分割が職種のみの場合，ショート・サイド原理によって摩擦的失業を算出すると，二つの表の年齢計から小さい方の数値を選び合計し，435（＝121＋43＋60＋136＋45＋30）人をうる。また職種別の構造的失業者数は，142（＝608－31－435）人である。すでにみたように，部門分割が二つで部門数が多い場合には，摩擦的失業者数は294人，構造的失業者数は284人であったから，部門数が少なくなることによって，前者は増加，後者は減少している。マッチング最大化原理を利用しても同様な結論をうる。こうして，一般に部門分割の数が少なくなればなるほど，摩擦的失業者数は増加する傾向がある。極端なケースとして，部門分割がゼロの場合，需要不足失業を除いて，すべてが摩擦的失業と定義されることからも容易に類推できよう。ただし，部門分割が必ずしも摩擦的失業を減少させないケースもありうることには注意したい。[19]

　これまで検討した二つの効果は，ミスマッチ失業の指標を単純に算出する場合に生じるものであるが，具体的に部門間をどのように失業者や欠員が移動すべきかという問題までをも分析するためには，マッチングの最大化原理はこのままでは有用ではない。その意味で，職種か年齢間のどちらかの移動を先にするかを決めれば，容易に答えがえられるショート・サイド原理は便利な方法であると言えよう。

　最後に，ミスマッチ指標を利用する際に留意すべき重要な点を指摘しておこう。しばしば，ミスマッチ失業はあたかも需要不足とは無関係であり，労働需

要の増加によって減少させることができないものとして語られる。しかし，これは誤った見方である。年齢別又は職種別ミスマッチ失業は，欠員の年齢間移動や失業者の職種間移動を前提として定義された概念である。言い換えれば，それらは移動が困難だからこそ，意味をもつものである。したがって，移動が短期間には無理であれば，失業を減少させるには各セルで労働需要を増加させる他ない。ケインズは，賃金が硬直的な経済で非自発的失業を減少させるためには，有効需要を喚起する必要を説いたが，同様に移動が困難な経済で構造的失業を減少させようとすれば，労働需要の喚起が必要なのである。ここで二つの具体的なケースを考えよう。最初に，構造的失業が存在する30歳代の事務職のセルで10人の労働需要の増加があったとしよう。このうち，6人の失業者が採用され，残りの4人は欠員状態のままであったとすると，このセルでの失業者総数は，39から6だけ減少し，33人，また欠員総数は14から4だけ増え，18人となる。その結果，摩擦的失業は18人と増え，構造的失業は25から15へと10人減少する[20]。同時に全体の需要不足失業が10人減少することは言うまでもない。このように構造的失業が存在するセルでの労働需要増は，構造的失業をその分だけ減少させる。ただし，一方で摩擦的失業を増大させるから，ネットでの失業者数の減少は，需要不足失業ほどではない。他方，構造的欠員が存在するセルで需要が増加した場合，構造的失業はゼロのまま，摩擦的失業は一定か減少[21]，需要不足失業は減少することが容易に確かめられよう。いずれにしても，有効需要とミスマッチ失業とを分離して考えることはできないのである。

注
* 本章は大橋（2006）を大幅に加筆し，訂正したものである。また産業・労働ワークショップ（一橋大学）での報告の際には，小野旭，小田切宏之，中馬宏之，都留康，太田聰一，川口大司，神林龍の各先生を始め，多くの出席者の方々より貴重なコメントをいただいた。ここに記して感謝したい。
(1) 『雇用動向調査』（厚生労働省）の未充足求人や欠員率もしばしば利用されるが，調査対象企業が常用労働者5人以上であることから全体を把握しているとは言えない。ただし，求人経路が多様であり，職安データよりはカバーする領域は広い。
(2) UV曲線の形状の変化が何を意味するかについては，Hannah（1983）が詳しい。
(3) より詳しい解説として，猪木（1981）及び大橋・中村（2004）を参照。特に前者

では，マッチング関数が導入される以前の議論が詳しく解説されている。
(4) 日本でも部門間シフト仮説の検証が Brunello (1991) 及び Sakata (2002) によってなされたが，結果は部門間シフト仮説を強くサポートするものではない。
(5) この分野の詳細な展望として，Petrongolo and Pissarides (2001) を参照。同じラインに沿った日本での研究として，宮川・玄田・出島 (1994) 及び照山・戸田 (1997) がある。
(6) ただし，各部門のマッチング関数は同一で，かつ一次同次であると仮定されている。
(7) Jackman, Layard and Savouri (1991) は，本章とは異なった視点から，ミスマッチ指標として u_i/u の分散を提唱する。彼らは，各セクターの均衡で決まる失業率の分布を失業フロンティアーと呼び，その関数形が原点に対して凸であることから，経済全体の平均失業率はセクター間の失業率の分散に依存するとし，その分散をミスマッチと考えた。本章では均衡からの乖離をミスマッチと定義しているが，彼らの指標は各セクターで均衡が成立し，そこで決まる失業率の分布からミスマッチを定義している点で本章とはミスマッチの意味が異なる。
(8) この問題については大谷 (2007) が詳細に議論している。
(9) データは月次でとれるが，季節調整の問題を回避するために，ここでは年平均を利用している。
(10) Sakurai and Tachibanaki (1992) は，それ以前について (4) 式に基く地域別の指標を作成しているが，それは上昇傾向を示している。
(11) ただし，求職者には職に就きながら仕事を探している人も含まれることに留意したい。
(12) 愛知県も1995年には移動比率が僅かではあるが，プラスに転じている。
(13) 佐々木 (2004) では，年齢階層別に UV 曲線が計測され，年齢別の構造的・摩擦的失業はそれぞれの UV 曲線において失業率と欠員率とが等しい点で計算されること，及び年齢の区分が三層と大まかなことなど，の点で本章や労働経済白書と異なっている。尚，太田 (2002) は年齢別にマッチング関数を推計し，失業確率の差をみている。
(14) 地域就職支援機構は，厚生労働省の委託を受けて各県の経営者団体と連合が協力して設立されたもので，求職者の就職活動を情報提供や求人開拓，セミナー，雇用調査などを通して支援することを目的にしている。
(15) この数値は，仕事を探している理由として「在職中であるが転職を考えているから」とする者の比率である。
(16) 特に，求職者調査では保安関係職とその他が希望職種の項目にあるが，前者は生

産・労務職に，後者はサービス職に統合した。また企業の不足する労働力には60歳以上の年齢が存在しないが，現状を考慮し，そこはゼロとした。
(17) Armstrong and Taylor (1981) の分解方法と本章のそれとの違いについて大谷 (2007) が詳細に検討している。彼の議論によれば，前者の方法は，二つの部門を移動しなければならない失業者又は欠員を陽表的に計算するものであるが，本章の簡略化した方法では，それが後で計算された構造的失業に含まれているとされる。
(18) 単純化のために，ここでは失業者は職種間と年齢間を移動できるものと仮定している。
(19) たとえば，各部門の失業者数と欠員数を等分に二分割した場合を考えられたい。
(20) ただし，このセルには需要不足失業はないものと仮定している。
(21) 需要増によって摩擦的失業が一部減少することはありうる。

参考文献

猪木武徳 (1981)「失業」佐野陽子他編著『労働経済学』総合労働研究所。
太田聡一 (2002)「若年失業者の再検討——その経済的背景」玄田有史・中田善文編『リストラと転職のメカニズム』東洋経済新報社。
大竹文雄・太田聡一 (2002)「デフレ下の雇用政策」『日本経済研究』44, 22-45頁。
大谷剛 (2007)「職安における失業要因の分解と政策の議論——地域ブロック別分析を中心にして」JILPT Discussion Paper Series 07-03 (労働政策研究・研修機構)。
大橋勇雄 (2006)「ミスマッチからみた日本の労働市場」『雇用ミスマッチの分析と諸課題——労働市場のマッチング機能強化に関する研究報告書』第1章, 連合総合生活開発研究所。
大橋勇雄・中村二朗 (2004)『労働市場の経済学——働き方の未来を考えるために』有斐閣。
北浦修敏・原田泰・篠原哲・坂村素数 (2002)「構造的失業とデフレーションについて」Discussion Paper Series, 02A-26 (財務総合政策研究所)。
北浦修敏・原田泰・篠原哲・坂村素数 (2003)「構造的失業とデフレーション——フィリップス・カーブ，UV分析，オークン法則」『フィナンシャル・レヴュー』(財務総合政策研究所) 675。
玄田有史・近藤絢子 (2003)「構造的失業の再検討——失業率上昇の背景」ESRI Discussion Paper Series, 53。
佐々木勝 (2004)「年齢階級間ミスマッチによるUV曲線のシフト変化と失業率」『日本労働研究雑誌』524。

照山博司・戸田裕之（1997）「日本の景気循環と失業率変動の時系列分析」浅子和美・大瀧雅之編『現代マクロ経済動学』東京大学出版会。

樋口美雄（2001）『雇用と失業の経済学』日本経済新聞社。

宮川努・玄田有史・出島敬久（1994）「就職動向の時系列分析」『経済研究』（一橋大学経済研究所）45(3), 248-260頁。

厚生労働省（2002）『労働経済白書（平成14年度版）』日本労働研究機構。

内閣府（2002）『経済財政白書（平成14年度版）』国立印刷局（旧財務省印刷局）。

Abe, M. and S. Ohata (2001), "Unemployment Fluctuations and Industry Labor Markets," *Journal of the Japanese and International Economies*, 15, pp. 437-464.

Abraham, K. (1987), "Help Wanted Advertising, Job Vacancies and Unemployment," *Brooking Papers on Economic Activity*, No. 1, pp. 207-243.

Abraham, K. G. and Katz, L. F. (1986), "Cyclical Unemployment: Sectoral Shifts or Aggregate Disturbances," *Journal of Political Economy*, Vol. 94, pp. 507-489.

Armstrong, H. and J. Taylor (1981), "The Measurement of Different Types of Unemployment," in J. Creedy ed., *The Economics of Unemployment in Britain*, London: Butterworths.

Blanchard, O. and P. Diamond (1989), "The Beveridge Curve," *Brookings Papers on Economic Activity*, No. 1, pp. 1-60.

Bowden, R. J. (1980), "On the Existence and Secular Stability of u-v Loci", *Economica*, Vol. 47, No. 185: pp. 35-50.

Brainard, S. L. and D. M. Cutler (1993), "Sectoral Shifts and Cyclical Unemployment Reconsidered," *Quarterly Journal of Economics*, Vol. 108, No. 1, pp. 219-243.

Brunello, G. (1991), "Mismatch in Japan," in F. Padoa Schioppa, ed., *Mismatch and Labor Mobility*, London: Cambridge University Press.

Davis, S. J., J. C. Haltiwanger and S. Schuh (1996), *Job Creation and Destruction*, Cambridge MA: MIT Press.

Dow, J. C. R., and L. Dicks-Mireaux (1958), "The excess Demand for Labor: A study of Conditions in Great Britain," *Oxford Economic Papers*, Vol. 10, pp. 1-33.

Hannah, S. P. (1983), "Cyclical and Structual Determinants of the UV Relation," *Applied Economics*, Vol. 15, pp. 141-51.

Hansen, Bent (1970), "Excess Demand, Unemployment, Vacancies, and Wages," *Quartery Journal of Economics*, Vol. 84: pp. 1-23.

Holt, C. C. and M. H. David (1966), "The concept of job vacancies in a dynamic theory of the labor market," *The Measurement and Interpretation of Job Vacancies*, National Bureau of Economic Research, New York : Columbia University Press : pp. 73-110.

Jackman, R. and Roper, S. (1987), "Structural Unemployment," *Oxford Bulletin of Economics and Statistics*, Vol. 49, pp. 9-36.

Jackman, R., Layard, R. and Pissarides, C. A. (1989), "On Vacancies," *Oxford Bulletin of Economics and Statistics*, Vol. 51, No. 4, pp. 377-394.

Jackman, R., Layard R. and Savouri S. (1991), "Mismatch : A Framework for Thought," in F. Padoa Schioppa ed., *Mismatch and Labor Mobility*, London : Cambridge University Press.

Lilien, D. M. (1982), "Sectoral Shifts and Cyclical Unemployment," *Journal of Political Economy*, Vol. 90, pp. 777-793.

Lucas, R. E., Jr., and E. C. Prescott (1974), "Equilibrium Search and Unemployment," *Journal of Economic Theory*, Vol. 7, pp. 188-209.

Mills, T. C., G. Pelloni and A. Zervoyianni (1995), "Unemployment Fluctuations in the United States : Further Tests of the Sectoral-Shifts Hypothesis," *The Review of Economics and Statistics*, Vol. 77, No. 2, pp. 294-304.

Petrongolo, B. and C. A. Pissarides, (2001), "Looking into the Black Box : A Survey of the Matching Function," *Journal of Economic Literature*, Vol. XXXIX, pp. 390-431.

Pissarides, C. A. (1979), "Job Matchings with State Employment Agencies and Random Search," *Economic Journal*, Vol. 89 : pp. 818-833.

Pissarides, C. A. (1985), "Short-Run Equilibrium Dynamics of Unemployment, Vacancies and Real Wages." *American Economic Review*, 75 : pp. 676-690.

Rogerson, R. (1987), "An Equilibrium Model of Sectoral Reallocation," *Journal of Political Economy*, Vol. 95, pp. 824-34.

Sakata, K. (2002), "Sectral Shifts and Cyclical Unemployment in Japan," *Journal of the Japanese and International Economies*, Vol. 16, pp. 227-252.

Sakurai, K. and T. Tachibanaki (1992), "Estimation of Mis-match and U-V Analysis in Japan," *Japan and the World Economy*, Vol. 4, pp. 319-332.

Turvey, R. (1977), "Structual Change and Structual Unemployment," *International Labour Review*, Vol. 115, No. 4.

Wall, H. J. and G. Zoega (2002) "The British Beveridge Curve : A Tale of Ten Regions," *Oxford Bulletin of Economics and Statistics*, Vol. 64, pp. 261-280.

第Ⅱ部

企業の労働需要行動

第5章　雇用と労働時間の決定のしくみ

杉浦　裕晃

1　昨今の動向

　雇用と労働時間の決定のしくみを考えるに当たり，昨今の労働時間をめぐる話題について見ることにしよう。労働時間の問題を考える上で必要となる基礎的な知識から確認したい。わが国の労働時間統計で代表的なものに，事業所を調査対象とした「毎月勤労統計調査」(厚生労働省) や家計 (世帯) を調査対象とした「労働力調査」(総務省統計局) がある。[1] ここでは「毎月勤労統計調査」に注目してデータを見ることにする。この統計で用いられる総実労働時間とは，労働者が実際に働いた時間のことで，残業や休日労働は含まれるが年次有給休暇や一時休業などは含まれない。総実労働時間は所定内労働時間と所定外労働時間に分けることができる。所定内労働時間は就業規則などにより定められた所定労働時間のうち，休憩時間，年次有給休暇，病欠などを除いて実際に労働した時間を指している。所定外労働時間とは早出，残業，休日労働などによる労働時間である。労働基準法により現行では法定所定労働時間 (以下では法定労働時間) は1日8時間，週40時間と定められている。この時間を超える所定外労働に対して，企業は25％以上の割増賃金を支払う義務がある。[2]

　「毎月勤労統計調査」からわが国の労働時間の推移を見ることにしよう (図5-1参照)。総実労働時間に注目すると，1960年の年間2,432時間をピークとして高度経済成長期に徐々に低下していったことが分かる。第1次石油危機の影響を受け1975年には2,064時間まで低下したが，その後1988年まで2,100時間あたりで安定的に推移した。1988年以降総実労働時間は短縮が急激に進み，1993

第Ⅱ部　企業の労働需要行動

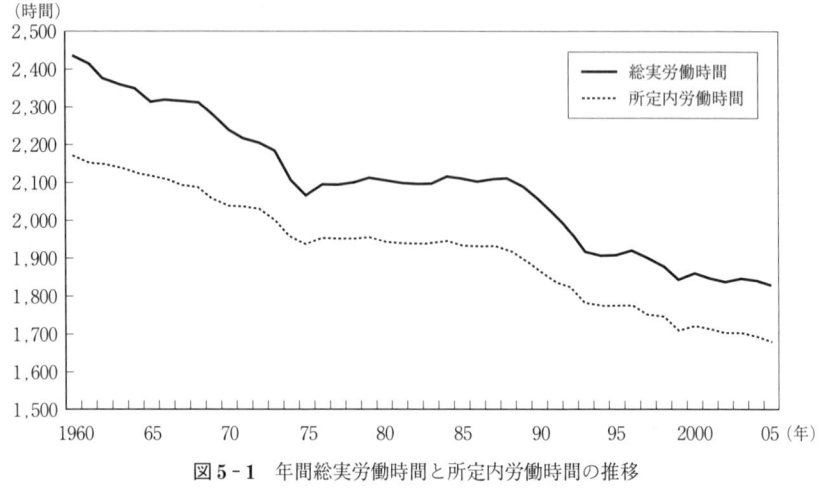

図5-1　年間総実労働時間と所定内労働時間の推移

(注)　事業所規模30人以上。常用労働者1人平均。所定内労働時間は，所定労働時間のうちの実労働時間。
(出所)　厚生労働省「毎月勤労統計調査」。

年には1,913時間にまで低下した。この労働時間の短縮は1988年の改正労働基準法の施行により，週法定労働時間が48時間から40時間に改正されたことが貢献している。実際には週法定労働時間は段階的に短縮が進められ，1988年に週46時間，1991年に週44時間，1994年に週40時間に移行した。一定の規模・業種に猶予措置があったため，規模・業種を問わず週40時間に完全移行したのは1997年のことであった。1997年以降も総実労働時間の短縮はさらに進み，2005年には1,829時間にまで短縮された。

次に，所定外労働時間の推移に注目してみよう（図5-2参照）。1960年には年間263時間もあったが，景気変動に伴う振幅を繰り返しながら低下傾向を見せた。第1次石油危機の影響もあって，1975年には127時間にまで縮小したが，その後は振幅を繰り返しながら拡大傾向を見せることになった。バブル経済最高潮の1989年には189時間もの所定外労働時間を記録したが，バブル崩壊後は縮小が続き，1994年には132時間となった。その後，総実労働時間の短縮とは対照的に，所定外労働時間は振幅を繰り返しながら拡大傾向を見せ，2005年には149時間となっている。

かつて貿易摩擦の元凶ともされた日本の長時間労働は，度重なる労働基準法

第5章　雇用と労働時間の決定のしくみ

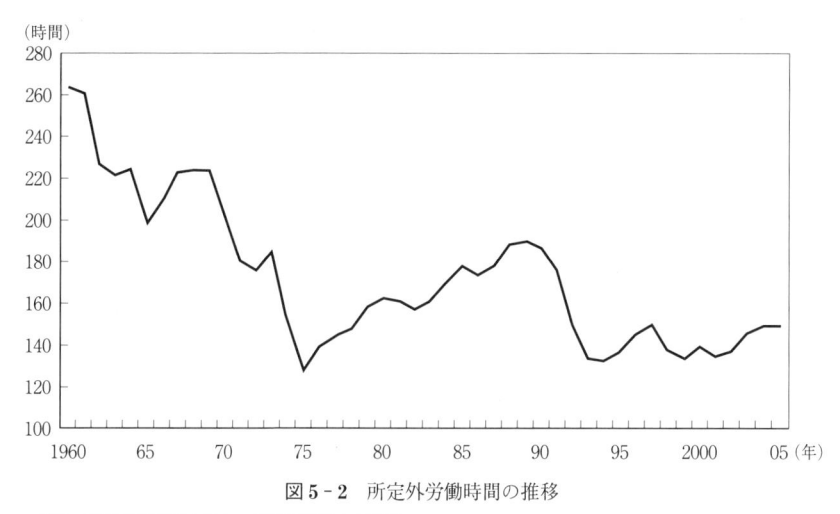

図5-2　所定外労働時間の推移

（注）　事業所規模30人以上。常用労働者1人平均。
（出所）　厚生労働省「毎月勤労統計調査」。

の改正や労使による経営システムの見直しを通じて大幅に改善された。労働政策研究・研修機構（2007）によれば，製造業の生産労働者に関して2004年における総実労働時間の国際比較を行うと，日本は1,995時間で，ドイツ（1,525時間）およびフランス（1,538時間）とは大きな差があるが，アメリカ（1,948時間）やイギリス（1,888時間）とほぼ同水準になっている。従来は労働時間の短縮が世界的な流れになっていたが，最近では競争の激化により労働時間の延長を模索する動きも見られる。1994年以降，OECD 各国は「柔軟な（flexible）」労働時間協定を採用し始めた（OECD 2006）。オーストリア，イギリスなどの国では，労働時間の年間化が行われ，フランスでは年間労働時間の上限が引き上げられた。

　柔軟な働き方に関連して，わが国においても労働時間の弾力化が様々な形で進んでいる。変形労働時間制度は，参照期間（1週間，1ヵ月，1年単位）で合計労働時間が守られていれば，業務の多寡に応じて労働時間を調整できる制度である。フレックスタイム制の下では，コアタイムを守っていれば労働者自身のリズムで労働時間帯を選択できる。裁量労働制は業務の遂行方法や時間配分を労働者の裁量に委ねるもので，一定の条件を満たせば労使協定で定めた時間

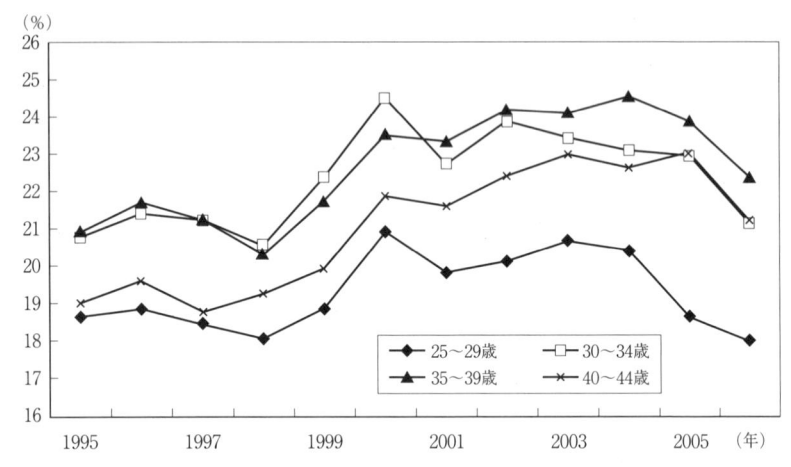

図5-3 年齢階層別に見た週間就業時間が60時間以上の非農林業男子従業者の割合
(注) 週間就業時間については調査対象期間の平日の日数により数値に影響が出ることがある。特に1995年，2000年および2006年については，動きが大きいので時系列比較をする際には注意を要する。
(出所) 総務省統計局「労働力調査」。

を労働したものとみなす。労働時間の弾力化が進む背景には，労働者の裁量を高めるべき仕事が増えており，時間管理を委ねることで効率化が進む業務が拡大していることが挙げられる。また，ワークライフバランス（仕事と生活の調和）が可能となる労働時間のあり方が求められていることも大きな影響を与えている。

最近になって，一定の基準を満たすホワイトカラー労働者について，労働時間規制の免除を行うというホワイトカラー・エグゼンプション（「自己管理型労働制」）の導入も検討された。条件が整わない状態では「残業代ゼロ」を認めるだけと批判されて導入は見送られている。雇用に関連した法の整備が進められる中，長時間残業に対する割増率の増加が検討されるなど，雇用ルールをめぐる改革が注目されている。

昨今の労働時間の動きを週就業時間別に見ると，短時間労働者と長時間労働者に二極化する傾向があるといわれる。厚生労働省（2006）によると，週35時間未満の短時間労働者が増加する一方，週60時間以上の長時間労働者の割合は横ばいに推移している。「労働力調査」（総務省統計局）を用いて長時間労働に

注目してみよう。週就業時間が60時間以上の男子従業者（非農林業）の割合を見てみる（図5-3参照）と，1990年代後半から拡大する傾向があり，特に30代の長時間労働が際立っていることが分かる。アメリカにおいては「雇用なき景気回復（Jobless Recovery）[5]」が問題となったが，わが国では景気回復が進む中で労働時間の二極化を含めた格差の拡大が大きな問題となっている。

2　労働需要の理論分析

　企業が労働時間と雇用量を決定する理論モデルを考えてみよう。労働時間に関する経済学的な研究，特に理論的な研究としてまとめられたものは数が非常に限られているが，Hart (1987)，大橋（1990），Hamermesh (1993) を掲げておきたい。研究が少ない理由はいくつか考えられるが，大橋（1990）が指摘しているように労働時間の問題は制度的な側面が強く，単純な理論モデルだけでは十分な理解が得られない。労働時間を所定内と所定外に分ける理由については，労働者に一定以下の労働時間を自由に選択させないことで適正な利潤を確保し，企業が競争的市場において淘汰されないようにしていると考えることができる。所定外労働に対する割増賃金は，労働者に対しては労働の限界不効用の増大に対応して支払うプレミアム，企業に対しては過剰な労働を防止させるためのペナルティとしての役割がある。昨今の契約理論やゲーム理論の発展により多様な労働契約そのものを扱う研究が増え，労働時間を正面から取り扱う機会が減ったことも指摘できるだろう。後の節で契約理論の解釈により労働時間の理論分析を行いたい。

　Hart (1987)，Calmfors and Hoel (1988) および Cahuc and Zylberberg (2004) を参考にして，労働需要の基本的な理論を紹介しよう[6]。モデルの多くは次のような手順で展開されている。生産量を所与とした「費用最小化行動」から，生産要素の需要量（条件付要素需要量）を導出し費用関数を導出する。次に，この費用関数を用いて「利潤最大化行動」から最適な生産量を求めるというものである。

　まずは「費用最小化行動」から見ることにしよう。時間当たりの賃金を w，労働時間を H，法定労働時間を T とし，労働者1人あたりの固定費用を Z，

雇用者数を N とする。労働投入量 L は効率単位で測られるので，$L=e(H)\cdot N$ である。ここで $e=e(H)$ は労働効率を表す関数で，労働時間が増えれば効率も向上するが，追加的な労働時間に対する効率の増加，すなわち限界効率は徐々に低下するものとする[7]。数式で表せば，$e'(H)>0$，$e''(H)<0$ となる。

企業が労働者に支払う賃金は次のような形態を取るものとする。

$$W(H)=\begin{cases} wH, & H\leq T \\ wT+aw(H-T), & H>T \end{cases} \quad (1)$$

労働時間が法定時間を超えなければ通常の賃金を支払うが，法定時間を超えた場合には超過分に対して割増賃金を支払う必要がある。ただし，a は通常の賃金を含めた割増率を表すので $a>1$ である。企業が負担する費用（労務費）は $C=[W(H)+Z]N$ で表される一方で，生産量 Y は生産関数 $Y=F(L)=F(e(H)N)$，$F'>0$，$F''<0$ により決まるものとする。この生産関数の下では，生産量が労働投入量のみに依存するとされていることから，生産量を決めることと労働投入量を決めることは同値である。したがって，企業が直面する問題は労働投入量をある水準とする制約の下で，費用を最小化する問題になる。

最初に，最適な労働時間 H^* が法定労働時間を超えている場合に注目して説明しよう。最適な労働時間が法定労働時間を下回る場合などについては後で考察する。ラグランジュ乗数法を用いて1階の条件を求めると，次のようになる[8]。

$$awN-\lambda e'(H)N=0 \quad (2)$$
$$wT+aw(H-T)+Z-\lambda e(H)=0 \quad (3)$$

ただし，λ は非負のラグランジュ乗数である。この条件をまとめると次のようになる。

$$\frac{aw}{wT+aw(H-T)+Z}=\frac{e'(H)}{e(H)} \quad (4)$$

この条件が示すのは等費用曲線と等量曲線が接するという点で最適な労働時間と雇用量が決定されるというものである。この点について図を用いて説明しよう。

図5-4のように縦軸に雇用者数 N，横軸に労働時間 H を取ることにする。等量曲線 LL は労働投入量 $L=e(H)\cdot N$ を一定に保った場合の雇用者数と労働

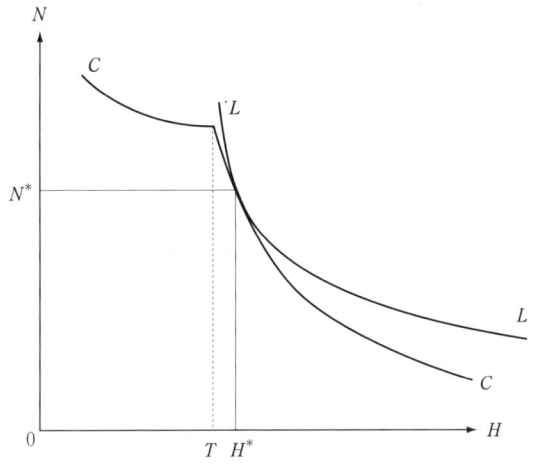

図5-4 企業の費用最小化行動

時間の組み合わせを図示したものである。この曲線は原点に対して凸の形状をもつ。一方，等費用曲線 CC は費用（労務費） $C=[W(H)+Z]N$ を等しく保った場合における雇用者数と労働時間の組み合わせを図示したものである。(1)式から分かるように費用を表す式は $H=T$ を境にして切り替わるため，法定労働時間を境にして等費用曲線 CC は屈折することになる。この曲線も原点に対して凸の形状をもつ。

　生産量を所与とした「費用最小化問題」は，ある生産量を達成する雇用者数と労働時間の組み合わせ，すなわち等量曲線 LL によって表現される N と H の組み合わせの中から，費用が最小になる組み合わせを選ぶ問題である。これは，同一の等量曲線 LL 上にある点の中から，その点を通過する等費用曲線が最も左下に位置するものを見つけることである。費用水準を低下させていくと等費用曲線 CC は左下方向に移動していくので，等量曲線 LL との交点を確保しながら可能な限り左下を通過する等費用曲線 CC を左下に移動させる。これ以上左下に移動できない点が見つかれば，それが費用最小化を達成する場合に対応する。すなわち，等量曲線 LL と等費用曲線 CC が接する点 (H^*, N^*) で費用最小化を達成することになる。

　費用最小化を達成する点において，等量曲線 LL と等費用曲線 CC が接して

第Ⅱ部　企業の労働需要行動

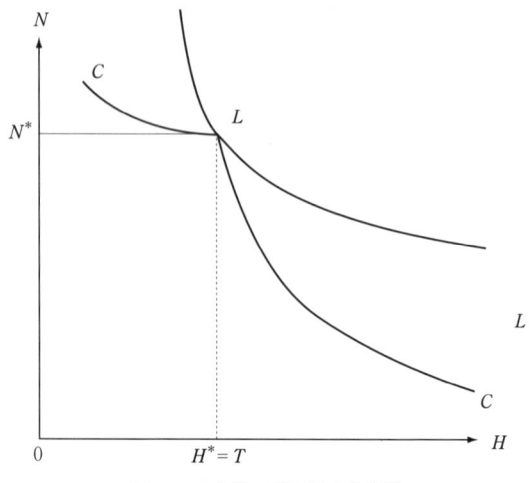

図5-5　企業の費用最小化行動

いれば両曲線の接線の傾きは一致することになる。ただし，等費用曲線 CC が屈折点を持っているため，両曲線が接する形は3通りある。接する点が屈折点の左側に位置する場合，ちょうど屈折点になる場合，そして右側に位置する場合の3通りである。図5-4は，等量曲線 LL と等費用曲線 CC が接する点が屈折点の左側に位置する場合を示している。これは最適な労働時間が法定労働時間を超える場合（$H^*>T$）に対応する。この場合において，（4）式の右辺に（$-N$）をかけたものが等量曲線 LL の接線の傾きであり，同式の左辺に（$-N$）をかけたものが等費用曲線 CC の接線の傾きであることが微分を通じて分かる。(10)（4）式は法定労働時間を超えた点で，等量曲線 LL と等費用曲線 CC が接していることを意味している。

　等量曲線 LL と等費用曲線 CC が接する点がちょうど屈折点になる場合を考えてみよう。この場合を図示すると図5-5のようになるが，これは最適な労働時間が法定労働時間に一致する場合（$H^*=T$）に対応する。$H=T$ における等量曲線 LL の接線の傾きが，屈折点の左側における等費用曲線 CC の接線の傾き（$H=T$ で評価）よりも小さく，屈折点の右側における等費用曲線 CC の接線の傾き（$H=T$ で評価）よりも大きい場合が該当する。この条件を数式で書くと次のようになる。(11)

$$-\frac{awN}{wT+Z} \leq -\frac{e'(T)N}{e(T)} \leq -\frac{wN}{wT+Z} \qquad (5)$$

この式において各項の N は消去されるので，外生変数である (a, w, T, Z) と関数 e がこの条件を満たすか否か調べることになる。

以上の考え方を使うと，(4)式および図5-4が示すような最適な労働時間が法定労働時間を超える場合 ($H^* > T$) というのは，$H=T$ における等量曲線 LL の接線の傾きが，屈折点の右側における等費用曲線 CC の接線の傾き（$H=T$ で評価）よりも小さい場合に該当する。この条件は次の式で表される。

$$-\frac{e'(T)}{e(T)} < -\frac{aw}{wT+Z} \qquad (6)$$

等量曲線 LL と等費用曲線 CC が接するという条件を経済学的に解釈する場合には，(4)式を変形して次の式を得ると分かりやすい。[12]

$$\frac{awN}{e'(H)N} = \frac{wT+aw(H-T)+Z}{e(H)} \qquad (7)$$

この式は，労働投入量を労働時間で増加させても雇用量で増加させても，労働投入量1単位あたりの限界費用は変わらないことを示している。この点を詳しく述べてみよう。1単位の労働時間を増加させることにより，労働投入量は $e'(H)N$ 増加するが費用は awN 増加することになる。一方，1単位の雇用量の増加では生産量は $e(H)$ 増加することになるが，費用は $[wT+aw(H-T)+Z]$ 増加することになる。労働時間と雇用量のいずれにおいても，労働投入量の増加とともに費用も増加する。それぞれ労働投入量の増加分が異なるので，労働投入量1単位あたりの費用の増加分を計算してみると，労働時間の増加では(7)式の左辺のようになり，雇用量の増加では(7)式の右辺のようになる。

企業は労働投入量を増加させるために労働時間を増やすか雇用量を増やすかという選択に迫られる。そこで，労働時間を増やしても雇用量を増やしても，労働投入量1単位あたりでみた費用の増加分が同じになるように，それぞれの量を決定することになる。仮に(7)式の左辺の値が右辺の値よりも大きい場合，労働時間の増加に伴う費用が相対的に大きくなっているので，労働時間を減少させるか雇用量を増加させて，両辺が同じ値になるように調整することになる。以上の議論は，労働投入量を減少させる場合にも同様にして行うことができる。

ここで，労働時間効率の弾力性を η_e で表わすことにする。すなわち，

$$\eta_e \equiv \frac{de(H)/e(H)}{dH/H} = \frac{de(H)}{dH} \cdot \frac{H}{e(H)} = \frac{e'(H)H}{e(H)}$$

である。議論の簡単化のため，この弾力性の値は一定であると仮定する。η_e を用いて(4)式の右辺を変形し，最適な労働時間について解くと，

$$H^* = \frac{\eta_e[Z-(a-1)wT]}{aw(1-\eta_e)} \qquad (8)$$

を得る。次の節において，この式を用いて与件の変化に伴う労働時間の変化に関して考察することにする。ここで最適な労働時間が生産量に依存しないという性質は，特殊な生産関数の仮定に依存していることに留意したい[13]。この点に関して，Hamermesh (1993) は規模に関して労働時間は大きく変化しないので，生産関数の制約は許容できると見ている。一方，この理論的帰結は生産量の変動は雇用で対応するということを意味しており，大橋 (1990) は雇用の変動よりも労働時間の変動が大きいという日本の統計的事実には反すると指摘している。

最適な労働時間が法定労働時間を超えている（$H^*>T$）という場合は，(6)式を変形することで次の条件が成立している場合に該当する[14]。

$$\frac{Z}{wT} > \frac{a-\eta_e}{\eta_e} \qquad (9)$$

この式は，相対的な固定費用が大きい場合に，法定労働時間を超える労働時間が選択されることを意味する。労働者を追加することに伴う費用が大きいために，新たに労働者を追加するよりも既存の労働者の労働時間を増やした方が，費用を節約することになるからである。

最適な労働時間 H^* が法定労働時間を下回る場合（$H^*<T$）について考えてみよう。(1)式において $H<T$ の場合を考えること以外は，先程の議論と同様の手順を踏むことになる。1階の条件をまとめると次の式になる。

$$\frac{w}{wH+Z} = \frac{e'(H)}{e(H)}$$

労働時間効率の弾力性 η_e を用いて，最適な労働時間を求めると次のようになる。

$$H^* = \frac{\eta_e Z}{w(1-\eta_e)} \tag{10}$$

労働時間が法定労働時間を下回るための条件は次の式で与えられる。[15]

$$\frac{Z}{wT} < \frac{1-\eta_e}{\eta_e} \tag{11}$$

相対的な固定費用が小さければ，法定労働時間を下回る労働時間が選択される。労働者を追加することに伴う費用が小さいので，法定労働時間を超えて労働させるよりも，新規に労働者を採用した方が費用を節約できるのである。

最後に，最適な労働時間が法定労働時間に一致する場合（$H^* = T$）を確認しておこう。（5）式を変形することにより，次の条件が成立している場合が該当することになる。

$$\frac{1-\eta_e}{\eta_e} \leq \frac{Z}{wT} \leq \frac{a-\eta_e}{\eta_e} \tag{12}$$

相対的に見た固定費用がある範囲内にあるのであれば，労働時間は法定労働時間に一致することを示している。興味深いのは，時間外割増率が大きくなると Z/wT が満たすべき範囲が広がることである。特に欧米のように割増率が高い場合には，法定労働時間で労働時間が決まる可能性が高いことを示している。

次に「利潤最大化行動」について探ることにしたい。製品価格を P とすると企業の利潤は次の式で表される。

$$\Pi = P \cdot F(e(H)N) - [W(H) + Z]N$$

利潤最大化の必要条件を求めると，次のようになる。

$$P \cdot F'(e(H)N) \cdot Ne'(H) - W'(H)N = 0$$
$$P \cdot F'(e(H)N) \cdot e(H) - [W(H) + Z] = 0$$

最初の式の $W'(H)$ の値は，最適な労働時間が法定労働時間を下回れば w，上回れば aw を取る。この2式を用いて比較静学分析を行うことで，法定労働時間などの与件の変化に対する最適な労働時間および雇用量を求めることができる。この結果は大きく2つの効果に分けることができる。1つは「代替効

果」と呼ばれるもので，生産量を一定として求める「費用最小化行動」の結果が対応する。もう1つは「規模効果」と呼ばれるもので，与件の変化に伴う生産量の変化がもたらす効果である。次の節において詳細を紹介するが，数学的な展開は省略している。[16]

3　労働政策の効果

先に紹介した労働需要の理論分析を応用して，様々な労働政策（与件の変化）が労働時間および雇用量に与える影響について考えることにする。以下の分析において，特に断りがない場合，最適な労働時間 H^* が法定労働時間 T を超えている場合について説明している。

法定労働時間の短縮

法定労働時間の短縮は一見すると，労働時間の短縮をもたらし，雇用量の拡大に貢献するように見える。しかし，理論的には労働時間の延長と雇用量の減少をもたらすという結果を得ることになる。(8)式を偏微分して，法定労働時間の変化が企業の費用最小化行動に与える影響を確認しよう。

$$\frac{\partial H^*}{\partial T} = \frac{-\eta_e(a-1)w}{aw(1-\eta_e)} < 0$$

この偏微分の符号から，法定労働時間の短縮（Tの低下）は労働時間を延長させることが分かる。

図5-6を用いて，この費用最小化行動を見てみよう。法定労働時間が T から T' に短縮されると，等費用曲線は屈折する点が変わることにより CC から $C'C'$ へと変化する。同一の生産量を維持するという費用最小化行動の下では，最適な点は (N^*, H^*) から $(\bar{N}^*, \bar{H}^*)$ へと変化することになる。この変化は生産量の変化を伴わないので「代替効果」とも呼ばれる。

この効果を数式の解釈から見ることにする。(9)式が示しているように，所定外労働時間を用いる傾向は単純な固定費用 Z に依存するのではなく，相対的な固定費用 Z/wT に依存している。別の言い方をすれば，企業はぎりぎり法定労働時間で労働させる場合の賃金と比較して固定費用の大きさを判断して

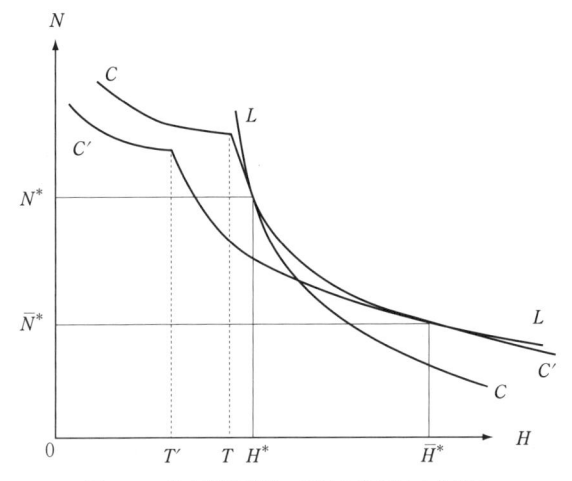

図5-6　法定労働時間の短縮と費用最小化行動

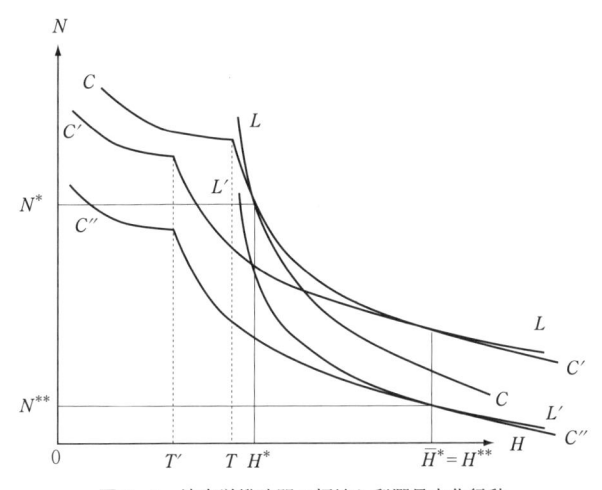

図5-7　法定労働時間の短縮と利潤最大化行動

いることが分かる。法定労働時間の短縮は相対的に見た固定費用をむしろ拡大させてしまうので，雇用の拡大よりも労働時間の延長で対応することになるのである（Calmfors and Hoel 1988）。

　利潤最大化行動を見ることで，法定労働時間の短縮が労働時間と雇用量に対して最終的に与える影響を見ることにしよう。

図5-7は，図5-6で示した費用最小化行動に加えて利潤最大化行動の様子を描いている。利潤最大化行動により，企業は生産量の減少を選択することになる。生産量を減少させないと法定労働時間の短縮による費用の増大に対処できないからである。この影響は等量曲線が LL から $L'L'$ に変化することで表現されている。生産量の減少に対応して，等費用曲線は $C'C'$ から $C''C''$ にシフトし，新たな最適な点は (H^{**}, N^{**}) となる。ただし，$H^{**}=\bar{H}^*$ である。産出量の変化がもたらす「規模効果」に関して，雇用量は減少するが労働時間は変化しないことが分かる。なぜなら，生産関数の仮定により最適な労働時間は生産量に依存していないので，生産量の減少があっても労働時間は一定になっているからである。こうして，「規模効果」に関しては，法定労働時間の短縮は雇用量を減少させるが，労働時間は変化させないことが分かる。[17]以上の分析により，法定労働時間の短縮は最終的に労働時間の延長と雇用量の減少をもたらすことが分かる。「代替効果」により労働時間は延長される一方，「代替効果」と「規模効果」の両方が雇用量の縮小に貢献することになる。ただし，以上の議論は賃金率が一定という前提に基づいて行われていることに注意しなければならない。

法定労働時間の短縮は，雇用の減少をもたらすので失業が拡大する恐れがあるが，雇用されている労働者には賃金収入の増加をもたらすことになる。法定労働時間の縮小により割増賃金部分が拡大し，さらに労働時間の延長により受け取る賃金が増えるからである。このように考えると，法定労働時間の短縮はインサイダーとアウトサイダーの間で利益の相反をもたらし，労働組合の理解も得やすいことが分かる。

法定労働時間の短縮は雇用量の減少をもたらすため，雇用量を維持するためには雇用補助金を出すなどの政策を追加する必要がある。Erbas and Sayers (2001) では雇用補助金を出しながら法定労働時間を短縮することで雇用の維持ができることを示したが，企業や産業の特性に合わせて政策を決定する必要があるとの結論を得ている。

労働時間が法定労働時間未満の場合は，法定労働時間の短縮は労働時間および雇用量に一切影響を与えない。労働時間が法定労働時間に一致している場合には，法定労働時間の短縮に合わせて労働時間は短縮されるが，(12)式が満た

されず(9)式が成立することになれば所定外労働時間が発生することになる。この場合における雇用量の増減ははっきりしない。[18]

　わが国の法定労働時間の短縮に関連した実証研究について簡単に述べておこう。1980年代後半のわが国では1988年の労働基準法改正を前に，法定労働時間の短縮がもたらす効果について盛んに議論が行われた。Brunello (1989) は日本のデータを用いて，法定労働時間の短縮は所定外労働時間を拡大させ，雇用を減らすことになると分析した。労働者の効用最大化行動から労働供給関数，企業の利潤最大化行動から労働需要関数をそれぞれ単純な形で導き，データから推計を行っている。この推計結果を用いて比較静学分析を行うことで，法定労働時間の短縮がもたらす効果を計算した。バブル経済の影響もあり計算結果の評価は難しいが，法定労働時間が短縮された1988年以降も所定外労働時間が拡大したことは指摘できる。

　早見 (1995) は労働時間効率曲線を実際のデータから推計し，法定労働時間の短縮や時間外割増率の上昇などの与件の変化が実労働時間に与える影響について計算を行っている。実労働時間の短縮を実現する上で，法定労働時間の短縮，時間外割増率の増加，固定費用の削減という手段をシミュレーションにより効果を比較し，法定労働時間と時間外割増率を同時に変更することが最も効果的との結果を得ている。実証研究ではないが，Hayashi and Prescott (2002) は1988～93年の労働時間短縮政策の影響を考慮に入れた新古典派経済成長モデルを構築し，「失われた十年」の要因を探っている。各個人が一定時間働くか全く働かないかを選ぶモデルで，集計するとケインズモデルのように水平な労働供給曲線を持つ。このモデルから TFP（全要素生産性）成長率を推計すると，現実の GDP をよく説明すると主張している。

時間外割増率の増加

　均衡において法定労働時間を超えた労働時間が選択されているとして，超過した労働に対する割増率の増加が与える影響について考察したい。割増率の増加は，費用最小化行動から労働時間の短縮と雇用量の拡大をもたらすことになるが，利潤最大化行動まで含めて考えると，雇用量については拡大する場合と縮小する場合が考えられる。

第Ⅱ部　企業の労働需要行動

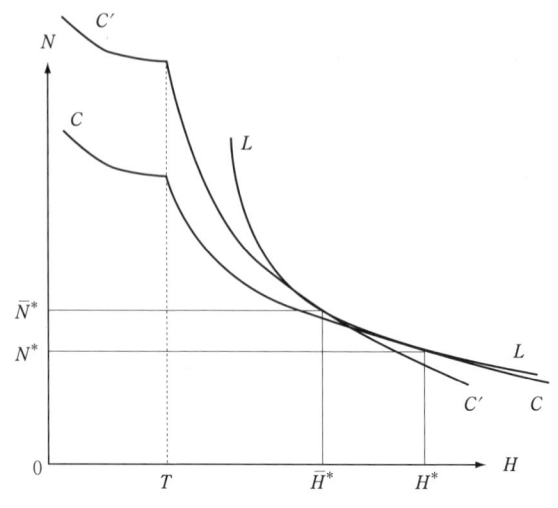

図5-8　時間外割増率の増加と費用最小化行動

（8）式を偏微分して，時間外割増率の増加（aの増加）が企業の費用最小化行動に与える影響を確認しよう．

$$\frac{\partial H^*}{\partial a}=\frac{-\eta_e(1-\eta_e)w(Z+wT)}{a^2w^2(1-\eta_e)^2}<0$$

この偏微分の符号から，時間外割増率の増加は労働時間を短縮させることが分かる．この費用最小化行動について，図5-8を用いて割増率の増加の影響を改めて見ることにしよう．

図5-8には，等量曲線 LL に接する2本の等費用曲線が描かれている．割増率の増加より等費用曲線は CC から $C'C'$ へ変化することになる．法定労働時間 T をわずかに超える労働時間においても，割増率の増加による費用の増加が発生するために，労働時間が T のところで上方にシフトしたような形になる．なお，均衡において法定労働時間を下回る労働時間が選択されている場合には，等費用曲線のシフトは起こらないので，均衡には全く影響がない．

等費用曲線が CC から $C'C'$ へ変化すると，費用最小化行動の下では最適な点は (N^*,H^*) から $(\bar{N}^*,\bar{H}^*)$ へと変化することになる．すなわち，労働時間の短縮と雇用量の拡大が見られることになる．割増率が増加すると法定労働時間を超える労働は企業にとって負担になるので，法定労働時間を超える労

180

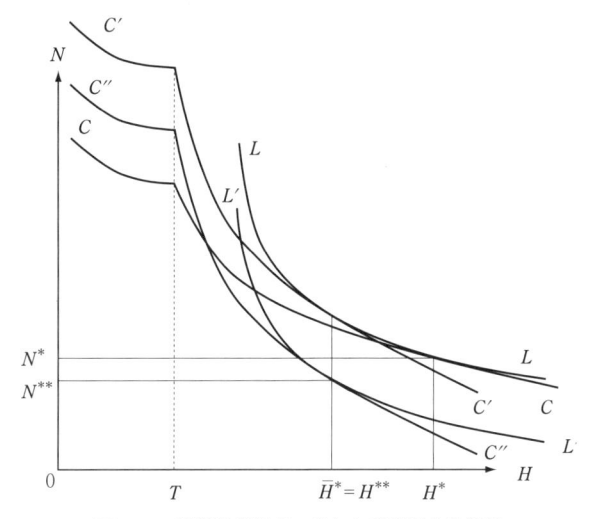

図5-9 時間外割増率の増加と利潤最大化行動

はできるだけ縮小させ，代わりに雇用量を拡大させて生産を維持しようとする。

利潤最大化行動まで範囲を広げて割増率の影響を考えると，図5-9のようになる。

利潤最大化行動によって，企業は生産量の減少を選択することになる。生産量を減少させないと割増率の増加による費用の増大に対処できないからである。この影響は等量曲線が LL から $L'L'$ に変化することで表現されている。生産量の減少に対応して，等費用曲線は $C'C'$ から $C''C''$ にシフトし，新たな最適な点は (H^{**}, N^{**}) となる。ただし，$H^{**}=\bar{H}^*$ である。産出量の変化がもたらす「規模効果」に関して，労働時間は変化しないが雇用量は減少することになる。労働時間が変化しないのは，先の分析と同様に生産関数の仮定によって最適な労働時間は生産量に依存していないことによる。以上をまとめると，「代替効果」によって労働時間の短縮と雇用量の拡大をもたらし，「規模効果」によって雇用量の縮小をもたらすことになる。割増率の増加は労働時間の短縮をもたらすが，雇用量への影響は拡大する場合と縮小する場合が考えられる。

この理論的帰結は，賃金率が一定という仮定の下に導出されるものである。Trejo (1991) が指摘するように，割増率の増加に対して賃金率の引き下げを行えば，労働時間と報酬の組み合わせを変えずに対応できるので，実質的な効果

を持たない可能性があると述べている。ただし，割増率が増加したことを理由に賃金率を引き下げることについて，労働組合が同意するかどうかは議論の余地があるように思われる。

固定費用の増加

先の節で紹介したモデルでは，労働者を雇う場合に固定費用 Z が必要と仮定されている。この費用は教育・訓練費用の他に，社会保険料や様々な福利厚生に関わる費用と考えることができ，雇用形態によってこれらの大きさは異なることが予想される。また，雇用補助金などの形で固定費用を縮小させ雇用の促進を図ることもできるだろう。このように様々な解釈が可能であるが，固定費用が増加した場合の影響について考えることにしたい。

（8）式を偏微分して，固定費用の増加（Z の増加）が企業の費用最小化行動に与える影響を見てみよう。

$$\frac{\partial H^*}{\partial Z} = \frac{\eta_e}{aw(1-\eta_e)} > 0$$

この偏微分の符号から，固定費用の増加は労働時間を延長させることになる。「費用最小化行動」から固定費用が増加した場合を計算すると，法定労働時間の短縮の場合と同様，労働時間の延長と雇用量の減少をもたらすことが分かる。図5-6を参考にして述べれば，固定費用が増加すると等費用曲線の傾きが緩やかになるため，等費用曲線が左にシフトしたような影響を及ぼすことになる。このことからも，効果としては法定労働時間の短縮の場合と似た結果を得ることが分かるだろう。固定費用が大きくなると，新たに雇用を増やすよりも，既存の労働者の労働時間を増やした方が，費用を節約することになるのである。

「利潤最大化行動」まで範囲を広げて固定費用が増加した場合の影響を考えると，労働時間の延長と雇用量の縮小をもたらすことになる。こちらの分析については図5-7の様子とほぼ同様で，固定費用の増加に対して企業は生産量の縮小で対応することから等量曲線は左下へとシフトすることになる。すなわち，「規模効果」は雇用量の縮小という形で現れることになる。

昨今では典型労働における長時間労働と非典型労働における短時間労働という形で，労働時間で見ても二極化が発生している。この経済学的理由は非常に

単純なもので，固定費用の大小に帰着することができる。固定費用が大きければ労働時間は延長される一方で，そのような雇用機会は少なくなる。逆に固定費用が小さければ労働時間は短縮されるが，雇用機会は拡大することになる。以上の議論は労働需要からの話に過ぎないのであるが，昨今の不況のように相対的に労働供給が過剰である場合には，労働需要で均衡が決まっている可能性が高くなり，以上の議論は当てはまりやすくなる。

雇用補助金によって固定費用を縮小させる効果は，先に見た分析の逆を述べればよい。すなわち，固定費用の縮小により労働時間の短縮と雇用量の拡大をもたらすことになる。雇用補助金により雇用量の拡大を図ることは可能であるが，財源の問題もあり持続的に可能な政策とは言い難い。Erbas and Sayers (2001) は，法定労働時間の短縮による雇用量を減らす効果は雇用補助金を組み合わせて軽減できることを示している。このような政策を行う場合には労働者の所得に与える影響を見る必要があり，雇用の拡大と所得の維持を同時達成することは可能であるが，企業や産業の特性に応じて設定する必要があると述べている。

賃金率の増加

「費用最小化行動」から賃金率が増加した場合を計算すると，割増率の増加の場合と同様の考え方で，労働時間の短縮と雇用量の拡大をもたらすことが分かる。(8)式を偏微分して，賃金率の増加（w の増加）が企業の費用最小化行動に与える影響を確認しよう。

$$\frac{\partial H^*}{\partial w} = \frac{-\eta_e Z}{a^2 w^2 (1-\eta_e)^2} < 0$$

この偏微分の符号から，賃金率の増加は労働時間を延長させることが分かる。賃金率が増加すると等費用曲線の傾きが急になるため，図5-8のように等費用曲線が左にシフトしたような影響を及ぼすことになる。賃金率が大きくなると，費用がかさむ労働時間の延長を避け，限界生産性の高い新規の労働者を増やすことが，費用を節約することになる。

「利潤最大化行動」まで範囲を広げて賃金率が増加した場合の影響を考えると，労働時間は短縮することになるが，雇用量への影響は不明確になる。この

分析については図5-9の様子とほぼ同様で，賃金率の増加に対して企業は生産量の縮小で対応することから等量曲線は左下へとシフトすることになる。「規模効果」は雇用量の縮小という形で現れることになるので，雇用量を拡大させるという「代替効果」と相反し，最終的な影響は不明確となる。

4　今後の分析に向けて

　この節では，労働時間の問題を考える上で今後の分析が必要になる視点を提供したい。まず，労働時間の問題において避けることができないのが，「サービス残業」の存在である。事業所調査と世帯調査の間に見られる労働時間の差からサービス残業を推計することができる。高橋 (2005) によれば，1990年代に総労働時間は短縮傾向にあったが，サービス残業は逆に長くなっており，その傾向は大企業で顕著であるとの結果を得ている。サービス残業といえば一般に不払い労働を指すが，一部のサービス残業にはボーナス等を通じて対価が支払われていると考えられる。

　高橋 (2005) は，サービス残業を行う労働者は行わない労働者に比べて総報酬額が高いことから，高い報酬にはサービス残業が組み込まれた「暗黙の契約」があるとの仮説を立てている。将来の昇給やボーナスで報われる（Ohashi 1989）と見ることもできるし，キャリア・コンサーン（出世への関心）と呼ばれる将来の昇進で動機付けが行われている可能性（Gibbons and Murphy 1992）もある。このような意味では全くの無償とは言えないが，常に次の目標を提示されることで長時間労働を生む温床にもなりかねない。過去の労働時間はサンク（埋没）しているので，生涯を通じた労働時間の平滑化が行われるとも考えにくい。菅野 (2002) が指摘するように，ホワイトカラーの仕事が高度化・専門化し，労働時間管理になじみにくくなったことも，サービス残業が拡大する要因になっている。

　次に，契約理論を用いて労働時間と雇用契約の問題を考えてみよう。契約理論を用いて労働時間の問題を考察した研究について筆者は知らないが，従来の分析の解釈を変えて示唆を得たい。Milgrom and Roberts (1992) および伊藤 (2003) を参考にして，契約理論のうちモラル・ハザード（隠された行動）のモ

デルを紹介する。このモデルにはプリンシパル（依頼人）とエージェント（代理人）と呼ばれる経済主体が存在する。ここでの文脈でいえば雇用主と従業員の関係であり，プリンシパル（雇用主）は仕事を依頼したエージェント（従業員）に適切な行動を取ってもらいたいと考えている。プリンシパルはエージェントの行動を直接観察できないために，適切なインセンティブを設計して望ましい行動を取ってもらうことになる。一方，エージェントは危険回避的であるため，過度なインセンティブを設けた契約は避けたいと考える。望ましい結果が得られなかった場合，低い報酬を受け取ることはリスクになるからである。モラル・ハザードのモデルは，適切なインセンティブの設計とプリンシパル・エージェント間の効率的なリスクの共有という 2 つの大きな目標を同時に考察することである。

立証可能な変数である労働時間を用いて報酬 w を決定する契約を考える。エージェントが選択する行動（生産活動に直結する努力）である a は直接観測できない[20]。プリンシパルの収入はこの行動のみに依存するので，できるだけ高い水準の努力を引き出したいと考える。観測される労働時間 x は $x=a+\varepsilon$ で与えられていて，必ずしも生産活動に直結した努力水準 a だけに依存せず，エージェントが制御できない撹乱項 ε にも依存している。生産的な活動とは呼べない拘束時間や移動時間などがあるために，観測される労働時間は生産活動に直結した努力水準だけでは決まらないのである。ε は平均 0，分散 σ^2 の正規分布に従っていると仮定する。労働時間の観測を通じて努力水準が完全に観察できる場合には $\sigma^2=0$ となる。労働時間 x を用いて報酬は $w=\beta x+\gamma$ で決定され，β は時間給に対応するのに対して γ は固定給部分に対応している。

以上の仮定は労働時間だけを見ただけでは，生産活動に直結した努力水準は正確には分からないことを示している。たとえばホワイトカラー労働者の生産活動は労働時間だけでは必ずしも測定できないと解釈することができる。プリンシパルは危険中立的で線形の効用関数をもつのに対して，エージェントは次のような形の危険回避的な効用関数をもつ。

$$u(w-c(a))=-\exp[-r(w-c(a))]$$

ただし，$r>0$ は絶対的なリスク回避度，$c(a)=ka^2/2$ は努力 a に伴うエー

ジェントの私的費用である。$k>0$ はエージェントの能力を反映した変数であり，この値が小さいほど努力に伴う費用が小さく，より有能な労働者であることを示している。エージェントは，留保賃金 $\bar{w}$ を下回る期待賃金（確実同値額）しか得られない契約を受け入れない。なお，確実同値額（certainty equivalent, CE）とは確率変数に依存する所得を期待効用で評価して，その効用水準と同等の効用が得られる金額を指す。エージェントの確実同値額は次の式で表される[21]。

$$CE_A = \beta a + \gamma - c(a) - \frac{1}{2}r\beta^2\sigma^2$$

確実同値額はリスクを考慮した効用水準を表現しているので，分散を含んだ項は差し引かれることになる。努力が正しく観察してもらえない場合には，努力に見合わない給与になることはリスクとなるのである。

一方，危険中立的なプリンシパルの確実同値額は $V = pa - w = pa - \beta a - \gamma$ である。プリンシパルの問題は β, γ, a を操作して，次の 2 本の制約式の下で V を最大化することである。

$$\beta a + \gamma - c(a) - \frac{1}{2}r\beta^2\sigma^2 = \bar{w} \tag{13}$$

$$\beta - c'(a) = 0 \tag{14}$$

最初の制約式は参加制約（participation constraint）と呼ばれ，エージェントが留保賃金を受け取ることを示す制約である[22]。2 番目の制約式は誘引両立制約（incentive compatibility constraint）と呼ばれ，エージェントの直接観察できない行動は効用を最大にするように選択されていることを表している。改めて問題を整理すると，プリンシパルの問題は β, a を操作して，エージェントの効用最大化条件 $\beta = c'(a) = ka$ の下で

$$V = pa - \beta a - \gamma = pa - c(a) - \bar{w} - \frac{1}{2}r\beta^2\sigma^2$$

を最大化することである。さらに変形すると，a を操作して

$$V = pa - \frac{ka^2}{2} - \bar{w} - \frac{1}{2}rk^2a^2\sigma^2 \tag{15}$$

を最大化する問題となる。若干の計算を施すことにより，次のような解を得る。

第5章　雇用と労働時間の決定のしくみ

$$a^* = \frac{p}{k(1+rk\sigma^2)} \tag{16}$$

$$\beta^* = \frac{p}{1+rk\sigma^2} \tag{17}$$

$$\gamma^* = -\beta^* a^* + c(a^*) + \frac{1}{2}r(\beta^*)^2\sigma^2 + \bar{w} \tag{18}$$

$$V^* = \frac{p^2}{2k(1+rk\sigma^2)} - \bar{w} \tag{19}$$

　これらの解を分析すると，様々な示唆を得ることができる。労働時間を通じて努力が完全に観察できる場合，言い換えれば撹乱項の分散 σ^2 がゼロの場合，(16)式から努力水準は $a^*=p/k$ であり，観測される労働時間は $x^*=p/k$ となる。労働時間しか観測できない場合では，σ^2 が大きくなるにつれて努力水準は低下していくことになる。観測される労働時間 $x=a+\varepsilon$ は，a が小さくなるために平均で見ると小さくなるが，ε の影響によって観測される労働時間が取りうる範囲は広がる。

　(17)式と(18)式より，撹乱項の分散 σ^2 が大きくなり努力と労働時間の関係が明確でなくなると，労働時間に比例する部分は小さくなり，固定給の部分が大きくなる。このことから，裁量労働制の経済合理性を示すことができる。ただし，これだけでは十分な努力を引き出すことはできないので，努力に直結した何らかの成果を賃金と結びつける必要がある。

　(19)式を用いて，プリンシパルに一定の確実同値額を保証した上で σ^2 と k の関係を見ると，σ^2 が大きい場合には小さい k が対応しなければならない。すなわち，ここで分析している労働契約は，労働時間が努力に関する情報を示さない場合では，努力に伴う費用が小さい有能な労働者に対して適用する必要がある。この意味で，裁量労働制は一定の能力をもつ労働者に対して適用しないと，十分機能を発揮しない可能性がある。労働時間の問題を契約理論でさらに分析するに当たり，わざと労働時間を稼ぐという負の行動も選択できるとして，マルチタスクの問題（Holmstrom and Milgrom 1991）を応用して分析することもできるだろう。

　典型労働と非典型労働を比較して労働の二極化が叫ばれるようになっている。

昨今では，非典型労働に従事しながら長時間労働を強いられる，いわゆる「ワーキング・プア」の問題も指摘されている。この問題の背景には，競争のグローバル化による未熟練労働者の賃金の低下の他に，コンピューターやインターネットの普及により「技能偏向的技術進歩 (skill-biased technological progress)[23]」が進展している影響があると考えられる。このような経済環境の中で，どのように問題に対処すればよいのだろうか。

より人間らしい生き方を求めて，ワークライフバランス（仕事と生活の調和）を追求する動きは一つの解決策である。企業は多種多様な賃金・雇用形態を提示し，労働者は家事や育児などの都合から短時間労働を希望する者，将来のポストを目指して長時間労働に励む者など，自らの価値観に合わせて労働スタイルを選んでいく。ただし，前提として労働市場が公正であることが求められるだろう。取り組むべき目標は明確であるが，立てるべき労働政策の内容は慎重な検討が必要なようである。

注

(1) わが国の労働時間統計には，大きく分けて事業所調査と世帯調査がある。前者には「毎月勤労統計調査」や「賃金構造基本調査」（ともに厚生労働省）があり，後者には「労働力調査」や「就業構造基本統計調査」（ともに総務省統計局）がある。玄田 (1993) が詳しく述べているように，両統計の調査対象の違いを用いて，いわゆる「サービス残業」の規模を知ることができる。

(2) 法定労働時間を超えて労働を行う場合には，延長できる時間などについて労使間であらかじめ協定を結ぶ必要がある。この協定は労働基準法36条に定められていることから「36協定」とも呼ばれている。

(3) 週労働時間の計算で参照期間を長くすることを指し，以下に述べる変形労働時間と同義である。

(4) 佐藤・藤村・八代 (2007) は，労働時間制度について人事労務管理の視点から分かりやすく説明している。

(5) 「雇用なき景気回復」に関する研究として Gordon (1993) や Glosser and Golden (2004) などがある。

(6) Cahuc and Zylberberg (2004) の分析を単純化して Hart (1987) が作成した図を用いて説明している。詳細な数学的導出はこれらの参考文献を参照されたい。

(7) 労働時間と労働効率の関係を表す関数を図示すれば，労働効率曲線と呼ばれるも

第5章　雇用と労働時間の決定のしくみ

のになる。この曲線を実際のデータから推計した研究として早見（1995）がある。

(8)　設定すべきラグランジュ関数は $J=[wT+aw(H-T)+Z]N+\lambda[L-e(H)N]$ となる。この関数を H, N, λ で偏微分してゼロとすることで，1階の条件が得られる。

(9)　この性質は微分を計算することで確認できる。詳細は注10を参照されたい。

(10)　労働投入量が一定であることを示す式 $L=e(H)N$ および費用を表す式 $C=[W(H)+Z]N$ をそれぞれ全微分して変形することで，等量曲線 LL および等費用曲線 CC の接線の傾きが求められる。等量曲線 LL の場合であれば $\frac{dN}{dH}=-\frac{\partial L/\partial H}{\partial L/\partial N}=-\frac{e'(H)N}{e(H)}<0$ と求められる。この式をさらに微分すると $\frac{d}{dH}\left(\frac{dN}{dH}\right)=\frac{[e'(H)]^2 N-e''(H)\cdot e(H)N}{[e(H)]^2}>0$ を得るので，原点に対して凸と分かる。等費用曲線 CC の場合であれば，$\frac{dN}{dH}=-\frac{\partial C/\partial H}{\partial C/\partial N}=-\frac{awN}{wT+aw(H-T)+Z}<0$ と求められる。詳細は Hart (1987) や Calmfors and Hoel (1988) を参照のこと。

(11)　ここでの議論では，端点解に関する数学的知識が必要となる。詳しくは西村（1982）や Leonard and Van Long (1988) などを参照されたい。

(12)　(4)式の変形から得ることができるが，(2)式と(3)式からそれぞれ λ を表す式を作り，等号で結ぶことでも得られる。

(13)　Ehrenberg (1971) によれば，生産関数が $Y=aN^b g(H)$ という形を取る場合，最適な労働時間が生産量と無関係となる。

(14)　(6)式の両辺に T をかけた後で $e'(T)T/e(T)=\eta_e$ という関係を用いて式を変形し，両辺に同じ値をかけるなどの変形を行うことで得ることができる。

(15)　$H^*<T$ となる条件式 $-\frac{e'(T)}{e(T)}>-\frac{w}{wT+Z}$ を変形することにより得られる。

(16)　利潤最大化行動から労働時間と雇用量への影響を分析したものについて，Calmfors and Hoel (1988) および Erbas and Sayers (2001) が数学的に詳細な分析を行っている。

(17)　費用最小化行動から産出量の変化に対応した生産要素の組み合わせ（今回は労働時間と雇用量の組み合わせ）の軌跡を描いたものを拡張経路と呼ぶ。生産関数の仮定により，今回のモデルでは拡張経路が垂直になっている。

(18)　労働時間が法定労働時間未満の場合あるいは法定労働時間に一致している場合の分析の詳細は，Calmfors and Hoel (1988) を参照されたい。

(19)　賃金率の上昇を扱う場合には，図5-8における等費用曲線を $H=T$ の前後でそれぞれ傾き（の絶対値）を急にして描くことになる。

(20)　このモデルでは，生産活動に直結した努力のみを分析の対象としており，だらだらと仕事をして労働時間を稼ぐ行動は考察していない。非生産的な行動について，後ほど簡単に触れることにする。

⑾　確実同値額の導出の詳細はたとえば Milgrom and Roberts (1992, Chapter 7) を参照されたい。
⑿　参加制約は個人合理性（individual rationality）条件と呼ばれることもある。
⒀　技能偏向的技術進歩とは，コンピューターやインターネットの普及などにより，ますます技能レベルの高い労働者を必要とする技術進歩を指す。

参考文献

伊藤秀史（2003）『契約の経済理論』有斐閣．
大橋勇雄（1990）『労働市場の理論』東洋経済新報社，第5章．
玄田有史（1993）「労働時間と賃金の産業間格差について」『日本経済研究』24，23-41頁．
厚生労働省（2006）『労働経済白書（平成19年版）』国立印刷局．
佐藤博樹・藤村博之・八代充史（2007）『新しい人事労務管理（第3版）』有斐閣．
菅野和夫（2002）『新・雇用社会の法』有斐閣．
高橋陽子（2005）「ホワイトカラー『サービス残業』の経済学的背景」『日本労働研究雑誌』536，56-68頁．
西村和雄（1982）『経済数学早わかり』日本評論社．
早見均（1995）「労働時間とその効率」猪木武徳・樋口美雄編『日本の雇用システムと労働市場』日本経済新聞社．
早見均（2002）「労働時間は減ったのか」『日本労働研究雑誌』501，52-53頁．
労働政策研究・研修機構（2007）『データブック国際労働比較2007』労働政策研究・研修機構．
Brunello, G. (1989), "The Employment Effects of Shorter Working Hours: An Application to Japanese Data," *Economica*, Vol. 56, pp. 473-486.
Cahuc, P. and A. Zylberberg (2004), *Labor Economics*, Cambridge, Massachusetts: MIT Press.
Calmfors, L. and M. Hoel (1988), "Work Sharing and Overtime," *Scandinavian Journal of Economics*, Vol. 90, No. 1, pp. 45-62.
Ehrenberg, R. (1971), *Fringe Benefits and Overtime Behavior*, Lexington, Massachusetts: D. C. Health.
Erbas, S. N. and C. L. Sayers (2001), "Can a Shorter Workweek Induce Higher Employment? Mandatory Restrictions in the Workweek and Employment Subsidies," *International Tax and Public Finance*, Vol. 8, pp. 485-509.
Gibbons, R. and K. Murphy (1992), "Optimal Incentive Contracts in the Presence of

Career Concerns: Theory and Evidence," *Journal of Political Economy*, Vol. 100, No. 3, pp. 468-505.

Glosser, S. and L. Golden (2004), "The Changing Nature of Hours and Employment Adjustment in US Manufacturing: A Contributing Cause of the Jobless Recovery?" *International Journal of Manpower*, Vol. 25, No. 7, pp. 618-642.

Gordon, R. J. (1993), "The Jobless Recovery: Does It Signal a New Era of Productivity-led Growth?" *Brookings Papers on Economic Activity*, Vol. 1, pp. 271-316.

Hamermesh, D. (1993), *Labor Demand*, Princeton, New Jersey: Princeton University Press.

Hart, R. (1987), *Working Time and Employment*, Boston: Allen and Unwin.

Hayashi, F. and E. C. Prescott (2002), "The 1990s in Japan: A Lost Decade," *Review of Economic Dynamics*, Vol. 5, pp. 206-235.

Holmstrom, B. and P. Milgrom (1991), "Multitask Principal-Agent Analysis: Incentive Contracts, Asset Ownership, and Job Design," *Journal of Law, Economics, and Organization*, Vol. 7 (Special Issue), pp. 24-52.

Leonard, D. and N. Van Long (1988), *Optimal Control Theory and Static Optimization in Economics*, Cambridge: Cambridge University Press.

Milgrom, P. and J. Roberts (1992), *Economics, Organization and Management*, Englewood Cliffs, New Jersey: Prentice-Hall（奥野正寛ほか訳（1997）『組織の経済学』NTT出版）.

OECD (2006), *Employment Outlook*, Paris: OECD, Chapter 3.

Ohashi, I. (1989), "On the Determinants of Bonuses and Basic Wages in Large Japanese Firms," *Journal of the Japanese and International Economies*, Vol. 3, No. 4, pp. 451-479.

Rosen, S. (1969), "On the Interindustry Wage and Hours Structure," *Journal of Political Economy*, Vol. 77, No. 2, pp. 249-273.

Trejo, S. J. (1991), "The Effect of Overpay Regulation on Worker Compensation," *American Economic Review*, Vol. 81, No. 4, pp. 719-740.

第6章　労働需要の実現
―― 企業によるサーチ行動と求人経路選択 ――

太田聰一・神林　龍

1　分析の視点

　経済学の標準的な教科書は，完全競争市場では需要と供給がバランスするポイントで価格と取引量が決定されることを教える。しかし，こうした理想化された市場は現実には多いわけではない。とりわけ労働市場はさまざまな意味で不完全であり，それゆえ求職者や求人企業といった市場参加者による行動（情報収集や就職・採用の意思決定など）が取引の帰結に重要な役割を果たすことになる。そこで本章では，企業の求人行動に焦点を当て，これまでにどのような研究がなされてきたのかについて論じたうえで，実際の日本企業の求人行動をデータに基づいて分析したい。その前にもう少し「労働市場の不完全性」について検討しておこう。

労働需要の古典的定式
　労働市場が完全競争的である限り，均衡において失業は存在しえない。同質的な労働者と企業が多数いて，仕事の空き（欠員）が生じたり，余剰人員が生じたりすれば，それは全員の知識として共有される。定義によって賃金は伸縮的で，それゆえ労働市場の需給バランスが一致するように定まる。この過程は具体的には次のように考えられる。たまたま労働市場で需要が供給を下回ったとしよう。すなわち，企業が現在の市場賃金において雇いたいと考えている人数よりも現在の市場賃金で働きたいと思っている労働者の方が多い。この場合には，現行の賃金で働きたいと考えているにもかかわらず，雇用機会を見つけ

ることができない人々が生じる。このような人々は失業者に他ならない。とはいえ，こうした場合には直ちに賃金水準が切り下がって，現行賃金で働きたいと思っているすべての人の雇用が保証される。なぜなら，企業は現行の市場賃金よりも安い賃金で失業者を雇い入れ，追加的な利益を稼ぐことができるからである。何もわざわざ損をするような賃金で労働者を雇う必要はないし，そのような失敗は市場からの淘汰につながってしまう。こうして賃金は切り下がり，したがって，教科書的な完全競争の世界では持続する失業は発生しない。

　同じことは，一時的に均衡よりも賃金水準が低くなったときにもあてはまる。このとき，労働需要が労働供給を上回ってしまい，未充足求人が発生する。未充足求人とはいわば「資本の失業」である。しかしながら，そうした不均衡は長続きせず，賃金水準は切りあがっていき，未充足求人も解消に向かう。なぜなら，企業は資本を完全に活用するためには，現行の市場賃金よりも高い賃金で労働者を雇ってもまだ追加的な利益を稼ぐことができるからである。よって，完全競争の世界では，持続する未充足求人も発生しない。

　このようにして市場に参加する経済主体の誰もが現行の賃金から離れて取引をする必要がない，換言すれば裁定取引が成立しない理想的な状態が労働市場の均衡である。いわゆる限界革命は，このような裁定原理を通じた均衡状態と，市場参加者が価格情報のみを利用して個人合理的に行動した結果が一致することを教えてくれる。こうして，製品価格と生産要素価格（そのひとつが労働の価格である市場賃金である）が与えられ，企業の利潤最大化行動の結果定まる必要な労働投入量として，労働需要の古典的な概念が成立する。そしてその背後には，いくつかの想定，すなわち完全情報や完全市場，「せり人」の存在するワルラス的調整過程などが想定されているのがわかる。(1)

労働需要と求人行動

　このように，理論世界での労働需要は，価格情報を所与とした企業の意思決定の結果として導き出される。他方，現実世界で企業が労働者を採用する行動（behavior）は求人行動である。したがって，もし抽象的理論が現実の経済活動の少なくともいくばくかをなぞっているとすれば，理論的な労働需要の決定様式と現実の求人行動は少なくともある程度一致することが要請される。ところ

が，現実の求人行動は，理論的な労働需要決定様式とはかなり異なる。

たとえば，古典的な労働需要決定理論では企業は市場賃金を操ることはできない。あくまでも市場で決定される賃金に従って，自分に必要な労働量を（ワルラスのせり人に向かって）叫ぶだけである。しかし，現実の叫びであるはずの求人情報に，賃金額が明示されていないことなど（存在するかもしれないが）常識的には考えられない。また，求人情報は，通常求人内容の一部を広告化しているだけで，細かな職場環境（たとえば同僚となる人々の性格など）は掲載されない。それに，求人情報は労働市場参加全員に瞬時に配布されるわけではない。多くの求人誌の読者層は限定的で，労働市場には，ある求人情報を知っている人と知らない人が混在しているのが常である。このように，現実の求人行動と理論的な労働需要決定様式があまり一致しないことが予想される以上，結局のところ，現実の労働市場は理想化された競争市場からかなり乖離していると考えたほうがよい。

労働市場の不完全性とサーチ

その理由をまとめてみよう。第1の要因に，情報の不完全性の問題がある。労働者や企業は多種多様であり，双方の性質についての情報もすぐには伝わらない。たとえば，求人を出して失業者を雇おうとしている企業は，どんな労働者でも採用したいと考えているとは限らない。IT技術者を求めている企業がIT技術に疎い労働者を積極的に採用するとは考えにくい。労働者にとっても自分の能力を活かせる仕事に就きたいと考えている。しかし問題は，「どこにどういう労働者がいるか」，「どこにどのような求人があるか」という情報がすぐには市場において共有されないことである。したがって，失業者および求人企業は時間をかけて互いを探す必要が生じる。その場合，失業や求人が労働市場全体で共存するであろう。

第2の要因に，失業者が自分の望む仕事を見つけるためには，現在の地域から移動する必要があるかもしれない。あるいは，企業が求人を行う場合にも遠隔地で採用活動を行わなければならないかもしれない。しかし，そうした移動には費用や時間がかかるために，なかなか失業や未充足求人が解消しない事態が生じる。

第3の要因に，たとえ地理的な移動費用が無視しうるほどに小さく，求職者・求人の特性についての情報が市場において完全に共有化されても，企業が求める労働者のタイプと現在の失業者のタイプに極端な違いがあると，失業が解消されない可能性がある。たとえば，IT技術者に対する需要はかなりあるにもかかわらず，仕事を探している人々の大半がそのようなスキルを全く身に付けていないとしよう。そうした場合には職業能力におけるミスマッチ（mismatch）が生じることで，失業はなかなか解消されない。

　このように現実の労働市場は不完全であり，そうした場合には労働者の職探しの行動や，企業による求人行動が，労働市場における求人と求職者のマッチングに大きな影響を及ぼすことになる。この理論的な想定をフォーマルに展開したのが，いわゆるサーチモデルである。そこでは，職探し行動や求人行動をより具体的に考慮し，その結果として労働市場を記述する姿勢が貫かれている。その結果，近年では古典的な労働供給理論にかわりサーチ理論における職探し行動が，同様に，古典的な労働需要理論にかわりサーチ理論における求人行動が，労働市場の問題を考えるための基本的枠組みとして重要視されるようになっている。[2]

　ただし，失業者あるいは就業者による職探し行動については，数多くの研究が蓄積されているのに対して，企業の求人行動についての分析はそれほど多くない。とくに日本における分析例は少ない。これは，労働者についてのデータが比較的豊富であるのに対して，企業側の求人行動を調査した（公刊）データが限られているためであると考えられる。しかし，求人行動を見なければ，労働市場におけるミスマッチの内実がなかなか明確にならない。

求人経路の重要性
　とくに，求人経路の選択問題を分析することで，労働市場におけるミスマッチの重要な部分が解明される公算が大きい。一般に，企業が求人活動を展開するとき，複数の求人経路からいずれかの手段を選択する。多くの社会学者は，これらの求人経路を，広告・職業紹介などの「フォーマルな」方法と，個別に知悉している取引先や雇用中の労働者の推薦などの「人的つながり（personal contact）」とにわけて整理し，後者を「インフォーマルな」方法と分類する。[3]

重要なのは，これらの求人経路は，時間的・物理的な費用，応募者の平均的な質や信頼の強さなどの点でそれぞれ特徴をもっており，企業はそれらの利点を勘案して具体的な募集活動を行うと考えられていることである。この考え方が正しいとすれば，労働市場全体のマッチングを考察するためには，単に全体的な需給のバランスだけを考察の対象とするだけでは足りない。むしろ，市場を構成する各企業・各個人が，どのように求人・求職経路を選択するのか，また選択された求人・求職経路は資源配分という観点からどのような特徴をもっているのかを明らかにする必要がある。したがって，労働市場全体のミスマッチは，個々のマッチング経路のミスマッチの集合として解釈されるべきで，さらに個々のマッチング経路のミスマッチは個別の求人者と求職者のミスマッチの集合として理解されるべきである。

ところが，とくに企業が利用する求人経路についてある程度詳細に調べた調査はこれまで存在しなかった。もちろん，企業の採用経路については厚生労働省『雇用動向調査』が半世紀にわたって入職者の経路を調べてきている。しかし，同調査では求人活動の最終的な結果である入職のみが経路との関連で調べられているだけである。たとえば，同調査ではある事業所に公共紹介経由での入職者がいなかったことはわかる。ところが，それは当該事業所が公共紹介に求人を出さなかったからなのか，求人は出したが応募者がいなかったからなのか，求人も出したし応募者もいたのだが採用基準を満たす応募者がいなかったのか，それとも採用基準を満たす応募者はいたのだが断られたのか，といったことを区別できない。これらの現象は，物理的・時間的費用や情報融通という点から求人経路の特徴を把握するためには非常に重要であるので，同調査から各求人経路の特徴を見出すことは難しい。幸いなことに，本章で用いる連合総研による企業調査は，ある特定の求人活動をどの経路でどの程度行ったのかを個別に質問しており，求人経路の特徴をそれぞれ把握するにはより質の高いデータセットとなっている。このデータを用いて，日本の求人行動をあぶりだすことが本章の目的である。

本章の構成は以下のようになっている。第2節では求人活動に関する従来の研究を展望する。第3節では，求人行動の流れを簡単に図示し，それ以降の実証分析のガイドマップを提供する。第4節では連合総研のデータを用いた実証

分析を行う。

2 既存研究の展望

求人結果と求人数の分析

以下では，企業によるサーチ活動に関する欧米の実証研究を中心にレビューする。欧米の実証研究の焦点のひとつは，求人期間の決定である。求人期間とは，市場に提示された求人がどの程度の期間で埋まるかを表す指標であり，労働者にとって失業期間が短くなることが望ましいのと同様に，企業にとっても求人期間が短いほど求人活動の効率性が高いと判断されるだろう[4]。Roper (1988) はイギリスのデータを用いて，スキル要件の高い仕事については求人期間が長くなることや，複数の求人ルートを用いた場合には求人期間が短縮化されることを明らかにした。van Ours and Ridder (1992) は，オランダのデータを用いて，求人の教育要件の上昇が求人期間を長期化させることや，景気変動が求人期間に及ぼす影響は求人の教育要件が高まるほど大きくなることを明らかにした。

他方，van Ours and Ridder (1991) は，同じくオランダのデータを用いて，求人期間の多くの部分は企業による「選抜期間」であるという興味深い事実を提示している。Barron and Bishop (1985) や Barron, Bishop, and Dunkelberg (1985) は，企業によるサーチ活動を探索時間，応募者面接数，雇用オファー提示数，当初賃金等で代表させ，それらの決定要因を探っている。そこでは，訓練の必要性が高い仕事や優秀な人材を要する仕事については，より綿密なサーチが行われることなどが示されている。これらの研究は，求人期間は求める人材のタイプに大きく依存しており，高度な業務をこなす人材を求める場合には，慎重な選抜を行うために求人期間が長くなりがちであることを示している。

Manning (2000) および Brown et al. (2001) では，4つの英国の企業における求人プロセスを詳細に研究した。とくに，求人に対する応募者人数，応募者が面接を受ける確率，面接者のうちでオファーを受ける確率などを推計した。応募者の数は，賃金や地域労働市場の需給バランス，企業の通勤利便性などの影響を受ける。このうち面接に選ばれるには，経験年数が長く，現に働いている

人が有利である。ただし，面接者のうち実際に選抜される確率は，こうした変数とは独立であった。ある程度のスクリーニングは観察可能な属性によるものの，最終的な選抜に決定的な影響を及ぼす要因は観察できない可能性を示唆している。この研究は，求人属性とその求人に応募した人々の属性をフルに活用しており，大変興味深い。

求人数については，Holzer (1994) が米国の求人データを利用して，企業レベルの求人数（あるいは求人率）決定問題を詳細に取り扱っている。雇用者に対する求人の割合である求人率は，企業の立地する地域の失業率が上昇したり，労働組合のある企業であったり，企業規模が大きくなったりすると低下する傾向がある。一方，転職率の高い企業や売上成長率の高い企業では求人率も高くなる傾向があることが判明した。

日本における求人数については，太田・有村 (2004) が厚生労働省の『雇用動向調査』を利用した検討を行っている。そこでは，失われた10年と呼ばれた1990年代の日本の労働市場の低調さと求人行動との関連が強調されている。そこで得られた主要な結果は以下の通りである。第1に，1990年代の求人数減少のうち3分の2程度は，求人を行っている事業所数が減少したことに求められ，残りの3分の1は，求人を行っている事業所が出している求人数の減少による。第2に，その時期の求人の減少は主に建設業，製造業，卸売・小売業・飲食店の零細および中小企業で失われた。第3に，1990年代の未充足求人率の低下は，労働需要を代表する事前求人率の低下と，充足率の上昇の双方によって説明することが可能であり，相対的には充足率の効果が事前求人率の倍程度となっている。つまり，不況下でも求人はある程度発生しているものの，すぐに埋められることから未充足求人率が大きく低下している。第4に，未充足求人関数を「求人発生確率」と「求人が発生した場合の頻度」とに分解して推計したところ，「発生確率」については，事業所の従業員数の多い方が，地域失業率が低い方が，入職率と離職率が高い方が，経営上都合の解雇が少ない方が，企業あるいは企業グループ内部での人員調整が困難なほど求人発生確率は高まる。入職率，地域失業率，従業員規模については Holzer (1994) の米国の研究と同様の結果が得られた。他方，「求人が発生した場合の頻度」については，事業所規模が小さいほど，離職率が高いほど大きくなる傾向がある。さらに，事業所

の平均年齢が30歳代の場合には求人発生頻度が小さくなる。これは，30歳代はもっとも会社内で活躍できる時期であり，生産性水準が高いために，この年齢層が多い企業では求人を多く出す必要が低下するものと解釈される。

求人経路の分析

さて，1990年代後半に入り，欧州においても公共紹介の民間開放の制度変更が行われるようになると，求人活動と経路選択との関係が明確に分析対象となった。代表的な研究としては，Gorter et al. (1996)，Gorter and van Ommeren (1999)，Russo et al. (2001) などが挙げられる。これらの研究は1980年代後半から1990年代前半のオランダのデータに依拠しており，Gorter and van Ommeren (1999) は求人を開始するときはいきなり広告や公共紹介を用いるのではなく，最初にいわゆるインフォーマルな方法で候補者を探し，適当な求職者がいない場合には広告や公共紹介に切り替えるという戦略を用いていると議論した。また，Russo et al. (2001) は，企業による求人条件の設定（具体的には新卒か中途採用かの選択）と求人経路の選択が同時決定であることを考慮し，これらの意思決定が労働市場の逼迫度合いとどのような関係があるかについて検証した。求人条件の設定と求人経路の選択に関して除外変数が含まれていないので推定結果の解釈には留保が必要であるが，結論としては，労働市場の需給が緩いときに公共紹介が多く用いられる傾向があるとしている。

日本では，企業側からみた求人経路選択の分析は少ない。むしろ，求職者側からみて，求職経路の選択がもたらす帰結の分析が多い。中村（2002）およびチェ・守島（2002）は，（財）連合総合生活開発研究所が1999年夏に実施した『勤労者のキャリア形成の実態と意識に関する調査』のマイクロ・データを用いて，転職入職者の利用経路と転職前後の賃金変化・転職入職者の満足度との関係を分析した。その結果，中村（2002）は，公共紹介経由の転職はそれ以外の経路を用いた場合と比較して賃金が減少する傾向があることを指摘する一方，チェ・守島（2002）は転職入職者の満足度については利用経路による差が有意に見出せないことを報告している。これらの研究が利用したデータは労働市場が悪化した時点で収集されているので，転職に伴う賃金減少が労働者にとってある程度折込済みであれば，この2つの結論が互いに矛盾するわけではない。

しかし，転職市場における利用経路の効果については，それほど明確な結論が得られたとはいえないであろう。

これらの研究に対し，玄田（2003），児玉ほか（2004）は，『雇用動向調査』を利用して，求職者の利用経路と離職期間・転職時賃金増減との関係を議論した。玄田（2003）は，会社都合で離職した45～60歳の中高年転職者に焦点を絞り，前の会社（の紹介）や縁故による再就職の場合には離職期間が短くなる傾向を見出している。児玉ほか（2004）では全転職者にサンプルを拡大したところ，公共紹介を介しての転職は，やはり前の会社（の紹介）や縁故による再就職と比較すると，離職期間が長く，賃金減少が大きい傾向があることが見出されている。

以上の研究からは，求職者については，公共紹介による転職は他経路と比較して，離職期間や賃金増減という観点からは必ずしも有利な特徴をもつわけではないことが示唆される。ただし，これらの研究は，中村（2002）や児玉ほか（2004）で著者自身が指摘しているように求職経路の決定の内生性が考慮されていない。なおかつ，それによって発生するバイアスの方向が先天的に明らかではないゆえに，推定結果の評価を留保する必要があるという難点がある。

他方，求人側から見た経路選択の問題を考慮した分析は，日本では数少ない。そのうちのひとつである上野・神林・村田（2004）では，『雇用動向調査』を用いて，事業所ごとに求人充足状況や採用時の利用経路を把握したうえで，事業所の求人経路選択行動及び求職者の求職経路選択行動がランダムか否かを検証した。その結果，経路選択行動はランダムでないことが明らかになった。さらに，公共職業紹介所におけるマッチングに関するデータを用いて，マッチングのスピードへの経路選択行動の効果を分析した。実証結果から，マッチングの技術的効率性を高めるには，求人求職双方の経路選択行動の予測精度を高めること，すなわちどのような事業所やどのような求職者がどの経路を選択するか，あらかじめ確からしい状態にすることが有効であることが示されている。

第6章　労働需要の実現

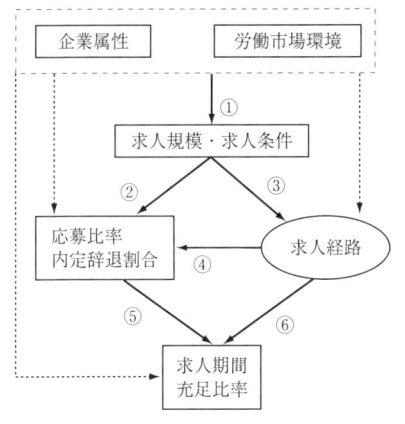

図6-1　求人活動の流れ図
（出所）　著者作成。

3　求人行動の流れと分析の焦点

企業による求人行動の流れ

　企業による求人活動の流れを理解しておくことは，後で述べる実証分析結果を理解する上できわめて重要である。本章では，求人活動の流れを図6-1のように整理しておくことにしたい。以下，図に示されている矢印について説明する。

　労働市場に求人を出すことを考えている企業は，どのような条件のもとで，どれだけの数の求人を出すべきかを最初に考慮しなければならない。求人の条件とは，正社員にするか非正社員にするか，新卒採用あるいは中途採用にするか，どの程度の賃金を提示するか，年齢や学歴に関して制限を設けるかどうか，といった基礎的な条件のことを意味する。企業は，求人数と求人条件をセットで労働市場に提示することで，求めている労働者を得ようとする。過度に緩く求人条件を設定すると，応募者が多くなりすぎて，企業にとって選抜コストが大きくなってしまう。逆に，過度に厳しく求人条件を設定すれば，応募者が少なくなってしまい，求人がなかなか埋まりにくくなる。これらを考慮に入れながら，求人条件が決められると考えられる。このように，求人条件は採用しよ

201

うとしている仕事の内容や，採用理由に依存することになるので，広い意味では企業や仕事の属性によって決まるものと考えられる。逆に言えば，求人経路を前提とした条件調整はそれほど行われないと想定したい。また，労働市場が売り手市場か，買い手市場かといった労働市場環境によっても，設定する求人条件は異なるであろう。図中では，①の矢印が求人条件の決定を示している。なお，「企業属性」や「労働市場の環境」は，これ以降のサーチ活動の結果に陰に陽に影響を及ぼすことから，図中では点線の矢印にてこうした効果を示しておいた。

そうして市場に出された求人は求職者によって閲覧され，採用を望む求職者は自らの選んだ求人に応募する。ひとつの求人にどの程度の応募者があるかは，設定される求人条件に大きく依存するだろう。賃金水準が高く，スキルの制限が弱い仕事に対しては，応募者が殺到することになる。その場合，募集人員に対する応募者の比率（ここでは「応募比率」と呼ぶ）は大きくなる。逆に，労働条件の厳しい仕事では応募比率は低くなるだろう。

企業は，来て欲しいと思う応募者に対しては内定を出して採用の意思を示す。ただし，内定を出したからといって，当該労働者が確実にその仕事に就職するとは限らない。たとえば，面接などの過程で求人条件や紹介機関からの話以上の情報を得ることにより，内定を辞退するかもしれない。あるいは，求職者が複数の求人に応募している場合には，他の会社から内定が出されることもあろう。以下では，内定者のなかで辞退が発生する割合を「内定辞退割合」と呼ぶことにする。この内定辞退割合は，内定者が他に応募したところからオファーがくるかによるので，求人条件から大きな影響を受けると思われる。ただし，その関係はそれほど自明ではない。よい求人条件で内定が出る人材には他の求人からの内定が出やすいかもしれないし，逆にそれほど別の機会がないかもしれない。したがって，応募比率も内定辞退割合も，設定された求人条件の影響を受ける。この点を示したのが，図6-1における②の矢印である。

実際に企業が求人を市場に出す場合には，「どのような経路で求人を出すか」という問題に直面することを忘れるべきではない。すなわち，ハローワーク（公共職業安定機関）を通じて求人を出すのか，新聞広告で募集するのか，あるいは民間の職業紹介機関を使うのか，といった選択問題である。もしも特定の

ルートを用いることで，条件の合った人材が，適度なコスト（時間的・金銭的）で調達できるならば，企業はそのルートを採用するインセンティブを有するだろう。したがって，設定される求人条件が求人経路選択に影響を及ぼす可能性がある。このような，求人条件に依存して求人経路が決まるというルートが，図の矢印③で示されている。

よって，求人条件が決まれば，求人経路，応募比率，そして内定辞退割合が同時に決定されるという考え方もできるが，本章では求人経路そのものが応募比率や内定辞退割合に影響を及ぼしうる，という視点に立つ。というのも，後の分析で示すように矢印③のルートは必ずしも強いわけではないので，他の事情が求人経路選択に影響を与え，それが求人行動の結果を左右するかもしれないためである。すなわち，同じ企業が同じ条件の求人を異なった経路で市場に出した場合に，異なった帰結が生じる可能性を考慮した分析を行いたい。図では④の矢印となる。かりに経路によって応募比率に差があっても，それはその経路に出される求人条件の違いによるものかも知れないし，同じ求人でも経路によって応募比率が異なるためかもしれない。そうした点をきちんと吟味するためには，図中の④のルートを考えておく必要がある。

応募比率と内定辞退割合が決まると，いよいよ求人行動の最後の結果である求人期間と充足比率が定まることになる。求人期間とは求人を開始してから求人活動の終了までの期間を意味する。また，充足比率は募集人員のうち，どれだけの割合が実際に採用に至ったかを表す指標である。なるべく短い求人期間で，高い充足比率を達成すれば，それは成功した求人活動と呼べるだろう。応募者が多い場合には求人期間は短くなり，充足比率は高まる可能性が高い。したがって，このように図中の⑤のルートが成立する。それと同時に，応募比率や内定辞退割合が同じであっても，どのような求人経路を選んだかによって求人期間や充足比率が異なる可能性がある。図中の⑥がこのルートを表している。

このようなプロセスを検証することを通じて，具体的な市場要件に依存しながら労働需要が顕在化する様子を観察することができる。以下では，図6-1で示されたような関係を実際の日本の求人データを用いて検討しよう。

4　実証分析

用いるデータの概観

本節では，2005年2月〜3月にかけて連合総合生活開発研究所が実施した『企業の採用・退職・能力開発アンケート調査』の企業データを用いて求人の分析を行う。調査票は，日本労働組合総連合会（連合）に加入している労働組合を経由して企業の人事部に手渡した上で，人事部が記入して返送した。また，それに加えて，帝国データバンク社の名簿から抽出した企業にも調査票を送付して回収数の向上を図った。その結果，調査対象は3,265社，回収数は460社となった。

調査票では，2003年度から2005年1月までの約3年間に正規従業員の中途採用を行った場合に，中途採用人数，応募者数（双方とも職種別），採用で重視した条件，多かった不採用理由，中途採用に対する訓練・研修などをたずねた。また，直近の求人・採用行動については，中途採用開始時期，応募者数，採用者数，辞退者の割合，募集から終了まで要した期間，求人経路，求人条件（年齢，職種，学歴，要経験の有無，賃金水準）などを質問している。

さて，回答企業460社，2003年度から2005年1月までの約3年間に1名以上の正規社員の中途採用を行った企業は1名以上の正規社員の中途採用を行った企業は342社を数え，およそ4分の3に及ぶ。日本の失業率は2003年に5.8％をピークに減少傾向に転じ，少なくとも数字上は好況期に入った。その影響を受けているのかもしれない。このうち，管理職に採用があった企業は123社，研究開発職では88社，技術専門職では160社，事務職では199社，生産技能職では154社，営業販売職では148社で，職種不問の採用も23社あった。

中途採用の決定時に重視した点としては，多くの企業は「特定の仕事についての技能・知識」（全選択の24.8％）を最重要視すると答えており，「保有する一般的な能力」（同13.0％），「これまでの経験」（22.1％）を含めると，中途採用においてはその時点での「経験」や「能力」が重要視されており，補足的に「熱意・意欲」（同12.6％）や「人柄・性格」（同9.7％）が選考の基準となることが示唆される。「年齢」や「学歴」，「資格・免許」といった客観的な情報を採

用の際に重視する企業は少ない。他方，応募者を不採用とした理由としてもっとも多かったのは「能力や技能，知識が不足していた」で，284社の半分近くの133社があげている。それに対して，全体の賃金などの報酬面，勤務時間や勤務形態についての折り合いがあわなかったという理由はあまりあげられていない。労働市場における価格指標として主な調整機能を果たすとされている賃金や労働条件については折り合いがついているにもかかわらず，取引の具体的内容である「能力」や「意欲」「人柄」で求人・求職の一致をみていないことは，マッチングにおける情報の非対称性のもつ役割が相当大きいことを示しているように思われる。

次に，直近の求人・採用活動の詳細について整理してみる。1名以上の中途採用を募集した企業は244社で，平均募集人員は17.4名であった。100名以上の大規模な募集をかけた企業が13社あるので，これらを除く231社のみで概要を把握すると，平均募集人員7.0名，平均応募者数59.0名，平均採用数5.4名，平均求人期間2.7カ月，平均応募比率9.8倍，平均充足比率0.83となる。募集人員，応募者数や採用数に関しては大規模募集の影響が大きいが，求人期間，応募比率，充足比率についてはそれほど大きな影響はなさそうである。

充足比率が1.00と，求人を予定通り埋めた企業は133社，充足比率が1.00を超え，予定以上に採用した企業も17社ある。その一方，充足比率が1.00を下回り，未充足求人が残った企業も94社と多く，244社中38.5％を占める。うち，16社では採用がなかった。そもそも応募がなかった企業が7社あるので，9社は応募がありながら採用をあきらめたと考えられる。

充足比率が1.00を下回った企業が約4割だったのに対して，募集人員よりも応募者数のほうが少なかった，すなわち応募比率が1.00を下回った，という事例は22社と1割に満たない。大部分は募集人員以上の応募者が集まっている（182社，74.6％）。

充足比率の低下に寄与すると考えられる内定辞退の割合は次のようになっている。求職者に内定を出して辞退されたことがない企業は233社中132社で過半を上回る。しかし3割以上の内定者に辞退された企業も14企業あり，ある程度の企業が内定を辞退される経験をしている。結果として充足比率が1.00に至らなかった企業と少なくとも予定通りの採用を確保した企業で分割し比較す

ると，後者よりも前者のほうで内定辞退比率が高い傾向がみられる。

連合総研調査では，直近の中途採用活動について，求人経路ごとに募集数，応募数，採用数をきいている。求人経路は『雇用動向調査』と同様に，「安定所（パートバンク，人材銀行含む）」「民営職業紹介所（学校を除く）」「学校（専修学校等も含む）」「親会社・取引先など他の会社」「縁故」「広告（求人情報誌・インターネットも含む）」「その他」の7つからの選択となっている。

求人活動に利用された経路の数としては，およそ65％と多くの企業が単一の求人経路のみを利用している。2つの経路を併用したのは4分の1程度で，3つ以上の経路を併用したのは1割に満たない。ほとんどの企業は，それほど多くの求人経路を併用しているわけではないことがわかる。中途採用活動を行った企業で求人経路が明確な211社のうち，公共職業安定所を利用したのはおよそ半数の101社にのぼる。広告を利用したのも同様におよそ半数弱の97社であった。これに対し，民営紹介を利用したのは26社と1割強にとどまっているが，これは製造業や運輸通信業に偏るという本調査のサンプル特性に依存している可能性がある。また，「縁故」「取引先」などいわゆるインフォーマルな紐帯を利用したのは44社とおよそ5分の1程度で，制度化されたフォーマルな求人経路が多く選択されていることがわかる。

中途採用募集の際に付した条件のうち，年齢，職種，学歴，経験，賃金水準についてまとめると次のようになる。年齢についてはおおよそ7割が，学歴については4割5分が制限をつけていた。経験が必要とされたものも半数ほどである。また，職種を限定しての求人が9割程度であったが，職種を限定しない求人も1割程度あった。賃金水準も7割程度で明示されているものの，2割強の求人では賃金水準が明示されていなかったこともわかる。

年齢制限についてより詳しく述べると，中途採用求人全体228社のうち，30歳以下の求職者が応募可能なのは215社で，およそ94.3％にあたり，ほとんどの求人で30歳以下は応募可能である。ただし年齢階層が進むと応募可能求人割合は単調に減少し，31～35歳では全求人のうち75.4％，36～40歳では50.9％，そして41～50歳では37.7％となる。結局，50歳以上の求職者は全体のうち30.7％の求人にしか応募することができなかった。そのうえ50歳以上の求職者の応募が認められる求人の大部分は年齢制限がない求人で，年齢制限がある求

人では166社中8社のみであった。以上のような，年齢階層と応募可能求人割合の単調な関係は，年齢制限がある特定の年齢階層の求職者を募集するために用いられているというよりは，もっぱら比較的中高年齢者の応募を排除するために用いられていることを示唆する。

学歴による応募制限については，おおむねどの学歴の求職者についても7割程度の求人に応募することができ，大卒求職者については9割以上の求人に応募することができる。これは，本調査で分析対象となっている求人に，専門的な知識の裏づけとして学歴が要求される管理・技術職や，学歴を必要としない運転手などが多くをしめることと関係していると思われる。ただし，年齢制限と異なり，学歴制限については一般に不利と考えられる低学歴なほど応募可能性が小さくなるという単調な傾向は観察されない。

本調査では賃金額を明示した場合に，日給，月給，年収のいずれか上限と（または）下限を記入する形で提示賃金をきいている。ここでは，提示賃金の上限額について，日給の場合は21日／月×12カ月＝252を乗じ，月給の場合は16.5カ月を乗じることで年収換算した。平均的な提示賃金は414万円／年程度で，最小値は176万円，最大値は861万円であった。300〜500万円までの間に概ね50％は含まれる分布である。

分析に移る前に，このデータを用いた分析の重要な留保をひとつ記しておこう。このデータからは，各求人企業が，自らの求人に反応する求職者プールをどのように想定しているかはわからない。たとえば，広告に求人を掲載した企業が広告を通じて自分の求人を見てくれるだろうと想定している人々と，学校に求人を出した企業がやはり学校を通じて自分の求人を見てくれるだろうと想定している人々は，このデータでは区別できないということである。したがって，本章の続く分析では，すべての企業は同一の求職者プールに対して求人を出すと想定する。もちろん，提示条件によって，あるいは求人経路によって求職者プールは異なる可能性は否定できない。しかし，たとえば求職者にとっては，応募自体は自由であるから，明らかに合わない求人に応募したからといって罰せられるわけではない。その意味で，求職者プールが求人条件や求人経路で分断されているとは想定できないこともまた事実である。求職者プールがどのように形成されているかは非常に重要な研究課題としてまだ残っているとい

える。

求人規模と求人条件の決定

さて,以下では,回答企業の直近の求人活動における図6-1に見られたような関係を,回帰分析の手法を用いて検討する。最初に,図6-1における①のルートである,求人規模や求人条件の決定について調べよう。求人規模や提示賃金などの求人条件は,様々な要因によって影響を受けると考えられる。ここでは,以下のような説明変数を考慮することにした。

第1は,正規従業員数の対数値であり,企業規模を表す。2002年12月段階の正規従業員数の対数値を用いる。第2は,会社都合離職割合であり,各企業における労働需要の弱さの代理指標とする。具体的には,離職者に占める非自発的離職の割合(2002年度から2004年度平均)を採用した。この変数が大きいことは,余剰人員の排出が強まっていることを意味する。第3は,各企業における離職率であり,離職率の高い企業では(他の条件を一定にすれば)補充のために求人数は増えると考えられる。2002年度から2004年度(2005年1月まで)にかけての平均的な離職率を用いる。第4は,企業特性としての正規従業員比率,第5は,企業が所属する産業ダミー(ベースは鉱業および建設業),第6は,求人職種ダミー(技術管理職,事務職,販売サービス職,運輸・通信・保安職,技能職)で,この場合のベースは「職種限定なし」となる。

最後に第7の変数として,「直近の正規従業員の採用数を決めた理由」についてのダミー変数を導入することにした。この設問には8つの選択肢が示され,これらを中途採用の理由(2つ)の中に選んだ場合には1,選ばなかった場合には0をとるダミー変数を作成した。ただし,ここで作成した6つ(「その他」は用いない)のダミー変数ベクトルは,通常のダミー変数ベクトルのように全部集計した合計が1とはならない。そのために,すべてを同時に同じ回帰式に含めることはせず,1つずつ回帰分析に導入するという方法をとった。採用理由が,求人条件に及ぼす影響を捉えようとしている。残念ながら,企業の立地(通勤の便)や地域労働市場の需給バランスなど,Manning (2000)やBrown et al. (2001)等が考慮した変数は導入できていない。

最初に求人規模(求人数)を取り上げる。募集人員の対数値を被説明変数に

した推定結果が表6-1の第1列に示されている。6つの中途採用ダミー変数を1つずつ導入して推計を行ったが,すべて有意ではなかったので,決定係数が最も高い「既存事業拡充のため」のダミー変数を導入したときの推定結果のみを掲載している[5]。

まず,正規従業員数の対数値は求人規模に正の効果を及ぼしている。係数の値は0.30～0.32程度であり,1%の従業員数の増加は,0.3%程度だけ募集人員を押し上げる。よって,企業規模が大きくなるほど従業員総数に占める募集人員比率は小さくなる。この点は未充足求人率が規模とともに低下することを見出した太田・有村(2004)の結論と整合的である。離職率の上昇は求人規模を増大させるが,この点も太田・有村(2004)の結論と符合している。すなわち,離職率が高まれば,補充のために求人規模が大きくなる必要がある。一方,会社都合離職割合は求人規模にマイナスの影響を及ぼしている。離職全体に占める会社都合による離職の割合が高いということは,労働者数が過剰であることを意味しているので,求人規模が小さくなっても不思議ではない。この推計結果から,会社都合離職割合が企業による労働需要の重要な部分をピックアップしていると判断することができる。産業ダミーはいずれも有意ではなかったが,職種限定のダミーは,事務職で有意にマイナスとなった。事務に限定した募集の場合には,募集人員が少ない傾向がある。この理由としては,事務職については企業の過剰感が強いことが考えられる。正規従業員比率はどの推計でも有意ではなかった。

続いて,提示賃金について考察しよう。ここでは,提示賃金の上限額を年収換算したものを利用する(対数値)。結果は,表6-1の第2～4列に示されているが,これらは中途採用理由ダミー変数が有意であった3つのケースである。まず,正規従業員数(対数)は提示賃金に有意に正の影響を与えている。一般に,日本の労働市場ではアメリカに比べて大きな規模間賃金格差が観察されるが(Rebick 1993),すでに提示賃金の段階で規模との間に強い相関があることがわかる。他方,会社都合離職割合や離職率,正規従業員比率などは提示賃金に影響をもたらさない。興味深いことに,求人規模の決定ではそれほど強い影響を示さなかった中途採用理由ダミー変数のうちの3つが有意となっている。1つ目は,「従業員の年齢構成のバランスを維持するため」のダミーで,マイ

第Ⅱ部　企業の労働需要行動

表6-1　求人条件の推定結果

被説明変数 推定方法	求人規模 OLS	提示賃金 OLS	提示賃金 OLS	提示賃金 OLS	40歳応募可 Probit	高卒応募可 Probit
ln（正規従業員数）	0.308 (0.071)***	0.088 (0.022)***	0.068 (0.021)***	0.083 (0.022)***	0.055 (0.072)	−0.219 (0.078)***
会社都合離職割合	−0.711 (0.356)**	−0.079 (0.103)	−0.071 (0.097)	−0.063 (0.102)	−0.270 (0.381)	−0.556 (0.411)
離職率	4.324 (1.611)***	−0.064 (0.461)	−0.315 (0.443)	0.015 (0.456)	3.223 (2.337)	2.424 (2.715)
正規従業員比率	−0.525 (0.473)	−0.053 (0.170)	0.040 (0.161)	−0.095 (0.170)	0.562 (0.552)	0.153 (0.522)
退職者補充のため						
年齢構成維持のため		−0.108 (0.063)**			−0.513 (0.225)**	
既存事業拡充のため	0.223 (0.182)		0.230 (0.056)***			
新規事業・新分野への進出のため					−0.268 (0.248)	
戦略部門の強化のため				0.171 (0.071)**		
育児・介護休業などの代替要員のため						
製造業	−0.328 (0.388)	−0.095 (0.117)	−0.079 (0.111)	−0.204 (0.119)*	−1.049 (0.434)**	−0.968 (0.389)**
運輸・通信業	−0.116 (0.440)	−0.253 (0.136)*	−0.216 (0.128)*	−0.312 (0.132)**	−1.445 (0.508)***	−0.174 (0.486)
サービス業その他	0.090 (0.421)	−0.233 (0.130)*	−0.169 (0.125)	−0.282 (0.129)**	−1.002 (0.472)**	−0.811 (0.436)*
技術・管理職	−0.342 (0.270)	0.135 (0.090)	0.095 (0.086)	0.140 (0.089)	−0.511 (0.272)*	−0.557 (0.269)**
事務職	−0.641 (0.312)**	−0.011 (0.095)	0.008 (0.089)	−0.011 (0.093)	−0.995 (0.329)***	−0.932 (0.330)***
販売・サービス職	−0.460 (0.301)	0.054 (0.092)	0.063 (0.087)	0.058 (0.091)	−0.865 (0.318)***	−0.528 (0.315)*
運輸・通信・保安職	0.530 (0.423)	−0.012 (0.115)	−0.021 (0.108)	0.014 (0.112)	1.204 (0.508)**	
技能職	0.038 (0.320)	−0.140 (0.093)	−0.132 (0.088)	−0.099 (0.093)	−0.710 (0.332)**	
定数項	0.066 (0.786)	5.650 (0.249)***	5.600 (0.236)***	5.710 (0.249)***	0.845 (0.846)	3.041 (0.849)***
標本数 Adjusted (Pseudo) R2	208 0.18	136 0.20	136 0.28	136 0.22	232 0.18	186 0.13

(注)　( )内は標準誤差。＊は10％水準，＊＊は5％水準，＊＊＊は1％水準で有意であることを意味する。

ナスの影響をもたらしている。これは，年齢構成のバランスが崩れている場合には中高年が多すぎるケースが多いために，賃金水準の比較的低い若年者への募集が行われているためかもしれない。2つ目は，「既存事業の増加または拡充のため」で，これはプラスとなっている。3つ目は，「研究開発や販売部門など戦略部門の強化のため」で，これも有意にプラスである。企業外部から比較的多くの人員を確保したり，優秀な人材を求めたりする場合には，提示賃金が引き上げられるのかもしれない。

次に，年齢制限を取り上げる。この調査結果では，約7割の企業で年齢制限が行われており，その多くはある一定以上の年齢層の応募を制限しようとするものであった。そこで，各企業の求人に対して40歳の人が応募できるかどうかを調べ，その年齢で応募可能であれば1，不可能であれば0をとる変数を作成した。この変数を被説明変数にしたプロビット分析を行うことで，年齢制限の規定要因を調べることにする。推定結果は表6-1の第5列にある。

年齢制限は，企業規模，正社員比率，離職率，会社都合離職比率などの企業特性とはほとんど関係がない。しかし，中途採用理由のうちで「従業員の年齢構成のバランスを維持するため」に対応するダミー変数は有意にマイナスとなっている。このことは，年齢構成のバランス維持が考慮されるときには，若年層対象の募集となりがちであることを意味する。先に，「年齢構成のバランス」が中途採用理由の場合には，提示賃金が低下することを見出したが，ここで得られた結論と整合的である。さらに目を引くのは，産業や職種によるばらつきが大きいことである。産業ダミーの係数はすべて有意にマイナスであり，最も強い年齢制限が製造業で見られ，最も弱い年齢制限の産業はベースである鉱業・建業となる。建設業に多くの高齢者が働いている事実と符合した結果である。職種については，技術・管理職，事務職，運輸・通信・保安職がマイナス，販売・サービス職がプラスとなっている。

3番目の求人条件として，学歴を取り上げる。ここでは，高卒者（工業高校含む）が応募可能であるかどうかで，求人を分類することにした。そして，各企業の求人に応募可能な場合に1，応募が不可能な場合には0をとる変数を作成し，これを被説明変数とするプロビット分析を行った。推定結果は表6-1の最終列にある（中途採用ダミーはすべて有意でなかったので，最も高い決定係数の

第Ⅱ部　企業の労働需要行動

定式化を選んだ)。

　まず,企業規模が大きいほど,高い学歴水準の労働者に対する募集が増える傾向がある。大企業ほど平均的な学歴水準が高いので,この結果は当然であろう。会社都合離職割合,離職率,正規従業員比率,離職理由は有意ではない。産業では,製造業とサービス業その他でマイナスの符号が検出されている。職種については技術・管理職と事務職で有意なマイナスになっている。高度な判断業務を伴う職種で学歴制限が強いことは,直感とよく合致している。

求人経路の決定

　続いて,求人条件に応じてどのように求人経路を選択しているかについて,プロビットモデルを用いて推定した。これは図6-1のルート③の分析となる。被説明変数は,ある求人経路を選択した場合に1をとり,利用しない場合に0をとるダミー変数とする。求人経路は6種類であり,それぞれについてプロビットモデルを推定したが,公共紹介および広告以外は選択数が少なく,分析の安定性が確保できなかった。また,公共紹介,民営紹介および広告をまとめてフォーマル・ルートとし,フォーマル・ルートを選択するか否かを被説明変数としたプロビットモデルも推定した。説明変数としては,提示賃金の上限,求人規模,求人条件制限(職種,下旬歴,年齢,要経験),企業属性として総従業員数,非正規従業員比率,産業,中途採用者に対する研修時間数,中途採用に際して「能力」「技能・知識」「経験」を重視するか否かのダミー変数を採用した。

　結果はここでは示さないが(『雇用ミスマッチの分析と諸課題』〔連合総合生活開発研究所,2006年〕参照),提示賃金上限が上昇すると公共紹介を選択する確率は減少し,比較的低学歴を募集する求人の場合には広告を利用し易い傾向があったほかは,求人条件と求人経路の間にはそれほど強い関係は見出せなかった。

　こうした観察結果はオランダのデータを用いた先行研究とは異なる。Gorter et al. (1996)ではインフォーマル・ルートか広告のどちらを選択するかについてプロビット分析をしている(Table 3)。本章とは求人経路の定義や用いられている説明変数に違いがあるが,年齢制限がかかる場合や管理職・医療／教育

職の募集などではインフォーマル・ルートよりも広告が用いられる傾向にある一方，教育水準は経路選択には有意な影響を及ぼしていないことが報告されており，この傾向は基本的には Gorter and van Ommeren (1999) でも確かめられている（Appendix B）。日本では募集年齢よりもむしろ募集学歴が経路選択に影響を及ぼしている可能性が読み取れ，労働市場における求人行動が日欧で異なる可能性を示している。

応募比率の決定

応募者のなかから候補者を選定し，さらに採用者を選ぶという通常の求人活動を考えると，募集人数に対して応募者が多ければ多いほど効率的であるわけではない。その理由のひとつは，選抜のためにより時間がかかってしまうからである。とはいえ，採用者は応募者のなかからしか選択できないという制約を考えれば，募集に対してどの程度の応募者を集められるか（応募比率）は求人活動のひとつの結果を表しているといえる。応募比率は求人条件や企業の特性によって影響を受ける可能性がある。また，それとは独立に求人経路が応募比率に影響を及ぼすこともありうる。以下では，このような図6-1における矢印②および④の効果を考察することにしたい（次の内定辞退割合も同様である）。

そこで，募集人数に対する応募者数の比率を被説明変数として，求人経路，提示した求人条件，企業特性を説明変数とした回帰分析を行った。推定方法は下限を0としたトービットモデルである。また，選択した求人経路は，各求人経路を選択したか否かを示すダミー変数を作成し，それぞれ別個に説明変数としてとりいれた。ただし，複数の求人経路を選択した企業も存在するので，選択した求人経路の数も考慮した。なお，応募比率などについては，すべての求人経路合計の数値を採用している。まず求人条件と応募比率との関係を観察しよう。表6-2に推定結果が示されている。

総じて提示賃金上限が上昇すると応募比率も増大するものの，この傾向はすべての推定で有意であるというわけではなく，あまり頑健ではない。事務職限定の求人の場合には応募比率が高まるが，これは事務職につきたい求職者が多いためだと考えられる。募集対象から短大卒を外すような求人（したがって，大卒や大学院卒も外れる公算が大きい）では，応募比率は高くなる。逆に言えば，

要求学歴が高くなれば応募比率は低下してしまう。

次に選択された求人経路が応募比率に影響を及ぼすかをみてみよう。先に見たように，求人経路は求人条件や企業属性によって完全に決定されるわけではない。よって，表6-2で示された選択求人経路ダミーの係数は，求人条件や企業属性が一定のもとで当該求人経路を選択することが応募比率に影響を及ぼすかどうかを示していると解釈される。その結果は，総じて統計的な有意性に欠けるものの，同一の条件で求人を出す場合でも，広告を選択する場合には応募比率が有意に上昇することを示している。ただし，複数選択した求人経路のひとつとして広告を選択した場合には，広告のみを選択した場合と比較して応募比率は減少することが観察される。

応募比率に対する選択経路の効果の頑健性を調べるために，説明変数として採用した求人条件や企業属性が及ぼす影響を調べたのが，表6-3である。この表は求人条件や企業属性を説明変数に加えたり除外したりして得られた推定結果のなかから，求人経路ダミーに関わる係数と標準偏差のみを抜き取って作成したものである。

たとえば，公共紹介を選択したことが応募比率に与える影響をみる場合，表6-3の第1行を参照するとわかりやすい。公共紹介ダミー変数のみを説明変数として推定すると有意に負の係数が得られ，表面的には，公共紹介を選択すると応募比率が減少する傾向があることを示している。しかし，推定の説明変数を適宜加えていくと係数の統計的な有意性が消失するのがわかる。特に求人条件を説明変数に加えると係数の絶対値が減少し，そもそも応募比率の低い条件の求人で多く公共紹介が選択されていることを示している。見かけ上，公共紹介を通じて募集された求人は応募比率があまり大きくないものの，それは求人条件がそもそも応募を多く呼ばない性質をもつゆえであると解釈できる。したがって，これらの要因を考慮すると，公共紹介ルートが応募比率を減少させる効果があると判断するには危険が大きい。

この傾向は民営紹介ではまったく逆で，求人条件を説明変数に加えると係数が減少する。民営紹介では見かけ上応募比率が高いが，それは条件がよい求人が集まるからであって，民営紹介自体が応募比率に強い影響をあたえるわけではなさそうである。

第6章 労働需要の実現

表6-2 応募比率の推定結果（Tobit 推定法による）

推定式番号	(1)	(2)	(3)	(4)	(5)	(6)	(7)	(8)
公共紹介	1.546 (3.046)	−3.115 (2.052)						
民営紹介	3.044 (3.995)		−2.106 (2.726)					
学　　校	10.374 (5.348)*			4.494 (4.267)				
他の会社	3.233 (3.673)					−1.458 (2.829)		
縁　　故							−4.313 (2.839)	
広　　告	7.931 (2.936)***						5.151 (1.803)***	
その他	4.025 (3.946)							0.011 (2.808)
選択経路数	−5.004 (2.630)*	0.268 (1.111)	−0.753 (0.855)	−1.221 (0.923)	−0.780 (0.857)	−0.280 (0.916)	−2.230 (0.955)**	−0.835 (0.885)
提示賃金上限	0.010 (0.007)	0.007 (0.007)	0.011 (0.007)	0.010 (0.007)	0.011 (0.007)	0.011 (0.007)	0.011 (0.007)*	0.010 (0.007)
求人規模	0.015 (0.021)	0.021 (0.021)	0.023 (0.021)	0.019 (0.022)	0.021 (0.022)	0.023 (0.021)	0.022 (0.021)	0.023 (0.021)
技術管理職限定	−2.081 (2.885)	−1.293 (2.795)	−0.497 (2.823)	−1.024 (2.795)	−0.775 (2.802)	−1.780 (2.847)	−0.496 (2.703)	−0.792 (2.891)
事務職限定	6.533 (3.119)**	7.458 (3.059)**	8.901 (3.139)***	7.858 (3.046)**	8.258 (3.039)***	7.507 (3.049)**	8.218 (2.930)***	8.281 (3.048)***
販売サービス職限定	2.797 (2.860)	4.150 (2.936)	4.319 (2.967)	3.866 (2.959)	4.155 (2.964)	3.417 (2.971)	3.688 (2.861)	4.150 (2.974)
運輸・通信・保安職限定	−0.148 (3.600)	1.367 (3.573)	2.445 (3.603)	1.390 (3.615)	2.289 (3.601)	1.365 (3.569)	1.649 (3.449)	2.076 (3.612)
技能職限定	0.082 (2.726)	−0.009 (2.807)	0.561 (2.870)	−0.066 (2.824)	0.105 (2.834)	0.101 (2.800)	0.608 (2.733)	0.177 (2.835)
その他職限定	−4.033 (7.298)	0.194 (7.441)	0.732 (7.499)	1.108 (7.483)	0.459 (7.510)	−1.919 (7.604)	−3.071 (7.346)	0.566 (7.524)
高卒応募不可	−0.246 (2.586)	0.091 (2.697)	−0.601 (2.733)	−0.204 (2.689)	−0.328 (2.710)	−0.247 (2.681)	−0.665 (2.617)	−0.299 (2.714)
高専卒応募不可	−7.038 (4.684)	−7.402 (4.822)	−7.779 (4.855)	−8.371 (4.823)*	−7.866 (4.867)	−8.906 (4.822)*	−6.327 (4.711)	−8.106 (4.855)*
短大卒応募不可	14.911 (6.059)**	13.420 (6.279)**	14.234 (6.297)**	14.562 (6.264)**	14.129 (6.326)**	15.975 (6.320)**	14.190 (6.077)**	14.407 (6.341)**
大卒応募不可	−3.088 (3.829)	−2.433 (3.863)	−3.304 (3.981)	−2.558 (3.873)	−2.548 (3.901)	−2.200 (3.867)	−3.845 (3.780)	−2.649 (3.923)
大学院卒応募不可	−3.370 (3.889)	−1.532 (3.995)	−1.240 (4.031)	−1.236 (4.012)	−1.450 (4.032)	−2.601 (4.066)	−2.753 (3.914)	−1.402 (4.040)

第Ⅱ部　企業の労働需要行動

30歳以下応募不可	−0.954 (4.201)	−1.339 (4.236)	0.662 (4.342)	0.122 (4.194)	−0.062 (4.214)	−0.865 (4.186)	−0.349 (4.055)	−0.189 (4.218)
30〜35歳応募不可	2.379 (2.135)	1.018 (2.090)	1.297 (2.095)	1.033 (2.110)	1.612 (2.117)	2.480 (2.179)	2.552 (2.054)	1.439 (2.096)
35〜40歳応募不可	−0.655 (2.149)	−0.288 (2.256)	−0.265 (2.275)	−0.245 (2.264)	−0.241 (2.278)	−0.096 (2.253)	−0.656 (2.198)	−0.196 (2.281)
40〜50歳応募不可	0.001 (3.429)	−0.712 (3.581)	0.076 (3.608)	0.052 (3.584)	−0.023 (3.611)	−0.056 (3.560)	−0.252 (3.467)	−0.182 (3.606)
50歳以上応募不可	1.308 (3.527)	2.864 (3.653)	1.559 (3.605)	1.599 (3.587)	1.388 (3.656)	1.176 (3.585)	1.093 (3.482)	1.699 (3.625)
要経験有	−0.859 (1.650)	−1.339 (1.714)	−0.795 (1.724)	−0.859 (1.706)	−0.978 (1.712)	−0.889 (1.695)	−0.837 (1.650)	−0.970 (1.727)
標本数 Pseudo R2	107 0.0792	107 0.0657	107 0.0634	107 0.0641	107 0.063	107 0.0657	107 0.0731	107 0.0626

（注）　実際の推定式には，総従業員数，正規従業員比率，産業ダミー，中途採用者に対する研修時間，能力重視採用方針，定数項が含まれる。（　）内は標準誤差。＊は10％水準，＊＊は5％水準，＊＊＊は1％水準で有意であることを意味する。

表6-3　応募比率と求人経路（Tobit 推定法による）

説明変数	選択経路数 求人条件 企業属性	NO NO NO	YES NO NO	YES NO YES	YES YES NO	YES YES YES
公共紹介選択ダミーのみを導入した推定の係数		−3.177 (1.628)*	−3.692 (2.015)*	−4.495 (2.054)**	−2.648 (1.980)	−3.115 (2.052)
民営紹介選択ダミーのみを導入した推定の係数		1.327 (2.608)	1.707 (2.636)	−0.451 (2.772)	−0.453 (2.614)	−2.106 (2.726)
学校選択ダミーのみを導入した推定の係数		2.800 (4.441)	5.365 (4.900)	4.490 (4.855)	6.413 (4.259)	4.494 (4.267)
他の会社選択ダミーのみを導入した推定の係数		−2.988 (2.814)	−2.498 (3.039)	−2.514 (3.039)	−4.297 (2.784)	−1.458 (2.829)
縁故選択ダミーのみを導入した推定の係数		−4.019 (2.940)	−3.823 (2.950)	−2.429 (3.067)	−2.680 (2.777)	−4.313 (2.839)
広告選択ダミーのみを導入した推定の係数		2.964 (1.737)	4.736 (1.952)*	5.792 (1.940)**	4.367 (1.789)*	5.151 (1.803)***

　他方，広告を求人経路として選択した場合には一般に応募比率が大きくなる傾向がみられる。ただし，見かけ上はそれほど強い相関関係ではないのに対して，選択経路数を同一にすると応募比率は大きくかつ統計的に有意になる。多様な求人経路が選択されている求人は，概して応募者比率の低い求人のはずで

あり，そうしたところで広告が用いられていることが多いために，応募者比率に対する広告の効果を見かけ上小さくしていると考えられる。

内定辞退割合の決定
　次に求人経路の結果として内定辞退割合をとりあげる。労働市場でのマッチングは，紹介機関から話を聞いて（または求人条件だけで判断して）自らの留保水準を超えていると判断した求職者が応募することから始まる。したがって，もし求人側がある応募者に対して内定を出したとすれば，求職者および求人者双方が一度はマッチングの成立を肯定したことを意味する。ただし求職者は，面接などの過程で求人条件や紹介機関からの話以上の情報を得ることにより，応募時点での自らの意思決定を覆す可能性がある。これが内定辞退である。
　それゆえ，内定辞退が生じるという現象の背後には，紹介機関（または掲示された求人条件のみ）から得た情報と面接などの結果得られた情報の間に齟齬があることを意味する。もちろん，求職者によっては別の求人口から誘いを受けたがために内定を辞退するということもありえるので，内定辞退が多いということは求人／求職比率という観点から求職者が有利な状況であることを意味するかもしれない。しかし，本章のデータセットでは個々の求職者の応募機会を観察することはできない。それゆえに，以下の分析では，同一の求人条件に応募する求職者は，そのほかにもつ応募機会も同様であると想定し，求人条件をコントロールすることは応募したであろう求職者の質も同時にコントロールすると解釈する。
　このとき，同類の企業が同種の求人条件で募集をかけたときに（それゆえ，求人者・求職者の質は同様であると考えられる），利用する求人経路によって内定辞退割合が異なることは，当該求人経路における情報生産能力に格差があることを示しているといえる。以下では，内定辞退割合を被説明変数とする回帰分析を実行することにより，求人経路の性質の違いを観察する。本調査では内定辞退割合は4つの多項選択の形式できかれているので，推定方法は順序つきロジットとした。推定結果は表6-4に示されている。
　推定結果をみると，内定辞退割合に対して応募比率はまったく影響を与えていない。また，提示賃金上限が高いほど，そして募集人員数が大きいほど内定

辞退割合が高い。求人職種の限定も有意にプラスの影響を及ぼすことがわかる。求人条件のうち学歴条件と経験条件についてはほとんど内定辞退割合と相関は観察されないが，年齢条件のなかでは50歳以上が応募できない場合，すなわち比較的若年に応募範囲を限った場合に内定辞退割合が高くなる傾向がある。これらの事実は，求職者の他の選択肢が豊富な場合には，他社の募集と競合し，内定辞退割合が高くなることを意味しているものと考えられる。

　以上のように，求人条件および企業特性で応募した求職者の他の選択肢を説明できるとすれば，残った求人経路の効果は当該求人機関の情報生産能力と解釈できる。表6-4によれば，公共紹介を用いた場合には内定辞退割合は（用いない場合と比較して）有意に低くなり，広告を用いた場合には内定辞退割合は（用いない場合と比較して）有意に高くなる。これらの求人経路の役割を求人条件との関係でみたのが次の表6-5である。

　見かけ上，民営紹介を通した求人の場合に内定辞退割合が高いことは，表6-5の第1列から明らかである。このことは民営紹介における情報生産能力がそれほど大きくないことを示しているかもしれない。しかし，この民営紹介における高い内定辞退割合は，求人条件を説明変数として採用すると，すなわち求職者の他の就職可能性を一定として考えると，係数の大きさという面からも統計的な有意性という面からも説明力を失う。すなわち，単純集計において民営紹介で内定辞退比率が高いことは，求人条件（をみて応募してくる求職者の属性）によって説明される部分が強く，民営紹介でそれほど情報生産が行われていないとまでは言い切れないであろう。

　この傾向は公共紹介でも当てはまる。表面上，公共紹介を使用した場合には内定辞退比率は小さくなる。しかも，説明変数として求人条件を加えると，その相関関係は強くなる。つまり，比較的内定辞退確率が大きい求人が公共紹介に多く集まっており，公共紹介の効果を弱く見せているものの，実際には公共紹介では内定辞退比率がかなり抑制されているといえよう。

求人期間の決定

　最後に，求人条件や応募比率，内定辞退割合，さらには経路の選択が求人期間にどのような影響を及ぼすかを観察する（図6-1の矢印⑤および⑥）。そのた

第6章 労働需要の実現

表6-4 内定辞退割合の推定結果（Ordered Logit 推定法による）

推定式番号	(1)	(2)	(3)	(4)	(5)	(6)	(7)	(8)
公共紹介	−2.577 (1.562)*	−2.106 (0.852)**						
民営紹介	−0.404 (1.482)		0.492 (0.986)					
学　校				0.366 (1.230)				
他の会社	−1.693 (1.897)				−1.144 (1.192)			
縁　故	−1.302 (1.983)					−0.236 (1.067)		
広　告	0.067 (1.396)						1.278 (0.637)**	
その他	−0.690 (1.610)							0.370 (0.995)
選択経路数	1.232 (1.301)	0.831 (0.424)*	0.032 (0.276)	0.010 (0.299)	0.048 (0.272)	0.077 (0.307)	−0.297 (0.327)	0.006 (0.294)
応募比率	−0.024 (0.035)	−0.010 (0.033)	0.003 (0.032)	0.001 (0.032)	−0.001 (0.032)	0.001 (0.032)	−0.018 (0.034)	0.003 (0.032)
提示賃金上限	0.005 (0.003)*	0.004 (0.003)	0.006 (0.002)**	0.006 (0.002)***	0.007 (0.002)***	0.006 (0.002)***	0.007 (0.002)***	0.006 (0.002)***
求人規模	0.027 (0.008)***	0.027 (0.008)***	0.026 (0.007)***	0.026 (0.007)***	0.026 (0.008)***	0.027 (0.007)***	0.028 (0.008)***	0.026 (0.007)***
技術管理職限定	3.090 (1.179)***	3.226 (1.101)***	3.395 (1.138)***	3.470 (1.130)***	3.362 (1.129)***	3.470 (1.134)***	3.644 (1.140)***	3.420 (1.144)***
事務職限定	1.697 (1.253)	1.755 (1.164)	2.043 (1.233)*	2.243 (1.171)*	2.173 (1.159)*	2.257 (1.171)*	2.517 (1.179)**	2.231 (1.171)*
販売サービス職限定	2.572 (1.130)**	2.774 (1.118)**	2.622 (1.110)**	2.701 (1.105)**	2.595 (1.096)**	2.704 (1.105)**	2.758 (1.107)**	2.734 (1.107)**
運輸・通信・保安職限定	1.151 (1.428)	1.177 (1.337)	1.729 (1.343)	1.859 (1.318)	1.861 (1.315)	1.915 (1.312)	1.963 (1.354)	1.941 (1.312)
技能職限定	2.855 (1.312)**	2.919 (1.263)**	3.141 (1.278)**	3.293 (1.244)***	3.094 (1.237)**	3.338 (1.253)***	3.450 (1.256)***	3.329 (1.247)***
その他職限定	6.836 (2.299)***	7.789 (2.213)***	7.561 (2.177)***	7.658 (2.188)***	7.366 (2.177)***	7.508 (2.229)***	6.836 (2.199)***	7.607 (2.184)***
高卒応募不可	0.466 (0.949)	0.463 (0.896)	0.278 (0.886)	0.154 (0.844)	0.158 (0.859)	0.160 (0.848)	0.119 (0.882)	0.163 (0.848)
高専卒応募不可	1.277 (1.777)	1.267 (1.724)	0.666 (1.649)	0.667 (1.659)	0.873 (1.665)	0.648 (1.667)	0.852 (1.683)	0.776 (1.671)
短大卒応募不可	−2.847 (2.141)	−3.314 (2.058)	−2.525 (1.995)	−2.492 (2.009)	−2.729 (2.012)	−2.421 (2.060)	−2.183 (2.019)	−2.707 (2.064)

第Ⅱ部　企業の労働需要行動

大卒応募不可	−2.118 (1.597)	−1.900 (1.484)	−1.813 (1.493)	−2.044 (1.429)	−1.935 (1.437)	−2.074 (1.436)	−2.696 (1.498)*	−2.014 (1.439)
大学院卒応募不可	1.232 (1.374)	1.715 (1.347)	1.669 (1.332)	1.737 (1.330)	1.675 (1.346)	1.680 (1.355)	1.425 (1.330)	1.768 (1.349)
30歳以下応募不可	−3.341 (1.883)*	−2.942 (1.733)*	−2.173 (1.816)	−1.793 (1.676)	−1.950 (1.683)	−1.851 (1.688)	−2.078 (1.781)	−1.805 (1.679)
30〜35歳応募不可	−0.818 (0.896)	−1.272 (0.796)	−0.735 (0.738)	−0.753 (0.737)	−0.612 (0.747)	−0.666 (0.789)	−0.523 (0.764)	−0.716 (0.733)
35〜40歳応募不可	−1.591 (0.813)	−1.440 (0.780)	−1.177 (0.738)	−1.158 (0.732)	−1.177 (0.740)	−1.154 (0.732)	−1.316 (0.751)*	−1.129 (0.734)
40〜50歳応募不可	−1.380 (1.553)*	−1.470 (1.545)	−0.766 (1.461)	−0.709 (1.489)	−0.655 (1.488)	−0.720 (1.488)	−0.924 (1.583)	−0.758 (1.494)
50歳以上応募不可	3.886 (1.736)**	4.256 (1.718)**	2.949 (1.549)*	2.952 (1.574)*	2.680 (1.593)*	2.952 (1.574)*	3.159 (1.665)*	3.037 (1.591)*
要経験有	−1.154 (0.677)*	−1.050 (0.638)	−0.665 (0.593)	−0.634 (0.585)	−0.672 (0.594)	−0.635 (0.588)	−0.763 (0.614)	−0.665 (0.591)
標本数	104	104	104	104	104	104	104	104
Pseudo R2	0.328	0.3153	0.2877	0.2869	0.2911	0.2868	0.3046	0.2872

(注)　実際の推定式には，総従業員数，正規従業員比率，産業ダミー，中途採用者に対する研修時間，能力重視採用方針，定数項が含まれる。(　)内は標準誤差。＊は10％水準，＊＊は5％水準，＊＊＊は1％水準で有意であることを意味する。

表6-5　内定辞退割合と求人経路（Ordered Logit 推定法による）

説明変数	選択経路数 応募比率 求人条件 企業属性	NO NO NO NO	YES YES NO NO	YES NO NO YES	YES YES NO YES	YES NO YES NO	YES YES YES NO	YES YES YES YES
公共紹介選択ダミーのみを導入した推定の係数		−0.670 (0.382)*	−1.313 (0.511)**	−0.979 (0.532)*	−0.992 (0.547)*	−1.985 (0.707)***	−1.986 (0.707)***	−2.106 (0.852)**
民営紹介選択ダミーのみを導入した推定の係数		1.007 (0.542)*	0.983 (0.554)*	1.101 (0.625)*	1.105 (0.625)*	1.259 (0.826)	1.273 (0.830)	0.492 (0.986)
学校選択ダミーのみを導入した推定の係数		0.938 (1.062)	0.822 (1.156)	0.532 (1.155)	0.511 (1.160)	0.874 (1.137)	0.859 (1.146)	0.366 (1.230)
他の会社選択ダミーのみを導入した推定の係数		−0.931 (0.834)	−0.929 (0.842)	−1.365 (0.956)	−1.350 (0.959)	−1.576 (1.010)	−1.571 (1.012)	−1.144 (1.192)
縁故選択ダミーのみを導入した推定の係数		−0.688 (0.713)	−0.884 (0.759)	−0.902 (0.794)	−0.887 (0.797)	−0.407 (0.941)	−0.390 (0.951)	−0.236 (1.067)
広告選択ダミーのみを導入した推定の係数		0.800 (0.393)**	0.941 (0.472)**	0.786 (0.478)	0.820 (0.507)	1.030 (0.543)*	1.077 (0.563)*	1.278 (0.637)**

第6章 労働需要の実現

表6-6 求人期間の推定結果（OLS推定法による）

推定式番号	(1)	(2)	(3)	(4)	(5)	(6)	(7)	(8)
公共紹介	0.692 (2.241)	0.812 (0.863)						
民営紹介	2.030 (2.185)		2.073 (1.111)					
学　校	0.000 (0.000)			−0.048 (2.042)				
他の会社	0.706 (2.308)				0.573 (1.165)			
縁　故	−0.052 (2.571)					0.255 (1.150)		
広　告	−1.419 (2.099)						−1.829 (0.791)*	
その他	−0.461 (2.501)							−0.922 (1.273)
選択経路数	−0.083 (2.022)	−0.464 (0.479)	−0.250 (0.365)	−0.175 (0.399)	−0.208 (0.376)	−0.210 (0.399)	0.334 (0.421)	−0.098 (0.387)
応募比率	0.115 (0.042)**	0.086 (0.040)*	0.086 (0.039)*	0.080 (0.040)	0.081 (0.039)*	0.081 (0.040)*	0.107 (0.040)**	0.080 (0.039)*
内定辞退比率	1.328 (0.397)**	1.207 (0.398)**	1.124 (0.386)**	1.150 (0.396)**	1.175 (0.398)**	1.148 (0.396)**	1.310 (0.387)**	1.147 (0.394)**
提示賃金上限	−0.002 (0.003)	−0.000 (0.003)	−0.002 (0.003)	−0.001 (0.003)	−0.001 (0.003)	−0.001 (0.003)	−0.001 (0.003)	−0.001 (0.003)
求人規模	0.038 (0.012)**	0.037 (0.012)**	0.036 (0.011)**	0.037 (0.012)**	0.038 (0.012)**	0.036 (0.012)**	0.035 (0.011)**	0.038 (0.012)**
技術管理職限定	0.855 (1.292)	1.451 (1.200)	1.084 (1.187)	1.389 (1.209)	1.328 (1.210)	1.445 (1.234)	0.976 (1.175)	1.612 (1.241)
事務職限定	−0.652 (1.350)	0.323 (1.268)	−0.416 (1.280)	0.199 (1.288)	0.157 (1.269)	0.229 (1.278)	−0.236 (1.236)	0.251 (1.267)
販売サービス職限定	−2.834 (1.233)*	−2.476 (1.226)*	−2.552 (1.203)*	−2.401 (1.236)	−2.460 (1.235)	−2.361 (1.246)	−2.557 (1.187)*	−2.456 (1.229)*
運輸・通信・保安職限定	−0.752 (1.599)	−0.026 (1.519)	−0.474 (1.500)	−0.113 (1.553)	−0.258 (1.549)	−0.071 (1.541)	−0.253 (1.470)	−0.282 (1.537)
技能職限定	−1.022 (1.161)	−0.443 (1.158)	−0.796 (1.151)	−0.455 (1.171)	−0.454 (1.163)	−0.457 (1.165)	−0.766 (1.129)	−0.481 (1.161)
その他職限定	−1.226 (3.067)	−1.743 (3.047)	−1.806 (2.991)	−1.719 (3.082)	−1.741 (3.062)	−1.567 (3.134)	−0.944 (2.970)	−1.562 (3.062)
高卒応募不可	−0.137 (1.108)	−0.563 (1.092)	−0.233 (1.075)	−0.475 (1.118)	−0.458 (1.093)	−0.474 (1.095)	−0.256 (1.058)	−0.472 (1.091)
高専卒応募不可	0.225 (1.947)	1.077 (1.938)	0.937 (1.900)	1.269 (1.940)	1.160 (1.949)	1.331 (1.959)	0.797 (1.878)	1.181 (1.936)

第Ⅱ部　企業の労働需要行動

短大卒応募不可	0.244	0.002	−0.063	−0.251	−0.130	−0.368	−0.506	−0.027
	(2.586)	(2.583)	(2.523)	(2.589)	(2.593)	(2.635)	(2.490)	(2.594)
大卒応募不可	0.214	−0.823	−0.176	−0.826	−0.861	−0.840	−0.185	−0.908
	(1.621)	(1.570)	(1.579)	(1.590)	(1.580)	(1.582)	(1.546)	(1.579)
大学院卒応募不可	0.206	0.046	−0.181	0.057	0.093	0.128	0.547	0.034
	(1.631)	(1.626)	(1.601)	(1.639)	(1.635)	(1.665)	(1.589)	(1.630)
30歳以下応募不可	0.347	1.149	−0.152	0.801	0.824	0.829	0.999	0.812
	(1.789)	(1.752)	(1.756)	(1.723)	(1.721)	(1.727)	(1.661)	(1.717)
30〜35歳応募不可	−0.775	−0.497	−0.454	−0.574	−0.632	−0.643	−0.964	−0.666
	(0.920)	(0.850)	(0.832)	(0.893)	(0.856)	(0.896)	(0.835)	(0.855)
35〜40歳応募不可	0.381	0.162	0.164	0.112	0.125	0.108	0.323	0.108
	(0.895)	(0.909)	(0.891)	(0.914)	(0.912)	(0.913)	(0.883)	(0.910)
40〜50歳応募不可	1.142	1.386	0.956	1.217	1.191	1.209	1.342	1.157
	(1.424)	(1.447)	(1.416)	(1.445)	(1.444)	(1.445)	(1.392)	(1.442)
50歳以上応募不可	−2.936	−3.285	−2.812	−2.911	−2.816	−2.867	−2.704	−3.035
	(1.532)	(1.544)*	(1.464)	(1.507)	(1.509)	(1.511)	(1.446)	(1.505)*
要経験有	1.387	1.432	1.159	1.289	1.318	1.276	1.311	1.381
	(0.797)	(0.804)	(0.778)	(0.795)	(0.796)	(0.796)	(0.765)	(0.802)
標本数	98	98	98	98	98	98	98	98
Adjusted R2	0.54	0.49	0.51	0.48	0.48	0.48	0.52	0.48

(注)　実際の推定式には，総従業員数，正規従業員比率，産業ダミー，中途採用者に対する研修時間，能力重視採用方針，定数項が含まれる。(　)内は標準誤差。＊は10％水準，＊＊は5％水準，＊＊＊は1％水準で有意であることを意味する。

めに，新たな説明変数として応募比率と内定辞退割合を考慮した推定を行い，求人期間を被説明変数とする回帰分析を行った。結果は表6-6にある。

　一般に正規従業員の中途採用は「即戦力志向」と呼ばれ，自らの直面する製品市場や内部の労働力構成に即応して適宜補充するのが目的といわれている。したがって，同様の求職者を採用できるのであれば，求人期間は短いほうが望ましい。同類の企業が同類の求人条件で募集をかけたときに，利用する求人経路によって求人期間が有意に異なってくるかを考察するのがここでの目的となる。

　たとえば，「求める人材が高度であるほど，募集期間が長くなるのか」という問いに答えるために，求人条件が求人期間に及ぼす影響をみてみよう。求人条件のうち求人期間に有意に影響を及ぼすのは，求人規模，50歳以上応募不可求人のみで，求人規模が大きければ求人期間は延び，50歳以上の応募を制限して比較的若年層に対象を区切ると求人期間は短くなる。その他の求人条件は求

第6章 労働需要の実現

表6-7 求人期間と求人経路（OLS推定法による）

説明変数						
選択経路数	NO	YES	YES	YES	YES	YES
応募比率	NO	NO	YES	YES	YES	YES
内定辞退比率	NO	YES	NO	YES	YES	YES
求人条件	NO	YES	YES	NO	YES	YES
企業属性	NO	YES	YES	YES	NO	YES
公共紹介選択ダミーのみを導入した推定の係数	−0.743 (0.620)	0.482 (0.873)	0.410 (0.903)	−0.524 (0.785)	0.703 (0.768)	0.812 (0.863)
民営紹介選択ダミーのみを導入した推定の係数	2.268 (0.960)*	1.838 (1.139)	2.189 (1.170)	1.862 (0.983)	1.941 (0.997)	2.073 (1.111)
学校選択ダミーのみを導入した推定の係数	2.358 (1.793)	0.829 (2.036)	0.227 (2.149)	1.174 (1.863)	0.108 (1.870)	−0.048 (2.042)
他の会社選択ダミーのみを導入した推定の係数	0.311 (1.138)	0.363 (1.188)	0.130 (1.219)	0.730 (1.100)	0.550 (1.076)	0.573 (1.165)
縁故選択ダミーのみを導入した推定の係数	0.318 (1.029)	−0.078 (1.165)	0.343 (1.211)	0.387 (1.078)	0.176 (1.051)	0.255 (1.150)
広告選択ダミーのみを導入した推定の係数	−0.243 (0.670)	−1.197 (0.789)	−1.351 (0.836)	−1.959 (0.739)**	−1.585 (0.704)*	−1.829 (0.791)*

人期間に対してそれほど強い影響力をもっているわけではなさそうである。「高度な人材」が学歴で表象されるならば，本調査の範囲内では，人材の高度さと求人期間との相関関係はそれほど強くない。また，企業属性と求人条件の効果を除いた後では，選択する求人経路が独自に求人期間に及ぼす効果はほとんど観察されない。反面，応募比率や内定辞退比率は概して正の影響を与えている。また，選択された求人経路の数も，求人期間を縮める有意な効果はもたないようである。

上記推計では求人条件・応募比率・内定辞退比率をコントロールしているので，推計された選択経路の係数は，「ある目標応募比率あるいは目標の人材獲得を達成するために，特定の経路を選択すればどの程度の期間がかかるか」を表していると解釈できる。つまり，広告を使えばすぐに目標応募人数が集められ（したがって負の効果があり），公共紹介や民営紹介では紹介の頻度に限界がある（したがって正の効果がある）という，各経路の効率性を物語っていると考えられる。その意味では，各経路の効率性はそれほど大きく異ならない，という結論になる。

この点を確かめるために各選択経路について，説明変数に求人条件や応募比

率などを採用した場合と採用しない場合との推定結果を比較し，まとめたのが表6-7である。見かけ上の求人期間は公共紹介や広告で短く，民営紹介で長いが，統計的に確かめることができるのは民営紹介だけである。公共紹介では，様々な変数をコントロールすれば符号が逆転するが，これは求人条件を加えることで生じる現象である。すなわち，公共紹介では，そもそも求人期間が短い傾向にある求人を多く抱えるために求人期間が短くなっているのであって，経路自身が求人期間を短くしているわけではないようである。公共紹介経由での求人を求人期間という観点から評価するときにはこの点は注意が必要であろう。

広告については，応募比率や内定辞退割合をコントロールすることで求人期間の係数が明確にマイナスとなる。応募比率が高くなると選考に時間がかかるため求人期間は長くなると考えられるが，もともと応募比率が高い傾向がある広告では見かけ上求人期間が長くなってしまう。そのため，応募比率を一定に想定した場合には，広告を使用する場合とほかの経路を利用する場合では，広告を利用するほうがかなり求人期間は短くなる傾向がある。

充足比率について同様の分析を試みたが，充足比率は応募比率と非常に強い相関をもち，他の説明変数は一貫して説明力をもたず，安定した推定結果が得られなかった。それゆえ，本章ではあえて触れない。

5　結果の解釈と今後の課題

実証分析の結果をまとめると次のようになろう。

① 求人数は，従業員数で計った企業規模および離職率が大きくなるほど増大し，労働者の過剰感が高まれば減少する。企業規模が大きいほど提示賃金の上限は高い。また，企業外部から比較的多くの人員を確保したり，優秀な人材を求めたりする必要がある場合には，提示賃金が引き上げられているようである。年齢や学歴を制限する求人は，産業や職種の特性によって生じる傾向が強い。
② 経路選択については，提示賃金上限が上昇すると公共紹介を選択する確率が減少し，比較的低学歴を募集する求人の場合には広告を利用しやすい傾向

があったが，求人条件と求人経路との関連はそれほど強くはなかった。
③ 応募比率は，要求学歴が高まると低くなる傾向がある。提示賃金の効果はプラスであるものの頑健ではない。公共紹介を通じて募集された求人では，表面上，応募比率が低い傾向があるが，これは求人条件がそもそも応募を多く呼ばない性質であることが多いためであった。逆に，民営紹介では見かけ上応募比率が高いが，これは良い求人が集まるからである。広告は応募比率を引き上げる効果をもっている。
④ 提示賃金上限が高いほど，募集人員数が大きいほど，そして年齢を制限した求人である場合には内定辞退割合が高い。これらは，求職者の他の選択肢が豊富な場合には他社との競合が生じることで内定辞退割合が高くなることを示唆している。なお，単純集計では民営紹介では内定辞退比率が高くなっているが，これは求人条件によって説明される部分が大きい。同様に，内定辞退確率が大きい求人が公共紹介に多く集まっており，公共紹介の効果を弱く見せているものの，実際には公共紹介では内定辞退比率が抑制されている。
⑤ 応募比率や内定辞退割合が高まると求人期間は長くなる。公共紹介では，求人期間が短い傾向にある条件をもつ求人が集まっていることから，求人期間が短い印象を与えている。また，広告については，応募比率や内定辞退割合が高いような求人が集まっていることから，見かけ上求人期間が長くなっているが，広告利用それ自体の効果としては求人期間を短縮化させる傾向がある。

　標本の問題からか，統計的に有意な効果を検出することはあまりできなかったが，各求人経路がどのような機能をもっているかについておおよその傾向は観察できた。たとえば，同一の企業が同一の求人条件で中途採用を募集したとしても，広告という求人経路を用いた場合には，そうではない場合よりも応募者は多く集まるが，いったん内定を出しても断られることが多い。その結果，広告経由の求人の求人期間は見かけ上長くなるが，これらを考慮すると求人期間は，広告を用いない場合よりもかえって短くなる。この関係は学校を経由した求人と似ている。

　他方，取引先など会社関係・縁故関係といったいわゆるインフォーマル・

ルートで中途採用を実施する場合には，応募者は少なく，採用を拒否されることも少ない。ただし，これらのことを考慮すると，インフォーマル・ルートを用いた場合の求人期間は長くなる傾向があり，時間をかけて人を探していることを示唆している。

興味深いのは公共紹介経由の求人活動で，応募比率や内定辞退比率，求人期間といった観点からは，むしろインフォーマル・ルートの特徴と近い。すなわち，応募者数は少ない一方，いったん内定を出せばそれを断る求職者も少ない。反面，基本的に求人期間は長い。また，民営紹介は中間的な特徴をもっており，応募者の数は少なく絞りこまれているものの，内定を辞退するような紹介を行ってしまうこともあるようである。求人期間も短いわけではない。

一般に公共紹介はフォーマル・ルートの典型と考えられているが，実態としてはインフォーマル・ルートに近い性質をもった求人経路で，かなり事前に審査を行ったうえで紹介を行っていると解釈できる。逆に民営紹介はインフォーマル・ルートに近いと考えられるが，現実には広告や学校紹介に近い性質をもっていると考えられる。

公共紹介に関しては，それほど効率的な紹介を行っていないことがインタビューなどでよく指摘される。本章の分析はサンプルの点でどれだけ一般化できるか危ういものの，そのほかの求人経路と比較したときにはたして公共紹介がどのような特徴をもっているのか，より深い分析が必要であろう。

注
(1) たとえばミクロ経済学の教科書として Varian (2005)，労働経済学の教科書として Borjas (2007) がある。
(2) 古典的理論の有効性がなくなったわけではない。計量経済学的な問題から行動方程式を直に記述することをあきらめる場合には，サーチモデルにこだわる必要はそれほど強くない。また，サーチ理論については今井ほか（2007）の教科書が日本語で出版されているので参照されたい。
(3) Granovetter (1995) などがある。
(4) もちろん，あまりに求人期間が短いと望ましい人材を得られないといった問題が生じるであろうから，これは人材の質がそれほど劣化しないという条件をつけた場合の議論である。

(5) どの定式化でも他の変数の効果はほとんど変化しない。詳細は報告書『雇用ミスマッチの分析と諸課題』(連合総合生活開発研究所,2006年)を参照されたい。

参考文献

上野有子・神林龍・村田啓子(2004)「マッチングの技術的効率性と入職経路選択行動」内閣府経済社会総合研究所ディスカッション・ペーパー,106。

今井亮一・工藤教孝・佐々木勝・清水崇(2007)『サーチ理論――分権的取引の経済学』東京大学出版会。

太田聰一・有村俊秀(2004)「わが国における未充足求人の実証分析――『雇用動向調査』個票を用いて」内閣府経済社会総合研究所ディスカッション・ペーパー,108。

玄田有史(2003)「経営上の都合で離職した歳の雇用動向――リストラ中高年に何が起こっているのか」『経済分析』(内閣府経済社会総合研究所),168。

児玉俊洋・樋口美雄・阿部正浩・松浦寿幸・砂田充(2004)「入職経路が転職成果にもたらす効果」*REITI Discussion Paper* 04-J-035。

チェ・インソク・守島基博(2002)「転職理由と経路,転職結果」『日本労働研究雑誌』506,38-49頁。

中村二朗(2002)「転職支援システムとしての公的職業紹介機能」『日本労働研究雑誌』506,26-37頁。

Barron, J. M. and Bishop, J. (1985) "Extensive Search, Intensive Search, and Hiring Costs: New Evidence on Employer Hiring Activity," *Economic Inquiry*, 23, pp. 363-382.

Barron, J. M., Bishop, J. and Dunkelberg, W. C. (1985) "Employer Search: The Interviewing and Hiring of New Employees," *Review of Economics and Statistics*, 67, pp. 43-52.

Borjas, G., (2007), *Labor Economics*, 4th ed., McGraw-Hill/Irwin.

Brown, D., Dickens, R., Gregg, P., Machin, S., and Manning, A. (2001) "Everything Under a Fiver: Recruitment and Retention in Low Paying Labour Markets," *Work and Opportunity Series No. 22*, Joseph Rowntree Foundation.

Gorter C., Nijkamp P. and Rietveld P. (1996), "Employers' Recruitment Behavior and Vacancy Duration: an Empirical Analysis for the Dutch Labour Market," *Applied Economics*, 28, pp. 1463-1474.

Gorter C. and van Ommeren J. (1999), "Sequencing, Timing and Filling Rates of Recruitment Channels," *Applied Economics*, 31, pp. 1149-1160.

Granovetter, M. (1995), *Getting a job : a study of contacts and careers*, 2nd ed., University of Chicago Press.

Holzer, H. J. (1994) "Job Vacancy Rates in the Firm : An Empirical Analysis," *Economica*, 61, pp. 17-36.

Manning, A. (2000) "Pretty Vacant : Recruitment in Low-Wage Labour Markets," *Oxford Bulletin of Economics and Statistics*, 62, pp. 747-770.

Rebick, M. E. (1993) "The Persistence of Firm-Size Earnings Differentials and Labor Market Segmentation in Japan," *Journal of the Japanese and International Economies*, 7, pp. 132-156.

Roper, S. (1988) "Recruitment Methods and Vacancy Duration," *Scottish Journal of Political Economy*, 35, pp. 51-64.

Russo G., Gorter C., Shettkat R. (2001), "Searching, Hiring and Labour Market Conditions," *Labour Economics*, 8(5), pp. 553-571.

van Ours, J. and Ridder, G. (1991) "Cyclical Variation in Vacancy Durations and Vacancy Flows," *European Economic Review*, 35, pp. 1143-1155.

van Ours, J. and Ridder, G. (1992) "Vacancies and the Recruitment of New Employees," *Journal of Labor Economics*, 10, pp. 138-155.

Varian, H. (2005), *Intermediate Microeconomics : A Modern Approach*, 7th ed., W. W. Norton & Co Ltd.

第7章　雇用調整
——バブル崩壊とコーポレート・ガバナンス構造の影響——

阿部正浩・野田知彦

1　雇用調整とは

　利潤最大化を追求する企業は，産出量の変動に対応して雇用量を調整する。産出量が上向けば，既存従業員の残業を増やしたり，あるいは新規採用を増やしたりする。逆に産出量が減少すれば，残業を減らしたり，希望退職者の募集や解雇を行ったりする。

　図7-1は，厚生労働省『労働経済動向調査』の「雇用調整の方法別実施状況」を1993年からプロットしたものである[1]。この調査では，雇用調整の方法として「残業規制」や「休日の振替，夏季休暇等の休日・休暇の増加」，「臨時・季節，パートタイム労働者の再契約停止・解雇」，「中途採用の削減・停止」，「配置転換」，「出向」，「一時休業（一時帰休）」，「希望退職者の募集，解雇」を取り上げている。実際に企業が行う雇用調整の方法としてはこれらの項目とほぼ一致する。

　さて，この図からは雇用調整が景気循環と強く相関していることがわかる。景気の谷から山にかけての拡大期にあっては，「特別な措置はとらない」企業が増加する。逆に，景気の山から谷にかけての景気後退期には，「特別な措置はとらない」企業が減少し，何らかの雇用調整を行う企業が増加している。そして，雇用調整手段として最も頻繁に用いられるのが残業規制であり，続いて中途採用の中止や配置転換，出向となっていることもわかる。他方，一時帰休や希望退職者の募集，あるいは解雇といった手段の頻度は低く，これらはいわば例外中の例外的な手段であると言えよう。

第Ⅱ部　企業の労働需要行動

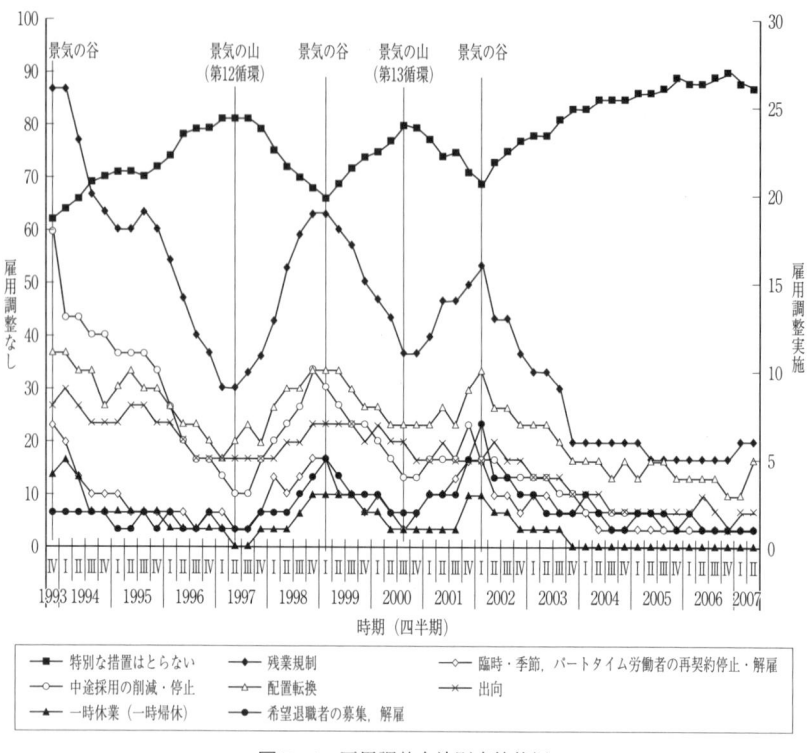

図7-1　雇用調整方法別実施状況
（出所）『労働経済動向調査』（厚生労働省）。

しかし，その例外である一時帰休や希望退職者の募集，あるいは解雇を実施する企業が増加する時期が，図7-1の期間中には二度ある。一度目は1998年後半から1999年前半にかけてであり，二度目が2001年後半から2002年前半にかけてである。一度目の時期は，ちょうど山一証券や北海道拓殖銀行，日本長期信用銀行，日本債券信用銀行が相次いで破綻した頃であり，また改正外為法の施行によって外国銀行への預金や国外での資産運用が簡単になった，いわゆる金融ビッグバンが起こった頃であり，1997年5月を境に景気後退期に入っていた。二度目の時期は，IT不況と呼ばれる時期とちょうど重なっており，2000年11月からの景気後退期に当たっている。

この二度の時期に希望退職者の募集や解雇が増えるのは，単に景気後退期だ

からという理由だけではない。それは,図7-1中のもう一つの景気後退期である93年第4四半期をみればわかる。バブル崩壊直後のこの時期は確かに一時帰休の実施は増加しているものの,希望退職者の募集や解雇を実施する企業は多くない。例外中の例外的手段が使われるようになったのは1990年代後半からであり,景気後退という単純な理由だけではない。

では,なにが1990年代後半以降の日本企業の雇用調整方法を変容させたのだろうか。以下で,この問題に特に焦点をあて,バブル経済崩壊以降の日本企業の雇用調整行動を検証してみたい。なお,雇用調整というと解雇や雇用削減といった後ろ向きのイメージがあるが,この章の冒頭でも紹介したように,新卒採用や中途採用により雇用を増加させることも雇用調整である。以下の分析でも,特にことわりがない限り,雇用調整とは企業のダイナミックな労働需要行動を指し,そこには雇用増加局面と雇用削減局面の両者を含んでいる。

さて,雇用調整行動に関するこれまでの実証研究は,主として雇用調整関数を計測することで雇用調整速度を推定し,次の事実を見いだした[2]。すなわち,

(1) 雇用調整速度はマンアワータームのほうがマンタームよりも速い。
(2) 雇用調整速度を先進諸国間で比べると,アメリカの調整速度がきわめて速く,日本の調整速度はドイツやフランスのそれと同程度である。
(3) 日本では,大企業に比べて中小企業の雇用調整速度は速い。
(4) 男性に比べて女性の雇用調整速度は速い。

ただし,現在の雇用調整行動に関する研究は,単に調整速度の計測だけを目的にしているわけではない。Davis, Haltiwanger, Schuh (1996) らによる一連の雇用創出・喪失研究 (Study of Job Creation and Destruction) は,雇用調整行動に関する研究を飛躍的に発展させた。彼らの研究は,雇用の創出と喪失が景気変動や地域性,あるいは企業属性と,どのような関係にあるのかをみることで,より詳細な雇用調整行動を検証しようと試みたのである。日本でも玄田 (2004) による一連の研究で,日本の雇用創出と喪失の特徴を明らかにしている。

雇用調整行動に関する研究の関心が企業の雇用創出・喪失に移っているといえども,雇用調整速度の計測に意味がないわけではない。調整速度を計測することで,我々は企業の調整費用構造に接近することができるのであり,未だに

重要な研究課題がそこにはある。たとえば，本章で分析するようなコーポレート・ガバナンスのあり方によって調整費用に差異があるのかどうかの検証はその一例である。他にも，企業の生産構造によって必要とされる人材の質は異なると考えられるが，それが調整費用構造にどのような影響を与えているのか，採用する際と解雇する際の調整費用の構造にはどのような違いがあるのかなど，未だに解明されていない問題が残っている。

　無論，我々は雇用調整行動に関する理論をこの論文で発展させようなどといった大それた考えは持っていない。むしろバブル前後において雇用調整の内実がどう変わったのかに焦点をあてて分析しようというのが本章の本意である。

　以下，次の節では日本政策投資銀行の「企業財務データバンク」を利用して80年代以降の上場企業の雇用変動や雇用削減，そして雇用調整速度がどのように変容していたかを検証する。その後，第3節では労働政策研修研究機構の「企業のコーポレートガバナンス・CSR と人事戦略に関する調査」を利用して，90年代後半からの雇用調整行動にコーポレート・ガバナンスがどのような影響を与えたかについて検証する。第4節は本章のまとめと今後の課題について述べたい。

2　1980年代以降の日本企業の雇用調整

　この節では，80年代以降の日本企業の雇用調整行動を概観してみたい。

　分析に入る前にまず，この節で利用するデータを説明しよう。ここでのデータは，日本政策投資銀行が収集整理した「企業財務データバンク」を元としている。企業財務データバンクは，上場企業が公開する財務諸表を整理したものであり，掲載されている各種データから各企業の売上高や従業員数，平均賃金（平均労務費），株主構成などを計算することができる。この節で利用したのは，1980年から2005年度まで継続して得られる企業の財務データであり，80年以降に新規上場した企業や上場廃止した企業，あるいは企業財務データバンクが財務諸表を収集しなかった企業は含まれていない。なお，ここで利用した各変数の計算方法については付録に詳細を掲げておく。

第7章　雇用調整

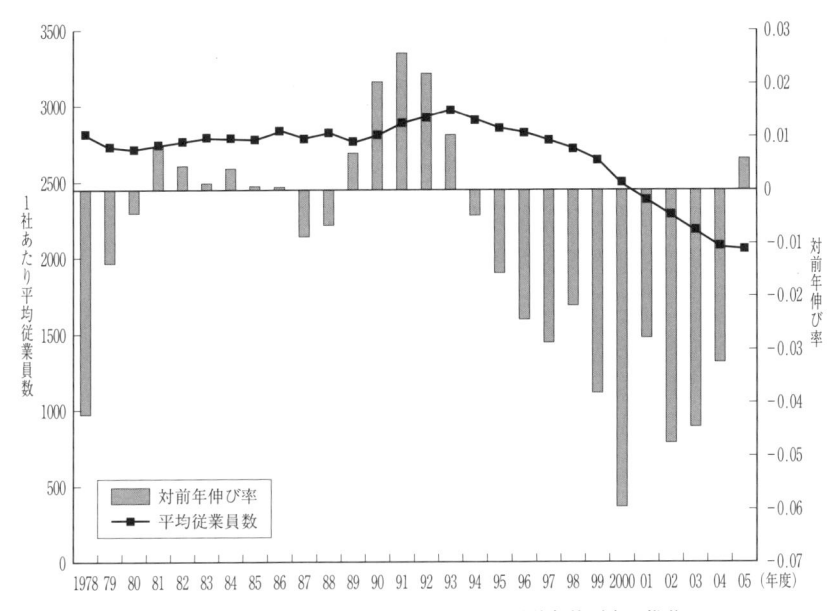

図7-2　1社あたり平均従業員数とその対前年伸び率の推移
(出所)　日本政策投資銀行『企業財務データバンク』により著者作成。

雇用調整行動の変化概観

　さて，図7-2は1社あたり平均雇用者数とその対前年伸び率を示している。個別企業の平均雇用者数は，80年代前半に若干増加しているものの，85年のプラザ合意以降の日本経済の景気後退を背景にして，85年から88年までは若干減少する傾向にある。とはいえ，80年代はおしなべて平均雇用者数の増減はあまり大きくはない。89年から92年にかけては，バブル経済の影響もあり，日本企業の平均雇用者数は対前年伸び率で2％という高い率で増加した。

　だが，バブル経済が崩壊した後の90年代後半は，平均雇用者数は減少し続けており，対前年伸び率は2004年度まで毎年マイナスを更新している。とりわけ2000年の雇用者数の対前年伸び率は−5.95％にも達しており，つづいて2002年の雇用者数は対前年で4.76％減少し，2003年にも4.47％減少と，企業が従業員を大きく減らしていることがわかる。

　さて，個別企業の従業員数の変動をより詳細に見ると，図7-2とはやや異

第Ⅱ部　企業の労働需要行動

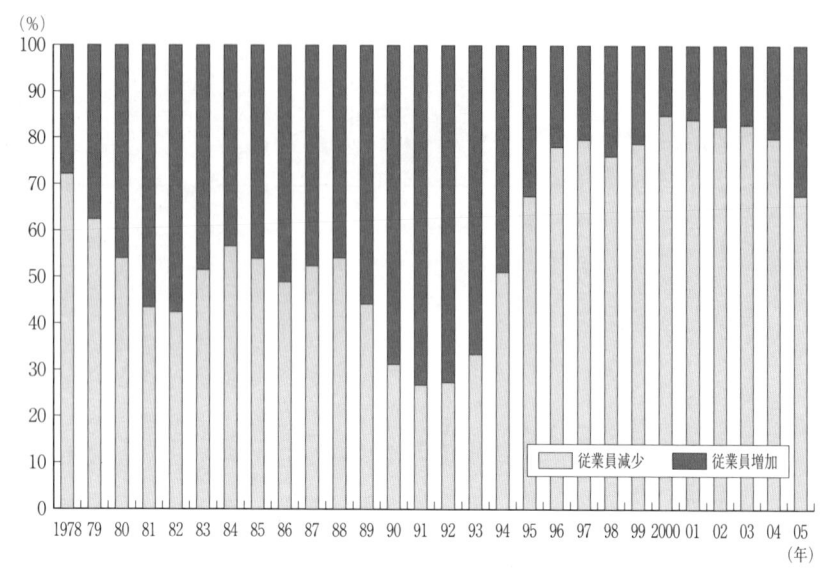

図7-3　従業員数の増加企業と減少企業の割合

(出所)　日本政策投資銀行『企業財務データバンク』により著者作成。

なる事実が観察される。図7-3は，従業員が減少した企業とそれ以外の企業の比率を示したものだ。景気が良くなると従業員を減少させる企業の割合は小さくなり，逆に景気が悪化すると従業員を減少させる企業の割合は大きくなる傾向にあることがわかる。たとえば，80年代後半から90年代初頭にかけて，5から7割ほどの企業が従業員を増加させている。90年代後半になると，長期不況の影響を受けて，8割ほどの企業が従業員を減少させている。

ただし，この図で重要な点は，景気が悪いときでも従業員をむしろ増加させている企業が少なからずあることだ。長期不況が進行していた90年代後半から2000年代初頭でさえ，2割の企業は従業員を増加させているのである。このことは，個別企業の従業員変動は，マクロレベルの景気変動の影響だけでなく，ミクロレベルの個々の企業の個別要因によっても影響を受けていることを意味している(3)。

では，雇用を増加させた企業だけ，あるいは雇用を減少させた企業だけの，従業員の対前年伸び率はどうだったのだろうか。図7-4は，それを示してい

第7章　雇用調整

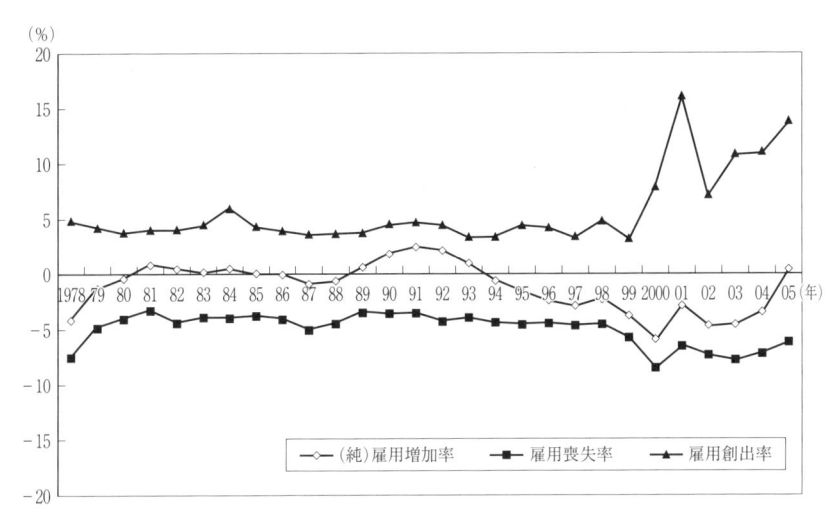

図7-4　雇用の創出と喪失

（出所）　日本政策投資銀行『企業財務データバンク』により著者作成。

(4)
る。

　この図によれば，80年代と90年代を通して，雇用を増加させた企業も減少させた企業も，その従業員対前年伸び率に大きな変動はなかったことがわかる。雇用を増加させた企業の従業員対前年伸び率は，80年代前半から90年代後半まで，ほぼ4％から5％の間で安定的に推移している。一方，この間の雇用を減少させた企業の従業員対前年伸び率は，－4％前後を安定的に推移している。このことから，80年代と90年代に関しては，図7-2でみた平均従業員数の増減は，個別企業の従業員数の変化によるのではなく，雇用増加企業と雇用減小企業の比率の変化によって引き起こされていたと考えられる。

　もちろん，これら二つの指標に変動がないわけではない。図7-4に描かれている企業全体の従業員対前年伸び率と上記二つの指標はパラレルに変動している。しかし，雇用増加企業の従業員対前年伸び率だけ，あるいは雇用減少企業の従業員対前年伸び率だけで，全体の従業員対前年伸び率の変動を十分に説明することはできない。

　ところが2000年以降になると，これら二つの指標の動きは90年代末までの動きとは様変わりする。雇用増加企業の従業員対前年伸び率は10％を超え，他方

の雇用減小企業の従業員対前年伸び率は－7％から－9％の間を推移するようになる。全体では従業員対前年伸び率が2000年以降に大きくマイナスとなるが，それは雇用減少企業の割合が増加したとともに，雇用減小企業の従業員対前年伸び率がマイナスにより大きくなったことが影響している。

以上のことから，2000年以降になると，雇用増加企業と雇用減小企業の雇用状況が大きく異なっていたと考えられる。雇用増加企業は一段の従業員数増加を果たす一方で，雇用減小企業はより多くの従業員を減らしていた。どちらのタイプの企業も2000年以前は従業員対前年伸び率が安定して推移していたのであり，なぜこのような変化が2000年以降にみられるようになったのだろうか。

雇用調整関数の推定

雇用調整行動とは，企業の生産高に応じて雇用量を調整する行動である。企業の成長が著しい場合には雇用需要は旺盛になり，新規に人材採用を行ったり，残業時間を増加させたりする。逆に成長が低下したり，マイナス成長になった場合には，残業時間を減少させたり，人材採用を止めたり，時には希望退職を募ったり，解雇したりする。

しかし，現実の経済では，企業の生産高に応じて雇用量を"完全に"調整することは難しい。資本や労働，中間投入財など生産投入物の変動は，生産高の変動に比べて緩やかなものになる。生産投入物の変動が生産物に比べて緩慢になる理由としては，調整費用の存在が挙げられる。雇用に関する調整費用の例としては，求人募集費用や教育訓練費用，割増退職金などである。

さて前項でみたように，2000年以降になって日本企業の雇用調整行動は様変わりした。雇用増加企業も雇用減少企業もその雇用調整量が2000年以前よりも大きくなっている。我々は日本企業の雇用調整量が2000年以降に大きくなった理由を見いだそうと以下で試みたいのであるが，そのために二つの仮説を検証することになる。一つは，2000年前後で生産物や賃金率の変動による雇用変動への影響が大きくなったのかどうか。つまり，雇用に関する生産物弾力性や賃金率弾力性がどう変化してきたのかである。もう一つは，2000年前後で雇用調整費用がどのように変化したのか。仮に雇用に関する生産物弾力性に変化がなかったとしても，雇用調整費用に変化があれば雇用調整量は変化する。はたし

て企業の雇用調整量が大きくなったのは、生産物の変動による雇用への影響が以前よりも大きくなったためなのか、それとも雇用調整費用が以前よりも小さくなったためであろうか。

これを検証するには雇用調整に関する費用を計測する必要があるが、調整費用を直接計測することには困難が伴う[5]。これまでの多くの研究は、そのために調整費用の代わりとして調整速度を計測してきた。我々も以下で動学的労働需要関数を計測し、雇用調整費用の変化を間接的に観察しようと思う[6]。

いま、企業 i の t 期における生産が次のコブ=ダグラス型生産関数によって表されるとする。

$$Y_{it}=A_{it}K_{it}^{\alpha}L_{it}^{1-\alpha} \tag{1}$$

ただし、Y_{it} は企業 i の t 期における実質生産量、A_{it} は企業 i が利用する技術体系を示すパラメータ、K_{it} は企業 i の t 期首における資本ストック、L は企業 i の t 期首における雇用量をそれぞれ示している。

この企業にとって、完全競争市場における短期利潤を最大化する均衡雇用量 L_{it}^* は、

$$\log L_{it}^* = \log \alpha + \log Y_{it} - \log w_{it} \tag{2}$$

となる。ただし、w_{it} は実質賃金率を示す。

さて、企業は将来の利潤流列を考えてその現在割引価値を最大化するように行動しているとしよう。さらに、企業が二次の雇用調整費用関数に直面していると仮定し、確実性等価値の関係を用いると、次の対数近似された労働需要関数が得られる。

$$\log L_{it} = \mu \log L_{it-1} + (1-\mu)(1-\omega)\sum_{s=0}^{+\infty}(\omega\mu)^i \log L_{it+s}^* \tag{3}$$

ただし、μ はオイラー方程式の安定根（$0<\mu$）、ω は企業の割引要素（$0<\omega<1$）である。(3)式によれば、$(1-\mu)$ は雇用調整速度を示すが、企業の割引要素を通して賃金に関する実質利子率が雇用調整速度に影響している。

(2)式を(3)式に代入すると

237

$$\log L_{it} = \beta_1 \log L_{it-1} + \beta_2 \log Y_{it} + \beta_3 \log w_{it} + \gamma_i + \gamma_t + e_{it} \qquad (4)$$

ただし，γ_i は企業固有の効果，γ_t は t 期に固有の効果，e_{it} は労働需要に関する誤差項を示している。

ここで，異なる調整費用構造を持つ複数の労働者グループが同一企業内に存在することを考慮すると，すべての労働者を集計する労働需要関数には少なくとも従属変数の2期ラグが必要である。また，短期雇用水準を決定する変数 Y_{it} と w_{it} が次のような確率過程にしたがうと仮定する。

$$\log L_{it} = a_{0i} + a_1 \log Y_{it-1} + u_{it}$$
$$\log w_{it} = b_{0i} + b_1 \log w_{it-1} + v_{it}$$

ただし，u_{it} と v_{it} は i.i.d. の攪乱項である。

すると，（3）式は

$$\log L_{it} = \mu \log L_{it-1} + (1-\mu)(1-\omega\mu)(\log L^*_{it} + \omega\mu \log L^*_{it+1})$$
$$+ (1-\mu)(1-\omega\mu)\sum_{s=0}^{+\infty}(\omega\mu)^i \log L^*_{it+s} \qquad (3)'$$

となる。この（3）′式を利用し，また従属変数の2期ラグを導入すると，（4）式は次のように書き換えられる。

$$\log L_{it} = \kappa_1 \log L_{it-1} + \kappa_2 \log L_{it-2} + \kappa_3 \log Y_{it} + \kappa_4 \log Y_{it-1}$$
$$+ \kappa_5 \log w_{it} + \kappa_6 \log w_{it-1} + \gamma_i + \gamma_t + e_{it} \qquad (4)'$$

（4）′式は，説明変数に被説明変数の1期のラグが含まれるために，通常のパネルデータの推定では一致推定量が得られない。そこで，（4）′式のパラメータ κ を，Arellano and Bond (1991) による2ステップの GMM 推定を用いて推定する。

雇用調整関数の推定結果

推定結果を表7-1と表7-2に掲げる。この表で用いたサンプルは，上で説明した『企業財務データバンク』から抽出された1,253社（うち製造業が884社，非製造業が369社）である。この推定で用いた従属変数と非説明変数の基本統計

表7-1 製造業の動学的労働需要関数の推定結果

製 造 業	(1) 1978-85年	(2) 1986-92年	(3) 1993-98年	(4) 1999-2005年
雇用量の1期ラグ	0.8239*** [0.1263]	0.7996*** [0.0865]	0.8500*** [0.0846]	0.7902*** [0.0665]
雇用量の2期ラグ	−0.0525 [0.0341]	−0.0368 [0.0259]	−0.0784** [0.0333]	−0.0652 [0.0685]
産出量	0.0462*** [0.0061]	0.0400*** [0.0061]	0.0222*** [0.0062]	0.0771*** [0.0131]
産出量の一期ラグ	0.0178*** [0.0058]	0.0118** [0.0052]	0.0126*** [0.0046]	0.0167* [0.0099]
賃金	−0.1445*** [0.0193]	−0.1957*** [0.0458]	−0.3059*** [0.0405]	−0.5244*** [0.1254]
賃金の一期ラグ	0.0734*** [0.0213]	0.1066*** [0.0329]	0.1935*** [0.0397]	0.1633** [0.0817]
定数項	1.1221 [0.7433]	1.5087*** [0.5201]	1.9129*** [0.5609]	3.1811*** [0.8060]
サンプル数 企 業 数	5,105 881	5,163 883	4,871 879	5,768 880

(注) 括弧内はRobust standard errors。
　　***はp<0.01を，**はp<0.05を，*はp<0.1を，それぞれ示す。

表7-2 非製造業の動学的労働需要関数の推定結果

非製造業	(1) 1978-85年	(2) 1986-92年	(3) 1993-98年	(4) 1999-2005年
雇用量の1期ラグ	0.7013*** [0.1120]	0.8427*** [0.0582]	0.8052*** [0.0547]	0.7237*** [0.0759]
雇用量の2期ラグ	0.0068 [0.0207]	−0.0341 [0.0359]	−0.0546 [0.0496]	−0.0772* [0.0418]
産出量	0.0363*** [0.0119]	0.0731*** [0.0241]	0.0245** [0.0103]	0.1623*** [0.0446]
産出量の一期ラグ	0.0126 [0.0090]	0.0187 [0.0219]	0.0090 [0.0145]	0.0321* [0.0189]
賃金	−0.1748*** [0.0617]	−0.3140*** [0.0848]	−0.1925*** [0.0659]	−0.5544*** [0.1218]
賃金の一期ラグ	0.0710*** [0.0204]	0.2453*** [0.0648]	0.0315 [0.0406]	0.0997* [0.0531]
定数項	2.0387** [1.0357]	0.3908 [0.3996]	2.4949*** [0.6961]	2.9573*** [0.8602]
サンプル数 企 業 数	2,141 369	2,258 369	2,135 367	2,528 366

(注) 括弧内はRobust standard errors。
　　***はp<0.01を，**はp<0.05を，*はp<0.1を，それぞれ示す。

量は付録のとおりである。

　さて，我々は雇用調整速度を計測するに当たって，1978年から85年まで，86年から92年まで，93年から98年まで，99年から2006年まで，の4期間に分けて分析した。このように期間を分割したのは，この間の景気循環過程に対応させた調整速度を計測したいためである。また，製造業と非製造業とでは生産技術体系が大きく異なると考えられるから，以下では両者を分けた推定を行っている。

　表7-1に戻り，まず製造業に関する推定結果をみてみよう。各説明変数の推定された係数はそれぞれ統計的に有意であり，理論的にも整合的な符号をとっている。すなわち，雇用量1期ラグの係数は0以上1以下であり，実質産出量の係数はプラスであり，実質賃金率の係数はマイナスである。

　では，推定期間別に各説明変数の推定された係数の変化に注目してみよう。まず，雇用量の1期ラグに注目すると，製造業では，1978年から85年の期間の0.8239と1993年から98年の期間の0.8500という推定された係数は，1986年から92年の期間の0.7996と1999年から2006年の期間の0.7902という係数に比べて，大きくなっている。雇用量1期ラグの係数μは，$(1-\mu)$が雇用調整速度を示しており，その値が小さいほど雇用調整速度が速いことを意味している。したがって，78年から85年と93年から98年という期間の雇用調整速度は，1986年から92年と1999年から2006年という期間に比べて遅かったことを，推定結果は示唆している。

　ここで，それぞれの期間の経済状況との関係をみてみよう。78年から85年と93年から98年，そして1999年から2006年の期間は，経済成長率が低く，景気は悪いとされている時期である。一方，1986年から92年の期間は，いわゆるバブル経済華やかな時期であり，経済成長率は比較的高く，景気は良い。そうすると，1999年から2006年の時期を除いて，景気が悪い時期の雇用調整速度は遅く，景気が良い時期の雇用調整速度は速い傾向にある。例外は1999年から2006年であり，この時期は景気が悪いにも関わらず雇用調整速度は速い。先の図7-4では，1993年から99年にかけて雇用を減少させている企業が増加はしているものの，雇用減少企業の従業員減少率はそれまでの期間と大きな違いはみられない。が，2000年以降になると，雇用増加企業は一段と従業員数を増加している

一方で，雇用減少企業はより多くの従業員を減らしていた。このことは，この時期の雇用調整速度の速さの違いを反映していると考えられる。

もちろん，2000年以降の日本企業の雇用調整行動の変化の原因を雇用調整速度の変化だけに求めるのは良い考えではない。実質産出量と実質賃金率の弾力性もまたその原因と考えられるからだ。

実質産出量の係数に着目すると，1978年から85年と1986年から92年の時期は0.04程度の値が推定されているが，その後1993年から98年は0.222，1999年から2006年は0.0771と，それぞれ推定されている。つまり，産出量弾力性はバブル崩壊後に一度小さくなるが，1999年以降になるとバブル崩壊以前よりも大きくなったのである。

また，実質賃金率の係数は，次第に大きな値をとるようになっている。1978年から85年は−0.1445という値が推定されたが，その値は徐々に大きくなり，1999年から2006年には−0.5544という値が推定されている。すなわち，近年になるほど実質賃金率弾力性は大きくなったのである。

表7-2の非製造業に関する推定結果は，表7-1の製造業に関する結果とはやや異なる傾向がみられる。非製造業の場合，1978年から85年と1999年から2006年の時期が雇用調整速度は同じ程度に推定されており，1986年から92年と1993年から98年もまた同程度の雇用調整速度が推定されている。ただし，バブル崩壊後のみに注目すると，1999年以降に雇用調整速度が速くなっているという意味で，非製造業も製造業と同様の傾向にあるといえる。

また，非製造業の推定された実質産出量弾力性や実質賃金率弾力性も製造業とは異なるが，1999年以降になって大きな値が推定されており，バブル崩壊後に限れば非製造業も製造業も同様の傾向にあったといえる。

以上から，製造業および非製造業ともに，2000年以降に企業の雇用調整行動に変化が起こった理由としては，実質産出量弾力性と実質賃金率弾力性がこの時期に大きくなったことと，加えて雇用調整速度がこの時期に速まったことが挙げられる。また，バブル崩壊直後の1993年から98年にかけての時期は，実質産出量弾力性はむしろ小さくなっており，さらに雇用調整速度も遅い。こうしたことがこの時期に雇用減少企業が増加したとしても雇用減少企業の従業員減少率が大きくならなかった理由である。

第Ⅱ部　企業の労働需要行動

3　コーポレート・ガバナンスと雇用調整

2節では，バブル経済崩壊後に日本企業の雇用調整行動が変化したことをみてきた。特に，2000年以降に大きな変化がみられるが，その背景として雇用調整速度の速まりが影響していると考えられる。そこで，この節では雇用調整速度が速くなった原因に焦点を当てて検証を試みる。我々が調整速度の変化に影響した要因として，日本企業のコーポレート・ガバナンス構造の変化に着目する。[8]

分析の視点――雇用システムとコーポレート・ガバナンスとの制度補完性
　最近のコーポレート・ガバナンスを巡る議論では，経営者や株主だけでなく，従業員や下請業者，そして消費者などというステークホルダー（利害関係者）も含めた幅広い形で定義されることが多い（Tirole 2001）。このような企業統治の幅広い捉え方が正しければ，経営者や株主だけでなく従業員を含んだステークホルダーが企業の意思決定に影響を与えているはずである。のちに見るように日本企業においては，経常赤字の発生まで雇用を維持し，その発生とともに大規模な人員削減を行う「赤字調整」の存在が知られており，労働組合の存在がその成立に一定の役割を果たしていると考えられる。このような雇用調整行動と組合による雇用維持は，経営危機時にメインバンクによる救済が期待できることや資本市場からの雇用削減の圧力が弱いことによってなりたつものであり，雇用調整行動が企業金融のあり方と密接に結びついていることがわかる。
　また，Aoki (1994), Abe and Hoshi (2007) 企業金融と人的資源管理の間に制度的な補完関係があることが知られている。Abe and Hoshi (2007) では，メインバンク，銀行によるモニタリングと企業特殊的な訓練が相互に補完的であり，株式市場による規律付けとインセンティブ賃金が相互に補完的であるとされる。
　そこで，ここでは，コーポレート・ガバナンスを構成するステークホルダーが雇用調整に与える影響についてサーベイするとともに，企業金融の方法と取締役会の構成が雇用調整速度に与える影響について経営者による統治構造の違いを考慮に入れて分析する。

企業金融，メインバンク制

　日本の企業では，特定の企業で通用する技能（企業特殊的な人的資本）の重要性が指摘されてきたが，このような人材形成のシステムが可能になるには，企業が長期的に存続することが必要である。技能が企業特殊的な場合，企業の倒産，あるいは敵対的な買収は，従業員の立場からみれば，自らの技能の価値が減少することを意味し，賃金にマイナスの影響を与えてしまう。また，企業側からみれば人材形成に費やしたコストを回収できないことを意味する。このようなリスクを軽減するための制度がメインバンク制度を中心とする銀行システムである。業績が悪化した場合や倒産の確率が高まった場合に，その企業の再建を支援するような金融制度があれば，企業が長期的に存続する可能性が高まり，従業員は安心してそのような技能を身につけることができ，企業側からみれば，人材形成に費やしたコストの回収が容易となる。Aoki (1994)，Abe and Hoshi (2007) によれば，長期雇用制の下での人材形成システムはメインバンク制度に支えられており，このような関係を制度的な補完関係という。メインバンクは業績が好調な場合には，企業の経営に介入しないが，業績が悪化すれば，経営権をとり経営の再建に乗り出す。このようなメインバンク主導の企業統治を「状態依存ガバナンス」という。このように長期雇用制とメインバンク制の間に制度的な補完関係があれば，メインバンクとの関係が強い企業では人材形成にコストが費やされているために，人員削減のコストが高くなり希望退職の確率が低下すると考えられる。「状態依存ガバナンス」が成立していれば，業績が悪化していない場合にはメインバンクとの関係が強いと人員削減の確率が低下するが，業績悪化時には逆にそのような企業で人員削減の確率が上昇すると考えられる。

　企業金融と雇用システムの制度的な補完関係の他に，メインバンクの役割については，財務危機のコストを削減する効果が指摘されている。Hoshi, Kasyap, and Scharfstein (1990) は経営危機に陥った系列企業と非系列企業を比較し，投資額の比較を行っている。平均投資率を比較し，系列企業のほうで投資額が多いこと，また，投資額の決定要因を分析し，メインバンクが財務危機に陥った企業を救済し投資を助けていることを明らかにしている。

　制度的な補完性の議論であれ，財務危機のコストの軽減であれ，メインバン

クが救済にはいるのであれば，企業が存続し雇用が維持されるために，人的資本投資が促進され，人員削減の確率が低下することが考えられる。さらにメインバンクによる救済があれば，人員削減のコストが高いような企業では，労使関係の悪化などを恐れる経営者が救済を織り込み済みで行動するためにリストラが遅れるという一種のモラルハザードが発生することも考えられる。人員削減，解雇の調整コストが高いような企業においては，リストラが遅れた場合でもメインバンクの救済がうけられるので，財務危機になるまで雇用を維持して，その後に大きなリストラを行うということになるのかもしれない。このようなメインバンク効果が存在していれば，財務危機になるまで希望退職を含んだ大規模な人員削減は回避される可能性が高くなるであろう。

経営者の役割

経営者は雇用調整行動にどのような影響を与えるのだろうか。浦坂・野田 (2001) では，経営者の属性別に雇用調整速度の計測が行われ，経営者が内部昇進者の企業とオーナー経営者の企業とでは，内部昇進企業のほうが雇用の調整速度が遅くなることが明らかにされているが，これは次のような理由による。

所有と経営が完全には分離していないオーナー企業と，内部から昇進してきた従業員が経営者になっている企業（内部昇進企業）とではリストラを行う場合のインセンティブが異なることが考えられる。内部から昇進してきた経営者は，「従業員の代表」という性格を強く持っているために，従業員の雇用保障に大きなウエイトを置いて経営を行うと考えられるが，オーナー企業の経営者は自分の後継者（子孫）に資産と富，そして会社を引き継ごうという目的が強いと考えられ，リストラを行うインセンティブが異なることが考えられる。

また，内部昇進経営者のほうが，「従業員の代表」という性格上より従業員の意向を尊重せねばならず，内部昇進企業のほうが雇用調整や解雇にかかる交渉費用が高くなると考えられる。また，大規模なリストラを行って従業員の利益を損ねた場合には，自らも責任をとって辞任せざるを得なくなるかもしれない。また，内部昇進経営者よりオーナー経営者のほうにより経営権が集中していると考えられるので，リストラの意思決定がしやすいが，内部昇進経営者では，企業内部の調整に時間がかかることが考えられ，安易な意思決定は労使関

係の悪化を招くこともあろう。

　実際に宮島（1998）の研究では，バブル崩壊後に雇用成長率の減少が経営者の交代に影響を与えるとされている。バブル崩壊後の雇用環境が厳しくなった時期に従業員，労働組合による雇用確保の動きが激しくなり，その要求を満たせない経営者は辞任するというメカニズムがもし内部昇進企業において強く働いているとすれば，それは，内部昇進企業において解雇，雇用調整の交渉費用が高くなったということである。

　創業者企業を分析した研究によると，Demsetz and Lehn (1985) では，所有と経営が分離しておらず株式が集中している企業ではエージェンシーコストが軽減でき，企業価値の最大化を目指すインセンティブが生じやすいとしており，James (1999) は，一族企業では，経営を子孫に受け継いでいくためにより長期的な視野で効率的に投資できることを理論的に提示している。これらの議論をリストラの意思決定という観点からみれば，オーナー経営の場合には，リストラが遅れて企業価値が低下すれば，自らの資産が減少することになり，経営危機になれば，倒産や創業者一族の求心力の低下から後継者に引き継がせるという目的が達成されなくなるかもしれず，一族の力の低下をおそれて銀行の介入を嫌う可能性もある。また，オーナー経営者は自らの資産や組織的な威信を背景に経営者になっており，リストラの引責辞任という問題は生じにくいと考えられる。したがって，オーナー経営者はより長期的に会社の継続，継承ということを重点においてリストラを行うことが考えられる。

　一方，内部昇進者は現状の雇用維持，雇用保障というより短期的な視点からリストラの意思決定を行うことが考えられる。また，内部昇進経営者の場合には会社を引退してしまえば，それでその企業との関係は終わってしまうために，会社の将来よりリストラによる引責辞任の回避や自らの在任期間，保身のことのみを考慮してリストラの意思決定を行うかもしれない。特に引退が迫った内部昇進経営者の場合，大規模なリストラを行って自らの名声を損ねることを回避するために，リストラを後回しにするということも考えられる。内部昇進経営者は従業員の雇用保障を考慮することによって経営者が自らの地位を守ろうとするインセンティブを持っており，その結果，オーナー企業と比べれば内部昇進企業ではエージェンシーコストが高くなり，企業価値の最大化を目指すイ

ンセンティブが弱くなっているということであろう。このようなことがリストラに対するインセンティブの違いの背景にあり，過剰な雇用はオーナー企業において削減がなされる傾向があると思われる。

また，一族企業のパフォーマンスに関する研究では，Anderson and Reeb (2003) などが米国企業を対象とした分析で，一族企業のほうが高いパフォーマンスを達成していることを明らかにしている。このことは，オーナー経営，一族経営の企業のほうがより効率的な経営を行っているということを示しており，オーナー企業のほうが過剰な労働力を抱えないことや削減しやすいことがこれらの要因のひとつとして考えられる。このように，所有と経営が分離していないオーナー企業のほうがより利潤最大化行動をとる企業に近くなっており，内部昇進企業はオーナー企業よりも従業員を重視して行動していると考えられる。オーナーでは，内部ほどには企業の成長を重視していないことが予想され，したがって，過剰な資産や雇用を抱え込みにくいことが予想できる。

労働組合

労働組合については，野田（2002, 2006）で分析されている。野田（2002）の分析では，労働組合の有無に焦点をあてて「赤字調整モデル」を推定している。「赤字調整」とは通常の場合には雇用が安定しているが，経常赤字発生などの企業の経営危機時に人員削減が行われるということである。

コーポレート・ガバナンスの観点から「赤字調整モデル」を考えるとどのようなことになるのであろうか。労働者と経営者との関係について考察してみよう。先にもみたように，日本企業における技能の形成においては企業特殊的な技能（企業特殊的人的資本）の重要性が強調されてきた。こうした企業特殊的な技能の形成と蓄積には長期的な雇用関係が必要とされるし，企業特殊的な技能を身につけた労働者は長期勤続するインセンティブを持つことになる。一方，経営者のほうから見れば，企業特殊的な技能形成を行っている場合，既存の労働者のかわりに新しい労働者を雇うと，企業特殊的技能の損失と新たな技能形成のためのコストがかかってしまうために長期雇用のインセンティブが生じることになる。したがって，労働者と経営者の双方から見て長期雇用を維持するインセンティブが生まれる。このような，長期雇用に基づく企業特殊的な技能

形成が行われている場合に，生産の減少がおきて人員の整理がなされれば，労働者の企業特殊的な技能の価値は減価する。これに抵抗して労働組合がストライキを行うなどすれば，人員整理の交渉費用は極めて大きくなるものと考えられる。また，実際に解雇が行われれば，労働者が企業特殊的な技能の形成のための投資を行わなくなることや，企業に対する信頼が揺らぎ，労働のモラルに影響を与えることが予想できる。あるいはまた，人員整理したことによる企業の評判の低下がおこれば後々の採用活動にも影響する。このように，大幅な生産の減少という状況で企業が短期的な利益を追求し人員整理が起きれば，企業にとっては長期的に大きな損失をもたらすものとなる。

ところが，赤字といった経営危機の場合には事態が異なる。労働者の側が雇用調整に抵抗していれば，企業が倒産してしまい，その結果として労働者の身につけた企業特殊的な技能の価値がなくなってしまう可能性がある。このような事態を避けようと思えば，雇用調整に応じなければならず，その結果，解雇，希望退職の合意がしやすくなり，人員整理の交渉費用は大幅に低下することになる。

また，「赤字調整モデル」が成立する背景には法律による解雇規制があると考えられる。日本の雇用慣行においては，いわゆる「解雇権濫用法理」の存在によって解雇制限が強いことが知られている。この法理では，整理解雇が有効と認められるための4つの要件が示されており，これの要件が満たされていない限り，解雇権の乱用として無効とされるケースが多かった。4つの要件の中に「人員削減の必要性」があるが，企業が赤字の場合に人員削減を行うのは，この要件を満たすためである可能性が考えられる。

野田（2002）による「赤字調整モデル」推定の結果，従業員300人以上の企業では，組合企業で赤字調整モデルが当てはまっており，通常の場合には組合の存在が人員整理を遅らせているが，赤字期には逆に促進していることがわかった。また，非組合企業では赤字期には人員整理の速度は変化せず，通常の場合に組合企業よりすばやい人員整理が行われている。このことは，労働組合の有無で雇用調整のパターンに違いが生まれることを示している。

このように，組合企業で赤字の場合に雇用調整速度が速くなるのは次のような理由によるであろう。企業が黒字期に解雇を実施することは，企業特殊的人

的資本の損失や，労使間の交渉コストの高まり，企業の評判の低下などの大きなコストをともなうと考えられる。一方で，企業が赤字になった場合には，労働者が雇用調整に応じないと最終的に企業が倒産し，労働者が身につけた企業特殊的な人的資本がすべて失われてしまう可能性が高くなる。労働者はこれを避けるために，解雇の交渉に応じやすくなり，解雇の交渉コストは大幅に低下することになる。

このような組合企業と非組合企業の雇用調整パターンの違いは，労使協議制による従業員の経営参加や労使間の情報の共有の程度の違いに由来するものと考えられるので，次のような仮説が成立する。労働組合を通じた従業員の経営参加は，通常の場合には人員整理を遅らせるであろうが，一方で，これらのことは，労使間の情報共有を促進する効果を持っているので，赤字に陥った場合には労使の交渉コストを引き下げ，人員整理を容易にすると考えられる。

また，野田（2006）では，希望退職の実施に関して，労働組合の経営参加が進んでいる企業では，通常の場合，希望退職の実施確率を低下させるが，赤字になればその確率上昇するという結果が得られており，「赤字調整モデル」と整合的な結果が得られている。

労働組合による雇用保障と経営者，企業金融

それでは，これまでに述べた3つの要因の効果を総合的に評価すればどのようになるのであろうか。メインバンク効果を考慮する場合に，労働組合の交渉力や経営者の属性を考慮すれば次のようなことが言える。労働組合の雇用維持の圧力が強ければ，人員削減の交渉コストが高くなり，労使関係の悪化や自らの引責辞任，名声の低下を恐れる経営者はメインバンクからの救済を織り込んで行動し，経営危機になるまでそれを行わないかもしれない。リストラが遅れて経営危機になった場合にも，メインバンクからの救済で企業が存続することを見越して，経営者がリストラを遅らせるということである。このように考えれば，労働組合による雇用維持は，内部昇進経営者とメインバンクによって支えられて可能になったと言ってよいであろう。

Noda (2007) の分析では，希望退職の実施という人員削減策がどのような要因によって決まっているかを分析しており，経営者が内部昇進型の企業では，

労働組合のある企業においてメインバンクは希望退職の確率を低下させているが，オーナー型の企業では，そのような効果はみられていない。このような結果は，これまでにみてきたメインバンク効果や経営者，労働組合の効果の存在を裏付けている。

野田（2008）では，バブル経済崩壊後の1991〜1998年について，メインバンクが雇用調整速度にどのような影響を与えたかを，財務データを使用して経営者の属性を考慮したうえで推定している。その結果，製造業においては，経営者が従業員から昇進した内部昇進者の企業では，メインバンクは通常の場合，雇用調整速度を遅らせているが，経常赤字や負債比率上昇した経営状態が悪化した場合には調整速度を速めるという「状態依存ガバナンス」が見られるが，オーナー企業では，そのような関係は見られず，メインバンクは雇用調整速度を引き上げていること，そして，非製造業においては，内部，オーナー両企業においてメインバンクは経営状態の悪化とともに雇用速度を低下させ，リストラを遅らせていた。このことは製造業の内部昇進企業では従業員の交渉力がオーナー企業と比較して高く，解雇の交渉費用が高くなっていることや，内部昇進経営者がリストラによる引責辞任を恐れることからメインバンクの救済を織り込んで雇用調整を遅らせていることを示唆している。

この研究は，おおむね雇用が維持されていた時期の研究である。熊迫（2006）では，製造業について厚生労働省「労働経済動向調査」から希望退職・解雇を実施した企業の割合を調べているが，それは1997年までは2％を上限として変動していたのに対して，1999年の第一四半期は6％，2002年の第一四半期では9％にまで達しており，1990年代後半から2000年代の前半により多くの企業で希望退職や解雇が実施されたとしている。それでは，1998年以降の企業金融の雇用調整に対する効果はどうだったであろうか。この点を分析してみよう。

さらに，本章では取締役会の構成，役員の役割内部出身の役員が多いほど希望退職の確率が低下するのかどうかについて分析する（逆に外部からの役員が多いほど解雇の確率が上昇するのか）。阿部・清水谷（2005）では内部出身の役員比率が高ければ，リストラ施策の選択において，新卒採用の抑制を選択する確率が上昇する一方で希望退職を選択する確率が低下しているが，このことは内部

出身の役員が既存の従業員の利益を守るように行動することを示している。いわゆる「生え抜き」役員は従業員の利益を守るのだろうか。そして，経営者の属性によって内部役員比率の効果は異なるのであろうか。オーナー型の企業では，役員への昇進においてオーナー経営者の意向が強く働いていることが想定され，従業員の利益を守るよりもオーナー経営者の利益を守るように行動するかもしれない。

データと分析方法

　本章の分析において使用するデータは日本労働研究・研修機構（JILPT）が2005年10月に行った「企業のコーポレートガバナンス・CSRと人事戦略に関する調査」であり，このデータに財務データを接合して分析を進める。使用した財務データは有価証券報告書を基にして作成された日経NEEDSである。これらのデータで1999～2004年度の6年間について分析を行う。

　このアンケートは上場企業2,521社を対象に行われ，回収率は17.8%で450社から回答を得た。そのうち，データが取れない企業や合併を行った企業，持株会社に移行した企業を除いて分析に使用するのは342社である。

　本章では，企業金融と雇用システムの間に制度的な補完関係があるかどうかを分析するために，銀行依存度と企業の年齢の雇用調整速度に対する効果を分析する。また，企業取締役会の効果，つまり，取締役会において内部出身役員が多いのか企業の外部から来ている役員が多いのかで雇用調整速度に違いが出るのかどうかを検討する。

　以下，使用する説明変数を簡単にまとめておこう。経営者の出自，属性については，アンケートでは，「貴社のトップは次のどれに当てはまりますか」という問いに対して，1.オーナー，2.生え抜き，3.親会社・関連会社，4.金融機関，5.天下り（官公庁），6.その他の6つの回答があるが，1.に回答した企業をオーナー企業，2.に回答した企業を内部昇進企業，3.～6.までの回答をひとまとめにして外部出身企業とした。342企業の構成は，オーナー企業88社，内部昇進企業187社，外部出身企業67社である。なお，分析期間で経営者の属性に変化はなかった。

　企業内部に人的資本蓄積を示す変数については次のように考えた。本章で使

用するアンケートでは企業の教育訓練制度についてつぎのような質問を行っている。具体的な質問は、「貴社のホワイトカラーの研修政策の方針はAとBのどちらに近いですか。これまでの方針と今後の方針に分けて、それぞれについて該当する番号に丸をつけてください」であり、使用する質問は、「これまでは従業員に教育訓練を行うのは企業の責任か（A）、それとも個人が責任を持つべきか（B）」（教育訓練1）、選択肢は「Aである、Aに近い、Bに近い、Bである」の4段階になっており、Aから順に4、3、2、1のスコアがつけてある。これらのスコアが高いほど、企業特殊的な訓練が行われていると考えられる。

また、Brown and Medoff (2003) によれば、賃金、雇用に影響を与える「企業の歴史」固有の要因として、操業年数の長い企業ほどその後の期待生存確率が高くなるとすれば、そのような企業で長期雇用を前提とした雇用契約、たとえば企業特殊的な人的資本への投資やインセンティブ契約が結ばれやすくなり、そのような期待形成は、労働者の定着性向を高める形で作用することが予想できる。労働者の質からみても、歴史の長い企業ほど長期勤続者が多いと予想できる。

このようなアンケートの情報と企業の年齢を利用して、企業内の人的資本蓄積を表す変数について次のように考えた。「企業において教育訓練に責任を負ってきた」という企業については企業の年齢を人的資本蓄積を表す変数として用い、「個人の責任である、またはそれに近い」と回答した企業はこの変数を0として推定を行った。

上述したように、Aoki (1994), Abe and Hoshi (2007) などによる雇用システムと金融制度との間に制度的な補完関係があれば、銀行との関係が強い企業ほど教育訓練投資が活発に行われており、企業の年齢、つまり人的資本蓄積が雇用調整速度を遅らせる効果は銀行との関係が強い企業ほど大きい。そして、「状態依存ガバナンス」が成立していれば、経営危機の場合に希望退職の確率が上昇し、雇用調整速度が速くなる。企業と銀行との関係を表す変数としては、銀行依存度を使用する。銀行借入／総資産であり、銀行借入は短期借入金＋長期借入金（1年以内）＋長期借入金（1年以上）である。

取締役会の構成、役員の効果については、内部役員比率を用いる。内部出身役員比率＝内部出身の役員／全役員であり、内部出身役員は他の企業でのキャ

リアを持たない役員のことである。

分析モデル

雇用の調整費用の観点から評価すれば，オーナー企業では経営者の力が強く解雇の交渉費用が低下し，内部昇進企業ではオーナー企業より高くなる。したがって，オーナー企業では内部昇進企業よりも調整速度が速くなる。

メインバンクが短期的視野で行動すれば経営が短期化するので人的資本投資が抑制される。また，赤字でなくとも，メインバンクからのリストラ要求が強く，それを受けない場合には，融資回収や貸出金利引き上げなどのコストを被るために，雇用維持コストが高まり調整速度が速くなる。

長期雇用とメインバンクの間に制度的な補完関係が存在する場合やメインバンクの救済機能が存在すれば，企業特殊的人的資本の蓄積が促進される。また，経営者が長期的な視野に立って経営することが可能になるので，これらの結果，調整費用は高くなり調整速度は遅くなる。

銀行依存度を $BANK_t$，企業の年齢を $FAGE_t$，内部役員比率を $INSIDER_t$，一期前の経常赤字を RED_{t-1} として，雇用調整速度 μ がこれら変数に影響されると考え，

$$\mu = \mu_1 + \mu_2 * BANK_t + \mu_3 * FAGE_t + \mu_4 * BANK_t * FAGE_t + \mu_5 * INSIDER_t$$
$$+ \mu_6 * RED_{t-1} + \mu_7 * RED_{t-1} * BANK_t \tag{5}$$

と表そう。

企業の年齢が長いほど人的資本投資が促進されていれば μ_3 はマイナスになり，企業金融と長期雇用制の制度的な補完関係が存在すれば μ_4 はマイナスになる。この調整速度が駿河（1997），小牧（1998），野田（2002）などの「赤字調整モデル」で想定されているように経営赤字の発生で変化すると仮定すると，μ_6 はプラスになる。「状態依存ガバナンス」が成立していれば μ_2 や μ_3 はマイナスで μ_7 はプラスになる。

この(5)式をもとに，(4)′ を変形すれば，

$$\log L_{it} = \kappa_1 \log L_{it-1} + \kappa_2 \log l_{it-2} + \kappa_3 \log Y_{it} + \kappa_4 \log Y_{it-1} + \kappa_5 \log w_{it}$$

$$+\kappa_6 \log w_{it-1} + \kappa_7 \log L_{it-1}*BANK_{it} + \kappa_8 \log L_{it-1}*FAGE_{it}$$
$$+\kappa_9 \log L_{it-1}*BANK_{it}*FAGE_{it} + \kappa_{10} \log L_{it-1}*INSIDER_{it-1}$$
$$+\kappa_{11} \log L_{it-1}*RED_{it-1} + \kappa_{12} \log L_{it-1}*BANK_{it}*RED_{it-1}$$
$$+\gamma_i + \gamma_t + e_{it} \tag{6}$$

　$\log L_{t-1}*BANK_t$ にかかる係数がマイナスならばメインバンク変数は調整速度を上昇させることになり，$\log L_{t-1}*RED_{t-1}$ にかかる係数がマイナスならば経常赤字の発生によって調整速度が上がることを示唆する。(6)式はパラメータ同士が積の形になっており，非線形モデルであるが，ここでは線形と考えて推定する。このモデルは，説明変数に被説明変数の1期のラグが含まれるために，通常のパネルデータの推定では一致推定量が得られない。そこで，Arellano and Bond (1991) による2ステップの GMM 推定により一致推定量を求める。前期の従業員数の操作変数はそれ以前の従業員数であり，前期の従業員数とメインバンク依存度，負債比率や経常赤字の交差項についても操作変数はそれ以前の交差項を用いている。

推定結果

　表7-3は雇用調整関数の推定結果である。経営者の属性を考慮しない推定では，表中の②欄において銀行依存度が調整速度を遅らせており，銀行依存度と企業の年齢の交差項も調整速度を遅らせる効果を持っている。また，赤字期には銀行依存度が調整速度を引き上げている。また，内部役員比率は調整速度を遅らせている。

　では，経営者の属性を考慮するとどうなるだろうか。まず，内部昇進企業の場合には，全サンプルの場合と同様に，②欄において銀行依存度と企業の年齢の交差項がプラスに有意で雇用調整を遅らせており，銀行依存度も同じ効果を持っている。赤字期にも同様の効果が見られる。内部役員比率についても全サンプルと同様の結果である。

　一方，オーナー企業では，同様に銀行依存度と企業の年齢の交差項がプラスで雇用調整速度を遅らせているが，全サンプル，内部昇進企業とは逆に銀行依存度は雇用調整速度を速める効果を持っている。そして，赤字期には調整速度

第Ⅱ部　企業の労働需要行動

表7-3　銀行依存度，企業の年齢，内部役員比率の調整速度に対する効果

	全サンプル ①	全サンプル ②	内部昇進企業 ①	内部昇進企業 ②	オーナー企業 ①	オーナー企業 ②
L (−1)	0.449*** [0.036]	0.348*** [0.033]	0.290*** [0.169]	0.283*** [0.007]	0.739*** [0.064]	0.735*** [0.130]
銀行依存度	−0.038 [0.052]	0.164*** [0.047]	−0.092*** [0.027]	0.042*** [0.184]	−0.383*** [0.100]	−0.350*** [0.165]
企業の年齢	−0.000 [0.000]	−0.000 [0.005]	0.025*** [0.0003]	0.002*** [0.001]	−0.000 [0.000]	0.002 [0.001]
内部役員比率	0.095** [0.038]	0.176*** [0.032]	0.169*** [0.023]	0.175*** [0.011]	−0.110** [0.048]	−0.132** [0.077]
銀行依存度*企業の年齢	0.004*** [0.001]	0.003*** [0.001]	0.003*** [0.001]	0.004*** [0.0003]	0.012*** [0.001]	0.006** [0.007]
経常赤字*銀行依存度		−0.299*** [0.049]		−0.224*** [0.027]		0.007 [0.412]
経常赤字		0.111*** [0.022]		0.127*** [0.009]		0.123 [0.108]
Sargan test	0.117	0.101	0.258	0.779	1.000	1.000
2次の自己相関	0.317	0.326	0.338	0.489	0.281	0.285

(注)　括弧内は標準誤差。
　　　***は p<0.01 を，**は p<0.05 を，*は p<0.1 を，それぞれ示す。

は上昇しない。内部役員比率は全サンプル，内部昇進企業の場合と逆に調整速度を速めている。

　以上のように，内部昇進企業では，銀行依存度と企業の年齢の交差項が有意に雇用調整を遅らせており，銀行依存度も同じ効果を持っている。一方，オーナー企業では，銀行依存度と企業の年齢の交差項は雇用調整速度を遅らせているが，銀行依存度は雇用調整速度を速める効果を持っている。したがって，メインバンク制と長期雇用制，およびそのもとでの人的資本蓄積が制度的な補完関係にあることは両タイプの企業において見られるが，内部昇進企業ではそれ以外にも銀行依存度が調整速度を低下させていることになる。

　赤字期の銀行依存度の効果をみると，内部昇進企業では，赤字期に銀行が調整速度を上昇させているが，オーナー企業では赤字期の調整速度の変化はない。

　内部役員比率については，経営者の属性が違うことで雇用調整速度に与える効果が逆転しているが，これは次のように解釈できる。経営者が従業員から内部昇進している企業では，役員も従業員の雇用を守るような行動をとるが，

オーナー経営者の場合には役員はオーナー経営者の利益に沿って行動するということである。

　これらの推定結果は Noda (2007)，野田（2008）と同様の結果である。内部昇進企業では，経営者が「従業員の代表である」という性格上から，従業員の交渉力が強くなり，解雇の交渉費用は高くなると考えられる。それゆえ，企業経営が悪化した場合，経営者がメインバンクからの救済を織り込んで大規模な人員削減を遅らせている可能性は高い。つまり内部昇進経営者は，オーナー経営者よりも従業員の利益に配慮する傾向にあり，赤字になるまで大規模な人削減を含んだ雇用調整がしにくいということであろう。これに対してオーナー企業では，所有と経営が一致しており，エージェンシー問題が発生しにくい。そのため，企業価値を最大化するインセンティブが生じやすく，リストラが行われやすい。

　この推定結果や関連文献のサーベイからは，企業の銀行依存離れが進み，間接金融市場から直接金融市場へと資金調達手段・方法が変化すれば，メインバンク制度と長期雇用制度との制度的な補完関係が弱くなり，雇用の調整速度が速くなることが予想できる。また，投資ファンドや"物言う株主"の影響力が強まれば，経常赤字になるまで雇用を維持するということは難しくなり，内部昇進企業においてみられた，経常赤字になってから大規模なリストラを行うという雇用調整行動は変化せざるを得ない。このように企業金融，資金調達の方法の変化は長期雇用や企業の雇用調整行動に影響を与えていることが確認できた。

4　雇用調整変容の背景と今後の研究視点

　バブル経済崩壊後，長期にわたって日本経済は不況に喘いできた。この間，日本の労働市場も疲弊し，失業率は戦後最悪の水準を記録した。失業発生の背景の一つとして，しばしば企業による雇用のリストラクチャリング，つまり雇用調整が挙げられる。この章では1980年代から2000年代初頭にかけての日本企業の雇用調整行動を概観した。

　その結果，2000年代になって雇用調整の内実が大きく変容していることがわ

かった。バブル崩壊後は確かに日本経済全体の雇用創出力は弱まり，雇用喪失が増加している。しかし，日本企業が雇用を減少させているメカニズムは，2000年前後で大きく異なっている。2000年以前は雇用を減小させる企業が増加したために経済全体の雇用創出が増加したのに対して，2000年以降は雇用を減小させる企業が増加しただけでなく，雇用減小企業の雇用減少率が大きくなったことも影響している。

1980年代から企業財務データを用いて動学的労働需要関数を計測し，雇用調整速度を推定すると，やはり2000年以降で雇用調整速度が相対的に速くなっていることが観察される。同時に，実質産出量弾力性と実質賃金率弾力性が2000年以降は相対的に大きくなっており，産出量や賃金率による雇用調整に対する影響が従来よりも大きくなっていることがわかった。

日本企業が2000年前後を境に雇用調整行動を変化させた背景として，この章では日本企業のコーポレート・ガバナンス構造の変容に注目した。そして，日本企業のメインバンク制度と長期雇用制度の間には制度補完的関係があることを実証分析により確かめた。日本の企業金融の重要要素と従来から考えられるメインバンク制度は，通常は雇用調整速度を遅くする効果を持つが，赤字期になると雇用調整速度を速める効果がある。また，企業経営者のタイプを分けて分析した結果，従業員からの選抜者が経営トップについている内部昇進企業と大株主が経営トップについているオーナー企業双方において，企業金融と長期雇用制度の制度補完関係が強く見られるが，内部昇進企業では，その他にも銀行が雇用調整を遅らせている。経営者が従業員としての性格を持っているので雇用調整コストが高くなり，経営危機時のメインバンク，銀行の救済を当てにして雇用調整を遅らせていると考えられる。

1998年の金融ビッグバンを境にして，日本企業の企業金融構造は大幅に変化している。銀行や関連企業との株式持ち合いの解消や，間接金融市場から直接金融市場へと資金調達手段・方法の変化，そして投資ファンドや"物言う株主"の登場など，企業金融を取り巻く環境は従来とは異なるようになってきた。こうした変化は，メインバンク制度と長期雇用制度との制度補完関係を通じて，2000年前後を境に変容する雇用に対して影響を与えた。

もちろん，この章で扱ったコーポレート・ガバナンス構造の変化だけが日本

企業の雇用調整行動を変化させたわけではない。小川（2007）が検証した金融機関の貸出態度の変化や Hoshi (2006) が焦点を当てたゾンビ企業の存在など，複数の要因が影響していることは否定できない。

これらの複数の要因が影響して，日本企業の雇用調整行動は2000年前後に変容したと考えられる。では，雇用調整に影響する最も重要な要因は何か。これについては今後の研究の進展に委ねたい。

注
(1) この調査は，1998年6～9月までは建設業，製造業，運輸・通信業，卸売・小売業，飲食店，サービス業の5産業を調査し，それ以降は2003年6～9月までは上記産業に金融・保険業と不動産業を追加した7産業を調査対象としている。詳細については調査報告書を参照されたい。
(2) 我が国での雇用調整速度の計測は，篠塚（1989，1996）や村松（1981），井出（1993），駿河（1997），阿部（2005）などがある。雇用調整行動を含む企業の労働需要に関しては Hamermesh (1993)，動学的労働需要に関しては Nickell (1986) を参照されたい。
(3) 個別企業の雇用調整を分析している Hildreth and Ohtake (1998) では，事業所毎の雇用調整は極めて短期のうちに行われており，調整速度は速いことが報告されている。それまでは主として集計されたマクロデータを用いた研究が多く，我が国の雇用調整速度は相対的に遅いとされてきた。しかし，Hildreth and Ohtake のように個別企業・事業所の調整速度はむしろ相対的に速いことが明らかにされている。
(4) この指標の定義は，Davis, Haltiwanger, Schuh (1996) や玄田（2004）などによる雇用創出・喪失指標のそれとは異なる。
(5) 調整費用を直接計測した研究がないわけではない。Button (1990) や Cascio (1991) などを参照されたい。
(6) 動学的労働需要関数の詳細については，Nickell (1986) を参照のこと。
(7) 公表されている景気循環は，次のようになる。

	谷	山	谷	全循環
第7循環	昭和46(1971)年12月	昭和48(1973)年11月	昭和50(1975)年3月	39カ月
第8循環	昭和50(1975)年3月	昭和52(1977)年1月	昭和52(1977)年10月	31カ月
第9循環	昭和52(1977)年10月	昭和55(1980)年2月	昭和58(1983)年2月	64カ月
第10循環	昭和58(1983)年2月	昭和60(1985)年6月	昭和61(1986)年11月	45カ月
第11循環	昭和61(1986)年11月	平成3(1991)年2月	平成5(1993)年10月	83カ月

第Ⅱ部　企業の労働需要行動

第12循環	平成 5 (1993)年10月	平成 9 (1997)年 5 月	平成11 (1999)年 1 月	63カ月
第13循環	平成11 (1999)年 1 月	平成12 (2000)年11月	平成14 (2002)年 1 月	36カ月
第14循環	平成14 (2002)年 1 月			

(8) コーポレート・ガバナンス以外の要因として，小川 (2007) は企業の過剰債務状態や金融機関の貸出態度に注目して分析している。その結果，負債比率や銀行の貸出態度の厳格化がとりわけ中堅・中小企業の雇用変化に対して負の影響を及ぼしていたことを見いだしている。

参考文献

阿部修人・清水谷諭 (2005)「日本企業の雇用調整手段とコーポレート・ガバナンス──ステークホルダーモデルによる検証」*ESRI Discussion Paper Series*, 136。

阿部正浩 (2005)『日本経済の環境変化と労働市場』東洋経済新報社。

井出多加子 (1993)「ECM による産業別雇用調整関数の計測──マクロ経済へのインプリケーション」『日本経済研究』24。

浦坂純子・野田和彦 (2001)「企業統治と雇用調整──企業パネルデータに基づく実証分析」『日本労働研究雑誌』第488号，52-63頁。

小川一夫 (2007)「金融危機と雇用調整」林文夫編『金融の機能不全』勁草書房。

玄田有史 (2004)『ジョブクリエーション』日本経済新聞社。

熊迫真一 (2006)「雇用調整と賃金調整の実施時期に関する一考察」『日本労務学会誌』8(1)。

小牧義弘 (1998)「わが国企業の雇用調整行動における不連続性について」『日本銀行調査月報』11月号，45-74頁。

篠塚英子 (1989)『日本の雇用調整──オイル・ショック以降の労働市場』東洋経済新報社。

篠塚英子 (1996)「景気循環と性別に見た雇用変動」『景気変動と労働市場』雇用促進事業団・統計研究会。

駿河輝和 (1997)「日本の企業の雇用調整──企業利益と解雇」中馬宏之・駿河輝和編『雇用慣行の変化と女性労働』東京大学出版会。

野田知彦 (2002)「労使関係と赤字調整モデル」『経済研究』(一橋大学経済研究所) 53(1)，40-52頁。

野田知彦 (2006)「解雇と労使協議，経営参加」『日本労働研究雑誌』第556号，40-52頁。

野田知彦 (2008)「メインバンクはリストラを促進するのか」『経済分析』(内閣府社

会経済研究所）180。

宮島英昭（1998）「戦後日本企業における状態依存ガバナンスの進化と変容——Logit モデルによる経営者交代からのアプローチ」『経済研究』49(2), 97-112頁。

村松久良光（1981）「雇用調整の決定要因」『日本労働協会雑誌』23(1)。

村松久良光（1995）「日本の雇用調整——これまでの研究から」猪木武徳・樋口美雄編『日本の雇用システムと労働市場』日本経済新聞社。

Abe, M. and Hoshi T. (2007), "Corporate Finance and Human Resource Management in Japan," in Aoki, M., G. Jackson, and H. Miyazima eds. *Corporate Governance in Japan: Institutional Change and Organizational Diversity*, Oxford Univ. Pr.

Anderson, R. C., and D. M. Reeb (2003), "Founding Family Ownership and Performance. -Evidence from the S&P 500-," *Journal of Finance*, No. 58, pp. 1301-1327.

Aoki M. (1994), "The Contingent Governance of Team Production: An Analysis of Systematic Effects," *International Economic Review*, Vol. 35, pp. 657-676.

Arellano, M. and S. Bond (1991), "Some Tests of Specification for Panel Data: Monte Carlo Evidence and an Application to Employment Equations," *The Review of Economic Studies*, Vol. 58, pp. 277-297.

Brown, C. and J. L. Medoff (2003), "Firm Age and Wages," *Journal of Labor Economics*, Vol. 21, No. 3, pp. 677-697.

Button, P. (1990), "The Cost of Labour Turnover: An Accounting Perspective," *Labour Econ. Productivity*, Vol. 2, pp. 146-60.

Cascio, W. F. (1991), *Costing human resources: The financial impact of behavior in organizations*, 3rd ed, Boston: PWS-Kent.

Davis, S. J., J. C. Haltiwanger, and S. Schuh (1996), *Job Creation and Job Destruction*, Cambridge: MIT Press.

Demsetz, H. and K. Lehn (1985), "The Structure of Corporate Ownership: Cause and Consequences," *Journal of Political Economy*, No. 93, pp. 1155-1177.

Hamermesh, D. S. (1993), *Labor Demand*, Princeton, New Jersey: Princeton University Press.

Hildreth, A. K. G. and F. Ohtake (1998), "Labor Demand and the Structure of Adjustment Costs in Japan," *Journal of the Japanese and International Economies*, Vol. 12, pp. 131-50.

Hoshi, T., A. Kasyap, and D. Scharfstein (1990), "The role of banks in reducing the costs of financial distress in Japan," *Journal of Financial Economics*, Vol. 27, pp.

67-88.

Hoshi, T. (2006), "Economics of the Living Dead," *Japanese Economic Review*, Vol. 57. pp. 30-49.

James, H. (1999), "Owner as Manager, Extended Horizons and the Family Firm," *International Journal of the Economics of Business*, 6, pp. 41-56.

Nickell, S. J. (1986), "Dynamic models of labour demand," in O. Ashenfelter and R. Layard, eds. *Handbook of Labor Economics*, Elsevier Science, Amsterdam.

Noda, T. (2007), "Corporate Governance and Restructuring in Japan: An Analysis of Downsizing in the 1990s," mimeo.

Oi, W. Y. (1962), "Labor as a Quasi-fixed Factor," *Journal of Political Economy*, Vol. 70, pp. 538-555.

Seike, A. (1985), "The Employment Adjustment in Japanese Manufacturing Industries in the 1970's," *Keio Business Review*, Vol. 22, No. 3.

Tirole, J. (2001), "Corporate Governance," *Econometrica*, Vol. 69, pp. 1-35.

第Ⅲ部

労働法制と労働需要

第8章　最低賃金と雇用

川口大司

1　最低賃金と雇用の関係を分析する政策上ならびに研究上の意義

　わが国において経済格差が拡大しているという認識が急速に広まりつつあり，格差是正のため，最低賃金の引き上げが真剣に検討されている。2007年3月に閣議決定を経て国会に提出された最低賃金法の改正案は，最低賃金額決定に当たり生活保護額との整合性への配慮を求めるなど，最低賃金額の引き上げを示唆するものであった。改正案はいったん継続審議となるが，最終的に2007年11月28日の参院本会議で成立した。法案は最低賃金を決める際，「生活保護に係る施策との整合性に配慮する」ことを明記しており，最低賃金引き上げへの下地が準備されたといえる。最低賃金の引き上げは引きつづき政治的な課題であり，たとえば，2007年8月現在，加重平均で時給673円に設定されている地域別最低賃金を加重平均時給1,000円にまで上昇させる政策を民主党は提案している。[1]

　最低賃金額を時給1,000円にあげることが格差是正に役立つという議論の前提には，今のところ時給1,000円以下で雇われている人々の雇用が守られる形で，彼らの賃金が1,000円にまで上昇することが仮定されている。その一方で，仮に最低賃金の上昇が雇用量の減少をもたらすならば，雇用を失う低賃金労働者が発生することになり，所得格差をよりいっそう広げる方向に働く可能性が高い。

　通常の完全競争的な労働市場を仮定すれば，最低賃金が均衡賃金水準以上に上昇すれば，雇用量は確実に減少する。そのため，最低賃金の上昇が雇用を減

少させないと考えるためには，労働市場が完全競争的ではなく，ある種の買い手独占力があるような世界が議論の前提として想定されていることになる。労働市場が完全競争的ではなく，買い手独占力が存在するような状況においては，雇用を減少させることなく賃金分布が平等化するのみならず，余剰の雇用者と労働者との間の取り分を労働者に有利な形で変化させるため，格差是正に貢献する可能性が高い。

最低賃金の上昇の雇用量への影響を推定することは，政策論議に役立つのみならず，日本の労働市場が完全競争的か否かという学問的な問いに答えることにもなる。そこで，この章では最低賃金が雇用量にどのような影響を与えるか，既存の研究から得られる知見を紹介し，さらに新たなデータを用いて知見を付け加えることを目標とする。

本章の構成は以下のとおりである。まず第2節で日本の最低賃金制度の法的な概要を述べ，第3節で最低賃金の実態を概観する。第4節では最低賃金が雇用量にどのような影響を与えるかを理論的に考察するとともに，欧米の研究者によってどのような知見が得られてきたかを概観する。第5節では日本での実証研究から得られてきた知見を紹介し，第6節では時系列データを用いた実証分析を行う。第7節では今後の研究課題を提言する。

2 日本の最低賃金制度の法的・制度的な側面

わが国における最低賃金制度は1959年に制定され，1968年に大幅改正された最低賃金法によって定められている。最低賃金には都道府県別の全産業に適用される地域別最低賃金と地域別最低賃金に上乗せされる形で都道府県・産業別に最低賃金を定めた産業別最低賃金に大別される。

各都道府県の地域別最低賃金額は，全国レベルの中央最低賃金審議会と都道府県レベルの地方最低賃金審議会の2段階の審議会プロセスを経て決定される。まず全国レベルの審議会である中央最低賃金審議会が47都道府県を4つのブロックに分けたブロックごとの最低賃金の引き上げ額を目安として示す。それを受けて地方最低賃金審議会が審議を行い，最終的には各都道府県労働局長が決定または改訂する。中央最低賃金審議会は公益委員6名（2007年8月現在，厚

生労働省 OB 1，経済・経営学者 3，法学者 1，弁護士 1 で構成されている），労働組合役員で構成される労働者側委員 6 名，経済団体役員で構成される使用者側委員 6 名，といういわゆる公労使三者構成となっており，事務局は労働基準局勤労者生活部勤労者生活課最低賃金係である。地方最低賃金審議会も同様の公労使三者構成である。

中央最低賃金審議会が地方に下ろす目安はあくまでも目安であり，地方最低賃金審議会の審議を拘束するものではないが，目安と実際に決まる地域別最低賃金の間の差額はあったとしても 1 円，2 円であり，その意味で中央最低賃金審議会の定める目安は地域別最低賃金の決定に実質的な影響力を持っているといえる(2)。

中央最低賃金審議会における目安決定の過程であるが，インターネット上で公開されている審議会議事録を読む限り，労働者側と使用者側の意見が一致をみず，公益委員の見解が答申として採用されるケースがほとんどである。この公益委員の見解に影響を与え，労使間の「落としどころ」を見つけるに当たってしばしば言及されるのは，賃金改定状況調査である。賃金改定状況調査は毎年 6 月に行われる事業所調査であるが(3)，この調査より得られる調査年 1 月から 6 月の間の賃金改定状況をまとめた第 1 表，調査前年 6 月と調査年 6 月の間の平均賃金の変化率をまとめた第 4 表がしばしば審議の中では参照されている。ことに第 4 表の平均賃金の変化率については，その重要性を反映してか，1995 年には労働時間の減少に伴う時間単価の増加やパート労働者の増加を反映した算出方法に変更されたり，2004 年には前年のパート労働者比率を固定した上で増加率を計算するための方法に変更されたりしている(4)。

以下の項では，最低賃金額が実際にどのように変動してきたのかを概観する。

3　日本の最低賃金の実態

2007 年 9 月現在で，地域別最低賃金の最高額は東京都の 719 円，最低額は青森，岩手，秋田，沖縄各県の 610 円である。最低額の最高額に対する比率は 84％ と地域的な変動がある。この地域別最低賃金額の加重平均値の時系列を 1983 年から 2006 年までの期間で記したのが図 8-1 である。加重平均を行う際

第Ⅲ部　労働法制と労働需要

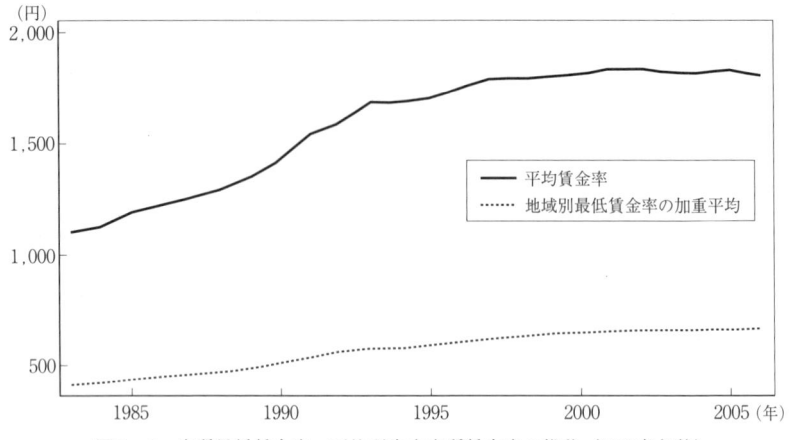

図8-1　実質最低賃金率，平均所定内実質賃金率の推移（2003年価格）
(注)　実質最低賃金率は『最低賃金要覧』各年版より得られる地域別最低賃金額を各都道府県の15歳から24歳人口で加重平均した値。常用一般労働者の所定内実質賃金率は所定内給与を所定内実労働時間で割ることで計算。それぞれを総合消費者物価指数で割り，2003年価格とした。
(出所)　『最低賃金要覧』，『人口推計 我が国の推計人口』，『賃金構造基本統計調査』，『平成17年基準消費者物価接続指数』より筆者計算。

のウエイトとしては最低賃金の影響を受ける確率が高いと思われる15歳から24歳の若年人口を用いている。この23年間に地域別最低賃金額の加重平均値は410円から666円まで上昇した。同じ期間に常用労働者の時間当たり賃金率がどのように変化したかを示すグラフも図8-1には追加してあるが，こちらはおおよそ1,100円から1,800円に上昇している。興味深いのは1997年くらいから時間当たり賃金率は頭打ちとなりほとんど増加しなかったものの，最低賃金が少しずつ上がり続けている点である。

最低賃金額を時間当たり賃金率で除した値がカイツ指標であるが，図8-2に示されているこの指標の時系列的な動きを見ると，1994年くらいまで一貫して低下し，1996年くらいから一貫して上昇している。この動きを説明するひとつの仮説が日本経済を襲ったデフレーションの影響である。図8-3は2003年を100とする消費者物価指数の時系列の動きを示したものであるが，物価上昇が止まる時期，すなわち1995年前後はカイツ指標の増加が始まる時期である。

広く知られるように貨幣賃金率は下方硬直的であり，デフレーションが起こっても貨幣賃金率の下落はなかなか起こらない。これはすでに黒田・山本

図8-2 カイツ指標の時系列的な推移

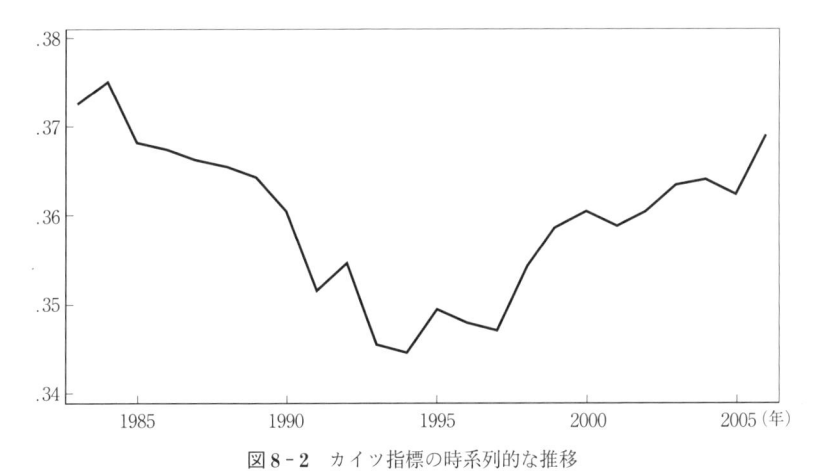

(注) 地域別最低賃金額を各都道府県の15歳から24歳人口で加重平均した値を平均賃金率（＝所定内賃金額／所定内労働時間）で割ったもの。
(出所) 『最低賃金要覧』、『人口推計 我が国の推計人口』、『平成17年基準消費者物価接続指数』より筆者計算。

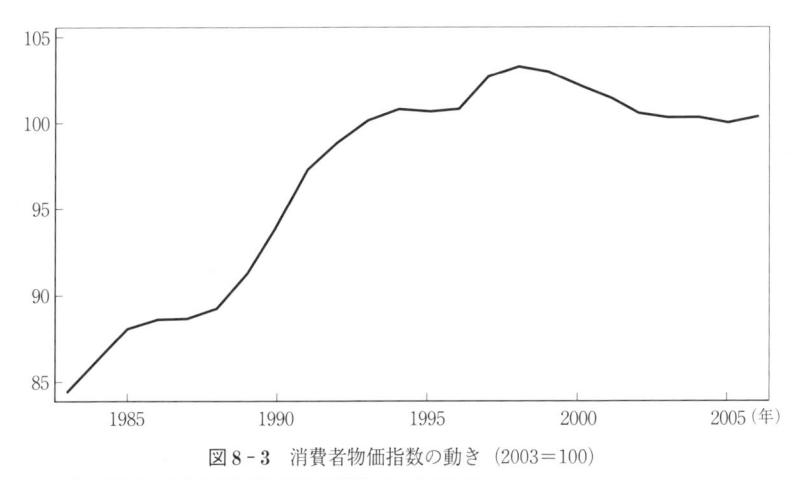

図8-3 消費者物価指数の動き (2003＝100)

(出所) 『平成17年基準消費者物価接続指数』より筆者計算。

(2006) ら日本のデータを用いて詳細に明らかにした点である。しかしながら、黒田・山本 (2006) は同時に1990年代後半から2000年代の前半においては貨幣賃金率の下落も観察されたことを報告しており、この点は企業レベルのサーベイデータを用いた Kawaguchi and Ohtake (2007) においても確認されていると

ころである。その一方で最低賃金のほうは先述したように政治的なプロセスを経て決定されるために徐々に上がっていく傾向があり、最低賃金額が凍結されるのはデフレもかなり深まった2003年になってからのことであった。最低賃金額は貨幣賃金よりもさらに下方硬直的であり、最低賃金の減額は少なくとも筆者がデータを入手した1983年以降おこっていない。

硬直的な貨幣賃金よりも最低賃金の水準はさらに下方に硬直的であるので、デフレの局面は最低賃金額の実質的な価値を増加させる傾向を持つ。よってデフレの局面においては最低賃金額を時間当たり貨幣賃金額で割ったカイツ指標は上がっていく傾向を持つことが考えられる。実際にカイツ指標の変化率を被説明変数、消費者物価指数の変化率を説明変数とした単回帰分析の結果は以下のとおりであり、デフレ局面においてはカイツ指標が増加する傾向にあることを示している。

$$\Delta \log(\bar{keiz}_t) = 0.003 - 0.49\, \Delta\log(cpi_t), \qquad R^2=0.25,\ N=23$$
$$\phantom{\Delta \log(\bar{keiz}_t) = }(0.003)\ (0.19)$$

ここで（　）内は標準誤差である。

この回帰分析の結果はインフレ率が1％増加すると、カイツ指標がおおよそ0.5％減少することを意味していて、1990年代後半の日本を襲ったデフレーションが最低賃金の実質的な価値を上昇させたことを示唆している。Lee (1999) によれば、1980年代の米国においては連邦最低賃金が名目で固定されていた一方、インフレーションが進行したため、最低賃金の実質的な価値が下落した。この実質最低賃金額の下落が、賃金分布を不平等化させたという発見をLee (1999) はしているが、日本の1990年代の実質最低賃金額の増加は賃金分布を平等化させるのに貢献した可能性もある。この点に関しては引き続き十分な研究が必要である。

4　最低賃金が雇用に与える影響

理論的な分析

この節では、最低賃金が雇用に与える影響を分析していく。まず最低賃金が

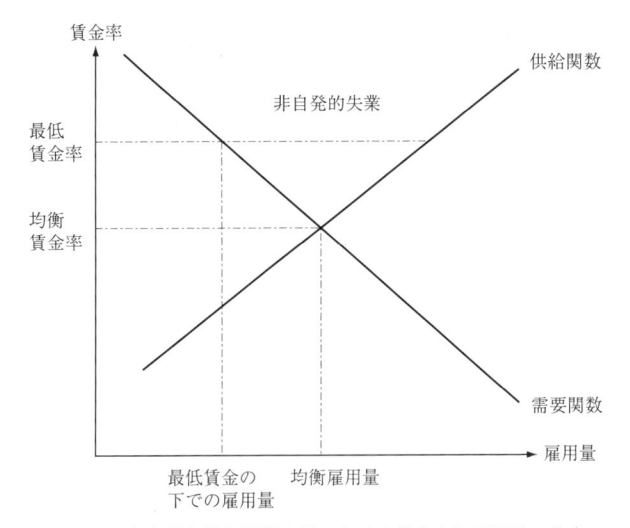

図 8-4 完全競争的な労働市場における賃金率と雇用量の決定
(注) 雇い主，労働者，双方ともに価格受容者として行動する。そのため，各労働者，各雇い主が直面する需要・供給関数は水平である。

雇用量に与える影響を理論的に考察してみよう。最低賃金の上昇が雇用にどのような影響を与えるかは，労働市場における摩擦の有無に依存する。ここで摩擦がないとは，労働者，企業ともに賃金率を所与のものとして行動し，その賃金率の元で労働者は困難なく働き先を探すことができ，企業は何人でも労働者を探すことができるという状況である。

　摩擦がない労働市場における均衡決定は図 8-4 において示される。まず，労働需要曲線は労働者の限界生産物に生産物価格をかけて得られる限界生産物価値によって決まる。これは市場支配力をもたない企業にとって労働者を一人追加的に雇う限界費用はその賃金率であるため，限界生産物価値が賃金率を上回っていれば労働者の雇用を増やすし，限界生産物価値が賃金率を下回っていれば雇用を減らすからである。結果として，賃金率と労働の限界生産物価値が等しくなるところで雇用量を決めることが企業にとっての利潤最大化のための必要条件となる。労働の投入量が増えるに従い労働の限界生産性は低減するため，労働需要曲線は右下がりとなる。

　その一方で，労働供給曲線は家計の効用最大化行動から導かれる。各家計

(あるいは家計に属する個人)は市場賃金率で働いたときに得られる所得から限界的に得られる効用と働くことの限界的な不効用を比較して、限界効用が限界不効用を上回るようであれば働くし、そうでなければ働かない。少数ながら働くことによる不効用がきわめて小さい人がいて、その人々は賃金率が低くても働く。賃金率が上がると働くことの不効用が小さい人から順番に働くことにするため、賃金率が上がるにつれて働く人の数も増えてくる。このようなメカニズムを考えると市場全体の労働供給曲線は右上がりとなる。

右下がりの労働需要曲線と右上がりの労働供給曲線が交わる賃金率において、需要量と供給量は一致する。需要量と供給量を一致させる賃金率を均衡賃金率というが、賃金率が均衡賃金率よりも高ければ供給量が需要量が上回り賃金率は下落するし、賃金率が均衡賃金率よりも低ければ需要量が供給量を上まわり賃金率は上昇する。よって、賃金率が需給の状況に応じて伸縮的に調整されれば、賃金率は均衡賃金率に収束する傾向をもつ。これが完全競争的な摩擦のない労働市場における賃金率と雇用量の決定メカニズムである。

このような摩擦のない完全競争的な労働市場において、最低賃金が均衡賃金率以上に引き上げられると、労働需要量は労働需要曲線に沿って減少する。そして、最低賃金水準における労働供給量と労働需要量の差は非自発的な失業として現れる。労働需要量が実際の雇用量を決定するため、最低賃金の引き上げが労働需要量をどの程度減少させるかは労働需要曲線の形状、別の言い方をすれば労働需要量の賃金弾力性の大きさに依存することになる。労働需要曲線が平坦、すなわち労働需要量の賃金弾力性が大きいとき、最低賃金上昇の雇用喪失効果は大きなものとなる。

労働需要量の賃金弾力性の大きさの決定要因については古典的なヒックス＝マーシャルの派生需要の法則がある。これは賃金率が与えられたもとで労働需要量がどのように決まるかを、企業の利潤最大化行動の観点から分析し、得られる理論的な含意をまとめたものである。

賃金率が上昇した際に労働需要量に与える影響は二通りの経路がある。第一に規模効果といわれるものがある。これは、賃金率が上がることにより、企業の作る産出物の限界費用が上がり、最適な産出量が減ることによって生産要素である労働への派生需要が減るという生産規模の変化を通した効果である。生

産コストに占める労働コストのシェアが大きいときほど賃金上昇が限界費用の上昇に与える影響が大きくなるので，規模効果は大きくなる。また，産出物への需要が価格弾力的であるときには，産出物価格の上昇に伴う財需要量の減少が大きくなるので，規模効果は大きくなる。第二に代替効果といわれるものである。これは賃金率が上昇することにより，他の生産要素に対して労働の相対価格が上昇するため，同じ産出量水準を達成するために，企業が用いる労働力を減少させ，資本や中間財の使用を増加させることから発生する。この代替効果は労働と他の生産要素の代替が技術的に容易なときに大きくなる。また，他の生産要素が価格弾力的に供給されているとき，労働から他の生産要素への代替がおこってもその生産要素の価格が上昇しないため，代替効果は大きくなる。

　以上の議論をまとめると，摩擦のない完全競争的な労働市場において，均衡水準以上に最低賃金が上昇すると雇用量が減少することが言える。そしてその程度の大きさは産業によって異なるが，1.その産業の財需要が価格弾力的であるとき，2.総コストに占める労働コストの割合が高いとき，3.労働と他の要素の代替が技術的に容易であるとき，4.他の要素の供給が価格弾力的なときに大きくなることが明らかになった。[5]

　労働市場に摩擦がなく，完全競争的な市場における最低賃金の雇用への影響はわかったが，労働市場に摩擦があり，企業の側にある程度の賃金決定力がある場合に最低賃金はどのような影響を雇用に与えるのだろうか。Manning (2003) が指摘するように企業が賃金決定力をまったく持たない状況とは，市場賃金よりも1円でも高い賃金をオファーすれば労働者の列が事務所の前にでき，好きな人数の労働者を雇える状況であり，さらに市場賃金よりも1円でも低い賃金をオファーすればすべての労働者が去っていってしまうような状況である。このような想定はあまり現実的ではなく，大量の採用をしようとすれば市場の相場よりも高い賃金を提示するしかないだろうし，相場よりも低い賃金を提示したからといってすべての労働者が辞めてしまうわけではなくて，やめていく確率が高まると考えるのが自然ではないかと Manning (2003) は主張する。

　以上のような現実の労働市場を記述しようという問題意識に基づいて Manning (2003) は雇用量の動学式について次のような単純な定式化を提案している。

第Ⅲ部　労働法制と労働需要

$$N_{it} = (1-q(w_{it}))N_{it-1} + R(w_{it})$$

ここで，N_{it} は企業 i の t 期における雇用量，N_{it-1} は $t-1$ 期の雇用量，$q(w_{it})$ は離職確率を示す関数，$R(w_{it})$ は新規採用数を示す関数である。離職確率関数について，賃金率の上昇は離職確率の減少をもたらすものの，その効果は低減していくという性質を持つものとする（$q'(w_{it})<0, q''(w_{it})>0$）。新規採用関数については賃金率の上昇は新規採用数を増加させる効果を持つものの，その効果は低減していく特性を持つものとする（$R'(w_{it})>0, R''(w_{it})<0$）。この式で示されるように各企業の雇用者数は時々で変化していくが，定常状態での雇用者数は $N_i = N_{it} = N_{it-1}$ で定義される。この定常状態での雇用者数は式を解くと

$$N_i(w_{it}) = \frac{R(w_{it})}{q(w_{it})}$$

と求められるが，分母の離職確率関数が賃金率の減少関数，分子の新規採用関数が賃金率の増加関数であることより，定常状態での雇用者数は賃金率の増加関数となる。これは各企業が定常的な雇用者数を高く維持しようとすると，賃金率を上げて離職率を減らし新規採用を増やすといった行動をとらざるを得ないことを意味する。ここで重要なのは各企業が直面する労働供給関数が，完全競争的な市場における水平なものではなく，右上がりのものとなっていることであり，賃金そのものが企業にとっての選択変数となっていることである。

各企業が水平ではなく，右上がりの労働供給関数に直面するときに，最適な雇用量はどのように決定されるのだろうか。極端な例として市場に一つしか企業のない買い手独占のケースについて図8-5を用いて分析してみよう。

企業が労働者に賃金支払いをするとき，各労働者の留保賃金水準を知っていれば，その留保賃金水準を少しだけ上回る賃金を支払うことで労働者を働かせることができるので，労働者を追加的に雇うことの限界費用は限界的な労働者の留保賃金水準に等しい市場の労働供給曲線に等しくなる。また，労働者を雇うことの限界便益は完全競争のケースと同じで労働の限界生産物価値となるので，企業が各労働者の留保賃金水準を知って，それぞれの労働者ごとに違う賃金率の支払いができるときの雇用水準は完全競争的な労働市場を想定した場合

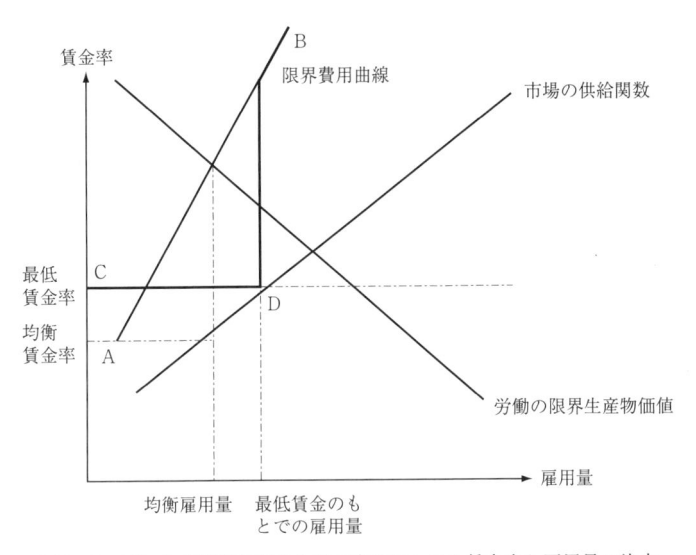

図8-5 雇い主が価格支配力を持つ市場における賃金率と雇用量の決定

と同じである。また最低賃金の引き上げが雇用量に与える影響も変わらない。

しかしながら、企業が各労働者の留保賃金水準を知り、さらに労働者ごとに異なる賃金率を支払うという想定は、実際の企業の雇用管理の実態を考えるとそれほど現実的ではない。同じ属性を持つ労働者に関しては、留保賃金の水準を問わず同じ賃金を支払うのが現実的な状況であろう。この場合、労働者を追加的に雇おうとすると、新たに雇う労働者に今までよりも高い賃金率をオファーすることに加えて、すでに雇っている労働者の賃金を上げなければいけなくなるため、限界費用は労働供給曲線を上回るABを結んだ線となる。企業の利潤を最大化する雇用量は労働の限界生産物価値と限界費用が等しくなる点で決まる。この均衡雇用量は労働市場が完全競争的なケースよりも少ないものとなるが、これは雇用量を減らすことにより賃金を低く抑えることができるという買い手独占市場に特有の特性による。よって、賃金水準も競争均衡のもとでの賃金よりも低いものとなる。競争均衡での雇用量が社会的にみると望ましい雇用量なので、買い手独占市場における雇用量は過小で社会的に見て非効率である。

買い手独占市場における雇用主の利潤最大化行動が、雇用量を抑制し低い賃

金率をもたらすことが明らかになったが，最低賃金制度はこの状況をどのように改善するのだろうか。雇用を減らすことにより賃金を低く抑制するという関係があることが買い手独占の市場における非効率性発生の原因であったわけだが，最低賃金の導入により最低賃金以下の賃金支払ができなくなることで，買い手独占の雇用主も価格受容者として行動するようになる。よって，最低賃金率で集められる雇用量までは雇用の限界費用は最低賃金率に等しくなる。その一方で，最低賃金率で集められる雇用量以上に労働者を集めようとすると最低賃金を超える賃金支払をする必要が発生し，その際には雇用の限界費用は従前のものと同じ水準となる。よって，雇用の限界費用はCDBのようなかぎ状となる。企業の利潤を最大化する雇用量はこの限界費用曲線と労働の限界生産物価値の曲線がぶつかるところである。結果として，「最低賃金のもとでの雇用量」が実現することになる。

　買い手独占の市場においては最低賃金がない状態よりも最低賃金がある状態のほうが雇用が増える可能性があることが示された。買い手独占の市場だと雇用量を抑えることによって，低い賃金率で労働者を雇うことができ，雇用主の利潤が増えるというメカニズムが働くのだが，最低賃金の存在により雇用量を抑えて賃金率を低く抑えるということができなくなるため，雇用量を増やしたほうが利潤が増えるというメカニズムが働くようになる。この場合，最低賃金が課されることにより雇用主の利潤は減少するが，労働者の余剰は増加し，社会全体で見てみると経済厚生が高まり効率的になる。

　以上見てきたように，労働市場が買い手独占であるか完全競争的であるかによって，最低賃金が雇用量そして効率性に与える影響は大きく異なる。当然のことながら，現実の労働市場は完全な買い手独占でもなく，完全競争でもないだろう。政策を考える上できわめて重要な視点は個々の雇用主が直面している労働曲線の傾きの大きさである。現行の賃金率より賃金率を切り下げたときに大量の労働者が他の企業に流出してしまうような状態であれば，労働市場は競争的であるといえるし，大して労働者が流出しない状態であれば買い手独占的であるといえる。

　労働者が今の雇用主から賃下げなどの手ひどい取り扱いを受けた際に，他所に転職するというアウトサイドオプションを持つかどうか，すなわち労働市場

が競争的かどうか，という点は最低賃金政策のみならず労働者保護主義的な様々な労働政策の有効性を考える上で極めて重要である。よって，最低賃金の上昇が雇用量に与える影響を調べることは，最低賃金政策の評価のみならず，低賃金労働者の労働市場における摩擦の程度を測定することにつながるため，他の政策を考える上でも重要である。

諸外国ならびに日本における実証分析のまとめ

この節では諸外国ならびに日本のデータを用いた最低賃金引き上げの雇用への影響を調べた実証論文を概観する。日本語で入手可能なサーベイとして，米国については明日山（2006）が，欧州については大橋（2007）が有益である。あわせて参照されたい。

最低賃金引き上げの雇用量への影響が最も勢力的に調べられているのは米国であろう。Brown et al. (1982) のサーベイにまとめられているように初期の研究は時系列データを用いたものが主で，多くの研究は最低賃金の引き上げが雇用量を減少させることを示していた。もっとも，これらの初期の時系列の研究には，最低賃金が雇用を失うという結果でないと出版できないという出版バイアスがかかっていたのではないかという議論（Card and Krueger 1995）と出版バイアスは深刻ではないとする議論（Neumark and Wascher 1998）があり評価は定まっていない。

これらの時系列データを用いた実証研究よりも説得力があると考えられているのは1990年代に入って盛んになった州別の最低賃金の変動を用いた研究である。1980年代の米国においてはインフレが深刻化したが，その一方で保守的な政治的な空気を反映して連邦最低賃金は長期にわたって据え置かれた。結果として最低賃金率の実質的な価値は下落を続けたのであるが，それに対して政治的にリベラルないくつかの州では連邦最低賃金水準以上の州別の最低賃金が設定されるようになった。結果として米国内に州ごとに異なる最低賃金が設定されるようになり，この変動を用いた分析が盛んになされるようになった。これらの研究は「新しい」最低賃金研究と呼ばれる。これらの実証研究では最低賃金の高い州で低い州に比べて若年の就業率が低いかを調べる横断面の分析を行ったり，最低賃金が上昇した州とそうでない州を比べて，最低賃金が上昇し

た州の就業率の変化がそうでない州の変化よりも大きいかを調べる州別の固定効果を許す分析を行ったりしている。

これらの「新しい」最低賃金研究を行う研究者が一堂に会して1991年にコーネル大学でコンファレンスが行われ，その結果は *Industrial and Labor Relations Review* 誌1992年10月の特集号にまとめられている。これは，その後15年間の米国における最低賃金研究を方向付けることになる大切な号となる。

米国本土のすべての州を対象とした分析として代表的な初期の研究が ILRR 誌の特集号に収められた Card (1992) ならびに Neumark and Wascher (1992) である。Card (1992) は1990年4月の連邦最低賃金の $3.35 から $3.80 への引き上げに着目した。連邦の最低賃金であるため，最低賃金の上がり方は各州で同一であるが，賃金分布が州によって異なるため同額の引き上げがもつ実質的な影響力は州によって大きく異なる。賃金率が平均的に高いコネチカット州では連邦最低賃金率の上昇は実質的な制約とはならないが，賃金率が平均的に低いルイジアナ州では実質的な制約となる。そのため，仮に最低賃金の上昇が雇用量に対して負の影響をもつならば，雇用量の減少はコネチカット州よりもルイジアナ州で大きな値となるはずである。以上の仮説をCard (1992) は Current Population Surveys のミクロデータを用いて分析した。彼はまず，1990年の連邦最低賃金の引き上げの直接の影響を受けた労働者，すなわち最低賃金引き上げ前の賃金が旧い最低賃金と新しい最低賃金の間に含まれる労働者の比率を計算した。これを最低賃金の影響率とよぼう。そしてまず影響率が平均賃金にどのような影響を与えたかを検証し，影響率が高い州で平均賃金の上がり幅が大きかったことを確かめた。しかしながら，影響率が高い州での雇用の減りかたが大きかったということはなかった。この実証分析の結果から Card (1992) は最低賃金の引き上げは必ずしも雇用量を減少させないと結論付けている。

その一方で同じ特集号の Neumark and Wascher (1992) は違った研究手法を用いて，逆の結論「最低賃金の増加は雇用量を減少させる」ということを導いている。彼らはカイツ指標，若年就業率，在学率などを含む1973年から1989年にかけての州別パネルデータを作成し，若年就業率をカイツ指標やその他の変数に回帰した。彼らの分析結果はカイツ指標の高い州では若年就業率が低くなることを示しており，最低賃金の引き上げは雇用量の減少をもたらす可能性を

示唆している。また，彼らは各州のカイツ指標の時系列的な変動を識別に用いる固定効果推定も行い，結果が頑健であることも示している。

これらの研究はきわめて標準的な手法を用いた研究結果であるが，州ごとの雇用状況の比較に基づく研究であるため，最低賃金の引き上げ，あるいは最低賃金の影響率といった最低賃金関連の要因以外が州ごとに異なり，それら要因が最低賃金変数と相関する可能性があるのが欠点である。この欠点を乗り越える説得力のある研究方法として脚光を浴びたのが自然実験を用いた Card and Krueger (1995) による論文である。1991年4月1日より連邦の最低賃金は$4.25に設定されたが，ニュージャージー州はさらに1992年4月1日より州最低賃金を$5.05に引き上げることを決めた。

Card and Krueger (1995) たちはこのニュージャージー州の最低賃金の引き上げの前後でファーストフードレストランの雇用量が減少したか否かを検証した。しかしながら，問題はニュージャージー州のファーストフードレストランの雇用が最低賃金の引き上げ以外の要因で変化する可能性があることだ。そこで，Card and Krueger (1995) たちはニュージャージー州に隣接し，同期間に最低賃金の引き上げが行われなかったペンシルバニア州のファーストフードレストランにも調査を行い，比較分析を行った。ニュージャージー州とペンシルバニア州の隣接している箇所に調査区を限ったため，最低賃金の変化以外の要因は二つの州で同じであると考えることができ，ニュージャージー州の雇用の変化とペンシルバニア州の雇用の変化を比較して最低賃金が雇用に与える純粋な影響を推定するというのが基本的なアイデアである。

Card and Krueger (1995) の結果は，ニュージャージー州における雇用量が最低賃金引き上げの前後で若干増加した一方，ペンシルバニア州における雇用量は減少したことを示した。この結果から，最低賃金の引き上げは必ずしも雇用量を減少させないと結論付けている。そして彼らは結果を理論的に説明するために，労働市場の摩擦と買い手独占力の存在を上げている。彼らの研究は，非常に単純な研究手法に基づくものであり，結果の頑健性を試す数々のテストを行っているため，非常に説得力のあるものに見える。

しかしながら，Neumark and Wascher (2000) は彼らの研究が電話によるサーベイ調査によるものであり，測定誤差とも解釈できるような観察値が少な

からず含まれていることを指摘している。その上で彼らは Card and Krueger (1995) が調査対象としたレストランの同時期の雇用量を賃金台帳から捉えなおし，データを作成しなおした。このデータを用いて再度分析を行ったところ，ニュージャージーとペンシルバニアの両州で雇用の減少が見られるもののその減少幅はニュージャージーのほうが大きいとの結論を得た。

　この反論に対して，Card and Krueger (2000) は労働統計局（Bureau of Labor Statistics）が賃金台帳から作成している ES-202 ファイルを用いて，再分析を行った。その分析の結果，やはりニュージャージーの最低賃金引き上げは雇用の減少をもたらしていないと結論付けている。Neumark and Wascher (2000) のデータを再分析し，彼らの結果はペンシルバニア州のバーガーキングのチェーンのデータに大きく引っ張られていることを指摘し，データの代表制について疑問を呈している。

　ペンシルバニアとニュージャージーの州境の出来事を自然実験として用いた最低賃金の雇用喪失効果の実証研究は以上のような大きな論争を巻き起こした。一連の応酬を客観的に見てみると，ファーストフード店に関する雇用への影響に関しては，Card and Krueger (2000) の分析がもっとも説得力があると考えられ，雇用への影響はなかったと結論するのが公平かもしれない。しかしながら，決定的な実証結果だと思われた Card and Krueger (1995) が後に厳しく批判された例が示すように，Card and Krueger (2000) の結果が確定的であると考える理由はない。ここは反証主義の基本に忠実に「最低賃金の上昇は雇用に影響を与えない」という帰無仮説は棄却されなかった，すなわち仮説は今のところ否定されていないと考えるのが適当であろう。

　最低賃金が雇用に与える影響についてのサーベイ論文である Neumark and Wascher (2007) はCard and Krueger (1995) の分析結果を新たな視点から批判している。それはすなわち，特定の時点の特定の場所の特定の産業で起こった経験からえた知見を，州や連邦レベルでの最低賃金の政策効果の予想に引き伸ばすことができるかといった問題である。Neumark and Wascher (2007) は自然実験から得られた推定量を，全国レベルでの議論に引き伸ばすことにきわめて懐疑的である。彼らの議論のポイントは主に二つである。第一にファーストフード産業というきわめて限られた産業に分析を集中すると，同じレストラン

産業の中でも労働集約的な生産形態をとっている家族経営のレストランの雇用の減少が捉えられないなど，代替性の高い財の生産に従事する人々の雇用状況を見落としてしまう可能性があることを指摘している。このような欠陥を回避するために彼らすべての産業が分析対象となる州レベルのパネルデータを用いた伝統的な分析が望ましいとしている。第二に最低賃金が上がってから雇用への影響が観察されるまでのタイムラグがある可能性を指摘している。この問題に対処するために適切なラグ構造をモデル化することが望ましいとしている。これらの2点を考えると2地点，2時点の特定の産業における雇用動向を調べる自然実験タイプの論文で得られた結果は必ずしも，州や連邦レベルの最低賃金引き上げがマクロ的な雇用状況にどのような影響を与えるかを予測するのには使えないというのが彼らの考え方である。

以上の2点のほかに，連邦レベルの最低賃金の変動を識別に用いるのは適切なコントロールグループがないことを意味する点を指摘し，州別のパネルデータを用いた分析を行う際には年次ダミーを導入し，州ごとの変動を識別に用いることが重要であることを強調している。さらに州ごとの最低賃金の水準そのものは，各州の観察不能な固定的な雇用状況と相関している可能性が高いとして，州レベルの固定効果を考慮することも重要であるとしている。以上のような点を踏まえて，Neumark and Wascher (2007) は州別のパネルデータを用いて，州の固定効果，年次の固定効果を許し，さらに適切なラグ構造を持つモデルによる推定結果が信頼に値するとしている。これらの点に特に着目して大量の論文をサーベイした結果，彼らが望ましいとする特定化の下で最低賃金の雇用への影響を推定した論文の多くは，最低賃金の上昇が雇用を減少させることを示しているとしている。

以上，最低賃金の水準が雇用に与える影響についての論争を米国のものを中心に概観してきた。15年にわたる論争は，論争相手のデータを丁寧に洗いなおして，さらに自分自身の新しい分析結果を示し，なぜ自分の結果と相手の結果が異なるかを丁寧に説明することの重要性を示唆している。*American Economic Review* 紙上で展開された論争は，レフェリー制の学術雑誌の上での論争だからこそ，論争のルールがそのように決まっていたと考えるべきだろう。これらの積み上げ式のやり取りを通じて，米国の労働市場の構造，データの特性

などについての理解は確実に深まってきた。抽象的な不可知論とは無縁の地道な実証的作業や細部にまで注意を払った理論的思索が私たちの知識の水平を広げてきたことを示している。

　2007年5月24日に連邦最低賃金は$5.15から$7.25に上昇した。2006年11月の中間選挙における民主党の勝利が直接の政治的な背景としてあるが，Card and Krueger (1995) 以来の最低賃金の上昇が雇用喪失をもたらさないという実証分析の結果が広く知られるようになったことが，間接的な背景となっていることは確かであろう。しかしながら，David Card氏本人はミネアポリス連邦銀行のインタビューに答え，彼らの研究の意図は低賃金労働者の労働市場の動きを調べることにあり，彼らの研究成果が政治的に用いられたことを喜んではいないようであり，彼自身は1990年代半ばから最低賃金の研究から遠ざかっていると述べている(6)。

　引き続き，日本における最低賃金の雇用に対する影響についての研究を概観しよう。まず，橘木・浦川 (2006) は就業構造基本調査の2002年調査を用いたクロスセクション分析を行い，「カイツ指標（＝最低賃金額／平均賃金額）は20代女性の雇用率に影響を与えない」という結論を得ている。しかしながら，彼らの推定は20代女性の就業率を被説明変数，カイツ指標を説明変数として回帰分析をする際に，都道府県別失業率を追加的な説明変数としている。失業率そのものがカイツ指標の影響を受けている可能性があるので，この変数を説明変数として追加しない場合にどのような結果が得られるのか，興味があるところであるが，そのような特定化の元での推定結果は報告されていない。また，クロスセクションデータを用いた分析であるため，カイツ指標が高い県が一般的には所得の低い県であり，このような県では所得効果によって女性就業率が高まるという相関関係により，カイツ指標が高くても雇用が減っていないように見えてしまうという内生性の問題が発生している可能性もある。

　その一方で，勇上 (2005) は最低賃金が高いことが都道府県の失業率と正の相関関係を持つことを報告している。また，有賀 (2007) は高卒者の有効求人倍率に影響を与える様々な要因を制御した上で，最低賃金が高い都道府県では高卒労働者に対する有効求人倍率が低くなることを発見している。しかしながら，これらの結果もクロスセクションデータを用いた研究であるために，各都

道府県の観察不能な特性が最低賃金の水準と相関しているという内生性の問題をはらんでいる可能性は否定できない。

以上は集計データを用いた分析の結果であるが、Kawaguchi and Yamada (2007) はミクロデータを用いた研究を行っている。この研究は Currie and Fallick (1996) らによって開発され、Abowd et al. (1999, 2000a, 2000b) や Yuen (2003) によって発展させられたアプローチに基づいている。彼らのアプローチはパネルデータを用いて最低賃金改訂の影響を受ける労働者のグループと、影響を受けない労働者のグループを定義して、それぞれをトリートメントグループとコントロールグループと考え、その後の雇用確率の違いを比較するというものである。より具体的には、現在時点において受け取っている賃金が現在の最低賃金よりも高いが、改訂後の最低賃金は下回り、最低賃金引き上げの影響を直接受ける労働者をトリートメントグループとして定義している。コントロールグループにはこのトリートメントグループとなるべく近い属性を持つと考えられる労働者を含めるべきであるが、彼らは改訂後の最低賃金から改訂後の最低賃金の1割り増しの金額までの間の賃金を現在時点で得ている労働者をコントロールグループとして用いている。これはトリートメントグループと同様の低賃金労働者である一方で、最低賃金改訂の影響は受けなかった労働者と判断されるためである。

以上のような研究計画の下に、家計経済研究所による消費生活に関するパネル調査を用いて行われた Kawaguchi and Yamada (2007) の実証分析の結果は、最低賃金引き上げの影響を受ける低賃金労働者は影響を受けない低賃金労働者に比べて、次の年の雇用確率が2割前後低いことを示している。また、その差は統計的に有意である。よって、最低賃金の上昇は低賃金労働者の雇用を減少させるという結果となっており、低賃金労働者の労働市場が完全競争に近いものであることを示している。ただし筆者らが留保をつけているように200前後の観察値を含む比較的小さなサンプルを用いた分析であるため、結果は確定的なものとはいえない。さらに大規模なデータを用いた研究が待たれる。

最低賃金と若年雇用——日本の時系列データを用いた実証分析

先の項においては日本の最低賃金が雇用に与える影響を概観してきたが、管

見の限り，最低賃金が雇用に与えた影響を時系列データによって検証するというもっとも単純な検証はいまだ行われていないように見受けられる。時系列データを用いた実証分析においては，先述のように，コントロールグループが存在しないため，最低賃金が変化しなかったら実現したであろう状況（counter factual outcomes）を強い仮定の下で求めるという操作が暗黙のうちに行われている。よって，得られる結果はきわめて限定的ではあるが，今後の議論の出発点を提供する意味でも，簡単に分析を行ってみよう。

ここでは最低賃金が平均賃金に比べて高くなった時期，すなわち最低賃金の水準がより制約的となった時期に，最低賃金の影響を強く受けると考えられる労働者の雇用がどのように変化したかを調べる。ここでは最低賃金の影響を強く受けると考えられる労働者のグループとして18歳から24歳の若者を考える。

ここでは完全競争下での企業の利潤最大化行動から導かれる労働需要関数の特性より計量経済学的な推定式を導入する。仮に企業が若年労働と中高年労働を市場賃金率で雇用することによって財を生産し，その財を市場価格で販売しているとすると，若年労働の需要量は以下のような要素需要関数によって表現される。

$$Ly = F(Wy, Wo, P)$$

ここで，Ly は若年の労働需要量，Wy は若年の賃金率，Wo は中高年の賃金率，P は財価格である。要素需要関数はゼロ次同次であるため，すべての変数を Wo で割ることによって，

$$Ly = F(Wy/Wo, 1, P/Wo)$$

を得る。すなわち若年の労働需要量は若年賃金率の中高年賃金率に対する比率，中高年の実質賃金率の逆数に依存することがわかる。若年賃金率の中高年賃金率に対する比率が与える影響は代替効果を，中高年の実質賃金率の逆数は規模効果を捕らえているといえる。仮に，若年賃金率が最低賃金で規定されており，中高年の賃金率がおおよそ平均賃金率で近似されるとすると，Wy/Wo は（最低賃金／平均賃金）すなわちカイツ指標となる。さらに中高年の実質賃金率の逆数は関数系を工夫してやれば，おおよそ実質賃金率となる。

よって，計量経済学的な推定式は，

高卒若年失業率＝$\alpha+\beta$（最低賃金／平均賃金）＋γ（実質平均賃金）＋u

という形で与えられる。一般的に実質平均賃金率は推定式に導入されないが，理論的に考えればこの変数は導入する必要がある（Card and Krueger 1995）。実質平均賃金率は（最低賃金／平均賃金）と負の相関を持ち，さらにγは負の値をとることが予想されるため，この変数を導入しないで推定を行うとβの推定量には正のバイアスがかかることが予想される。

ここでは，高卒若年失業率ならびに（最低賃金／平均賃金）は定常性を持つものと仮定して，以後の議論は進める。推定量が不偏性（推定量が真の値を平均値として持つこと）を持つための条件は$E(u|$（最低賃金／平均賃金），（実質平均賃金））＝0という条件を満たすことである。誤差項が2次のトレンドを持つ可能性，あるいは／また，1次の自己相関を持つ可能性を考慮した推定も行う。

用いるデータは1983～2006年までの24年間で，各変数は以下のように定義されている。

１．15-24歳　完全失業率（全国）
労働力調査 長期時系列データ 参考表3(8)「年齢階級（10歳階級）別完全失業者数及び完全失業率」
２．所定内賃金率
賃金構造基本統計調査　第1表「年齢階級別きまって支給する現金給与額，所定内給与額及び年間賞与その他特別給与額（産業別）」
３．最低賃金加重平均（全国）
各都道府県の最低賃金を各都道府県の若年人口を用いて加重平均することで算出
４．地域別最低賃金（47都道府県）
最低賃金決定要覧　第1-7表「地域別最低賃金の年次別推移」（1993年以前）[7]
５．15-24歳人口（47都道府県）
統計局政策統括官統計研修所 人口推計 我が国の推計人口 第9表「都道府県，年齢（5歳階級）別人口」[8]

第Ⅲ部　労働法制と労働需要

表8-1　時系列分析データ記述統計量

変　数　名	観察値数	平均値	標準偏差	最　小	最　大
15歳から24歳の失業率	24	6.63	2.09	4.3	10.1
時間当たり最低賃金／平均賃金率	24	35.95	.86	34.45	37.49
実質平均賃金率	24	16.28	1.80	13.05	18.30
15歳から24歳の失業率（階差）	23	0.15	0.53	−0.80	1.40
時間当たり最低賃金／平均賃金率（階差）	23	−0.017	0.43	−0.92	0.72
実質平均賃金率（階差）	23	0.22	.24	−.29	.71

（出所）『労働力調査』、『賃金構造基本統計調査』、『最低賃金決定要覧』、『人口推計　我が国の推計人口』、『平成17年基準消費者物価接続指数』より筆者計算。

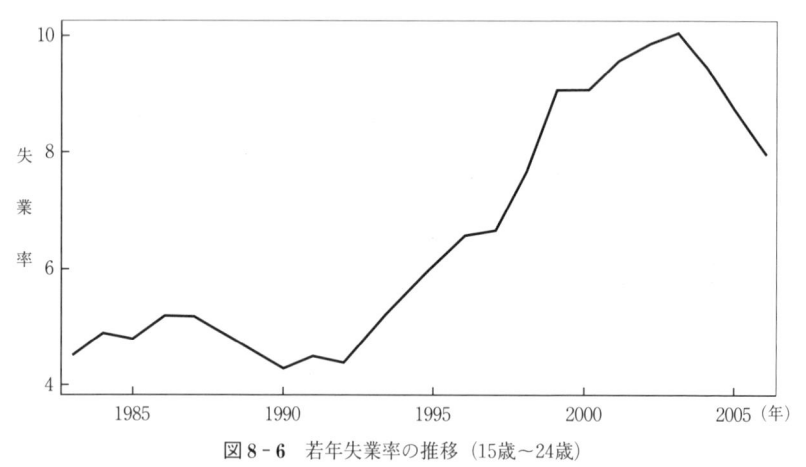

図8-6　若年失業率の推移（15歳〜24歳）

（出所）『労働者調査』。

6．消費者物価指数

平成17年基準消費者物価接続指数

第1表-1　　中分類指数（全国）－年平均指数　昭和30年〜平成16年

　この時系列分析に使うサンプルの記述統計量は表8-1にまとめられている。主要な説明変数であるカイツ指標の時系列の動きは先に述べたように図8-2にまとめられている。カイツ指標の時系列的な動きは1994年を谷としたV字型の形状を持っていることがわかる。その一方で被説明変数である18歳から24歳の若年失業率は図8-6が示すように，おおよそ1993年までは低水準で横ばい，その後急増するという動きである。この二つの系列を見ただけでも，カイツ指標と若年失業率の間の明確な関係を見出すことは難しそうである。特に

1994年までの期間，カイツ指標が下がってきたのに，失業率はほとんど変化しなかった点が重要である。

若年失業率をカイツ指標ならびに，トレンド，実質平均賃金率に回帰した結果が表8-2に報告されている。様々な特定化や推定手法ならびにレベル変数と階差変数を用いた推定を行ったが，どの推定結果にしてもカイツ指標の係数はゼロと有意に異ならないか，正の値である。これらの結果は平均賃金率に対して高い時間当たり賃金率が，必ずしも若年層の失業率を増加させないことを示唆している。しかしながら，同時に規模効果から負の符号が予想される実質賃金率にしても，係数は正で有意に推定されており，時系列データを用いた推定が理論的な予測と合致していないことが示唆される。

若年失業率の時系列的な動きは最低賃金の相対的な高さ以外の様々な要因によって規定されており，それらの要因を制御することなくして最低賃金が雇用に与えた影響を調べることはきわめて難しそうである。よって，マクロ的なショックをコントロールした上で，横断面方向の（最低賃金／平均賃金率）の高低差を用いて雇用への影響を識別する，都道府県別のパネルデータを用いた実証分析が今後の課題であるといえる。日本の最低賃金率は相当程度中央集権的に決定されており，その一方で平均賃金率は各都道府県で相当異質である。結果としてカイツ指標の横断面方向の変動はかなり大きいことが予想され，それはすでに安部・田中（2007）ならびに安部・玉田（2007）において指摘されていることである。そう考えると都道府県パネルデータを用いた実証分析は有望な研究手法であると考えられる。

5 まとめと今後の課題

本章では日本の最低賃金制度を概観し，望ましい最低賃金政策を考える上で必要な知識を整理してきた。まず，最低賃金が雇用に与える影響についての理論的考察を紹介したが，その影響は低賃金労働者の労働市場がどの程度，完全競争あるいは買い手独占市場として特徴付けられるかに依存していることが明確である。低賃金労働者の労働市場が完全競争的かあるいは買い手独占的かは，きわめて実証的な課題であるが，その実証分析の手法はきわめて限られている。

第Ⅲ部　労働法制と労働需要

表8-2　最低賃金が若年雇用に与える影響の回帰分析

被説明変数：18～24歳失業率

変数	(1) レベル	(2) レベル	(3) レベル	(4) レベル	(5) レベル	(6) レベル	(7) レベル	(8) レベル	(9) 階差	(10) 階差
推定手法	OLS	OLS	GLS	GLS	OLS	OLS	GLS	GLS	OLS	OLS
最低賃金／平均賃金率	−0.03	1.09	0.15	0.29	1.29	2.47	0.60	0.78	0.18	0.73
（カイツ指標）	(0.50)	(0.47)	(0.28)	(0.30)	(0.29)	(0.58)	(0.29)	(0.45)	(0.33)	(0.57)
実質賃金率	—	—	—	—	1.25	3.74	0.91	1.23	—	1.24
（2003年価格）					(0.16)	(1.26)	(0.27)	(0.86)		(0.93)
タイムトレンド	—	0.57	—	0.36	—	−0.67	—	−0.01	—	—
		(0.31)		(0.23)		(0.43)		(0.34)		
タイムトレンド2乗	—	−0.01	—	−0.01	—	0.00	—	−0.00	—	—
		(0.01)		(0.01)		(0.01)		(0.01)		
定数項	7.71	−37.44	0.86	−6.83	−60.15	−135.51	−29.90	−40.89	0.16	−0.10
	(17.75)	(18.30)	(10.32)	(11.37)	(12.75)	(35.62)	(13.24)	(26.19)	(0.14)	(0.27)
観察値	24	24	24	24	24	24	24	24	23	23
R^2	0.00	0.84	—	0.24	0.86	0.80	0.34	0.35	0.02	0.13

（注）　OLS推定量の係数の下の括弧内は誤差項の1次の系列相関に対して頑健なNewey-White標準誤差。GLS推定量は1次の系列相関を想定したPrais-Weinstein推定量。階差推定については被説明変数，説明変数ともに一回の階差をとった後の変数を用いて推定を行った。

よって，最低賃金が上昇した際に低賃金労働者の雇用がどのように反応したかを調べることにより，逆算的に低賃金労働者の市場構造を知るというのが今までとられてきたアプローチだといってよかろう。

このようなアプローチを用いて，日本における望ましい最低賃金政策を議論しようとしても，研究の蓄積はあまりにも少なく最低賃金がたとえば10％引き上げられた際に，失業率がどの程度上昇するのか，あまりはっきりしたことはいえない。これについては早急に都道府県別パネルデータを用いた実証分析などを行い信頼に足る推定値を得ていく必要がある。

ただし，いくつかの日本の研究を概観した上で，少なくともいえそうなのは，最低賃金の上昇が低賃金労働者の雇用に影響を与えないという信頼にたる研究結果は日本にはほとんど存在しないということである。欧米の研究では最低賃金の上昇が雇用に影響を与えなかったという結果も報告されているが，その結果を援用して，日本の最低賃金政策を論ずるためにはそれらの国の低賃金労働者の労働市場と日本の低賃金労働者の労働市場が，摩擦の大きさという観点から見て同様のものであることを説得的に示す必要がある。

労働市場に求職者と求人に関する情報の偏在から摩擦が存在することを前提として，均衡において同一の労働者が異なる賃金を得る可能性を示唆するモデルが提唱されるようになってきたが，その理論的な予測は近年の雇用主―労働者マッチデータの整備によって直接検証可能になってきた。日本においても商業統計や工業統計といった事業所のデータと賃金構造基本統計調査をマッチしようとする試みが行われているが，これらのデータを用いた低賃金労働者の労働市場の市場構造の解明が待たれる。

時給800円の労働者が標準的な年間労働時間である2,000時間働いても年収は160万円にしかならない。場合によっては生活保護額よりも少ない。だから，最低賃金は時給1,000円でなければならない。この種の議論は単純なだけに説得力がある。しかし私たちは，最低賃金の上昇によって職を失う低賃金労働者がいるのではないかと問わなければならないし，年収160万円の労働者が主婦のパートかも知れず，必ずしも低所得世帯に属する人ではないかもしれないと問わなければならないだろう。これらの問いに慎重に答えていったときに，果たして最低賃金の上昇は望ましい貧困対策として像を結ぶのだろうか。今後の研究課題である。

また，貧困対策として最低賃金の引き上げは財政支出を伴わない価格規制であるために，政治的なコストが相対的に低いといった側面があろうが，貧困とは政府が価格をコントロールして解決できるほど，軽い問題ではない可能性が高い。セーフティーネットとしての貧困対策が重要であるというならば，負の所得税（還付付き税額控除）や実効ある職業訓練など財源を必要とする本格的な政策に真正面から取り組み，その財源については国民全体で負担していくという姿勢が重要であろう。

注
* 本章の作成に当たっては，一橋大学大学院経済学研究科博士後期課程の森悠子氏にデータの整理・図表の作成などをお手伝いいただいた。神林龍氏，水町勇一郎氏，森川正之氏，ならびに経済産業研究所でのセミナー参加者から貴重なコメントをいただいた。また，大竹文雄氏には日本の文献を紹介していただき，議論にお付き合いいただいた。記して感謝したい。ありうべき誤り，遺漏の責は当然筆者に帰する。

第Ⅲ部　労働法制と労働需要

(1) 民主党ホームページ http://www.dpj.or.jp/news/files/hikakushikumi(2).pdf を参照のこと。

(2) 同様の指摘を菅野（2006：220-221）も行っている。

(3) 賃金改定状況調査は都道府県庁所在都市及び都道府県ごとに原則として人口5万人未満の市より選定した1又は複数の市（地方小都市）の区域にある常用労働者数が30人未満の企業に属する民営事業所で1年以上継続して事業を営んでいる事業所から一定の方法により抽出した事業所を対象とする調査である。都道府県庁所在都市については製造業，卸売・小売業，飲食店，サービス業，地方小都市については製造業が調査対象となっている。2002年の調査を見ると，都道府県庁所在都市約3,000事業所，地方小都市約1,000事業所，合計約4,000事業所が調査対象となっており，調査事業所に雇用される労働者数は約3,200人である。事業所については事業所の名称，所在地，企業規模，事業内容が調査され，労働者に関しては，性，就業形態などが聞かれ，また調査年の6月1日と調査前年の月間所定労働日数，1日の所定労働時間数，所定内賃金額が聞かれている。

(4) 平均賃金率の変化率を用いると，実際に最低賃金変更の影響を受けると思われる賃金分布の下位分位の変化率とは異なる動きをしている可能性がある点には注意が必要であろう。賃金分布全体が平行移動している場合には，平均賃金率の変化率と下位分位の変化率は同じであるが，下位分位の賃金率がほとんど変化していないときに，それ以外の分位の賃金率が上昇するときには平均値の変化率は下位分位の変化率よりも大きな値をとるため，最低賃金上昇の影響を受ける人々の賃金が上がっていないときに，最低賃金額が上昇してしまうことがありうる。この点についてはさらなる研究が必要であり，結果によっては平均のかわりに第9十分位（分布の下位10％のポイント）など，最低賃金とより関係の深い分布の特性を表す他の統計量を政策判断に用いるなどの代替案が考えられる。さらには，最低賃金の上げ幅がどのような情報に基づいて行われているか，政治経済学的な分析も必要である。

(5) 労働需要の賃金弾力性が低い産業（たとえば電気やガスといった公益企業）で労働組合の組織率が高いことが知られている。これは高い賃金水準を要求しても雇用が削減されないという特性をその産業が持つためである。産業別最低賃金決定の政治的なプロセスを考えると，同様の議論が産業別最低賃金に関しても成立する可能性が高い。特に産業全体での労働需要の賃金弾力性が低く，労働者にとっては組合を結成して高い賃金を要求することが望ましいものの，多数の業者が存在しそのようなコーディネーションが難しい産業において産業別最低賃金が制定されている可能性が高いといえよう。賃金支払が総コストに占める比率が高く労働需要の賃金弾力性が高いと考えられるサービス産業で産業別最低賃金の制定率が低いこと，その

一方で産業全体での労働需要の賃金弾力性は低いと思われるものの，零細業者が多く労働者のコーディネーションが難しいと考えられる機械器具製造業で産業別最低賃金の制定率が高いのは示唆的である。

(6) 2006年12月に行われたインタビューより。http://www.iir.berkeley.edu/faculty/card/research.html

(7) 京都府のみ平成元年以前は南部地区と北部地区で異なる最低賃金が設定されている。ここでは南部と北部の若年人口をウエイトとして用い，加重平均より京都府の最低賃金を算出する。ウエイトとして用いる若年人口は1985年の国勢調査（昭和60年京都府国勢調査第二巻第19表）による結果を用いた。但し，郡部の人口が記載されていないため，郡部の若年人口を除いた人口データを用いることにする。よって，南部の若年人口＝南部に属する郡部を除いた市町村の若年人口，北部の若年人口＝京都府の若年人口－郡部の若年人口－南部の若年人口となる。実際，南部の人口が京都府の多くを占めるためここで算出された京都府の最低賃金は，南部の値に近いものになった。（南部地区とは，京都市，宇治市，向日市，城陽市，長岡京市，亀岡市，八幡市，乙訓郡，久世郡，綴喜郡，相楽郡の区域をさし，北部地区はそれ以外の区域を含む。）

(8) 国勢調査が実施された年は，国勢調査のデータが利用されている。

参考文献

安部由起子・田中藍子（2007）「正規―パート賃金格差と地域別最低賃金の役割――1990年～2001年」『日本労働研究雑誌』568，77-92頁。

安部由起子・玉田桂子（2007）「最低賃金・生活保護額の地域差に関する考察」『日本労働研究雑誌』563，31-47頁。

明日山陽子（2006）「米国最低賃金引き上げをめぐる論争」アジア経済研究所　現地レポート　http://www.ide.go.jp/Japanese/Inter/Report/pdf/asuyama_0612.pdf

有賀健（2007）「新規高卒者の労働市場」林文夫編『経済停滞の原因と制度』勁草書房，第8章。

大橋勇雄（2007）「EUの労働市場と最低賃金」『EUの拡大と深化――通貨統合後の課題』（「拡大EUの課題」研究会報告書）日本経済研究センター，第4章。

黒田祥子・山本勲（2006）『デフレ下の賃金変動』東京大学出版会。

菅野和夫（2006）『労働法（第七版補正版）』弘文堂。

橘木俊詔・浦川邦夫（2006）「"貧困との戦い"における最低賃金の役割」『日本の貧困』東京大学出版会，第5章。

勇上和史（2005）「都道府県データを用いた地域労働市場の分析――失業・無業の地

第Ⅲ部　労働法制と労働需要

域間格差に関する考察」『日本労働研究雑誌』539, 4-16頁。

Abowd, John M., Francis Kramarz, and David N. Margolis (1999), "Minimum Wages and Employment in France and the United States," NBER Working Paper W6996.

Abowd, John M., Francis Kramarz, Thomas Lemieux, and David N. Margolis (2000a), "Minimum Wages and Youth Employment in France and the United States," in David Blanchflower and Richard Freeman, eds., *Youth Employment and Joblessness in Advanced Countries*, Chicago, IL: University of Chicago Press, pp. 427-472.

Abowd, John M., Francis Kramarz, David N. Margolis, and Thomas Phillipon (2000b), "The Tail of Two Countries: Minimum Wages and Employment in France and the United States," Discussion Paper No. 203, Institute for the Study of Labor (IZA).

Brown, Charles, Curtis Gilroy, and Andrew Kohen (1982), "The Effect of the Minimum Wage on Employment and Unemployment," *Journal of Economic Literature*, Vol. 20, No. 2, pp. 487-528.

Currie, Janet and Bruce Fallick (1996), "The Minimum Wage and the Employment of Youth: Evidence from the NLSY," *Journal of Human Resources*, Vol. 31, No. 2, pp. 404-428.

Card, David (1992), "Using Regional Variation in Wages to Measure the Effects of the Federal Minimum Wage," *Industrial and Labor Relations Review*, Vol. 46, No. 1, pp. 22-37.

Card, David and Alan B. Krueger (1995), *Myth and Measurement: The New Economics of the Minimum Wage*, Princeton, NJ: Princeton University Press.

Card, David and Alan B. Krueger (2000), "Minimum Wages and Employment: A Case Study of the Fast-Food Industry in New Jersey and Pennsylvania: Reply," *American Economic Review*, Vol. 90, No. 5, pp. 1397-1420.

Neumark, David and Olena Nizalova (2007), "Minimum Wage Effects in the Longer Run," *Journal of Human Resources*, Vol. 42, No. 2, pp. 435-452.

Neumark, David and William Wascher (1992), "Employment Effects of Minimum and Subminimum Wages: Panel Data on State Minimum Wage Laws," *Industrial and Labor Relations Review*, Vol. 46, No. 1, pp. 55-81.

Neumark, David and William Wascher (1998), "Is the Time-Series Evidence on Minimum Wage Effects Contaminated by Publication Bias?" *Economic Inquiry*, Vol.

36, No. 3, pp. 458-470.

Neumark, David and William Wascher (2000), "The Effect of New Jersey's Minimum Wage Increase on Fast-Food Employment: A Reevaluation Using Payroll Records." *American Economic Review*, Vol. 90, No. 5, pp. 1362-1396.

Neumark, David and William Wascher (2007), "Minimum Wages and Employment: A Review of Evidence From the New Minimum wage research," NBER Working Paper 12663.

Yuen, Terence (2003), "The Effect of Minimum Wages on Youth Employment in Canada: A Panel Study," *Journal of Human Resources*, Vol. 38, No. 3, pp. 647-672.

Kawaguchi, Daiji and Fumio Ohtake (2007), "Testing the Morale Theory of Nominal Wage Rigidity," *Industrial and Labor Relations Review*, Vol. 61, No. 1, pp. 57-72.

Kawaguchi, Daiji and Ken Yamada (2007), "The Impact of the Minimum Wage on Female Employment in Japan", *Contemporary Economic Policy*, Vol. 25, No. 1, pp. 107-118.

Lee, David S. (1999), "Wage Inequality in the United States During the 1980s: Rising Dispersion or Falling Minimum Wage?" *Quarterly Journal of Economics*, Vol. 114, No. 3, pp. 977-1023.

Manning, Alan (2003), *Monopsony in Motion: Imperfect Competition in Labor Markets*, Princeton, NJ: Princeton University Press.

Teulings, Coen M. (2003), "The Contribution of Minimum Wages to Increasing Wage Inequality," *Economic Journal*, Vol. 113, No. 490, pp. 801-833.

第 9 章　解雇規制

神 林　龍

1　解雇規制と経済学

　解雇規制というトピックスは，近年でこそ多くの論者の関心を引きつけているものの，労働経済学の長い発展の歴史のなかで，常に中心的課題として位置付けられてきたわけではない。経済学の思想史的背景を念頭におけば，そのこと自体，興味深い考察の対象ではある。しかし，筆者は，本章の役割を，あえて解雇規制に関わる近年の経済学的研究の成果を概説するだけにとどめたい[1]。それだけで与えられた紙面は埋まってしまうだろうし，解雇規制に興味をもつ読者諸氏にとって，現在までに積み重ねられてきた経済学的知見をまとめることのほうが重要だと考えたからである。

　解雇規制とは，一般に法律的概念だと捉えられている。実際，解雇規制が口の端に上るときは，解雇という法律行為をどう法的に制約するかという議論として認識されることが多い。この種の議論の行き着く先は，解雇行動を社会的に望ましいように制御するためには，どのような法律を書けば（あるいは裁判所の判断枠組みを指定すれば）よいかという立法的課題に集約される。翻って考えると，解雇規制の概念は単純な立法論にとどまるわけではない。たとえ国家が（したがって法律と強制執行機関が）存在せずとも，解雇を忌避するという行動規範として解雇規制が成立する可能性がある。もしこの議論が正しいのであれば，解雇規制という社会現象は，経済社会の存立に関わる行動規範としての意味も有する。それゆえ，解雇規制を巡る議論は，経済学のみならず法律学や政治学，社会学など諸社会科学が，それぞれ一家言を有する領域となる。この

点は社会科学研究者にとって刺激的な状況を生み出す一方，様々な誤解に基づく議論の混乱の原因となることも多い。

　本章では，伝統的経済学が解雇規制をどのような動機からどのように議論してきたかを概観することで，経済学が現時点までに開拓してきた地平を明らかにしたい。伝統的経済学が，解雇規制という言葉のひとつの側面を大胆にしかし緻密に議論してきたことの理解の一助になれば幸いである。

　本論に入る前に本章の構成を概観しておこう。次の第2節では，解雇規制がこれほど注目される以前の研究，すなわち1980年代の雇用調整に関わる研究を紹介する。これらの先行研究は雇用調整・時間調整というキーワードと国際比較を巧みに利用し，日本の労働力の調整様式が欧州や米国に対してもつ特徴を明らかにした。残念ながらこのリテラチャーは，解雇規制など現実の法制度と，検出された労働力調整様式との関連を正面から扱っているわけではない。しかし，解雇規制の結果が直截に表象されると考えられる労働力調整様式を，中長期の視点から理解するためにまずは念頭に置くべき研究群である。第3節では焦点を解雇規制に絞り，その機能を経済学的に解釈するために必要な理論的枠組みを整理する。伝統的経済学の世界では，解雇規制は解雇税，すなわち労働者の頭数を負の方向に調整するときに一人当たり幾らという形でかかる追加的な費用として理解される。この理解の仕方は，おそらく多くの人々の直感に訴えてもそれほどおかしなものではないだろうし，伝統的価格理論をそのまま利用でき便利でもある。もっとも，1990年代以降の経済理論の発展はこの伝統的議論の拡張に成功した。本章では，労働市場における摩擦を明示的に取り入れるとともに企業の参入退出まで含めた一般均衡的効果を重視するサーチ理論による説明をとくに紹介したい。重要なのは，枠組みをここまで拡張したとき，解雇規制のもつ経済厚生への理論的影響が，古典的世界で得られる洞察と異なってしまい，シロクロはっきりするわけではないことである。第3節ではこの点を強調しながら理論的研究の枢要を紹介しよう。それでは，実証データはどちらの結論をより支持するのだろうか。第4節では欧米における実証研究を紹介し，実際のところ，結論はあまりはっきりせず，現在も研究が継続中であることをまとめよう。以上の2つの節では欧米の研究を紹介する。第5節と第6節では目を転じて日本に関する研究状況を概観したい。日本における解雇規

制に関する経済学的研究は少なく，基本的に欧米の研究手法をそのまま利用している。ところが，第5節でまとめるように，日本の解雇規制はいわゆる解雇権濫用法理と呼ばれる判例法理によって制御されており，法的構造や実効性などが欧米の状況とは大きく異なっている。その上で，第6節において数少ない日本での研究を紹介する。第7節はまとめである。読者諸氏におかれては，自らの興味と知識と相談しながら読み進めていただきたい。

2　雇用調整と時間調整

　解雇規制の経済学的議論に欠かせないのは労働需要に関する議論である。とりあえず「解雇」という語の意味を，生産に投入する労働者の頭数を（当初に比して）削減することと理解すれば，投入する労働者の頭数がどう決定されるかを考える必要があり，すなわち労働需要の理論の教えるところである（もちろんこの段階では，労働契約を結ぶことと労働力を生産過程に投入することは区別されていない点には注意されたい）。

　煩雑ではあるが，本節では，読者諸氏にミクロ経済学の教科書を思い出していただくことからはじめたい。出発点は労働力の定義からである。労働力は市場で取引されるある財の生産に必要な要素とされ，本源的な保有者は家計と呼ばれる。企業は，財価格と賃金単価，機械設備や電気代・水道代などそのほかの投入要素の価格を所与として，自らの利得を最大にする労働力の投入量を個別に決定する。その一方で家計は，賃金単価と財価格をにらみながら，自分に与えられたうち労働に投入する時間を，やはり個別に決定する。これらの結果として労働市場が均衡するとき，企業の投入量の総計は家計の労働供給量の総計と一致する。これが，初級の経済学の教科書で説明される労働市場の均衡の説明である。

　本章で注意を促すべきは，この議論の背後では，投入要素としての労働力は通常時間単位で計測され，賃金単価も一時間あたりの賃金，すなわち賃金率として定義されていることであろう。結局，均衡では，X企業に勤めているA氏とB氏の賃金率は等しく，彼らが1時間の労働を追加的に投じることによる生産性も等しい。かつ，これらはY企業に勤めているC氏の賃金率・限界生産性

とも等しい。労働市場で決定されるのは、労働時間1時間あたりの単価と、経済全体で投入される（＝家計全体で供給される）労働時間、そして同時に、各企業が需要し、各家計が供給する労働時間に集約される。ただし、このとき、誰がどこで働いたとしても、1時間の労働は全く同価値の生産物を生み出すという意味で相互に完全に代替的で、区別がつかない点は強調しておきたい。換言すれば、考慮の対象とすべきは投入される労働時間の総量であって、それを構成する労働者の頭数と各労働者に割り振られた時間を区別する必要はないのである。[2]

しかし、1時間ずつ8人雇用するのと、1人を8時間雇用するのとを同一視してよいのだろうか。多くの労働経済学者は、現実のデータを念頭においたとき、労働者の数と労働時間が完全に同一であることを前提とする議論に疑問を感じ、労働者の数の決定と労働時間の決定を峻別する理論を構築してきた。そのときに用いられたのが「調達費用の違い」というアイデアである。つまり、労働時間を1時間調達する費用と、労働者を1人調達する費用は異なる（そして多くの場合後者が大きい）と考えるわけである。こう考えれば、時間単位の限界費用は投入総労働時間のみならず労働者の数の影響を受けることになり、労働時間と労働者数のバランスを考えながら労働需要を決定する理論が提案できる。

ところが、調達費用の概念を上記の議論（すなわち静学的議論）に単純に当てはめると、企業は毎期調達費用を負担することになり、現実感が乏しくなる。最終的には、労働時間と労働者数の違いを、前期と比較して調整するときに発生する「調整費用の違い」として認識し、時間経過をあらかじめ考えて最適化する動学的枠組みに拡張した理論構成に落ち着いた。これらの調整費用の概念は、景気循環の過程で失業率や賃金水準が示す時系列的な動きを説明するものとして注目され、その大きさの計測は1960年代より盛んに実証研究の対象となり、労働経済学のひとつの柱を形成してきた（Abraham and Houseman〔1993〕, Hamermesh〔1993〕, Cahuc and Zylberberg〔2004〕によるサーベイを参照のこと）。

日本においては、Abraham and Houseman (1989) による労働時間の調整費用と労働者数の調整費用を計測し日米比較した研究が名高い。日本のみを対象とした実証研究は篠塚・石原 (1977) に遡り、近年に至るまでおよそ四半世紀

第Ⅲ部　労働法制と労働需要

に渡り連綿と継続されている(3)。そこで得られた定見の中では，次の点が重要であろう。第一に，雇用調整速度は時間調整速度よりも遅い。このことは，日本企業では雇用調整よりも時間調整が優先して行われていることを意味する。第二に，日本の雇用調整速度は，米国と比較すると遅い。第三に，雇用調整速度は単調ではなく，二期連続の赤字を経験した場合などに非連続に速くなる。これらの観察結果は，労使関係を中心に雇用政策について地道に集積されてきたケーススタディとも符合し(4)，日本の労働環境を考察するうえで必ず考慮すべき基本的な事実認識を形成したともいえる。時間調整と雇用調整を峻別し，その背後に調整費用の違いを想定するアプローチは，理論的にも実証的にも確固たる根拠をもつことがわかる。

　問題は，これらの理論・実証研究の解釈である。経済学的に最も標準的な解釈方法は，Oi (1962)による，「雇用は準固定支出の性格をもつ」という議論である。労働者を雇用するときに，事後的に回収不能な固定費用を支払う必要があるという考え方で，たとえば，職場やサークル・ゼミに新人が登場したときの混乱を想起すれば，一般にもなじみやすいであろう。Oi (1962)自身は，準固定的性格の源泉については多くを語らないが，その後の研究の発展の中で，企業特殊的熟練など人的資本投資や採用費用，制度的要因が指摘されるようになってきた。1980年代までに注目されたのは前者で，企業特殊的熟練を重視する日本企業においては，短期的需要ショックに対して労働者数よりは労働時間を増減させて対応する傾向があるという実証結果と整合的な解釈として重視された。また，現実的にも，企業によっては新規採用時に多大な採用費用をかけており，それが準固定的性格の源泉となっている可能性も強い。このように，雇用調整費用を準固定的性格と直接結び付ける場合には，雇用開始時の固定費支出という側面が強調される。ところが，差別法制が存在する米国と比較すると，日本の労働法規制では企業にはほとんど自由な採用が認められている。それゆえか，日本においては，近年にいたるまで制度的要因とりわけ法制度によって準固定的性格が発生するという議論はそれほど注目されてこなかった。

3 解雇規制の経済学的解釈

雇用調整費用と解雇規制

ここで，雇用調整費用と解雇規制との関係を整理してみよう。前節にまとめた雇用調整費用に関する研究を念頭におくと，解雇規制が解雇費用を意味し，(グロスの) 負の雇用調整時の費用として定式化されることは自然である。解雇規制の結果として法的に解雇費用が強制されるとすれば，企業特殊的熟練や採用費用などを考えなくとも，雇用者数と労働時間の区別はつき，古典的なモデルを直接当てはめることが可能になる。

いま，Cahuc and Zylberberg (2004) にしたがって，1人当たりの解雇費用を $c_f(>0)$，調整する労働者数を $\dot{L}$ とすると，解雇費用は労働者を減少させるときにのみかかることに注意すれば，雇用調整費用 $C(\dot{L})$ は次のように書ける。[5]

$$C(\dot{L}) = \begin{cases} c_f|\dot{L}| & \text{if } \dot{L}<0 \\ 0 & \text{if } \dot{L}\geq 0 \end{cases}$$

1人当たり賃金を w，生産関数を $f(L)$ とすれば，企業の利潤関数は，

$$\pi = \int_0^\infty \{f(L_t) - wL_t - C(\dot{L}_t)\}e^{-rt}dt$$

である。したがって，最適化の1階の条件は，

$$f'(L_t) = \begin{cases} w & \text{if } \dot{L}_t \geq 0 \\ w - r \cdot c_f & \text{if } \dot{L}_t < 0 \end{cases}$$

と求められる。より分かりやすくするために，L^e と L^f を次の水準と定義しよう。

$$\begin{cases} f'(L^e) = w \\ f'(L^f) = w - r \cdot c_f \end{cases}$$

また，初期時点での賃金および雇用量を w^o, L^o とし，$f'(L^o) = w^o$ を満たす，すなわち初期時点では効率的な資源配分が行われていると考える。このとき，

1階の条件にしたがって企業が選択する雇用水準を書き換えると，次のようになる。

$$L_t = \begin{cases} L^e & \text{if} \quad w \leq w^o \\ L^o & \text{if} \quad w - r \cdot c_f < w^o \leq w \\ L^f & \text{if} \quad w^o < w - r \cdot c_f < w \end{cases}$$

初期時点の賃金に対して今期の賃金が低く，初期時点の雇用量では人手不足になる場合，正の雇用調整が起こる。このとき，雇用の増大は賃金と限界生産性が等しい点まで続き，効率的な資源配分が達成されているのがわかる。

それに対して，初期時点の賃金に対して今期の賃金が高く，初期時点の雇用量ではだぶついてしまう場合，負の雇用調整が必要となるが，どうであろうか。今期の賃金上昇がそれほど大きくない場合には，企業は雇用調整を行わず，むしろ初期の雇用量をそのまま保持することを選択する。今期の賃金上昇がかなり大きい場合には，雇用削減が実行され，初期の雇用量よりも低い水準が選択される。

雇用調整費用の文脈にあっては，正負どちらの雇用調整も実行されず初期の雇用量が維持される局面（労働保蔵 labor hording と呼ばれる）が発生することが注目された。しかし，本章の文脈では，両者にあっては，賃金よりも低い限界生産性が実現され，その意味で非効率な過剰雇用が発生していることをより強調したい。また，この説明は賃金水準が経時的に固定されていることを前提としている。賃金水準が毎期変動する場合には，今期賃金水準が下落して正の雇用調整が必要となっても，その一方で将来賃金水準が上昇し非効率な状態に追い込まれる可能性がある。このとき，最適化の主体は，将来を見越して正の雇用調整幅を縮小させることを考える。結局，賃金が下落したとしても雇用増加は鈍り，効率的な水準に届かない。以上のように，古典的な世界を考えると，解雇費用の増大は正負どちらの雇用調整も鈍らせ，必ず労働需要を減退させ，経済厚生を悪化させる。

もちろん，この範囲でも解雇費用が経済厚生を改善する可能性はあるかもしれない。たとえば，労使間のリスクシェアリングを考えてみよう。労働者がリスク回避的で使用者がリスク中立的な場合，労働者と使用者は保険契約を結び，

雇用削減が必要になった場合でも雇用を保持する条件で労働者が使用者にリスクプレミアムを支払うという取り決めができる。このとき，解雇費用の存在はいわば保険契約を強制することを意味し，リスクプレミアムを通じた労働者から使用者への移転を相殺する。ところが，解雇費用が過度な水準でなければ，実現される保険契約（雇用量）の水準は解雇費用の有無に左右されない。すなわち，解雇費用で強制される以上の保険契約を結ぶのが望ましいと労使双方が思っているのであれば，解雇費用がなくともその保険契約は選択される。結局，解雇費用は労働者と使用者の所得分配に影響を及ぼし，資源配分上重要な雇用量の決定には影響を及ぼさないことになる。逆に解雇費用が過度な水準であれば，過剰な保険が強制されることになり，資源配分上の非効率を生み出すことになる。

この保険契約の議論は，古典的な世界の中で解雇費用を強制することの意味を考えるうえで繰り返し用いられる論理であるので注意されたい。雇用関係は，労働者と使用者の二者間の関係である。経済を極限まで縮小したとき，たとえば外部性が存在せず，二者間関係で経済全体が代表されると考えれば，双方にとって望ましい改善は必ず合意でき，解雇費用を外部から強制することによって効率が改善する余地は残されていない。

以上が伝統的世界を想定した場合の解雇規制の役割である。

理論的拡張

とはいえ，いったん伝統的な世界を離れると，解雇費用が必ず経済厚生に負の影響を与えるとは限らない。より一般均衡的な観点を取り入れたとき，調整費用の存在がもたらす労働需要の平準化は，経済活動をおしなべて萎縮させるわけではなく，労働供給全体を増加させる可能性を生む。この点を理論的に明らかにしたのが，サーチ理論を用いた拡張である。

この理論では，労働者にとっては，ある企業を辞めたときすぐに次の職場が見つかるわけではなく，企業にとっても，ある労働者を解雇したときすぐに代わりの労働者が見つかるわけではないという状況を前提とする。このとき，一旦マッチングが出来上がってしまうと，辞める（解雇する）ことで相手を困らせることができるという意味で双方が独占力を有することになり，限界原理が

成立する伝統的市場均衡から遊離する。このとき，調整費用の存在は双方独占によって生じた超過利得を分け合う交渉を通じて，労使の所得分配に影響を及ぼす。直感的には，解雇費用が増大することによって使用者側の交渉ポジションが悪化し，労働者の取り分が増えると考えてよい。さらに，労働者や企業は，労働市場での利得を考え参入するので，労働者の取り分が増えるのであれば，労働者は多く参入しようと考え，労働力率は上昇するはずである。もちろん，最終的にはこれらの効果がすべて考慮されて一般均衡的に経済変数は決定されるので，たとえば解雇費用が増大したからといって失業率が必ず増えるわけではなく，様々な仮定に依存する。解雇費用の増大は必ず労働需要の減退を導き経済活動の水準自体を減少させるとした伝統的な世界とは異なる結論が理論的に導き出される点については，強調しておきたい。

　この枠組みでは，解雇費用の増大が社会厚生に及ぼす影響についても議論できる。ただし，このときはじめに考えなければいけないのは，サーチ理論の枠組みでは，労働者（企業）の参入が多ければよいわけではなく，効率的な資源配分を指し示す分配率と参入水準の関係が決定されることである（この条件はホシオス条件と呼ばれる）。問題は，あるモデルがホシオス条件を満たすかどうかは，モデルにとって完全に外生的に定まっており，あらゆるモデルにおいて均衡であれば必ずホシオス条件が満たされるとは限らないことである。したがって，解雇規制を通じて調整費用を増やすことにより分配率や参入水準を変化させ，よりホシオス条件に近づけることができれば，解雇規制は社会厚生に良い影響を与えることになる。このように，経済厚生の観点から見ても，解雇費用の増大は必ず負の影響を及ぼすとした伝統的な結論とは異なるインプリケーションが導き出される[6]。

4　欧米の実証研究

解雇規制の実証的枠組み

　前節でみたように，伝統的世界から理論を拡張した場合，解雇規制と経済活動との関連は必ずしも自明ではない。とくに欧州諸国など賃金決定様式が労使交渉の枠組みで制度化されている国では，サーチ理論が想定する状況と合致す

ると考えられており，理論的に一定の結論が得られない解雇規制の効果を，実証研究で確かめようとする研究が積み重ねられてきた（Layard, Nickell and Jackman〔2005〕など）。その結果を概観すると，強い解雇規制が経済活動水準に負の影響を与えると結論を下した研究は少なくない。ところが，反対に影響はない，あるいは正の影響があるとした研究もまた少なくなく，結論ははっきりしない。

確たる結論が得られない理由はいくつか考えられる。それを確かめるために，1990年代の実証研究の基本戦略を提出した Lazear (1990) の推定方法を紹介しよう。Lazear (1990) は，各国の雇用保障法制に関して情報収集し，その強弱を数量化する（この指数は現在では Employment Protection Legislation Indicators〔EPLI〕と呼ばれており，後に見るように様々な種類が作成されている）。推定の基本戦略は単純で，経済活動水準の代理変数（就業率・失業率など）を EPLI に回帰することによって，解雇規制が実体経済に与える影響を検証できると考える。すなわち，t 年 j 国の経済活動水準を y_{jt}，t 年 j 国の雇用保障の強弱を $EPLI_{jt}$ として，

$$y_{jt} = \beta \cdot EPLI_{jt} + C_{jt} + u_j + v_{jt}$$

が推定式となり，この式を最小二乗推定することで β の符号および大きさを計測する。ただし，C_{jt} は様々なコントロール変数，u_j は各国の個別効果，v_{jt} は他の説明変数と独立な撹乱項である。解雇規制の実体経済への影響は，β の符号および大きさによって解釈される。

欧州での研究の進展

この推定式は直感的に分かりやすく，後に続く多くの研究に受け入れられていった。その分，この実証戦略の問題点が明らかになるのも早かった。その最たるものは，EPLI の作成方法であろう。すなわち，指数にどの種類の規制を含めるべきか，指数化するウェイトをどうするかという問題である。もともと Lazear (1990) が EPLI を作成するために用いたのは，実態規制のうちの「勤続10年時に解雇された場合の解雇手当月額」および手続き規制のうちの「勤続10年時に解雇された場合の解雇予告月数」の2種類の数値のみである。数ある

雇用保障の要素のうちこの2種類の数値のみを選んだ理由は，情報収集の容易さや数量化時の紛れのなさであった。各国の労働法制を英語で手に入れ，咀嚼・比較することが難しい当時の状況を考えると，この保守的な選択も間違いとはいえない。しかし，この Lazear (1990) の指数において，他ならぬ日本が最も解雇規制が緩い国として位置づけられたことは，指数作成上の難しさを示唆している。

その後の研究は，必ずしも明文化されていない規制を指数作成材料に含めるなど，厳格さを犠牲にしてカバーする領域を広げる方向に進展しながら，指数の改良が続けられた。(7) その結果，近年公開された OECD (2004) では，すべての国についてではないが，1990年，1998年，2003年の3つのデータポイントが提供されるようになり，一国内の EPLI の変動を分析に取り入れることができるようになった。(8)

この改善は，Lazear (1990) の基本戦略を維持しながらも，各国パネル分析の頑健性を大いに高めることになった。たとえば Blanchard and Wolfers (2000) は，マクロショックと EPLI の変動を識別し，EPLI の実体経済への影響は負のマクロショックが大きいときにのみ観察されると指摘した（なお，この観察結果は，Bertola, Blau and Kahn〔2002〕によっても追証されている）。そのほか，Amable et al. (2007) も異なるデータセットを用いて強い解雇規制が失業率の上昇を導くことを検出している。ところが，Nickell et al. (2002) と Nickell et al. (2005) は自らのデータを用いて同様の枠組みで推定したところ，解雇規制が失業率に与える有意な影響を観察できなかった。安定的な実証結果を得るためには，EPLI の改善だけでは十分ではないのかもしれない。

近年では，被説明変数として就業率や失業率などのストック変数を用いるのではなく，理論的により頑健な因果関係を導出できるフロー変数（たとえば雇用創出・喪失率など）を取り上げる研究が増えている。また，生産物市場の独占力を射程に含めるなど，より複合的な視点から実証戦略が構築されるようになってきた。用いられるデータも，一国のマクロデータから産業別・地域別のセミ・マクロデータへ，さらにマイクロデータへと変化してきている。

たとえば，Micco and Pagés (2006) は，単純な各国比較に頼るのではなく，同一国内の産業比較を取り入れ，被説明変数として離転職率や付加価値などフ

ロー変数を採用している。この論文では，解雇規制の効果を産業が被るショックの性質によって違いがあることに注目している。すなわち，産業が被る短期的ショックの変動が比較的激しい産業では解雇規制が現実に雇用調整を制約する機会は多く，制約する度合いも強いと考える。このとき，解雇規制の変化と各産業の活動水準の変化を（同一国内で）相互に比較すれば，いわゆる Difference-in-Difference の手法が応用でき，ターゲットとなる因果関係のみを析出できる。その結果，変動の激しい産業（皮革製品やアパレルなど）では，解雇規制は経済活動の水準を押しなべて減少させる効果をもつことが示された。ただし，このような影響が観察される産業の数が少ないことも報告されている。一国経済で集計した従来の研究が曖昧な結論しか導かなかったのは，産業による違いが集計時に相互にキャンセルされてしまうからかもしれないという，興味深い指摘をしている。

　Petrin and Sivadasan (2006) はより一般的な動学最適化問題を解くことを提案した。彼らによれば，解雇費用が存在する場合には，労働の限界費用と限界収入との差が大きくなる。具体的には，チリの工業生産に関する工場別パネルデータを材料に，構造推定の手法を用いてファンダメンタル・パラメーターを推定し，労働の限界費用と限界収入との差と，他の投入財の限界費用と限界収入との差を比較する。その結果，解雇法制の変化が，労働投入に関するギャップの拡大につながっていることがわかった。動学最適化問題を明示的に解く彼らの手法のメリットは，推定の結果から直接社会厚生の変化を計算できることにもあり，この実証結果は解雇費用の増大が厚生を悪化させることを意味している[9]。

　以上のように，欧州ではEPLIを用いた各国比較を基本とし，マイクロ・データの活用に研究の領域が広がりつつある。

米国での研究の進展

　米国では，解雇規制に関わる議論は欧州ほど発展しなかった。大きな理由として，解雇規制を制御する法的枠組みが米国と欧州とでは根本的に異なることが挙げられる。欧州に見られる解雇規制は立法を通じた制御が中心で，それゆえEPLIを作成しやすかった。これに対して，米国では，いわゆる随意雇用

原則（employment at will）を中核とした判例法によって解雇規制の大部分が制御されている。それだけではなく，実質的に解雇を制約するのは差別禁止法制であるという事情が問題を複雑にしており，現実に，解雇規制の強弱を判断するのは容易ではない。

もちろん，米国には州により法規制が異なるという利点があり，随意雇用原則の適用についても違いがある。差別禁止法が州法で制定されていたり，差別関連の判例法理も州やサーキット管轄で異なるなど，意外に合衆国内部でのばらつきは大きい。この判例法の違いを用いれば，経済構造やマクロ・ショックが比較的同質であるが，しかし法規制が異なる州と州を比較することができる。なおかつ，各州での随意雇用原則の適用の違いは，1980年代以降の判例変更によって行われたため，同一州内で随意雇用原則の適用の変化を観察できるという利点もある。

このアイデアを最初に活用したのは Dertouzos and Karoly (1993) であり，解雇規制の強化が大幅な雇用の減少につながると強く警告を発した。ただし，この論文の判例解釈を巡っては法律家より疑問が提起された。そしてより注意深く判例を解釈した Walsh and Schwarz (1996) によるデータが作成されたものの，判例変更の時点を確定するのは容易ではなく，分析結果も採用する基準によって異なってしまっている。たとえば Miles (2000) は，適用される判断枠組みが支配的になった段階で判例変更とみなした結果，解雇法制の変化は雇用率にも失業率にも有意な影響を与えていないと結論付けた。しかし Autor et al. (2006) はリーディングケースを重視するべきと主張し，初めて州上級審で随意雇用原則への修正が認められた時点を判例変更と定義し直した。その結果，Miles (2000) とは逆に，随意雇用原則への制約が雇用率に対して小さいものの有意な負の影響を与えると結論している。

このように，米国においても，州単位の集計データを用いた実証研究は限界に当たっており，欧州と同様にマイクロデータの利用と一般均衡的視角に実証戦略はシフトしつつある。たとえば，Autor et al. (2007) は，事業所レベルでのマイクロデータを用いて，随意雇用原則の修正が，理論的に一意に導かれる雇用フローの減少をもたらすことを指摘した。ただし，Autor et al. (2006) と同様に，雇用フローの減少効果が数年で消失することも再度確認され，その結

果，労働生産性やTFPに対する効果は必ずしも負とならないと報告している。

以上のように，米国における随意雇用原則の実体経済へ及ぼす影響ははっきりしない。欧州と同様に，様々な側面から検討する必要が生じているとまとめられよう。

5　日本における解雇規制の法的構造と実態

それでは次に，日本を対象とした解雇規制の経済効果に関する実証研究の紹介に移りたい。ただし，日本における解雇規制はいわゆる解雇権濫用法理によって制御されており，欧州と甚だ異なっている。そのため，ひとまずは日本における解雇規制の法的枠組みを紹介しよう（詳細は労働法のテキストを参照していただきたい）。

労働契約はあくまでも私的契約であるので，基本法たる民法の定めに従う。労働基準法などいわゆる労働法は，民法の特別法として位置づけられており，法的な解雇規制を考えるときには，民法と労働法，両者の規制を考慮する必要がある。

まず，民法は，1896年の制定以来，（期限の定めのない雇用契約において）使用者が労働者を自由に解雇することを認めており，契約自由の原則が貫徹している[12]。民法上，期限の定めのない雇用契約の解消に課される制約は，2週間前に予告が必要という手続き的な要件のみで，この制約は使用者・労働者双方に対称的であることを付記しておきたい。

これに対して，労働基準法や労働組合法，育児介護休業法，男女雇用機会均等法など，労働法は，業務に起因する傷病や妊娠・出産など特定の保護されるべき状態に労働者が陥ったときの解雇を主として規制する。たとえば，傷病・産児・育児介護休業の期間中ないし直後の解雇は，それぞれ労基法第19条，育児介護休業法第10条および同法第16条で制限されている。また，男女雇用機会均等法第8条は女性労働者に対する差別的解雇を，労働組合法第7条は不当労働行為による解雇をそれぞれ禁止する。特筆すべきは，これらの成文法上の規程は，一般的解雇行動を制限したものではない点であろう。結局，成文法の中では，解雇行動が一般にどのような規程・規範に服するべきかという指針が提

示されてこなかった。この点を補足したのが，戦後の裁判例の積み重ねの中で，裁判所が徐々につくっていった判例法理，解雇権濫用法理である[13]。

一般的に解雇は，労働者に理由がある普通解雇（懲戒解雇）と，もっぱら使用者の事情による整理解雇とに区別される。まず労働者の側に解雇理由がある普通解雇の場合，最高裁判所は1975年に『使用者の解雇権の行使も，それが客観的に合理的な理由を欠き社会通念上相当として是認することができない場合には，権利の濫用として無効になる』と述べた[14]。その後1977年にも同趣旨の判決を出し，勤務不良や能力不足など，解雇事由が存在する場合でも，解雇権の行使には「客観的合理性」と「社会的相当性」が必要であることが明示された[15]。この裁判上のルールを，総称して解雇権濫用法理と呼ぶ。

解雇権濫用法理の特徴として指摘すべき点はいくつかある。なかでも，挙証責任が使用者側にある点は強調されてよい。解雇権濫用法理は権利濫用法理であるから，本来，挙証責任は権利を濫用されたと訴える側（この場合は労働者側）にある。しかし裁判所は，解雇権濫用法理の運用にあたって，形式的には釈明権を利用することで，事実上使用者側に挙証責任を負わせている。

一方，裁判所は，労働者に懲戒事由などの責任がない解雇（整理解雇，経済的解雇）に関しても，同様の，しかし若干詳細な枠組みを適用している。リーディングケースは東京高等裁判所の東洋酸素事件（1979年）である[16]。最高裁は，あさひ保育園事件（1983年）でこの枠組みを事実上承認した[17]。この際提示されたのが，いわゆる整理解雇の四要件（人員削減の必要性，解雇回避努力義務，被解雇者選定の客観性・妥当性，手続きの妥当性）である。

神林編著（2008）にしたがって，四要件の具体的な内容を確認しておこう。第一の「人員削減の必要性」は，当該解雇を含む人員削減が企業経営上の十分な必要性に基づいていることを要求する。ただし，とくに1980年代後半以降の解雇事件においては，裁判所は，人員削減の必要性の判断から距離をとっており，使用者による必要性の証明に不合理な点がないかに注目する場合が多い。

第二の「解雇回避努力義務」は，最後の手段原則ともいわれ，他の解雇回避策を模索して初めて解雇が正当化されることを要求する。具体的な裁判では，希望退職の募集の有無など具体的な解雇回避行動があったかが審査されるものの，どのような基準でどのような行動を，解雇回避努力義務を満たすとみなし

ているかは事例によるばらつきが大きく，はっきりしない。

　第三の「被解雇者選定の客観性・妥当性」は，被解雇者が恣意的に指名されていないかをチェックする。たとえば，「既婚女子社員で子供が二人以上いる者」という基準や，人選の経緯に関して証明がない場合などで，人選の客観性・妥当性がないと判断されている。

　第四の「手続きの妥当性」は，労働組合および（または）労働者個人に対して，整理解雇の必要性などについて説明を行い，協議したかを確かめる。ただし，具体的な事件では，まったく協議・説明を行わなかった場合に妥当しないとされることが多い。この条件も，協議内容や回数が例示されているわけではなく，何をどの程度協議すれば第四の条件が満たされたとみなされるのかは，やはりはっきりしない。

　以上のように，解雇権濫用法理の一類型として比較的明示的に要件を設定しているといわれる整理解雇法理をみても，具体的にどのような行動が要件に該当するかは不明確である。このことは，解雇権濫用法理がいったい何を規制しているのかを曖昧にしている。

　神林編著（2008）は，1970年代後半から80年代にかけての整理事件の内実を丹念に調べ，コミュニケーション不足に起因する労使紛争が，整理解雇法理をかたちづくった事件の最も重要な要因であったことを示した（第2章，第3章）。当時は多数組合との労使協調路線は確立しつつあったものの，少数組合との協議体制は十分整っていなかった。整理解雇法理の形成に具体的材料を与えた紛争は，当該整理解雇が特定の労働者組織の活動を忌諱したものと誤解される余地があり，その疑念が紛争の主動因となっていた。裁判所は，持ち込まれた紛争を解決することが最も重要な任務であるから，労使コミュニケーションを促し，公平な（少なくとも当該組合活動を忌諱したものではないことは明白になる）プロセスを経由させることで紛争を未然に防ぐ方向に導いたと考えるのは自然である。神林編著（2008）によると，これらの時期に紛争を経験した企業の少なからずが2000年前後にも整理解雇を行っているが，紛争には至っていない。また，2000年前後の大規模な人員整理も特段の労使紛争を惹起しなかったことは記憶に新しい。少なくとも日本の解雇権濫用法理は，欧州的な解雇税という形で，解雇行動に一般的に課される制約ではない可能性がある。

第Ⅲ部　労働法制と労働需要

6　日本の経済学的研究における解雇規制

前節にまとめたように，日本の解雇規制を主に制御するのは，成文規程ではなく，望ましい行為規範を示唆する判例法理である。それゆえ，解雇規制の実効性や厳格さについてコンセンサスを得るのは難しい。現に，解雇権濫用法理が労働基準法上に成文化された時の審議過程では，事務局より提示された文案を，使用者側は「解雇規制を強化する」と解釈し，労働者側は逆に「解雇規制を緩和する」と解釈し，双方反対するという議論の混乱を招いた。

とはいえ，日本を事例に解雇規制のもたらす実体経済への影響を実証的に考察した研究がないわけではなく，たとえば大竹・奥平（2006）がある。この論考では，公刊判例集より整理解雇事件の裁判例を収集し，年別地裁別に算出した「労働判決変数」をEPLIの代理変数とする。推定の枠組みは欧米の既存研究にならい，都道府県別のパネルデータを用いて，労働判決変数が労働市場に与える負の影響を推定している。

日本における解雇規制が判例法理によるのであれば，裁判過程がどのように進行するかにも注意を払う必要がある。残念ながら，法過程の研究まで含めても，解雇紛争に関わる研究はやはり多くはない。本章では，神林編著（2008）にしたがって，解雇紛争の裁判過程を簡単に確認しておきたい。

まず，1年間に新たに提起される解雇訴訟件数と解雇者との関係をみよう。次の図9-1によれば，解雇者1万人当たりの訴訟提起数は，1980年代にはおおむね10～15件の間を安定的に推移していたことがわかる。1990年代前半に上昇し20件に近づいた後，リストラが本格化したはずの1997年以降には逆に減少しているのが特徴的である。

1997年とは，11月24日に山一證券が廃業を発表し，バブル崩壊後一息ついたかにみえた日本経済がまたもや金融危機に直面した年であった。翌1998年以降，マクロ経済は急激に悪化し，完全失業率は2002年に5.3％でピークを打つまで上昇し続けた。ところが，図9-1を見ると，訴訟比率は必ずしも上昇せず，かえって減少の傾向さえ観察され，当時の「リストラ」と称せられた人員整理がいかに紛争を経ずにスムースに行われたかが垣間見られて興味深い。ところ

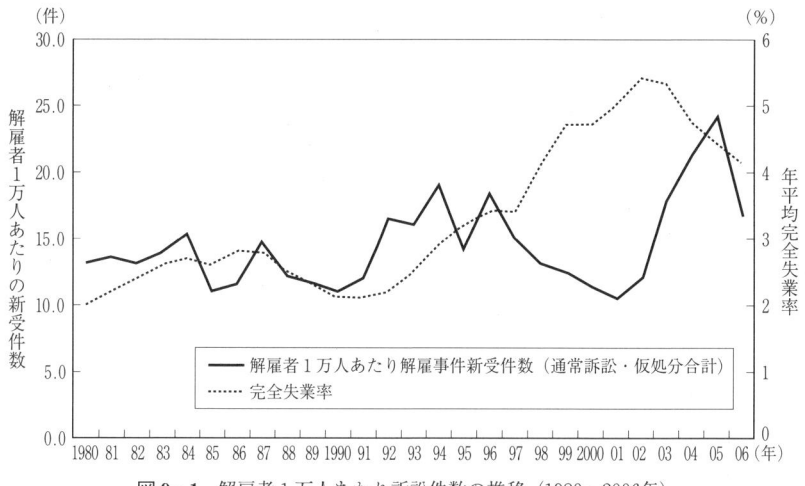

図9-1 解雇者1万人あたり訴訟件数の推移（1980～2006年）

（出所）　神林編著（2008）第6章図表10。
　訴訟提起数は通常訴訟と仮処分を合算した地方裁判所における新規受件数。訴訟の分類など詳しい情報は原著を参照していただきたい。

が，2001年以降，この比率は反転し2004年には20件を超えた。この理由は判然とせず，今後の重要な研究課題のひとつであろう[18]。

　解雇訴訟は，数量や結果という点で地域的にばらつきが大きい。地域的な集中についてみると，1987～2004年に訴訟として提起された総計14,054件の解雇紛争のうち，28％が東京地裁に，14％が大阪地裁に集中している。これらの訴訟は，和解，取り下げ，判決・決定で終結するが，訴訟提起数に対する和解の比率は東京高裁管轄で51.6％，大阪高裁管轄で44.1％と東高西低の傾向がある。また，判決・決定に至ったうちで，労働者側が勝訴した比率は東京高裁管轄で45.9％，大阪高裁管轄で57.8％と逆に西高東低である。東日本の裁判所は和解を主導することに熱心で，和解に至らない場合には労働者側に厳しい態度で臨み，西日本の裁判所は和解が少ない代わりに，労働者側に有利な判決・決定を下す可能性が高いとまとめられる。ただし，これらの地域差は時系列的には縮小傾向にある。たとえば労働者勝訴比率でみると，1980年代後半には，東京高裁管轄で38.6％，大阪高裁管轄で60.5％，と21.9パーセンテージポイントもの差があったのに対して，2000年代に入ると，東京高裁管轄で46.0％，大阪高裁

管轄で56.0％と変化し，差は10.0パーセンテージポイントに縮まっている。

また，近年注目される論点として「紛争の個別化」がある。神林編著（2008）第7章によれば，2000～04年に東京地裁で終局した整理解雇事件55件と，第一法規『判例体系 CD-ROM』に採録されている1975～85年までの整理解雇事件54件を比較すると，近年の東京地裁での解雇事件は集団紛争の性格が薄いという特徴がある。たとえば，原告が1名であった事件は，解雇権濫用法理の形成期では39％（54件中21件）にとどまる一方，近年の整理解雇事件では67％（55件中37件）と明らかに増加している。また，紛争の集団的性格を象徴する不当労働行為の主張も，解雇権濫用法理形成期には52％（54件中28件）で為されたのに対して，近年の東京地裁の整理解雇事件ではわずかに15％（55件中8件）にとどまる。

先にみたように，全体的な訴訟行動は2000年前後に急激に変化した可能性がある。他方で，和解比率や労働者側の勝訴比率の地域差の減少傾向は，四半世紀にわたる継続的な変化と考えられる。制度的な訴訟行動の変化と，長期的な経済構造の転換・均質化に伴う事件内容の変化をどう区別するかが解雇規制の経済効果を見定める鍵のひとつであることもわかる。

7 労働の法と経済学に向けて

以上，本章では，解雇規制に関する経済学の基本的な考え方，欧米における研究動向，日本における研究動向を簡単にまとめてきた。元来，解雇規制は労働市場を制御する根本的な制度のひとつと理解されている。経済学は，解雇規制を伝統的に議論されてきた調整費用という概念に当てはめ，実体経済に与える影響を分析してきた。主に利用されたモデルは，古典的完全競争モデル，サーチモデルに大別され，各々のモデルから導き出される結論には大きな相違がある。しかし，モデルの選択に拠らず，賃金のフレキシビリティと労使の独占力の存在が，解雇費用の実態経済へ与える影響を理論的に考察するときの重要な鍵となることがわかってきた。実証的には，解雇費用を雇用調整費用と考える方法が広く採用されている。ただし，欧州においても米国においても，集計データとEPLIを主な材料とする戦略は頑健な結果を導くことができず，

研究は個々の企業が直面する製品市場や労使交渉の状況を考慮する方向に展開しつつある。日本における実証研究は多くはないが，都道府県単位の解雇裁判の傾向をてがかりに，解雇規制が経済活動に負の影響を及ぼすという結果が出つつある。

　以上が，解雇規制を巡る経済学的研究の全体像である。本章を閉じる前に，日本において解雇規制を考える意味を提示しておきたい。もちろん，解雇規制は経済行動のひとつである解雇行動を直接制約することで社会厚生上の意味をもち，従来の経済学的研究の狙いもそこにあった。しかし，日本における解雇規制は解雇権濫用法理と呼ばれる判例法理で制御されている。そして，この判例法理が形成されてきた背後には，労使協調を旨とし雇用調整時の紛争を事前に解決するためのコミュニケーション規範を創り出すという役割があった。現在までの経済学的枠組みは，この社会規範としての解雇権濫用法理の役割を十分に取り入れていない。その理由は，経済学自体がこの社会規範の理論的扱いに長けているわけではないことのほか，社会規範の実態も判明していないからであろう。社会規範を考察するためには，裁判制度など公的な紛争解決制度のみならず，評判を通じた市場的な解決方法，組織内の苦情処理制度などさまざまな制度の運用実態と経済活動との関連を調べる必要があり，将来の課題のひとつといえよう。

　注
＊　本章の第4節および第6節は日本評論社『経済セミナー』2007年10月号より12月号に連載された「解雇規制の法と経済学(1)～(3)」(江口〔2007〕，江口・神林〔2007〕，神林〔2007〕)をもとに，大幅に加筆・修正を施したものである。元原稿の使用を快諾していただいた日本評論社および江口匡太氏には心より感謝申し上げる。
(1)　日本の解雇規制について法と経済学の観点から取り上げた主な研究としては，大竹ほか編（2004，初版は2002）所収の諸論文，荒木ほか編（2008）所収の諸論文などがある。また，いわゆる労働法学と労働経済学とのスタンスの違いを，法学側から解説した文献に大内（2007）がある。解雇規制を巡る近年の経済学的研究の展開については，本章の元となった江口（2007），神林（2007），江口・神林（2007），神林編著（2008）などに詳しい。本章では，これらの論稿をもとにしつつ，より実

証研究における伝統的議論からのつながりを重視して概説した。その結果，いわゆる不完備契約理論や繰り返しゲームを用いた解雇規制の理論的解釈は触れることができなかった。これら諸点に興味ある読者は上記諸文献を直接参照されたい。

(2) もっとも素朴な教科書的世界では，上記の調整過程が繰り返され毎期均衡が決定されると考える。この調整過程では前期に誰がどこで働いていたかは，今期誰がどこで働くかと論理的関係はほとんどない。貯蓄を通じて，前期の労働供給が今期の労働供給自体の減少（あるいは増加）を招く可能性はあるが，誰がどこで働くかとは関係はない。

(3) たとえば，村松（1983），篠塚（1989），Brunello（1989），水野（1992），Hashimoto（1993），村松（1995），駿河（1997），小牧（1998），樋口（2001）などがある。近年では，コーポレートガバナンスと雇用調整との関係を取り上げることが多く，富山（2001），中田・竹廣（2001），浦坂・野田（2001），宮本・中田（2002），野田（2002），阿部（2005），安井（2005），野田（2006），宮崎・中田（2007）などがある。また，雇用調整に関してアジア諸国と比較した興味深い研究に阿部・久保（2003）がある。ただし，これらの研究は，用いるデータセットの種類（集計データか個票データか，年次データか月次データかなど），推定方法によって結論が異なるなど，議論が多い点には注意すべきであろう。

(4) 小池（1983），小池（2005）などがある。

(5) 本節の説明は Cahuc and Zylberberg (2004) Chapter 4, section 3.2 を参考としている。興味ある読者は原著にあたっていただきたい。

(6) サーチ理論については今井ほか（2007）という教科書が出版されているので，参照していただきたい。

(7) Bertola (1990), Grubb and Wells (1993), OECD(1994), Addison and Grosso (1996), OECD(1999), Heckman and Pagés (2004) などの指標がある。OECD (1999) の指標作成方法については黒田（2004）に，OECD (2004) の方法については藤井（2007）に紹介がある。また，OECD の EPLI はどのバージョンもウェブサイトからダウンロード可能である。

(8) データポイントの増強は様々に続けられた。たとえば，Blanchard and Wolfers (2000), Nickell et al. (2002), Brandt et al. (2005), Amable et al. (2007) などがある。

(9) マイクロ・データを用いるデメリットとして，分析結果が，標本個体によって解雇規制の実効性が異なることから生じているのか，製品市場・技術が異なることから生じているのかを識別できないという点がある（Bertola et al. 2000）。

(10) 米国における解雇規制の法律学的概説としては中窪（1995）がある。年齢差別に

ついては州毎の判例を追っている柳澤（2006）に詳しい。
(11) Autor et al. (2006) は，判例変更が雇用率に与える負の効果が数年で消失することも指摘している。この観察結果は，コースの定理が時間を通じて成立している可能性を示唆しており，興味深い。
(12) 民法627条には次のようにある。「当事者が雇用の期間を定めなかったときは，各当事者は，いつでも解約の申入れをすることができる。この場合において，雇用は，解約の申入れの日から二週間を経過することによって終了する」。
(13) より正確には，後述の解雇権濫用法理は2004年1月1日労働基準法改正で新設された第18条の2として成文化されている。この規程は，2007年12月に労働契約法が成立すると同第16条に移されており，現在では一般的解雇行動の制限について成文法上の根拠がないとはいえない。ただし，これらの成文規程は判例法理を（その運用も含めて）そのまま成文化したものとされており，実質的に判例法理による制御は継続していると理解されている。
(14) 日本食塩製造事件。最二小判昭50・4・25民集29巻456-458頁。
(15) 高知放送事件。最二小判昭52・1・31労働判例268号17頁。『普通解雇事由がある場合においても，使用者は常に解雇し得るものではなく，当該具体的な事情の下において，解雇に処することが著しく不合理であり，社会通念上相当なものとして是認することができないときには，当該解雇の意思表示は，解雇権の濫用として無効になる』と判示した。
(16) 東洋酸素事件。東京高判昭54・10・29労民集30巻5号1002頁。『特定の事業部門の閉鎖に伴い同事業部門に勤務する従業員を解雇するについて，それが就業規則にいう「やむを得ない事業の都合による」ものと言い得るためには，(1) 同事業部門を閉鎖することが企業の合理的運営上やむを得ない必要に基づくものと認められる場合であること，(2) 同事業部門に勤務する従業員を同一又は遠隔でない他の事業場における他の事業部門の同一又は類似職種に充当する余地がない場合，あるいは同配置転換を行ってもなお全企業的にみて剰員の発生が避けられない場合であって，解雇が特定事業部門の閉鎖を理由に使用者の恣意によってなされるものでないこと，(3) 具体的な解雇対象者の選定が客観的，合理的な基準に基づくものであること，以上の3個の要件を充足することを要し，特段の事情のない限り，それをもって足りるものと解するのが相当である』と判示した。
(17) あさひ保育園事件・最一小判昭和58・10・27労判427号63頁。原審は，あさひ保育園事件・福岡高判昭和54・10・24労判427号64頁。『事前に，（原告）を含む（被告）の職員に対し，人員整理がやむをえない事情などを説明して協力を求める努力を一切せず，かつ，希望退職者募集の措置を採ることもなく，解雇日の6日前に

なって突如通告した本件解雇は，労使間の信義則に反し，解雇権の濫用として無効である』と述べた（括弧内は引用者による個人名の置き換え）。
(18) この間紛争解決の制度的枠組みが変更されたことは注記してよいだろう。具体的には，2001年10月より労働局の個別紛争解決システムが変更され，各労働局に無料相談窓口（総合労働相談コーナー）が設置された。同時に，労働局長による助言・指導や紛争調整委員会による斡旋も制度化され，法廷以前の段階で第三者が介入する制度が整備された。また，2006年4月より労働審判制度も開始されている。

参考文献

阿部修人・久保克行（2003）「アジア通貨危機と雇用調整――企業パネルデータを用いた分析」寺西重郎編『アジアのソーシャル・セーフティネット』勁草書房。

阿部正浩（2005）『日本経済の環境変化と労働市場』東洋経済新報社。

荒木尚志・大内伸哉・大竹文雄・神林龍編（2008）『雇用社会の法と経済（仮題）』有斐閣，近刊。

今井亮一・工藤教孝・佐々木勝・清水崇（2007）『サーチ理論――分権的取引の経済学』東京大学出版会。

江口匡太（2007）「解雇規制の法と経済学(1)」『経済セミナー』2007年10月号。

江口匡太・神林龍（2007）「解雇規制の法と経済学(2)」『経済セミナー』2007年12月号。

浦坂純子・野田知彦（2001）「企業統治と雇用調整――企業パネルデータに基づく実証分析」『日本労働研究雑誌』488，52-63頁。

大内伸哉（2007）「労働法学における「暗黙の前提」――法と経済の協働の模索・可能性・限界」『季刊労働法』219，231-246頁。

大竹文雄・大内伸哉・山川隆一編（2004）『解雇法制を考える――法学と経済学の視点（増補版）』勁草書房。

大竹文雄・奥平寛子（2006）「解雇規制は雇用機会を減らし格差を拡大させる」福井秀夫・大竹文雄編著『脱格差社会と雇用法制』日本評論社。

神林龍（2007）「解雇規制の法と経済学(3)」『経済セミナー』2007年11月号，46-50頁。

神林龍編著（2008）『解雇規制と裁判（仮題）』日本評論社，近刊。

黒田祥子（2004）「解雇規制の経済効果」大竹文雄・大内伸哉・山川隆一編『解雇法制を考える――法学と経済学の視点（増補版）』勁草書房。

小池和男（1983）「解雇からみた現代日本の労使関係」森口親司・青木昌彦・佐和隆光編『日本経済の構造分析』創文社。

小池和男（2005）『仕事の経済学（第3版）』東洋経済新報社。

小牧義弘（1998）「わが国企業の雇用調整行動における不連続性について」『日本銀行

調査月報』11月号，45-74頁。
篠塚英子・石原恵美子（1977）「オイルショック以降の雇用調整――4ヵ国比較と日本の規模間格差」『日本経済研究』6，61-72頁。
篠塚英子（1989）『日本の雇用調整』東洋経済新報社。
駿河輝和（1997）「日本企業の雇用調整――企業利益と解雇」中馬宏之・駿河輝和編『雇用慣行の変化と女性労働』東京大学出版会。
富山雅代（2001）「メインバンク制と企業の雇用調整」『日本労働研究雑誌』488，40-51頁。
中窪裕也（1995）『アメリカ労働法』弘文堂。
中田喜文・竹廣良司（2001）「日本企業における雇用調整――労務費と売上高変動の持つ雇用調整への影響」橘木俊詔／デビッド・ワイズ編『企業行動と労働市場』日本経済新聞社。
野田知彦（2002）「労使関係と赤字調整モデル」『経済研究』53，40-52頁。
野田知彦（2006）「経営者，統治構造，雇用調整」『日本経済研究』54，90-108頁。
樋口美雄（2001）『雇用と失業の経済学』日本経済新聞社。
藤井宏一（2007）「OECDにおける雇用保護法制に関する議論について」Business Labor Trend 2007.7。
村松久良光（1983）『日本の労働市場分析――"内部化した労働"の視点より』白桃書房。
村松久良光（1995）「日本の雇用調整――これまでの研究から」『日本の雇用システムと労働市場』日本経済新聞社。
水野朝夫（1992）『日本の失業行動』中央大学出版部。
宮本大・中田喜文（2002）「正規従業員の雇用削減と非正規労働の増加――1990年代の大型小売店を対象に」玄田有史・中田喜文編『リストラと転職のメカニズム』東洋経済新報社。
宮崎悟・中田喜文（2007）「日本企業の雇用調整は変ったのか」同志社大学ITECワーキングペーパー，2007年6月。
安井健悟（2005）「雇用調整における不確実性の影響について――企業パネルデータによる実証分析」『日本労働研究雑誌』536，110-122頁。
柳澤武（2006）『雇用における年齢差別の法理』名城大学法学会。
Abraham, K. G. and Houseman, S. (1989), "Job Security and Work Force Adjustment : How Different Are U. S. and Japanese Practices ?" *Journal of the Japanese and International Economies*, Vol. 3, pp. 500-521.
Abraham, K. G. and Houseman, S. (1993), *Job Security Lessons from Germany,*

第Ⅲ部　労働法制と労働需要

Washington D. C.: The Brookings Institution.
Addison, J. and Grosso, J. (1996), "Job Security Provisions and Employment: Revised Estimates," *Industrial Relations*, Vol. 35, pp. 585-603.
Amable, B., Demmou, L. and Gatti, D. (2007), "Employment Performance and Institutions: New Answers to an Old Question," IZA Discussion Paper 2731.
Autor, D. H., Donohue III, J. J. and Schwab, S. J. (2006), "The Costs of Wrongful-Discharge Laws," *Review of Economics and Statistics*, Vol. 88, pp. 211-231.
Autor, D., Kerr, W. and Kugler, A. (2007), "Do Employment Protections Reduce Productivity? Evidence from U. S. States," *The Economic Journal*, Vol. 117, pp. 189-217.
Bertola, G. (1990), "Job security, employment and wages," *European Economic Review*, Vol. 34, pp. 851-866.
Bertola, G., Boeri, T. and Cazes, S. (2000), "Employment Protection in Industrialized Countries: The Case of New Indicators," *International Labour Review*, Vol. 139, pp. 57-72.
Bertola, G., Blau, F. D. and Kahn, L. M. (2002), "Comparative Analysis of Labor Market Outcomes: Lessons for the US from International Long-Run Evidence," in Krueger and Solow eds., *The Roaring Nineties: Can Full Employment Be Sustained?* New York, NY: Russell Sage and Century Foundations.
Blanchard, O. and Wolfers, J. (2000), "The Role of Shocks and Institutions in the Rise of European Unemployment: the Aggregate Evidence," *The Economic Journal*, Vol. 110, pp. 1-33.
Brandt, N., Burniaux, J.-M. and Duval, R. (2005), "Assessing the OECD Jobs Strategy," OECD Economic Working Papers no. 429.
Brunello, G. (1989), "The Employment Effects of Shorter Working Hours: An Application to Japanese Data," *Economica*, Vol. 56, pp. 473-486.
Cahuc, P. and Zylberberg, A. (2004), *Labor Economics*, Cambridge, Mass.: MIT Press.
Dertouzos, and Karoly, (1993), "Employment Effects of Worker Protection: Evidence from the United States." in Buechtemann, ed., *Employment Security and Labor Market Behavior: Interdisciplinary Approaches and International Evidence*, Ithica, NY: ILR Press.
Grubb, D. and Wells, W. (1993), *Employment Regulation and Patterns of Work in EC Countries*, OECD Economic Studies 21.

Hamermesh, D. S. (1993), *Labor Demand*, Princton, N. J.: Princeton University Press.

Hashimoto, M. (1993), "Aspects of Labor Market Adjustments in Japan," *Journal of Labor Economics*, Vol. 11, pp. 136-161.

Heckman, J. J. and Pagés, C. eds. (2004), *Law and Employment: Lessons from Latin American and the Caribbean*, Chicago, Il: University of Chicago Press.

Layard, R., Nickell S. and Jackman R. (2005), *Unemployment*, Oxford: Oxford University Press.

Lazear, E. P. (1990), "Job Security Provisions and Employment," *Quarterly Journal of Economics*, Vol. 105, pp. 699-726.

Micco, A. and Pagés, C. (2006), "The Economic Effects of Employment Protection: Evidence from International Industry-Level Data," IZA Discussion Paper no. 2433.

Miles, D. (2000), "Common Law Exceptions to Employment at Will and U.S. Labor Markets," *Journal of Law, Economics and Organizations*, Vol. 16, pp. 74-101.

Nickell, S., Nunziata, L. Ochel, W. and Quintini, G. (2002), "The Beveridge Curve, Unemployment and Wages in the OECD from the 1960s to the 1990s," in Aghion, Frydman, Stiglitz, and Woodford eds., *Knowledge, Information and Expectations in Modern Macroeconomics: In Honor of Edmund S. Phelps*, Princeton, N. J.: Princeton University Press.

Nickell, S., Nunziata, L. and Ochel, W. (2005), "Unemployment in the OECD since the 1960s. What do We Know ?" *The Economic Journal*, Vol. 115, pp. 1-27.

Oi, W. Y. (1962), "Labor as a Quasi-fixed Factor," *Journal of Political Economy*, Vol. 70, pp. 538-555.

OECD, (1994), *The OECD Job Study*.

OECD, (1999), *OECD Employment Outlook 1999*.

OECD, (2004), *OECD Employment Outlook 2004*.

Petrin, A. and Sivadasan, J. (2006), "Job Security Does Affect Economic Efficiency: Theory, A New Statistics, and Evidence from Chile." Mimeograph.

Walsh, D. J. and Schwarz, J. L. (1996), "State Common Law Wrongful-Discharge Doctrines: Update, Refinement, and Rationales," *American Business Law Journal*, Vol. 33, pp. 645-689.

索　引

ア　行

赤字調整　242
　　──モデル　246
アクティビティ　36
アグリゲーション・バイアス　140
あさひ保育園事件　306
「新しい」最低賃金研究　275
一次同次　46, 136
一族企業　246
一般スキル　77
因果関係　98
引責辞任の回避　245
インセンティブ　185
インフォーマル・ルート　212
ウェイト付けをした最小二乗法　90
失われた十年　179
エージェンシー　245
　　──コスト　245
エージェント　185
応募機会　217
応募比率　202
オーナー企業　244

カ　行

解雇　111
　　──権濫用法理　247, 305
　　──訴訟件数　308
　　──費用　297
階差変数　285
会社都合離職割合　208
カイツ指標　266
　　──の時系列　284
買い手独占　272-274
　　──的　10

　　──力　264
価格ベクトル　43
下級生産要素　19
各企業が直面する労働供給関数　272
確実同値額　186
拡張経路　19
仮想的な構造的失業　142
価値限界生産物　12
学校基本調査　88
間接金融市場　257
完全競争的　10, 192
　　──な労働市場　263, 270
擬凹関数　54
企業金融　244
『企業財務データバンク』　238
企業組織の統治構造　2
企業調査　151
企業特殊的人的資本の損失　247
企業特殊的な技能（企業特殊スキル）　77, 116
　　──形成　246
企業特殊的な訓練　242
「企業のコーポレートガバナンス・CSRと人事戦略に関する調査」　247
企業の評判の低下　248
企業利潤　10
技術革新　96, 109
技術係数　38
規制緩和　111
技能継承　104
技能の企業特殊性　81
技能偏向的技術進歩　188
規模効果　23, 176, 270, 282
規模に関して収穫一定　6
規模に関して収穫逓減　6

規模に関して収穫逓増　6
(逆)供給関数　43
キャリア・コンサーン　184
求職者　192
　——調査　151
　——プール　207
求人期間　197, 203
求人企業　192
求人規模　208
求人経路　195
求人行動　193
求人条件　199
求人数　147
業務統計　133, 142
業務の外部化　109
挙証責任　306
銀行依存度　253
銀行によるモニタリング　242
クロスセクションデータ　96, 280
訓練期間　77
訓練投資費用　75
経営者　244
経営戦略　110
経済経営環境　108
経済厚生　298
経常赤字　253
契約自由の原則　305
契約理論　184
計量経済学的な推定式　283
欠員　192
　——の期待利益率　141
　——の準均衡 SMI　142
月間有効求職者数　147
決定係数　92
限界革命　193
限界生産物　4
限界代替率　7
限界費用　20
　——曲線　21
　——ベクトル　43

公共紹介　199
交差効果　15, 27, 87
構造的失業　131, 142, 152
　——率　146
構造的ミスマッチ指標　139, 142, 148
行動原理　2
コーポレート・ガバナンス　242
国際競争　109
国産品　38
国内価格　51
国内最終需要　37
国内生産量　37
固定費用　2, 78, 182
個別企業の労働需要曲線　12, 25
雇用係数　39
雇用システムとコーポレート・ガバナンスとの
　　制度補完性　242
雇用成長率の分散　136
雇用創出　98
　——・喪失研究　231
　——・喪失率　302
雇用調整　109, 110, 112, 229, 294
　——速度　231, 296
　——費用　297
『雇用動向調査』　87, 196
雇用の調整費用　252
雇用補助金　176, 180
雇用量の動学式　271
コレスキー分解　56

サ　行

サーチ理論　105, 195, 299
サービス残業　184, 188
最終需要ベクトル　38
最低賃金制度　264
最低賃金の影響率　276
最低賃金法　264
裁定取引　193
最適な生産水準　20
財務危機のコスト削減　243

索　引

採用関数　135
採用基準　196
採用経路　196
採用試験　84
採用の実績関係　81
採用費用　294
裁量労働制　167, 187
参加制約　186
産業・職業マトリクス　39
産業構造　108
産業全体の労働需要　25
　——曲線　26
産業別最低賃金　264
産業連関分析　34, 52
三十六協定　186
産出量（列）ベクトル　38
シェパードの補題　22, 27
時間外割増率　177
時間調整　294
時系列データ　275, 282
時系列分析　101
自己効果　15, 27
市場賃金　194
事前求人率　198
七・五・三離職　85
失業の準均衡 SMI　141
執行役員制　11
実質産出量弾力性　241
実質賃金　13, 52
　——率弾力性　241
時点効果　89
資本コスト　42
資本サービス投入量　44
資本の失業　191
社会保険　119
　——加入率　119
　——給付　113
　——の適用状況　119
　——料　182
　——料雇主負担　44

社会保障制度　120
　——の空洞化　124
若年雇用問題　75
若年採用比率関数　95
若年失業　75
　——率　284
若年離職比率　95
若年離職率　95
収穫一定　4
収穫逓減　4
　——の法則　5
収穫逓増　4
従業員の代表　244
就業形態　44
就業構造基本調査　280
充足比率　198, 203
州別パネルデータ　276, 279
熟練労働者　24
出版バイアス　275
需要不足失業　131
　——者　139
　——率　146
需要変動　116
準均衡SMI　143
準固定支出　296
準固定費　109, 114
少数組合　307
状態依存ガバナンス　243
消費生活に関するパネル調査　281
商品　36
情報生産能力　217
情報の不完全性　2, 194
常用労働者　89
ショート・サイド原理　150, 155, 156
職安　133
職探し行動　195
職種間移動　153
職種別・年齢別ミスマッチ失業　154
職種別ミスマッチ失業　154
所定外労働時間　165

321

所定内労働時間　165
所有と経営の分離　10
新規入職者　88
人材形成システム　243
伸縮的関数型　53, 68
新卒一括採用　81
新卒採用　75
　——比率　79
新卒重視　81
人的資源管理　242
人的資本投資　296
人的資本理論　75
随意雇用原則　303
スキル要件　197
ステークホルダー（利害関係者）　242
ストカスティック・フロンティアモデル　68
ストック（stock）量　3
生活保護　122
　——額　263
生産関数　3, 44
生産要素間の代替の可能性　6
生産量　44
正社員　93
正常な生産要素　19, 22
制度的な補完関係　242
整理解雇　306
　——の四要件　247, 306
設備の稼働時間　9
選抜期間　197
選抜基準　74
選抜コスト　201
相関係数　147, 149
創業者企業　245
総実労働時間　165
総マッチング数　138
即戦力志向　222
ゾンビ企業　257

タ　行

代替　125

　——化現象　109
　——効果　23, 175, 271, 282
　——的な関係　5
タイムラグ　279
短期の労働需要　9
探索活動　131
弾力性　90
地域間の雇用格差　145
地域間のミスマッチ指標　142
地域分割　147, 149
地域別最低賃金　263, 264
　——額の加重平均値　266
地域労使就職支援機構　150
置換効果　96
地方最低賃金審議会　264
中央最低賃金審議会　264
中途採用　76
超過利潤　42
長期の労働需要　14
調整速度　252
調整費用　295
直接金融市場　255
賃金　118
　——改定状況調査　265
　——格差　118
　——台帳　278
　——率　54
提示賃金　209
定常状態　137
定着性　94
典型労働者　107
動学的労働需要関数　237
同次関数　6
投入係数　38, 51
　——行列　38, 43
投入産出分析　35
等費用曲線　17, 18, 171
東洋酸素事件　306
等量曲線　6, 18, 171
　——の傾き　8

索引

トービットモデル　213
都道府県別のパネルデータ　285
取引コスト　116
努力義務化　148

ナ　行

内生性　200
内定辞退割合　202
内部昇進企業　244
内部昇進経営者　244
内部役員比率　254
内部養成　83
内部労働市場　97
ニート　75
二部門モデル　136
日本のミスマッチ指標　142
日本標準産業分類　35
ニュージャージー州　277
年次ダミー　279
年齢間移動　153
年齢構成のバランス　211
年齢プレファレンス　89
年齢分割　149
年齢別・職種別ミスマッチ失業　154
年齢別ミスマッチ　147
年齢別労働需要　92

ハ　行

「生え抜き」役員　250
生え抜き労働者　77
派遣社員　111
派生需要　1
ハローワーク　202
販路構成　37
比較静学分析　14
非自発的失業　157, 270
ヒックス＝マーシャルの派生需要の法則　270
必要労働投入量　76
非典型労働者　107

――世帯　122
ビバレッジ・カーブ　132
氷河期世代　75
費用関数　18, 42, 54
費用構成　37
費用最小化問題　85, 171
被用者保険　119
標準偏差　214
ファーストフードレストラン　277
フォーマル・ルート　212
付加価値　42
不完全な情報　131
福利厚生　119
負債比率　253
不熟練労働者　24
普通解雇　306
不偏性　283
部門間シフト仮説　134, 135
部門モデル　135
ブラック・ボックス　137
フリーター　75
プリンシパル　185
フレックスタイム制　167
フロー（flow）量　3
プロビット分析　211
分散共分散行列　57
分散不均一修正　90
紛争の個別化　310
分離可能　44
――性　53
変形労働時間（制）　167
ペンシルバニア州　277
偏微分　8
法定福利費　113, 114
――の割合　115
法定労働時間　165, 176
ボーナス制度　11
補完　125
――的な関係　5, 15, 24
保険契約　298

323

ホシオス条件　300
保身　245
ホモセティック関数　19
ホワイトカラー・エグゼンプション　168

マ　行

マーシャルのルール　26
マクロショック　138
摩擦的失業　131, 142, 152
　　──者　139, 146
マシン・アウアー　3, 9
マッチメーカー　104
マッチング関数　135, 136
マッチング最大化原理　155
マン・アウアー　3, 10
ミクロショック　138
未充足求人　193
ミスマッチ　131, 195
　　──失業　131, 134
　　──指標　138
民営紹介　214
民間職業紹介機関　202
民法　305
メインバンク　242
　　──依存度　253
メディケア　122
メディケイド　122
目安　265
モラル・ハザード　184
問題の分割　16

ヤ　行

誘引両立制約　186
有期契約労働者　117
有効求職者数　143
有効求人数　142, 143
有効需要　157
輸出ベクトル　38
輸出量　37
ユニットコスト　48

輸入価格ベクトル　43
輸入係数　38, 43
　　──行列　38, 43
輸入比率　51
輸入品　38
輸入量　37
要素の期待純利益　141
予測精度　200

ラ　行

ラグランジュ乗数法　170
利潤極大化のための必要条件　12
利潤最大化行動　175
離職率　208
リスク　185
　　──中立的　86
留保賃金　131
　　──水準　96, 272
臨時・日雇い労働者　95
レオンチェフ型の生産関数　8
レオンチェフ逆行列　39
劣加法性　59
レベル変数　285
連合総合生活開発研究所　199
連邦の最低賃金　276
労使間の交渉コスト　248
労使協議制　248
労使コミュニケーション　307
労働基準法　166, 179, 305
労働組合　242, 246
労働コスト　42, 44
労働時間　9
　　──数　44
労働市場における摩擦　269
『労働市場年報』　147
労働市場の不完全性　192
労働弱者化　123
労働者勝訴比率　309
労働者保護政策　124
労働集計関数　45

労働需要関数　282
労働需要指標　93
労働需要量の賃金弾力性　270
労働政策　123
労働の多様性　2
労働費用　113
労働分配率　51
労働法制　2
労働保蔵　298
『労働力調査』　142, 143

ワ行

ワーキング・プア　122, 188
ワークライフバランス　188
和解比率　309

割引率　86
ワルラス的調整過程　193

アルファベット

CES 集計関数　46, 50
Cobb-Douglas 関数　49
EPLI (Employment Protection Legislation Indicators)　301, 302
ES-202　278
Input-output analysis　35
Prais-Winsten 法　102
Translog 生産関数　54
Translog 費用関数　54, 55
UV 曲線　132
UV 分析　133

《執筆者紹介》（執筆順）

大橋勇雄（おおはし・いさお）はしがき，序章，第4章
　　編著者欄参照。

早見　均（はやみ・ひとし）第1章
　1960年　生まれ。
　1988年　慶應義塾大学大学院経済学研究科博士課程修了，2001年博士（商学）慶應義塾大学。
　現　在　慶應義塾大学商学部教授。
　著　作　"The Life Cycle CO_2 Emission Performance of the DOE/NASA Solar Power Satellite System: A Comparison of Alternative Power Generation Systems in Japan," (with M. Nakamura and K. Yoshioka) *IEEE Transactions on Systems, Man, and Cybernetics: Part C*, vol. 35, no. 3, 2005, 391-400.
　　　　　Hitoshi Hayami, *The inter-industry propagation of technical change*. Keio Economic Observatory Monograph No. 10, 2008.
　　　　　『環境分析用産業連関表とその応用』（共著）慶應義塾大学出版会，2008年。

太田聰一（おおた・そういち）第2章，第6章
　1964年　生まれ。
　1996年　ロンドン大学大学院博士課程修了，Ph. D.
　現　在　慶應義塾大学経済学部教授。
　著　作　『もの造りの技能——自動車産業の職場で』（共著）東洋経済新報社，2001年。
　　　　　『労働経済学入門』（共著）有斐閣，2004年。

古郡鞆子（ふるごおり・ともこ）第3章
　　　　　ニューヨーク州立大学大学院（経済学）博士課程修了。
　現　在　中央大学経済学部教授。
　著　作　『非正規労働の経済分析』東洋経済新報社，1997年。
　　　　　『働くことの経済学』有斐閣，1998年。
　　　　　『非典型労働と社会保障』（編著）中央大学出版部，2007年。

杉浦裕晃（すぎうら・ひろあき）第5章
　1972年　生まれ。
　2001年　名古屋大学大学院経済学研究科博士後期課程修了，博士（経済学）。
　現　在　青森公立大学経営経済学部准教授。
　著　作　"On Labor Policies Affecting Investment in General Human Capital," (with Y. Sato) *LABOUR*, Vol. 17, No. 4, pp. 599-622, 2003.
　　　　　「雇用改善状況の経済学的分析——年齢別・地域別労働市場の観点から」『日本労働研究雑誌』第557号，16-30頁，2006年。

神林　龍（かんばやし・りょう）**第 6 章，第 9 章**

　1972年　生まれ。
　2000年　東京大学大学院経済学研究科博士課程修了，博士（経済学）。
　現　在　一橋大学経済研究所准教授。
　著　作　『解雇規制の法と経済』（編著）日本評論社，2008年。

阿部正浩（あべ・まさひろ）**第 7 章**

　1966年　生まれ。
　1995年　慶應義塾大学大学院商学研究科修士課程修了，2003年商学博士（慶應義塾大学）。
　現　在　獨協大学経済学部教授。
　著　作　『日本企業の人事改革』（共著），東洋経済新報社，2005年。
　　　　　『日本経済の環境変化と労働市場』東洋経済新報社，2005年。
　　　　　『労働市場設計の経済分析』（共著）東洋経済新報社，2005年。

野田知彦（のだ・ともひこ）**第 7 章**

　1963年　生まれ。
　1993年　京都大学大学院経済学研究科理論経済学・経済史学専攻学修認定退学，2000年経済学博士（京都大学）。
　現　在　大阪府立大学経済学部教授。

川口大司（かわぐち・だいじ）**第 8 章**

　1971年　生まれ。
　2002年　ミシガン州立大学大学院博士課程修了，2002年 Ph. D. (Economics).
　現　在　一橋大学大学院経済学研究科准教授。
　著　作　Ryo Kanbayashi, Daiji Kawaguchi, Izumi Yokoyama, "Wage Distribution in Japan: 1989-2003," *Canadian Journal of Economics*, Vol. 41, No. 4, pp. 1329-1350, 2008.
　　　　　Daiji Kawaguchi and Fumio Ohtake "Testing the Morale Theory of Nominal Wage Rigidities," *Induserial and Labor Relations Review*, Vol. 25, No. 1, pp. 441-460, 2007.

〈編著者紹介〉

大橋勇雄（おおはし・いさお）

　　1945年　生まれ。
　　1973年　名古屋大学大学院経済学研究科理論経済専攻博士課程修了，1979年経済学博士（名古屋大学）。
　現　在　中央大学大学院戦略経営研究科教授。
　著　作　『労働市場の理論』東洋経済新報社，1990年。
　　　　　『労働市場の経済学』（共著）有斐閣，2004年。
　　　　　「高齢者の雇用構造――事業所分析」『一橋経済学』第2巻1号，2007年。

叢書・働くということ②
労働需要の経済学

2009年5月30日　初版第1刷発行　　　　　　　　　検印廃止

定価はカバーに
表示しています

編著者　　大　橋　勇　雄
発行者　　杉　田　啓　三
印刷者　　坂　本　喜　杏

発行所　株式会社　ミネルヴァ書房
　　　　607-8494　京都市山科区日ノ岡堤谷町1
　　　　　　　　　電　話　(075)581-5191（代表）
　　　　　　　　　振替口座・01020-0-8076

ⓒ大橋勇雄ほか，2009　　冨山房インターナショナル・兼文堂

ISBN 978-4-623-05265-3
Printed in Japan

叢書・働くということ（全8巻）

監修委員：橘木俊詔・佐藤博樹
体裁：Ａ５判・上製・各巻平均320頁

第1巻	働くことの意味	橘木俊詔 編著
＊第2巻	労働需要の経済学	大橋勇雄 編著
第3巻	労働供給の経済学	三谷直紀 編著
第4巻	人事マネジメント	佐藤博樹 編著
第5巻	労使コミュニケーション	久本憲夫 編著
第6巻	若者の働きかた	小杉礼子 編著
＊第7巻	女性の働きかた	武石恵美子 編著
第8巻	高齢者の働きかた	清家　篤 編著

（＊は既刊）

———— ミネルヴァ書房 ————

http://www.minervashobo.co.jp/